省级特色课程
山东省一流本科课程
高水平应用型培育立项建设专业群系列教材

Intermediate Financial Accounting

中级财务会计

（第二版）

王洪丽 主编
牛建芳 刘振晶 副主编

东北财经大学出版社
Dongbei University of Finance & Economics Press
大连

图书在版编目（CIP）数据

中级财务会计 / 王洪丽主编．—2版．—大连：东北财经大学出版社，2023.12（2025.8重印）
（高水平应用型培育立项建设专业群系列教材）
ISBN 978-7-5654-4996-3

Ⅰ．中…　Ⅱ．王…　Ⅲ．财务会计-高等学校-教材　Ⅳ．F234.4

中国国家版本馆CIP数据核字（2023）第202223号

东北财经大学出版社出版
（大连市黑石礁尖山街217号　邮政编码　116025）
网　址：http://www.dufep.cn
读者信箱：dufep@dufe.edu.cn
大连天骄彩色印刷有限公司印刷　东北财经大学出版社发行

幅面尺寸：185mm×260mm　字数：537千字　印张：22.5　插页：1
2023年12月第2版　2025年8月第2次印刷

责任编辑：王　丽　责任校对：一　心
封面设计：原　皓　版式设计：原　皓

定价：49.00元

教学支持　售后服务　联系电话：（0411）84710309

如有印装质量问题，请联系营销部：（0411）84710711

第二版前言

“中级财务会计”是高等院校会计学专业的主干课程，也是工商管理类非会计学专业的必修课程之一，是一门综合性较强的课程。本课程是在学习“基础会计”课程的基础上，结合企业的主要经济业务，进一步系统阐述财务会计的基本理论和方法，具有承前启后的作用，是学习其他后续会计类课程的重要基础。通过本课程的学习，学生能够掌握会计核算的基本原理，对企业主要经济业务进行会计处理，了解管理会计决策和预测的方法，培养学生分析、解决企业管理问题的能力。

本教材以国际公认会计原则为基础，以我国最新的会计法规和经济实务为前提，详细阐述了财务会计的基本概念、基本理论，以及各会计要素确认、计量、记录和报告的原理与方法。教材中所介绍的各项会计业务均以我国近年来修订和发布的企业会计准则为依据，同时反映了国际会计发展的新动向，内容的设计力求体现现实性和前瞻性。教材内容全面，既包括了企业的主要业务，也包括了诸如资产负债表日后事项、债务重组、非货币性资产交换、会计政策变更与前期差错更正等特殊业务。各章例题丰富，均以企业的会计实务为基础，结合我国企业会计准则进行讲解，每章还配有练习题及电子版参考答案，便于学生学习。

本教材注重讲解会计的基本原理、会计处理中各项政策与方法的选择，不求细而全，只求少而精，力争由浅入深、通俗易懂。通过本教材的学习，学生不仅能够掌握会计核算的基本原理，对企业主要经济业务进行会计处理，而且可以通过多种练习和案例分析等增强对会计信息的利用技能。

本教材是山东省一流本科课程“中级财务会计”的配套教材，教材编写中注重“理实一体化”，各个章节中实践教学的内容都能和理论教学内容进行很好的融合；注重课堂教学向网络教学的延伸。在教材编写时把一些热点、难点问题运用二维码链接到网络上，最终实现线下教学与线上教学的融通；添加思政元素，突出思政教育的功能，同时，将党的二十大精神和课程教学内容进行深度融合，确保二十大精神进教材、进课堂、进头脑，从而更好地培养学生在分析问题和解决问题中的精益求精的工匠精神和创新能力，并激发学生的爱国情怀和使命担当意识。

本教材由山东省会计咨询专家王洪丽教授担任主编，牛建芳、刘振晶担任副主编。具体编写分工如下：第一章由孙丽雅编写；第二章、第三章、第四章由王洪丽编写；第五章、第六章、第七章、第八章由牛建芳编写；第九章、第十章、第十一章、第十七章由刘振晶编写；第十二章、第十三章、第十六章由韩晨编写；第十四章由耿艳华编写；第十五章由颜亨莎编写。主编负责全书结构的设计和安排，并在一定范围内征求意见后拟订大纲；初稿完成后经过主编、副主编反复审阅修改，最后由主编负责总纂和定稿。

在编写过程中，编者参阅了国内同行的有关论著，在此致以诚挚的谢意。由于编者的经验和水平有限，书中的疏漏和不当之处在所难免，恳请同行、专家和广大读者批评指正。

编　者

2023年8月

目 录

第一章

总　论

学习目标

知识目标： 通过本章的学习，要求理解会计的含义及特征，明确财务会计的目标、财务会计核算的基本前提；掌握会计信息质量要求、会计要素的确认方法和计量方法。

技能目标： 通过本章的学习，要求掌握会计计量属性及其应用原则；熟练运用会计要素确认条件及会计信息质量要求提供财务会计报告信息；掌握会计工作岗位设置。

第一节　会计概述

一、会计的含义

会计在本质上具有双重性，它既是一个经济信息系统，同时也是一种经济管理活动。会计是一个对经济业务以货币进行确认、计量、报告和分析的信息系统，又是通过收集、处理和利用经济信息，对经济活动进行规划、组织、控制和指导，促使人们权衡利弊得失，讲求经济效果的一种管理活动。会计是随着社会生产力的发展和经济管理的需要而产生的，是随着经济的发展和科学技术的进步而不断发展和完善的，特别是现代管理科学渗透进入会计学科，使传统的会计获得了发展的动力，为会计学科发展开拓了新的领域。从20世纪50年代开始，传统的会计逐步发展成为两个新的领域，即财务会计和管理会计。

管理会计是在财务会计和成本会计的基础上，采用一系列专门方法对企业内部各级责任单位现在的和未来的经济活动进行规划、控制与评价，并编制内部报表，旨在向企业管理层提供多种可供选择的、特定的管理信息，以便作出最佳决策。因此，管理会计又称对内报告会计。

而财务会计就是按照公认的会计原则和会计法规制度的要求，运用会计学的基本理论和特有的方法，向财务报告使用者提供有关企业财务状况、经营成果和现金流量的财务信息的一个信息系统，旨在向企业外部的投资者、债权人和其他与企业有利害关系的外部集团提供投资决策、信贷决策和其他类似决策所需的会计信息。因此，财务会计又称对外报告会计。

微课 1-1

揭开会计的面纱

二、会计的特点

会计具有以下特点：

（1）以货币为主要计量尺度，具有综合性。

（2）会计核算具有完整性、连续性和系统性。

① 完整性。对属于会计对象的全部经济活动都必须加以记录，不得遗漏其中的任何一项。

② 连续性。对各项经济活动，应按发生的时间顺序不间断地进行记录和核算。

③ 系统性。对各项经济活动，要分门别类地进行核算，并对会计资料进行加工整理，以取得系统的会计信息。

（3）会计核算以凭证为依据，并严格遵循会计规范。

三、会计的职能

现代会计的基本职能归纳为反映和控制，而为了达到反映与控制的目的，现代会计在发展中逐步构建了它的两大工作系统——会计的信息系统和会计的控制系统。

（一）反映职能

会计的反映职能是通过一定的会计方法，遵照财务会计准则的要求，正确地、全面地、及时地、系统地将一个会计实体单位所发生的财务会计事项表现出来，并通过科学的分类方法，将不同性质的会计事项分门别类地、集中地表现出来，以达到揭示会计事项本质之目的。

会计监督的内容

会计的反映职能在客观上体现为通过会计信息系统对财务会计信息进行优化的过程，这个过程又具体划分为两个基本工作阶段：一是信息确认阶段。通过这个过程进行信息筛选，去伪存真，将虚伪假冒及失真的信息揭示出来，清除出去，为整个优化信息的过程奠定基础，确保财务会计信号的真实、可靠，为决策提供的不仅是有用的信息，而且是足以确保决策正确无误的信息。二是核算工作阶段。核算过程包括制证、计量、记录、归类、组合、测试、编表等环节，这个过程体现为对若干会计方法的具体应用，诸如以货币为统一的计量标准、设置账簿、会计科目在分类中的应用，以及在编表前应用平衡公式进行测试等。可见，以往把会计的反映职能与会计核算等同对待比较片面，为防止会计信息失真，应当把财务会计信息确认放在重要位置上。

如何更好地发挥会计的监督职能

（二）控制职能

会计控制职能也称监督职能，就是以一定的标准和要求，利用会计所提供的信息对各单位的经济活动进行有效的指导、控制和调节，以达到预期的目的。会计监督是会计的基本职能之一，是我国经济监督体系的重要组成部分。

在现阶段，实施会计监督的作用主要体现在：有利于保障国家宏观调控所需经济信息的真实性和可靠性；有助于维护正常的社会经济秩序，维护企业的投资者、债权人及其他利益集团的合法权益；有利于提高企业经营决策的准确性和可靠性。

四、财务会计的目标

财务会计的目标是通过财务会计报告向报告使用者提供与企业财务状况、经营成果和现金流量等有关的会计信息，反映企业管理层受托责任的履行情况，有助于财务会计报告使用者作出经济决策。财务会计报告使用者主要包括投资者、债权人、政府及其有关部门和社会公众等。

“受托责任观”与“决策有用观”

具体来说，财务会计的目标主要体现在以下两个方面：

（1）向财务会计报告使用者提供与企业财务状况、经营成果和现金流量等有关的会计信息。

向财务会计报告使用者提供与企业财务状况、经营成果和现金流量等有关的会计信息，帮助财务会计报告使用者作出经济决策，尤其是帮助投资者和债权人作出科学合理的投资决策和信贷决策，是财务会计的最主要目标。一般认为，最关注企业会计信息的莫过于投资者和债权人，而投资者和债权人的投资和信贷决策对于资源的分配具有重大影响。财务会计报告使用者所需的经济信息包括企业某一时日的财务状况、某一期间的经营绩效和财务状况的变动。但是，从决策有用性的观点来看，不论是投资者还是债权人甚至企业职工，其经济利益都同企业未来的现金流动密切相关。例如，投资者应分得的股利，债权人应收回的贷款本金和应得到的贷款利息，职工应得的薪酬等，都需要预期现金流量的信息。

（2）反映企业管理层受托责任的履行情况。

微课 1-2

会计信息使用者

企业的经济资源均为投资者及债权人所提供，委托企业经营者保管和经营，投资者和经营者之间存在着一种委托、受托代理关系。投资者和债权人要随时了解和掌握企业经营者管理和运用其资源的情况，以便考评经营者的经营绩效，适时改变投资方向或更换经营者。这就要求财务会计通过财务会计报告提供这方面的信息，反映企业管理层受托责任的履行情况，以便明确其经营责任。

五、财务会计法规

（一）财务会计法规体系

会计法规是组织会计工作，处理会计事务应遵循的有关法律、制度、规章的总称。会计工作是一项重要的经济管理工作。加强会计工作的法制建设，建立和健全会计法规体系，对规范会计工作，维护社会主义市场经济秩序，具有十分重要的意义。

目前，我国基本形成了以《中华人民共和国会计法》为中心，以国家统一的会计制度为基础的相对比较完善的法规体系。该体系包括会计法、行政法规和会计制度三个层次。

《中华人民共和国会计法》是我国会计工作的根本大法，是从事会计工作，制定其他各种会计法规的依据。它规定了会计工作的基本目的、会计管理权限、会计责任主体、会计核算和会计监督的基本要求、会计人员和会计机构的职责权限，并对会计法律责任作了详细规定。

行政法规是指国务院规定的有关会计工作的法规、条例等，主要有《总会计师条例》《会计专业职务试行条例》等。

会计制度是由会计法明确赋予财政部权限制定的有关会计工作的规章，如企业会计准则体系等。

（二）会计法

《中华人民共和国会计法》于1985年1月21日第六届全国人民代表大会常务委员会第九次会议通过，自1985年5月1日起施行。1993年12月29日，第八届全国人民代表大会常务委员会第五次会议通过了《关于修改〈中华人民共和国会计法〉的决定》，自公布之日施行。1999年10月31日，第九届全国人民代表大会常务委员会第十二次会议再次对《中华人民共和国会计法》进行了修订，自2000年7月1日起施行。修订后的《中华人民共和国会计法》共52条，分为7章。2017年11月4日第十二届全国人民代表大会常务委员会第三十次会议通过《全国人民代表大会常务委员会关于修改〈中华人民共和国会计法〉等十一部法律的决定》，修改了"从事会计工作的人员，必须取得会计从业资格证书"等规定，并自2017年11月5日起施行。

（三）会计制度

会计制度，是指国务院财政部门根据会计法制定的关于会计核算、会计监督、会计机构和会计人员以及会计工作管理的制度。会计制度在会计法规体系中处于十分重要的地位，包括部门规章和规范性文件两个部分。部门规章由国务院主管部门以部长令公布；规范性文件由国务院主管部门以部门文件形式印发。我国自2007年1月1日起施行的会计制度主要是指企业会计准则体系，即基本准则、具体准则、应用指南。其中，基本准则属于部门规章，是财政部部长签署公布的；具体准则及应用指南属于规范性文件，是财政部以财会字文件印发的。

1. 基本准则

我国的原基本准则发布于1992年11月30日，自1993年7月1日起在全国所有企业施行。新基本准则发布于2006年2月15日，自2007年1月1日起在上市公司范围内施行，鼓励其他企业执行，于2014年7月23日根据《财政部关于修改〈企业会计准则——基本准则〉的决定》修改。在新会计准则体系中，基本准则是纲，处于第一层次，是"准则的准则"。基本准则对具体准则起统驭和指导作用，主要规范财务报告目标、会计基本假设、会计基础、会计信息质量要求、会计要素确认、财务报告等。

2. 具体准则

2006年2月15日，财政部发布了22项新制定的具体准则，修订了原有的1项基本准则和16项具体准则。完善后的企业会计准则体系由39项会计准则组成，分两个层次：第一层次为基本会计准则，第二层次为具体会计准则。这套会计准则体系，自2007年1月1日起施行。这是我国财政部为适应新形势下国内外经济环境发展需要和与国际会计准则接轨而作出的重大会计改革。

在新会计准则体系中，具体准则处于企业会计准则体系的第二层次，是根据基本准则制定的，用来指导企业各类经济业务确认、计量、记录和报告的具体规范。这些具体准则的制定颁布和施行，规范了中国会计实务的核算，大大改善了中国上市公司的会计信息质量和企业财务状况的透明度，对企业经营机制的转换和证券市场的发展、国际经济技术交流起到了积极的推动作用。

自2011年以来，国际会计准则理事会先后发布、修订了公允价值计量和合并财务报表等一系列准则，发起了国际财务报告准则的新一轮变革。为保持我国会计准则与国际财务报告准则的持续趋同，财政部在2012年发布了一系列准则征求意见稿后，修改了《企业会计准则——基本准则》中关于公允价值计量的表述。

2014年1月至7月，财政部陆续修订和新增了8项企业会计准则，要求自2014年7月1日起施行，其中新增《企业会计准则第39号——公允价值计量》《企业会计准则第40号——合营安排》《企业会计准则第41号——在其他主体中权益的披露》。

为了适应社会主义市场经济发展需要，规范金融工具和收入的会计处理，提高会计信息质量，2017年财政部先后对《企业会计准则第22号——金融工具确认和计量》《企业会计准则第23号——金融资产转移》《企业会计准则第24号——套期会计》《企业会计准则第14号——收入》进行了修订。为了规范持有待售的非流动资产、处置组和终止经营的会计处理，2017年4月28日，财政部制定了《企业会计准则第42号——持有待售的非流动资产、处置组和终止经营》。2019年5月，财政部修订印发了《企业会计准则第7号——非货币性资产交换》。2020年12月，财政部修订印发了《企业会计准则第25号——保险合同》。

会计准则的不断修订，使企业会计信息的质量和透明度进一步提高，企业会计信息在国际范围内交流、使用、判断和评价的基础和平台得以建立与不断完善，有助于更好地满足投资者、债权人和其他利益相关者对会计信息的需求，进一步规范企业会计行为和会计秩序，更好地维护公众利益。

具体准则共有42项，基本涵盖了各类企业的主要经济业务。42项具体准则见表1-1。

表1-1 **42项具体准则**

序号	名称	序号	名称	序号	名称
1	存货	15	建造合同①	29	资产负债表日后事项
2	长期股权投资	16	政府补助	30	财务报表列报
3	投资性房地产	17	借款费用	31	现金流量表
4	固定资产	18	所得税	32	中期财务报告
5	生物资产	19	外币折算	33	合并财务报表
6	无形资产	20	企业合并	34	每股收益
7	非货币性资产交换	21	租赁	35	分部报告
8	资产减值	22	金融工具确认和计量	36	关联方披露
9	职工薪酬	23	金融资产转移	37	金融工具列报
10	企业年金基金	24	套期会计	38	首次执行企业会计准则
11	股份支付	25	保险合同	39	公允价值计量
12	债务重组	26	再保险合同②	40	合营安排
13	或有事项	27	石油天然气开采	41	在其他主体中权益的披露
14	收入	28	会计政策、会计估计变更和差错更正	42	持有待售的非流动资产、处置组和终止经营

3. 应用指南

在新会计准则体系中，应用指南是补充，处于企业会计准则体系的第三层次，是根据基本准则和具体准则制定的、指导会计实务的操作性指南，主要解决在运用具体准则处理经济业务时所涉及的会计科目、账务处理、会计报表及其格式等问题。

① 执行2017年修订的《企业会计准则第14号——收入》的企业，不再执行财政部于2006年2月15日印发的（财会〔2006〕3号）《企业会计准则第14号——收入》和《企业会计准则第15号——建造合同》。

② 执行2020年修订的《企业会计准则第25号——保险合同》的企业，不再执行财政部于2006年2月印发的（财会〔2006〕3号）《企业会计准则第25号——原保险合同》和《企业会计准则第26号——再保险合同》。

第二节 会计基本假设与会计基础

一、会计基本假设

会计基本假设是企业会计确认、计量和报告的前提，是对会计核算所处时间、空间环境等所作的合理假定。会计基本假设包括会计主体、持续经营、会计分期和货币计量。

（一）会计主体

会计主体，是指企业会计确认、计量和报告的空间范围，是会计为之进行会计工作的特定单位或组织。会计主体可以是一个特定的企业，也可以是一个企业的某一特定部分，如分厂、分公司、门市部等，也可以是由若干家企业通过控股关系组织起来的集团公司，甚至可以是一个具有经济业务的特定的非营利性组织。界定会计主体的目的是要确立会计核算的范围，明确哪些经济业务活动应当予以确认、计量和报告，哪些不应包括在其核算范围内。

《企业会计准则——基本准则》第一章总则第五条明确规定：企业应当对其本身发生的交易或者事项进行会计确认、计量和报告。

（二）持续经营

持续经营，是指在可以预见的将来，企业将会按当前的规模和状态继续经营下去，不会停业，也不会大规模削减业务。也就是说，在可预见的未来，会计主体将不会面临破产清算。在持续经营的前提下，会计确认、计量和报告应当以企业持续、正常的生产经营活动为前提。明确这个基本假设，就意味着会计主体将按照既定用途使用资产，按照既定的合约条件清偿债务，会计人员就可以在此基础上选择会计政策和会计估计方法。例如，企业对于它所使用的机器设备、厂房等固定资产，只有在持续经营的前提下，才可以在机器设备、厂房的使用年限内，按照其价值和使用情况，确定采用某一折旧方法计提折旧。

（三）会计分期

会计分期，是指将一个企业持续经营的生产经营活动划分为一个个连续的、长短相同的期间。会计分期的目的是通过会计期间的划分，将持续经营的生产经营活动划分成连续、相等的期间，据以结算盈亏，按期编制财务报告，从而及时向财务报告使用者提供有关企业财务状况、经营成果和现金流量的信息。

在会计分期假设下，企业应当划分会计期间、分期结算账目和编制财务报告。会计期间通常分为年度和中期。中期，是指短于一个完整的会计年度的报告期间。在会计实务中，通常以日历年度为一个会计期间，即会计年度。此外，企业还需按半年度、季度、月份编制财务报表，即把半年度、季度、月份也作为一种会计期间。由于会计期间才产生了当期与以前期间、以后期间的差别，进而出现了权责发生制和收付实现制的区别，这使不同类型的会计主体有了记账的基准，出现了应收、应付、折旧、摊销等会计处理方法。

（四）货币计量

货币计量，是指会计主体在会计确认、计量和报告时以货币计量，反映会计主体的生产经营活动。

在会计的确认、计量和报告过程中之所以选择货币作为基础进行计量，是由货币的本身属性决定的。货币是商品的一般等价物，是衡量一般商品价值的共同尺度，具有价值尺度、流通手段、贮藏手段和支付手段等特点。其他计量单位，如重量、长度、容积等，都只能从一个侧面反映企业的生产经营情况，无法在量上进行汇总和比较，不便于会计计量和经营管理，只有选择货币尺度进行计量，才能充分反映企业的生产经营情况。因此，《企业会计准则——基本准则》规定，会计确认、计量和报告选择货币作为计量单位。

统一采用货币计量也存在缺陷。例如，某些影响企业财务状况和经营成果的因素，如企业的经营战略、研发能力、市场竞争力等，往往难以用货币来计量，但这些信息对于使用者进行决策也很重要。因此，企业可以在财务报告中补充披露有关非财务信息来弥补上述缺陷。

二、会计基础

企业会计的确认、计量和报告应当以权责发生制为基础。权责发生制基础要求，凡是当期已经实现的收入和已经发生或应当负担的费用，无论款项是否收付，都应当作为当期的收入和费用，计入利润表；凡是不属于当期的收入和费用，即使款项已在当期收付，也不应当作为当期的收入和费用。

在实务中，企业交易或者事项的发生时间与相关货币收支时间有时并不完全一致。例如，款项已经收到，但销售并未实现；或者款项已经支付，但并不是为本期生产经营活动而发生的。收付实现制是与权责发生制相对应的一种会计基础，它是以收到或支付的现金及其时点作为确认收入和费用等的依据。为了更加真实、公允地反映特定会计期间的财务状况和经营成果，基本准则明确规定，企业在会计确认、计量和报告中应当以权责发生制为基础。

第三节　会计信息质量要求

会计信息应具备可靠性、相关性、可理解性、可比性、实质重于形式、重要性、谨慎性和及时性八大基本特征。

一、可靠性

可靠性要求企业财务会计应当以实际发生的交易或者事项为依据进行会计确认、计量和报告，如实反映符合确认和计量要求的各项会计要素及其他相关信息，保证会计信息真实可靠、内容完整。

二、相关性

相关性要求企业财务会计提供的会计信息应当与投资者等财务会计报告使用者的经济决策需要相关，有助于投资者等财务会计报告使用者对企业过去、现在或者未来的情况作出评价或者预测。

会计信息质量的相关性要求，需要企业在确认、计量和报告会计信息的过程中，充分考虑使用者的决策模式和信息需要。但是，相关性是以可靠性为基础的，两者之间并不矛盾，不应将两者对立起来。也就是说，会计信息在可靠性的前提下，尽可能地做到相关，以满足投资者等财务会计报告使用者的决策需要。

三、可理解性

可理解性要求企业财务会计提供的会计信息应当清晰明了，便于投资者等财务会计报告使用者理解和使用。

企业编制财务报告、提供会计信息的目的是使用，而要使使用者有效使用会计信息，应当能让其了解会计信息的内涵，弄懂会计信息的内容，这就要求财务会计报告所提供的会计信息应当清晰明了，易于理解。只有这样，才能提高会计信息的有用性，实现财务会计报告的目标，满足向投资者等财务会计报告使用者提供有用的决策信息的要求。

四、可比性

可比性要求企业财务会计提供的会计信息应当相互可比。这主要包括两层含义：

(1) 同一企业不同时期可比。

为了便于投资者等财务会计报告使用者了解企业财务状况、经营成果和现金流量的变化趋势，比较企业在不同时期的财务报告信息，全面、客观地评价过去、预测未来，从而作出决策，会计信息质量的可比性要求同一企业不同时期发生的相同或者相似的交易或者事项，应当采用一致的会计政策，不得随意变更。但是，满足会计信息可比性要求，并非表明企业不得变更会计政策，当按照规定或者在会计政策变更后可以提供更可靠、更相关的会计信息时，可以变更会计政策。有关会计政策变更的情况，应当在附注中予以说明。例如，企业将存货计价方法从先进先出法改为加权平均法，会对存货发出成本和留存存货价值产生不同的影响，附注中应该说明。

(2) 不同企业相同会计期间可比。

为了便于投资者等财务报告使用者评价不同企业财务状况、经营成果和现金流量及其变动情况，会计信息质量的可比性要求不同企业同一会计期间发生的相同或者相似的交易或者事项，应当采用规定的会计政策，确保会计信息口径一致，相互可比，以使不同企业按照一致的确认、计量和报告要求提供有关会计信息。

五、实质重于形式

实质重于形式要求企业财务会计应当按照交易或者事项的经济实质进行会计确认、计量和报告，不应仅以交易或者事项的法律形式为依据。如果企业仅仅以交易或者事项的法律形式为依据进行会计确认、计量和报告，那么就容易导致会计信息失真，无法如实反映经济现实。

在实务中，交易或者事项的法律形式并不总能完全真实地反映其实质内容。所以，要想反映会计信息所应反映的交易或事项，就必须依据交易或事项的经济实质和经济现实来进行判断，而不能仅仅根据它们的法律形式。

六、重要性

重要性要求企业财务会计提供的会计信息应当反映与企业财务状况、经营成果和现金流量等有关的所有重要交易或者事项。

在实务中，如果财务会计报告中提供的会计信息的省略或者错报会影响投资者等财务报告使用者据此作出决策，该信息就具有重要性。重要性的应用需要依赖职业判断，企业应当根据其所处环境和实际情况，从项目的性质和金额大小等方面来判断其重要性。

七、谨慎性

谨慎性要求企业财务会计对交易或者事项进行会计确认、计量和报告时，应当保持应有的谨慎，不应高估资产或者收益、低估负债或者费用。

在市场经济环境下，企业的生产经营活动面临着许多风险和不确定性，如应收款项的可收回性、固定资产的使用寿命、无形资产的使用寿命、售出存货可能发生的退货或者返修等。会计信息质量的谨慎性要求，企业在面临不确定性因素的情况下，应当保持应有的谨慎，充分估计各种风险和损失，既不高估资产或者收益，也不低估负债或者费用。例如，要求企业对可能发生的资产减值损失计提资产减值准备、对售出商品可能发生的保修义务等确认预计负债等，体现了会计信息质量的谨慎性要求。

八、及时性

及时性要求企业财务会计对于已经发生的交易或者事项，应当及时进行会计确认、计量和报告，不得提前或者延后。

会计信息的价值在于帮助财务会计报告使用者作出经济决策，因此具有时效性。即使是可靠、相关的会计信息，如果不及时提供，也就失去了时效性，对于使用者的效用就大大降低，甚至不再具有实际意义。在会计确认、计量和报告的过程中贯彻及时性：一是要求及时收集会计信息，即在经济交易或者事项发生后，及时收集整理各种原始单据或者凭证；二是要求及时处理会计信息，即按照会计准则的规定，及时对经济交易或者事项进行确认或者计量，并编制财务会计报告；三是要求及时传递会计信息，即按照国家规定的有关时限，及时地将编制的财务会计报告传递给财务会计报告使用者，便于其及时使用和决策。

第四节 会计要素及其计量属性

一、会计要素

会计要素是根据交易或者事项的经济特征所确定的财务会计对象的基本分类。它是为实现会计目标，以会计基本前提为基础对会计对象的基本分类，是会计核算对象的具体化，是会计用于反映会计主体财务状况、确定经营成果的基本单位。按照我国的企业会计准则，会计要素分为资产、负债、所有者权益、收入、费用和利润六项。其中，资产、负债和所有者权益要素侧重于反映企业的财务状况，收入、费用和利润要素侧重于反映企业的经营成果。

（一）资产

1. 资产的定义

资产，是指企业过去的交易或者事项形成的、由企业拥有或者控制的、预期会给企业带来经济利益的资源。

根据资产的定义，资产具有三个特征：

（1）资产是由企业过去的交易或者事项所形成的。

只有过去发生的交易或者事项才能增加或减少企业的资产，即企业不能根据谈判中的交易或者计划中的经济业务来确认资产。

（2）资产必须为企业所拥有或者控制。

一项经济资源是否属于企业的资产，通常要看其所有权是否属于该企业。但是，企业是否拥有一项经济资源的所有权，并不是判断资产的绝对标准。那些所有权不属于特定企业，但为企业所实际控制的经济资源，也是该企业的资产。

所谓“实际控制”一项经济资源，从形式来看，意味着企业对该项经济资源具有实际经营管理权，能够自主地运用它从事经营活动，谋求经济利益；从实质来看，这意味着企业享有与该项经济资源的所有权有关的经济利益，并承担着相应的风险。

(3) 资产预期会给企业带来经济利益。

预期会给企业带来经济利益，是指直接或者间接导致现金和现金等价物流入企业的潜力。如果一项经济资源虽然为企业所拥有或者控制，但是不能为企业带来经济利益，就不能作为企业的资产予以确认。

2. 资产的确认条件

符合资产定义的经济资源，在同时满足以下条件时，确认为资产：一是与该资源有关的经济利益很可能流入企业；二是该资源的成本或者价值能够可靠计量。

符合资产定义和资产确认条件的项目，应当列入资产负债表；符合资产定义，但不符合资产确认条件的项目，不应当列入资产负债表。

(二) 负债

1. 负债的定义

负债，是指企业过去的交易或者事项形成的、预期会导致经济利益流出企业的现时义务。负债具有以下特征：

(1) 负债是企业承担的现时义务。

现时义务，是指企业在现行条件下已承担的义务。未来发生的交易或者事项形成的义务，不属于现时义务，不应当确认为负债。

(2) 负债的清偿预期会导致经济利益流出企业。

负债作为企业现时存在的义务，无论其性质和形式是什么，均要求企业将来用债权人所能接受的方式去履行这些义务，即企业在将来特定的或者可能确定的到期日，通过支付现金、转让非现金资产或者提供劳务等方式来偿还债务。

(3) 负债是企业过去的交易或者事项形成的。

负债是企业过去已经发生的交易或者事项所产生的结果，是现时的义务。只有过去发生的交易或者事项才能增加或减少企业的负债，未来发生的交易或者事项形成的义务，不属于现时义务，不应当确认为负债。

2. 负债的确认条件

符合负债定义的义务，在同时满足以下条件时，确认为负债：

(1) 与该义务有关的经济利益很可能流出企业。

(2) 未来流出的经济利益的金额能够可靠计量。

符合负债定义和负债确认条件的项目，应当列入资产负债表；符合负债定义，但不符合负债确认条件的项目，不应当列入资产负债表。

(三) 所有者权益

所有者权益，是指企业资产扣除负债后由所有者享有的剩余权益。公司的所有者权益又称股东权益。

所有者权益的来源包括所有者投入的资本、直接计入所有者权益的利得和损失、留存收益等。

直接计入所有者权益的利得和损失，是指不应计入当期损益、会导致所有者权益发生增减变动的、与所有者投入资本或者向所有者分配利润无关的利得和损失。

利得，是指由企业非日常活动所形成的、会导致所有者权益增加的、与所有者投入资本无关的经济利益的流入。

损失，是指由企业非日常活动所发生的、会导致所有者权益减少的、与向所有者分配利润无关的经济利益的流出。

所有者权益金额取决于资产和负债的计量。所有者权益项目应当列入资产负债表。

（四）收入

1. 收入的定义

收入，是指企业在日常活动中形成的、会导致所有者权益增加的、与所有者投入资本无关的经济利益的总流入。收入具有以下特征：

（1）收入是企业在日常活动中形成的。

（2）收入与所有者投入资本无关。

（3）收入会导致经济利益的流入，即直接导致资产的增加或者负债的减少。

（4）收入最终会导致所有者权益的增加。

2. 收入的确认条件

收入只有在经济利益很可能流入从而导致企业资产增加或者负债减少，且经济利益的流入能够可靠计量时，才能予以确认。

符合收入定义和收入确认条件的项目，应当列入利润表。

（五）费用

1. 费用的定义

费用，是指企业在日常活动中发生的、会导致所有者权益减少的、与向所有者分配利润无关的经济利益的总流出。费用具有以下特征：

（1）费用是企业在日常活动中发生的。

（2）费用与向所有者分配利润无关。

（3）费用会导致经济利益的流出，即直接导致资产的减少或者负债的增加。

（4）费用最终会导致所有者权益的减少。

2. 费用的确认条件

费用只有在经济利益很可能流出从而导致企业资产减少或者负债增加，且经济利益的流出能够可靠计量时，才能予以确认。

符合费用定义和费用确认条件的项目，应当列入利润表。

（六）利润

利润，是指企业在一定会计期间的经营成果。利润包括收入减去费用后的净额、直接计入当期利润的利得和损失等。

直接计入当期利润的利得和损失，是指应当计入当期损益、会导致所有者权益发生增减变动的、与所有者投入资本或者向所有者分配利润无关的利得和损失。

利润金额取决于收入和费用、直接计入当期利润的利得和损失的金额的计量。利润项目应当列入利润表。

二、会计要素计量属性及其应用原则

（一）会计要素计量属性

会计计量是为了将符合确认条件的会计要素登记入账并列报于财务报表而确定其金额的过程。企业应当按照规定的会计计量属性进行计量，确定相关金额。计量属性，是指所计量的某一要素的特性，如桌子的长度、铁矿的重量、楼房的高度等。从会计角度来看，计量属性反映的是会计要素金额的确定基础，主要包括历史成本、重置成本、可变现净值、现值和公允价值等。

1. 历史成本

在历史成本计量下，资产按照购置时支付的现金或者现金等价物的金额，或者按照购置资产时所付出的代价的公允价值计量。负债按照因承担现时义务而实际收到的款项或者资产的金额，或者承担现时义务的合同金额，或者按照日常活动中为偿还负债预期需要支付的现金或者现金等价物的金额计量。

2. 重置成本

在重置成本计量下，资产按照现在购买相同或者相似资产所需支付的现金或者现金等价物的金额计量。负债按照现在偿付该项债务所需支付的现金或者现金等价物的金额计量。

3. 可变现净值

在可变现净值计量下，资产按照其正常对外销售所能收到现金或者现金等价物的金额扣减该资产至完工时估计将要发生的成本、估计的销售费用以及相关税费后的金额计量。

4. 现值

在现值计量下，资产按照预计从其持续使用和最终处置中所产生的未来净现金流入量的折现金额计量。负债按照预计期限内需要偿还的未来净现金流出量的折现金额计量。

5. 公允价值

在公允价值计量下，资产和负债按照市场参与者在计量日发生的有序交易中，出售资产所能收到或者转移负债所需支付的价格计量。

（二）会计要素计量属性的应用原则

企业在对会计要素进行计量时，一般应当采用历史成本计量。采用重置成本、可变现净值、现值、公允价值计量的，应当保证所确定的会计要素金额能够取得并可靠计量。如果这些金额无法取得或者可靠计量，则不允许采用这些计量属性。

【思政讲堂】

坚持全面依法治国，推进法治中国建设

党的二十大报告指出，要坚持全面依法治国，推进法治中国建设。全面依法治国是国家治理的一场深刻革命，关系党执政兴国，关系人民幸福安康，关系党和国家长治久安。必须更好发挥法治固根本、稳预期、利长远的保障作用，在法治轨道上全面建设社会主义现代化国家。

我们要坚持走中国特色社会主义法治道路，建设中国特色社会主义法治体系、建设社会主义法治国家，围绕保障和促进社会公平正义，坚持依法治国、依法执政、依法行政共同推进，坚持法治国家、法治政府、法治社会一体建设，全面推进科学立法、严格执法、公正司法、全民守法，全面推进国家各方面工作法治化。

2023年2月中共中央办公厅、国务院办公厅印发了《关于进一步加强财会监督工作的意见》，并指出财会监督是依法依规对国家机关、企事业单位、其他组织和个人的财政、财务、会计活动实施的监督。近年来，财会监督作为党和国家监督体系的重要组成部分，在推进全面从严治党、维护中央政令畅通、规范财经秩序、促进经济社会健康发展等方面发挥了重要作用。

资料来源：杜涛．对话聂兴凯：今年为何会如此强调财会监督［EB/OL］．(2023-05-20)．https：//www.163.com/dy/article/I565O9VF05199DKK.html.

【复习思考】

1.什么是会计？会计的目标是什么？

2.如何对各项会计要素进行正确的确认？各项会计要素之间的关系如何？

3.会计要素计量属性主要包括哪些？它的应用原则是什么？

4.会计核算的基本前提有哪些？

5.我国企业会计准则体系是如何构成的？它的基本内容是什么？

第二章

货币资金及应收款项

学习目标

知识目标： 通过本章的学习，要求掌握库存现金管理和银行结算制度，填制各种结算凭证，办理日常的转账结算业务；掌握应收款项的会计业务处理方法。

技能目标： 通过本章的学习，要求能够正确理解原始凭证并能够填制部分原始凭证；掌握库存现金管理，可以填制各种结算凭证，办理日常的转账结算工作，设置并登记库存现金、银行存款日记账；掌握应收款项的账务处理方法。

第一节 库存现金的核算

一、库存现金的性质和特点

库存现金，是指存放在企业会计部门，由出纳人员保管的作为日常零星开支用的现款，包括人民币和各种外币。

库存现金具有货币性和通用性的特征，是企业流动资产中流动性最强的资产，既可直接用于支付各项费用和用于清偿各种债务，也可立即投入流通，随时用以购买企业所需物资。库存现金还具有不受任何契约的限制且可以随时自由使用的特点。

二、库存现金的管理

库存现金具有普遍的可接受性和流动频繁的特点，极易发生差错或被挪用、侵吞。因此，必须加强库存现金的管理和内部控制。国务院颁布的《现金管理暂行条例》规定，凡是在银行或其他金融机构开立账户的机关、团体、部队、企事业单位必须依照《现金管理暂行条例》的规定收入使用库存现金，自觉接受开户银行的监督。《现金管理暂行条例》的各项具体内容如下：

（一）库存现金的使用范围

（1）职工工资、津贴。

（2）个人劳务报酬。

（3）根据国家规定颁发给个人的科学技术、文化艺术、体育等各种奖金。

（4）各种劳保、福利费用以及国家规定的对个人的其他支出。

（5）向个人收购农副产品和其他物资的价款。

（6）出差人员必须随身携带的差旅费。

（7）结算起点（1 000元人民币）以下的零星支出。

（8）中国人民银行确定的需要支付现金的其他支出。

除上述（5）、（6）两项外，其他各项在支付给个人的款项中，支付现金每人不得超过1 000元，超过限额的部分根据提款人的要求，在指定的银行转存为储蓄存款或以支票、银行本票予以支付。企业与其他单位的经济往来除规定的范围可以使用现金外，应通过开户银行进行转账结算。

（二）库存现金的限额

库存现金限额，是指为保证各单位日常零星支出，按规定允许留存现金的最高数额。库存现金限额由企业的开户银行根据企业的实际需要和距离银行远近等情况核定。其限额一般以企业3～5天的日常零星开支所需现金确定。远离银行的或交通不便的企业，银行最多可以根据企业15天的正常开支需要来核定库存现金的限额。正常开支需要量不包括企业每月发放工资和不定期差旅费等大额现金支出。库存现金的限额一经核定，要求企业必须严格遵守，不能任意超过，超过限额的现金应及时存入银行。库存现金低于限额时，可以签发现金支票从银行提取现金，补足限额。需要增加或减少现金限额的单位，应向开户银行提出申请，由开户银行核定。

（三）现金日常收支管理

依照《现金管理暂行条例》，企业现金收支应遵守下列规定：

（1）企业的现金收入应于当日送存银行，并在送款簿上注明款项的来源。当日送存银行确有困难的，由开户银行确定送存时间。

（2）企业从开户银行提取现金时，应当在现金支票上写明用途，由本单位财会部门负责人签字盖章，经开户银行审核后，予以支付现金。

（3）企业支付现金时，可以从库存现金限额中支付或从开户银行提取现金支付，不得用现金收入直接支付（即“坐支”）。企业如因特殊情况需要坐支现金的，应事先报经开户银行审批，由开户银行核定坐支范围与限额，企业应定期向开户银行报送坐支金额和使用情况。未经银行批准，企业不得擅自坐支现金。

（4）企业因采购地点不固定、交通不便利以及其他特殊情况必须使用现金的，应向开户银行提出申请，由本单位财会部门负责人签字盖章，经开户银行审核后，予以支付现金。

（5）不准用不符合国家统一会计制度的凭证顶替库存现金，即不得“白条顶库”；不准谎报用途套取现金；不准用银行账户代其他单位或个人存入或支取现金；不准用单位收入的现金以个人名义存储；不准保留账外公款，即不得“公款私存”，不得设置“小金库”等。

白条顶库

银行对于违反上述规定的单位，将按照违规金额的一定比例予以处罚。

（四）企业库存现金的内部控制

（1）企业应建立现金的岗位责任制，明确相关部门和岗位的职责权限，确保办理现金业务的不相容岗位相互分离、制约和监督。出纳人员不得兼任稽核、会计档案保管和收入、支出、费用、债权债务账目的登记工作。

（2）企业应当建立现金业务的授权批准制度，明确审批人对现金业务的授权批准方式、权限、程序、责任和相关的控制措施。规定经办人办理现金业务的职责范围和工作要求，审批人应当在规定的授权范围内进行审批，不得越权审批。严禁未经授权的机构或者人员办理现金业务或直接接触现金。

（3）设专职出纳负责现金的收入、支出和保管。出纳人员除可以登记库存现金日记账与银行存款日记账外，不得登记其他会计账簿。

（4）库存现金应做到"日清月结"。所谓"日清"，就是要求出纳人员在每日营业终了，应结出当日库存现金日记账余额，并与库存现金实存数相互核对，要求账实相符；所谓"月结"，就是要求出纳人员在每月终了，将库存现金日记账的账面余额与库存现金的月末库存金额相互核对，以求账实相符。不得坐支现金，不得白条顶库，严禁公款私存。

（5）建立定期和不定期盘点制度，以确保现金账实相符。企业应定期或不定期派人与出纳人员共同清查库存现金，及时处理现金长（短）款问题。

三、库存现金收付的账务处理

库存现金收付的账务处理包括总分类核算和序时核算两个方面。

（一）库存现金的总分类核算

为了核算和监督库存现金的收入、支出和结存情况，企业应设置"库存现金"总分类账户，由负责总账的财会人员进行总分类核算。"库存现金"账户是资产类账户，借方反映库存现金的收入，贷方反映库存现金的支出，余额在借方，表示库存现金的余额。

因提取现金等业务而使现金增加时，应借记"库存现金"账户，贷记有关账户；因支付费用等而使现金减少时，应借记有关账户，贷记"库存现金"账户。

【例2-1】甲公司4月6日从银行提取现金10 000元备用；当日采购员小张出差借支差旅费1 000元。

（1）从银行提取现金时，根据有关原始凭证，编制如下会计分录：

借：库存现金	10 000	
贷：银行存款		10 000

（2）借支差旅费时，根据有关原始凭证，编制如下会计分录：

借：其他应收款——小张	1 000	
贷：库存现金		1 000

（二）库存现金的序时核算

为了及时核算库存现金的收付和结存情况，加强对库存现金的管理，企业还应当设置"库存现金日记账"进行序时核算。库存现金日记账为订本式账簿，由出纳员根据涉及库存现金的收付款凭证，按照业务发生顺序逐笔登记。每日终了应当计算当日的现金收入合计额、现金支出合计额和结余额，将结余额与实际库存额核对，做到账实相符。

四、库存现金的清查

企业为了保证账款相符，防止库存现金发生差错和丢失，应定期和不定期地进行库存现金清查盘点。清查后，根据清查结果编制“库存现金盘点报告单”，填写库存现金实存数、账面余额和盈亏情况。

每日终了结算库存现金收支、财产清查等发现的有待查明原因的现金溢余或短缺。除设法查明原因外，还应及时进行账务处理，通过“待处理财产损溢”账户核算。企业发生现金短缺时，应借记“待处理财产损溢——待处理流动资产损溢”账户，贷记“库存现金”账户；反之，发生现金溢余时，应借记“库存现金”账户，贷记“待处理财产损溢——待处理流动资产损溢”账户。待查明原因时，再进行处理。

（一）现金的溢余

对于现金的溢余，属于应支付给有关人员或单位的，应借记“待处理财产损溢——待处理流动资产损溢”账户，贷记“其他应付款”账户；属于无法查明原因的现金溢余，经批准后，借记“待处理财产损溢——待处理流动资产损溢”账户，贷记“营业外收入——盘盈利得”账户。

【例2-2】甲公司12月份进行财产清查，发现现金长款250元，原因待查。

（1）批准处理前，根据有关原始凭证，编制如下会计分录：

借：库存现金　250

　贷：待处理财产损溢——待处理流动资产损溢　250

（2）核查后，经领导批准，转入“营业外收入”账户，根据有关原始凭证，编制如下会计分录：

借：待处理财产损溢——待处理流动资产损溢　250

　贷：营业外收入——盘盈利得　250

（二）现金的短缺

对于现金的短缺，属于单据丢失或记账错误造成的，应补办手续入账或更正错误；属于工作失误造成的，应追究过失人的经济责任，借记“其他应收款——应收现金短缺款”或“库存现金”等账户，贷记“待处理财产损溢——待处理流动资产损溢”账户；属于应由保险公司赔偿的部分，借记“其他应收款——应收保险赔款”账户，贷记“待处理财产损溢——待处理流动资产损溢”账户；属于无法查明原因的，根据管理权限，经批准后处理，借记“管理费用”账户，贷记“待处理财产损溢——待处理流动资产损溢”账户。

【例2-3】甲公司12月份进行财产清查，发现现金短缺560元，原因待查。

（1）批准处理前，根据有关原始凭证，编制如下会计分录：

借：待处理财产损溢——待处理流动资产损溢　560

　贷：库存现金　560

（2）经核查，属于出纳人员的责任，出纳员已赔偿，根据有关原始凭证，编制如下会计分录：

借：库存现金　560

　贷：待处理财产损溢——待处理流动资产损溢　560

定额备用金

五、备用金

（一）备用金的概念

备用金（国际上也称暂定金额）是企业、机关、事业单位或其他经济组织等拨付给非独立核算的内部单位或工作人员备作差旅费、零星采购、零星开支等用的款项。

（二）备用金的特点

备用金应指定专人负责管理，按照规定用途使用，不得转借给他人或挪作他用。预支备作差旅费、零星采购等用的备用金，一般按估计需用数额领取，支用后一次报销，多退少补。前账未清，不得继续预支。对于零星开支用的备用金，可实行定额备用金制度，即由指定的备用金负责人按照规定的数额领取，支用后按规定手续报销，补足原定额。实行定额备用金制度的单位，备用金领用部门支用备用金后，应根据各种费用凭证编制费用明细表，定期向财会部门报销，领回所支用的备用金。

（三）备用金的账务处理

企业可在“其他应收款”账户内进行备用金的核算，也可单独设置“备用金”账户。它属于资产类账户，借方登记增加数，贷方登记减少数，期末余额表示备用金数额，并按照领用单位或个人设置明细分类账户核算。领用备用金时，根据各单位或个人的借款单，借记“备用金”账户，贷记“库存现金”账户。经审核报销时，借记“管理费用”“制造费用”等账户，贷记“库存现金”账户。收回备用金时，借记“库存现金”账户，贷记“备用金”账户。

【例2-4】甲公司的会计部门对总务部门采购人员实行定额备用金制度，会计部门付给定额备用金5 000元。

（1）根据有关原始凭证，编制如下会计分录：

借：备用金　　5 000

　贷：库存现金　　5 000

（2）总务部门采购人员报销差旅费2 000元，在其报销并补足余额时，根据有关原始凭证，编制如下会计分录：

借：管理费用——差旅费　　2 000

　贷：库存现金　　2 000

（3）假定经管备用金的采购人员调动工作，会计部门收回定额备用金。该采购员持未报销的2 000元开支凭证和多余备用金3 000元，到会计部门办理报销并交回备用金，根据有关原始凭证，编制如下会计分录：

借：管理费用——差旅费　　2 000

　　库存现金　　3 000

　贷：备用金　　5 000

第二节　银行存款的核算

一、银行存款账户

银行存款账户是各单位为办理结算和申请贷款而在银行开立的账户，银行账户是各单位通过银行办理转账、结算信贷以及现金收支业务的主要工具，具有反映和监督国民经济各部门经济活动的作用。凡新办的企业或公司在取得市场监督管理部门颁发的法人营业执照后，可选择办公地点附近的银行申请开设自己的结算账户。

根据《银行账户管理办法》的规定，银行账户应分为基本存款账户、一般存款账户、临时存款账户和专用存款账户四种。

1. 基本存款账户

基本存款账户是存款人办理日常转账结算和现金收付的账户，也是各独立结算单位或实行独立核算的企业在银行开立的主要账户。按照规定，每个存款人只能在银行开立一个基本存款账户，主要用于办理日常的转账结算和现金收付。企事业单位的工资、奖金等现金的支取只能通过该账户办理。

2. 一般存款账户

一般存款账户是存款人在基本存款账户以外的银行借款转存、与基本存款账户的存款人不在同一地点的附属非独立核算单位开立的账户。存款人可以通过该账户办理转账、结算和存入现金，但不能支取现金。

3. 临时存款账户

临时存款账户是存款人因临时经营活动需要开立的账户。存款人可以通过该账户办理转账结算和根据国家现金管理规定办理现金收付。

4. 专用存款账户

专用存款账户是存款人因特定用途而开立的账户。

二、银行结算方式

根据中国人民银行有关结算制度规定，目前我国银行支付结算办法有银行汇票、商业汇票、银行本票、支票、汇兑、委托收款、托收承付、信用证和信用卡等。由于银行结算方式不同，企业原始凭证及记账凭证填制时间和依据也不同。

（一）银行汇票

银行汇票是出票银行签发的，由其在见票时按照实际结算金额无条件支付给收款人或者持票人的票据。

银行汇票

1. 银行汇票的特点

（1）适用于异地结算。单位和个人向异地支付各种款项，均可使用银行汇票，并可适用于先收款后发货或钱货两清的商品交易。

（2）使用灵活。持票人可以将银行汇票背书转让给他人。所谓背书，是指在票据背面或者粘单上记载有关事项并签章的票据行为。背书的目的是转让票据上的权利。受让票据的单位或个人称为被背书人。

（3）票随人到，兑现性强。银行汇票不仅可以用于转账，填明“现金”字样的银行汇票还可以用于支取现金。

银行汇票的付款期限为自出票日起1个月内。持票人应妥善保管银行汇票，如有遗失，失票人可凭法院出具的其享有票据权利的证明，向出票银行请求付款或退款。

2. 银行汇票结算的一般程序及账务处理

（1）汇款单位需使用银行汇票时，应向出票银行填写“银行汇票申请书”（填明收款人名称、支付金额、申请人、申请日期等事项并签章，签章为其预留银行的印鉴）。银行受理“银行汇票申请书”，收妥款项后签发银行汇票和解讫通知后，根据“银行汇票申请书”存根联编制付款凭证。

（2）汇款人持银行汇票即可向填明的收款方办理结算。

（3）收款人或被背书人在收到银行汇票后，应在出票金额以内，将实际结算金额和多余金额准确、清晰地填入银行汇票和解讫通知的有关栏内，同时收款方还应填写进账单并在银行汇票背面“持票人向银行提示付款签章”处签章，签章应与预留银行的印鉴相同，然后将银行汇票和解讫通知、进账单一并交开户银行结算，银行审核无误后，办理转账。收款方应根据银行盖章退回的进账单第一联，编制收款凭证，进行账务处理，借记“银行存款”账户，贷记“应收账款”等账户。

（4）银行汇票多余的金额，可由出票银行退交汇款人。

银行汇票结算的业务程序如图2-1所示。

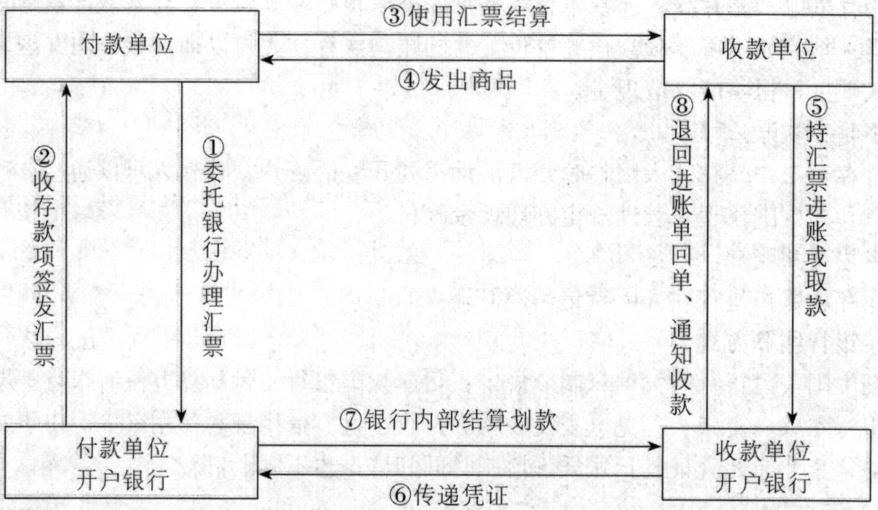

图2-1　银行汇票结算的业务程序

商业汇票

（二）商业汇票

商业汇票是出票人签发的，委托付款人在指定日期无条件支付确定的金额给收款人或者持票人的票据。商业汇票按承兑人不同，分为商业承兑汇票和银行承兑汇票两种。

1. 商业汇票的特点

（1）可延期支付货款。商业汇票的付款期限由交易双方商定，但最长不得超过6个月。商业汇票的提示付款期限自汇票到期日起10日内。在银行开立存款账户的法人及其他组织之间必须具有真实的交易关系或债权债务关系，才能使用商业汇票。

（2）未到期票据可背书转让或贴现。商业汇票可以背书转让，符合条件的商业承兑汇票的持票人可持未到期的商业承兑汇票连同贴现凭证，向银行申请贴现。

（3）办理领用注销手续，并进行备查登记。存款人领购商业汇票，必须填写“票据和结算凭证领用单”并加盖预留银行印鉴，存款账户结清时，必须将全部剩余空白商业汇票交回银行注销。已贴现的商业票据要进行备查登记。

（4）既适用于同城结算，也适用于异地结算。

2. 商业承兑汇票结算的一般程序及账务处理

（1）交易双方约定采用商业承兑汇票结算时，由销货企业或购货企业签发商业承兑汇票，经购货企业承兑。承兑时，购货企业在汇票正面记载“承兑”字样和承兑日期并签章。承兑不得附有条件，否则视为拒绝承兑。承兑后的商业承兑汇票交给销货企业。

（2）汇票到期时，销货企业应在提示付款期限内将商业承兑汇票提交银行，通过开户银行委托收款或直接向付款人提示付款。对异地委托收款的商业承兑汇票，销货企业可匡算邮程，提前通过开户银行委托收款。

（3）购货企业应于汇票到期前将款项足额交存其开户银行，由开户银行凭票将票款划给销货企业或贴现银行。如果购货企业的存款不足以支付票款，开户银行应将汇票退还销货企业，银行不负责付款，由购销双方自行处理。

购货企业签发、承兑商业汇票并交给销货企业时，应编制记账凭证进行账务处理，借记“材料采购”“在途物资”“原材料”“应交税费——应交增值税（进项税额）”等账户，贷记“应付票据”账户。购货企业收到开户银行的付款通知，应在当日通过银行付款，若企业在接到通知的次日起3日内未通知银行付款，则视同付款人承诺付款，银行将于第4日上午开始营业时，将票款划给销货企业或贴现银行。购货企业应根据银行转来的付款通知，编制付款凭证，进行账务处理，借记“应付票据”账户（若为带息票据，支付的利息则借记“财务费用”账户），贷记“银行存款”账户。

销货企业收到购货企业交来的承兑汇票时，应编制记账凭证，借记“应收票据”账户，贷记“主营业务收入”“应交税费——应交增值税（销项税额）”等账户。汇票到期，销货企业将票据交开户银行办理收款手续，在收到银行的收款通知时，编制收款凭证，进行账务处理，借记“银行存款”账户，贷记“应收票据”账户（若为带息票据，收到的利息则贷记“财务费用”账户）。

商业承兑汇票结算的业务程序如图2-2所示。

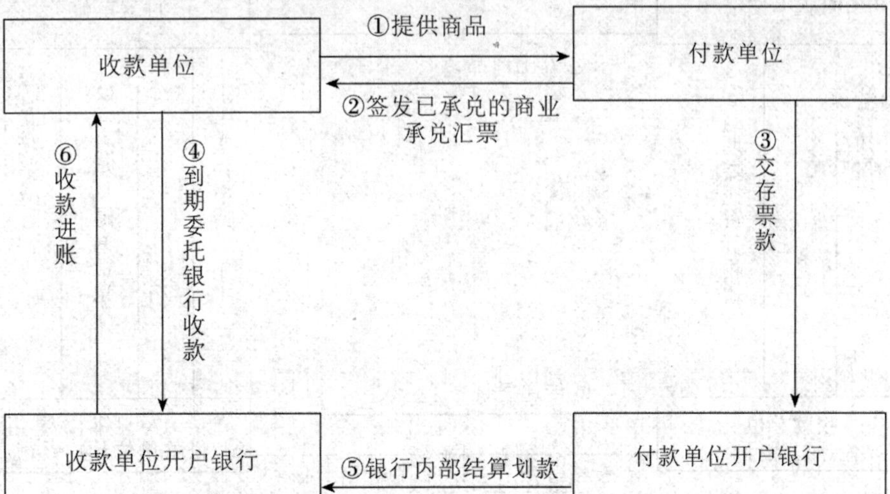

图2-2　商业承兑汇票结算的业务程序

3. 银行承兑汇票结算的一般程序及账务处理

（1）购销企业双方约定采用银行承兑汇票结算时，由购货企业将商业汇票和购货合同向其开户银行申请承兑，开户银行经审查同意承兑时，可按票面金额的万分之五向购货企业收取手续费，然后将已承兑的银行承兑汇票交给购货企业。

（2）购货企业将银行承兑汇票给销货企业，并于汇票到期前将票款足额交存其开户银行，以备由承兑银行在汇票到期日或到期日后的见票当日支付票款。

（3）销货企业在汇票到期时将汇票连同进账单送交开户银行以便转账收款。

（4）承兑银行凭汇票将承兑款项无条件转给销货企业，如果购货企业于汇票到期日未能足额交存票款，承兑银行除凭票应对持票人无条件付款外，对购货企业尚未支付的汇票金额按每天万分之五计收罚息。

购货企业签发银行承兑汇票，经开户银行承兑时，应交纳承兑手续费，交纳时编制付款凭证，进行账务处理，借记“财务费用”账户，贷记“银行存款”账户。购货企业将银行承兑汇票交给销货企业时，应编制记账凭证进行账务处理，借记“材料采购”“在途物资”“原材料”“应交税费——应交增值税（进项税额）”等账户，贷记“应付票据”账户。购货企业收到银行支付到期汇票的付款通知时，应编制付款凭证，进行账务处理，借记“应付票据”账户（若为带息票据，支付的利息则借记“财务费用”账户），贷记“银行存款”账户。

销货企业在收到购货企业的银行承兑汇票时，应编制记账凭证进行账务处理，借记“应收票据”账户，贷记“主营业务收入”“应交税费——应交增值税（销项税额）”等账户。销货企业将到期的汇票连同进账单送交开户银行办理转账收款时，应编制收款凭证，进行账务处理，借记“银行存款”账户，贷记“应收票据”账户（若为带息票据，收到的利息则贷记“财务费用”账户）。

银行承兑汇票结算的业务程序如图2-3所示。

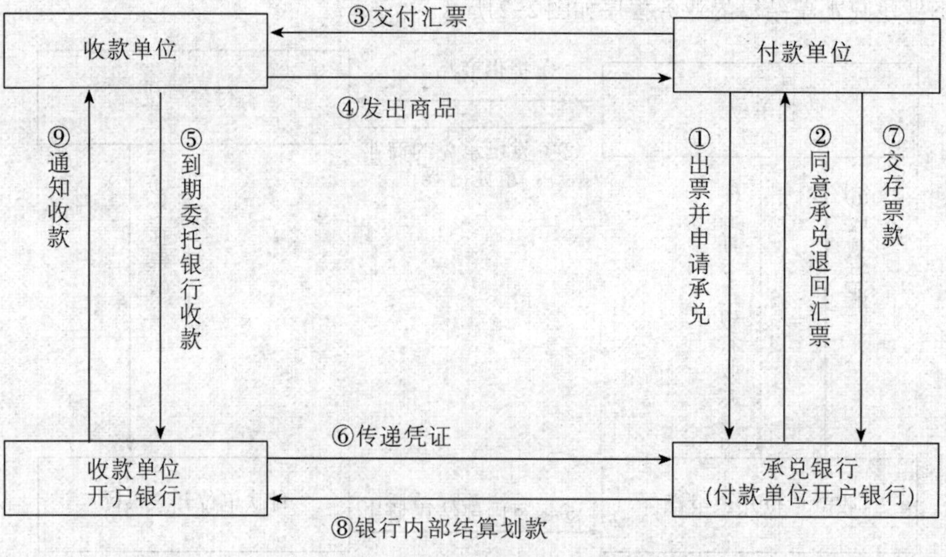

图2-3　银行承兑汇票结算的业务程序

（三）银行本票

银行本票

银行本票是申请人将款项交存银行，由银行签发的承诺自己在见票时无条件支付确定的金额给收款人或者持票人的票据。

1. 银行本票的特点

（1）适用于同城结算。银行本票适用于同一票据交换区域内单位和个人各种款项的结算。

（2）结算灵活。银行本票分定额本票和不定额本票。定额本票面值分别为1 000元、5 000元、10 000元和50 000元。银行本票票面划去转账字样的为现金本票，现金本票只能用于支取现金。

（3）见票即付、信誉高。银行本票由银行签发并保证兑付，而且见票即付，具有信誉高、支付功能强等特点。银行本票付款期限为自出票日起最长不超过2个月，超过提示付款期限不获付款的，在票据权利时效内向出票银行作出说明，并提供本人身份证或单位证明，可持银行本票向银行请求付款。

2. 银行本票结算的一般程序及账务处理

（1）企业需使用银行本票时，应填写“银行本票申请书”，填明收款人名称、申请人名称、支付金额、申请日期等事项并签章。出票银行受理银行本票申请书后，收妥款项即签发银行本票。不定额银行本票用压数机压印出票金额，出票银行在银行本票上签章后交给申请人。申请人或收款人为单位的，银行不予签发现金银行本票。付款企业将款项交存银行，由银行签发本票时，这部分款项已经具有一定的用途，属于其他货币资金，其账务处理见本章第三节其他货币资金的核算。

（2）申请人取得银行本票后，即可向填明的收款单位办理结算。

（3）收款企业在收到银行本票时，应该在提示付款时在本票背面“持票人向银行提示付款签章”处加盖预留银行印鉴，同时填写进账单，连同银行本票一起交开户银行转账，并进行账务处理，借记“银行存款”账户，贷记“应收账款”等账户。

银行本票结算的业务程序如图2-4所示。

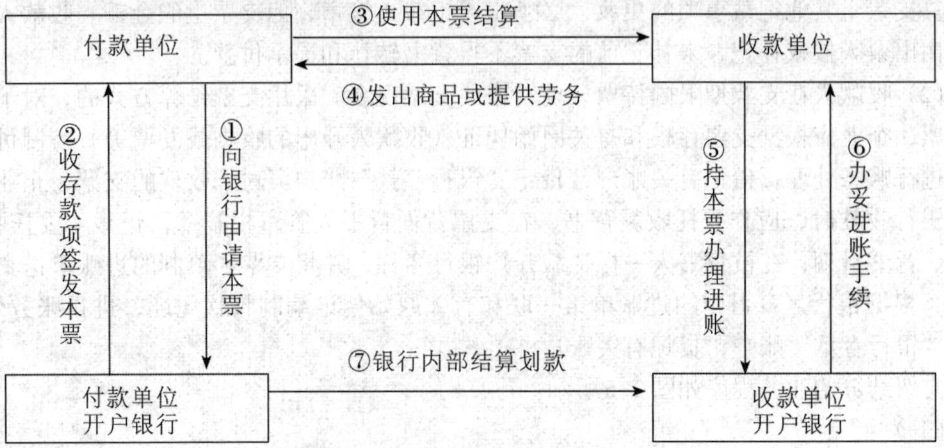

图2-4　银行本票结算的业务程序

支票

微课 2-1

“高大上”的支票

（四）支票

支票是单位或个人签发的，委托办理支票存款业务的银行在见票时无条件支付确定的金额给收款人或者持票人的票据。

1. 支票的特点

（1）适用于同城结算。单位和个人在同一票据交换区域的各种款项结算均可使用支票。

（2）有提现或转账两种方式。支票由银行统一印制，支票上印有“现金”字样的为现金支票，现金支票只能用于支取现金。支票上印有“转账”字样的为转账支票，转账支票只能用于转账。未印有“现金”或“转账”字样的为普通支票，普通支票可以用于支取现金，也可以用于转账。在普通支票左上角划两条平行线的，为划线支票，划线支票只能用于转账，不得支取现金。

（3）有严格的付款期限。支票的提示付款期限为自出票日起10日，中国人民银行另有规定的除外。超过提示付款期限的，持票人开户银行不予受理，付款人不予付款。转账支票可以根据需要在票据交换区域内背书转让。

2. 支票结算的一般程序及账务处理

（1）付款人签发支票，并将支票交给收款人。存款人领购支票，必须填写“票据和结算凭证领用单”，并加盖预留银行印鉴。存款账户结清时，必须将全部剩余空白支票交回银行注销。

企业财会部门在签发支票前，出纳人员应该认真查明银行存款的账面结余数额，防止签发空头支票。若签发空头支票，银行除退票外，还按票面金额处以5%但不低于1 000元的罚款，持票人有权要求出票人赔偿支票金额2%的赔偿金。签发支票时，应使用蓝黑墨水或碳素墨水书写，将支票上的各要素填写齐全，并在支票上加盖其预留银行印鉴。出票人预留银行的印鉴是银行审核支票付款的依据，银行也可以与出票人约定使用支付密码，作为银行审核支付支票金额的条件。支票的日期、金额收款人不得更改，更改的票据无效。支票上其他记载事项的更改，必须由原记载人签章，但支票上的金额、收款人名称可以由出票人授权补记，未补记前的支票不得背书转让和提示付款。

（2）收款人在支票期限内持票办理转账或支取现金。采用支票结算方式的，对于付款的支票，企业应根据支票存根和有关原始凭证（收款人开出的收据或发票等）编制付款凭证，进行账务处理，借记有关账户，贷记“银行存款”账户。对于收款的支票，企业委托开户银行收款时，应作委托收款背书，在支票背面背书人签章栏签章，记载“委托收款”字样、背书日期，在被背书人一栏记载开户银行名称，并将支票和填制的进账单送交开户银行，根据银行盖章退回的进账单第一联和有关原始凭证编制收款凭证，进行账务处理，借记“银行存款”账户，贷记有关账户。

支票结算的业务程序如图2-5所示。

（五）汇兑

汇兑是汇款人委托银行将款项支付给外地收款人的结算方式。

1. 汇兑的特点

（1）适用性强。汇兑适用于单位和个人的各种款项结算。

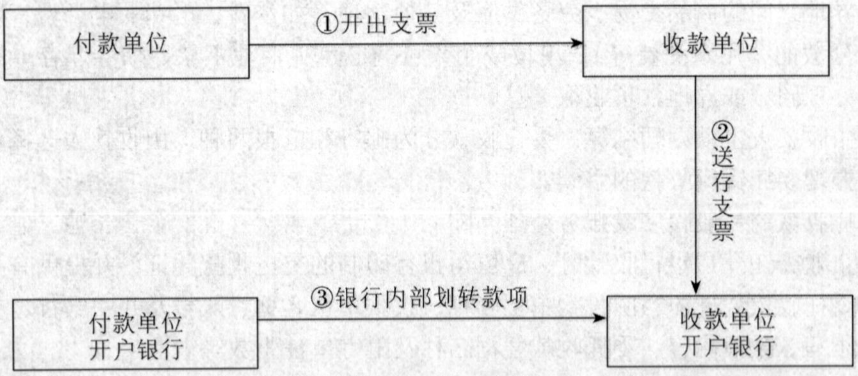

图2-5　支票结算的业务程序

（2）付款方主动结算。汇兑分为信汇与电汇两种。信汇，是指汇款人委托银行通过邮寄方式将款项划转给收款人。电汇，是指汇款人委托银行通过电报方式将款项划给收款人。这两种汇兑方式由汇款人根据需要选择使用。

（3）只适用于异地结算。汇兑结算方式适用于异地之间的各种款项结算。

2. 汇兑结算的一般程序及账务处理

（1）汇款人委托银行办理汇兑时，应填写银行印发的汇款凭证，列明收款单位名称、汇款金额及汇款用途等项目，并将所汇款额交与开户银行，委托银行将款项汇往收汇银行。汇款单位应根据汇款凭证回单联，据以进行账务处理，借记有关账户，贷记“银行存款”账户。

（2）收汇银行将汇款收进收款单位存款账户后，向收款单位发出收款通知。收款单位根据银行收款通知单进行账务处理，借记“银行存款”账户，贷记有关账户。

汇兑结算的业务程序如图2-6所示。

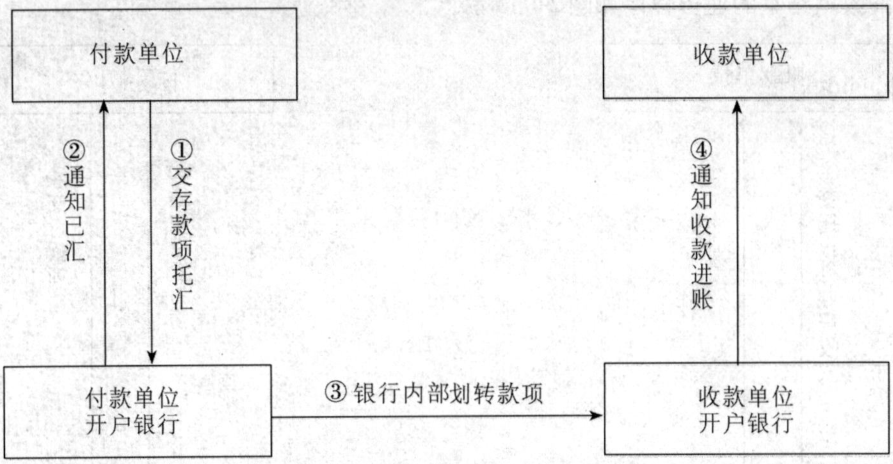

图2-6　汇兑结算的业务程序

（六）委托收款

委托收款是收款人委托银行向付款人收取款项的结算方式。

1. 委托收款的特点

（1）既适用于同城结算也适用于异地结算，适用范围广。委托收款适用于单位和个人在同城或异地之间的商品交易、劳务供应及其他款项（如水费、电费、电话费，以及付款人众多、分散的公用事业费等）。单位或个人可凭已承兑商业汇票、债券、存单等付款人债务证明办理同城或异地款项收取。

（2）由收款人主动办理结算。委托收款分为邮寄和电报两种，由收款人选择使用并主动到银行办理委托银行收款的手续。

2. 委托收款的一般程序及账务处理

（1）企业委托开户银行收款时，应填写银行印制的委托收款凭证，并提供有关的债务证明。在委托收款凭证中写明付款单位名称、收款单位名称、账号及开户银行、委托收款金额的大小写、款项内容、委托收款凭据名称及附寄单证张数等。

（2）企业的开户银行受理委托收款后，将委托收款凭证寄交付款单位开户银行。

（3）付款单位开户银行审核委托收款凭证后，通知付款单位付款。

（4）付款单位收到银行转来的委托收款凭证及债务证明，应签收并在3日内审查债务证明是否真实，是否是本单位的债务，确认之后通知银行付款。付款企业在付款期满、银行通知款项已经转账付出时，编制付款凭证，进行账务处理，借记“应付账款”等账户，贷记“银行存款”账户。

付款单位应在收到委托收款通知的次日起3日内，主动通知银行是否付款。如果不通知银行，银行视同企业同意付款，并在第4日从付款单位账户中付出这笔款项。

付款单位在3日内审查有关债务证明后，认为债务证明或与此有关的事项符合拒绝付款的规定，应出具拒绝付款理由书和委托收款凭证第五联及持有的债务证明，向银行提出拒绝付款。

（5）收款单位在接到银行收款通知时，应填制收款凭证，进行账务处理，借记“银行存款”账户，贷记“应收账款”等账户。

委托收款结算的业务程序如图2-7所示。

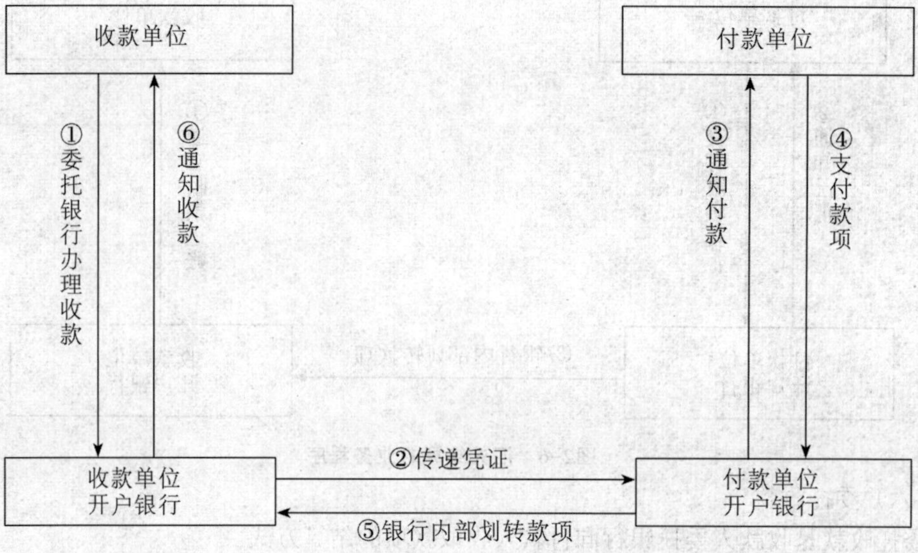

图2-7　委托收款结算的业务程序

（七）托收承付

托收承付是根据购销合同由收款人发货后委托银行向异地付款人收取款项，由付款人向银行承诺付款的结算方式。

1. 托收承付的特点

（1）有规定的使用对象。使用托收承付结算方式的收款单位和付款单位，必须是国有企业、供销合作社以及经营管理较好，并经开户银行审查同意的城乡集体所有制工业企业。办理托收承付结算的款项，必须是商品交易，以及因商品交易而产生的劳务供应的款项，代销、寄销、赊销商品的款项，不得办理托收承付结算。

托收承付款项划回方式分为邮寄和电报两种，由收款人根据需要选择使用，收款单位办理托收承付，必须具有商品发出的证件或其他证明。

（2）结算金额起点较高。托收承付结算每笔的金额起点为10 000元，新华书店系统每笔金额起点为1 000元。

（3）只适用于有购销合同的异地结算。采用托收承付结算方式时，购销双方必须签有符合《中华人民共和国民法典》的购销合同，并在合同上写明使用托收承付结算方式。

2. 托收承付结算的一般程序及账务处理

（1）销货企业按合同发货后，填写托收承付凭证，盖章后连同发运证件（如铁路、航运、公路等运输部门签发的运单、运单副本和邮局包裹回执等）或其他符合托收承付结算的有关证明和交易单证送交开户银行办理托收手续。

（2）销货企业开户银行接受委托后，将托收结算凭证回联退给企业，作为企业进行账务处理的依据，并将其他结算凭证寄往购货企业开户银行，由购货企业开户银行通知购货企业承诺付款。

（3）购货企业收到托收承付结算凭证和所附单据后，应立即审核是否符合订货合同的规定。按照《支付结算办法》的规定，承付货款分为验单付款与验货付款两种，在双方签订合同时约定。

验单付款是购货企业根据经济合同对银行转来的托收承付结算凭证、发票账单、托运单及代垫运杂费等单据进行审查无误后，即可承诺付款。验单付款的承付期为3日，从付款人开户银行发出承付通知的次日算起（承付期内遇法定休假日顺延）。购货企业若在承付期内未向银行表示拒绝付款，银行即视作承付，并在承付期满的次日上午银行开始营业时，将款项主动从付款人的账户中划出，按照销货企业指定的划款方式，划给销货企业。

验货付款是购货企业待货物运达企业，经检验与合同完全相符后才承诺付款。验货付款的承付期为10日，从运输部门向购货企业发出提货通知的次日算起。承付期内购货企业未表示拒绝付款的，银行视为同意承付，于10日期满的次日上午银行开始营业时，将款项划给收款人。为满足购货企业组织验货的需要，对收付双方在合同中明确规定，并在托收凭证上注明验货付款期限的，银行从其规定。

购货企业承诺付款，根据托收结算凭证和所附的发票单、运单等单据，编制付款凭证，进行账务处理，借记“材料采购”“在途物资”“原材料”“应交税费——应交增值税（进项税额）”等账户，贷记“银行存款”账户。

如果购货企业在承付期内发现有下列情况，可向银行提出全部或部分拒绝付款：①未签订合同或合同中未写明托收承付结算方式的款项；②未经双方事先达成协议，收款人提前交货或逾期交货且付款人不再需要该货物的款项；③未按合同规定的到货地址发货的款项；④代销、寄销、赊销商品的款项；⑤验单付款，发现所列货物的品种、规格、数量、价格与合同不符的款项；⑥验货付款，经查验货物与合同规定或发货清单不符的款项；⑦货款已经支付或计算有错误的款项。

购货企业提出拒绝付款时，必须填写“拒绝付款理由书”，注明拒绝付款理由，涉及合同规定的应引证合同上的有关条款。属于商品质量问题，需要提供质量问题的证明及其有关数量的记录；属于外贸部门进口商品，应当提供国家商品检验或运输等部门出具的证明，向开户银行办理拒付手续。

银行同意部分或全部拒绝付款的，应在拒绝付款理由书上签注意见，并将拒绝付款理由书、拒付证明、拒付商品清单和有关单证邮寄收款人开户银行转交销货企业。

（4）销货企业收到银行转来的收款通知单后，根据托收承付结算凭证的回单联及有关单据，编制收款凭证，进行账务处理，借记“银行存款”账户，贷记“应收账款”账户。

托收承付结算的业务程序如图2-8所示。

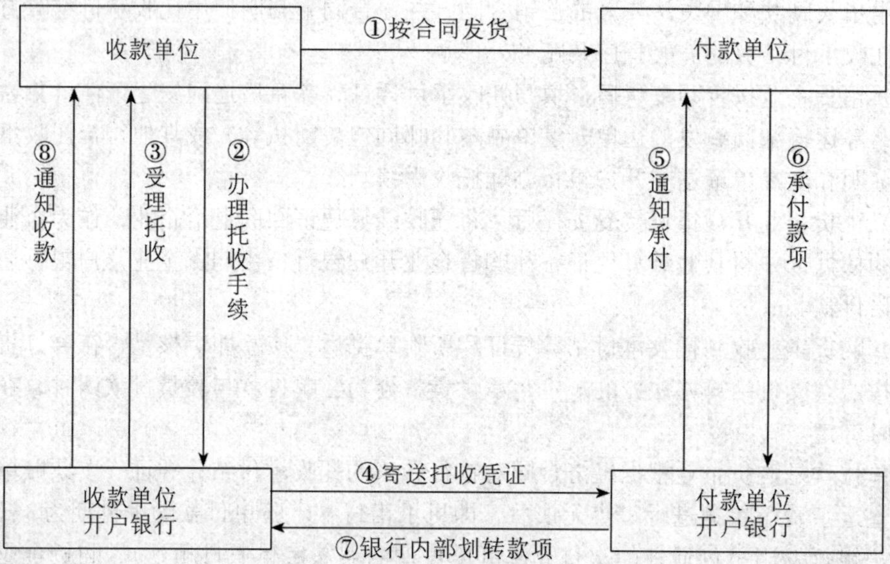

图2-8　托收承付结算的业务程序

信用证

（八）信用证

信用证结算方式是国际结算的一种主要方式，是银行用以保证买方或进口方有支付能力的凭证。在国际贸易活动中，买卖双方可能互不信任，买方担心预付款后，卖方不按合同要求发货；卖方也担心在发货或提交货运单据后买方不付款。因此，需要两家银行作为买卖双方的保证人，代为收款交单，以银行信用代替商业信用。银行在这一活动中所使用的工具就是信用证。信用证是银行有条件保证付款的证书，按照这种结算方式的一般规定，买方先将货款交存银行，由银行开立信用证，通知异地卖方开户行转告卖方，卖方按合同和信用证规定的条款发货，银行代买方付款。经中国人民银行批准经营结算业务的商业银行总行以及经商业银行总行批准开办信用证结算业务的分支机构，也可以办理国内企业之间商品交易的信用证结算业务。

（九）信用卡

信用卡是商业银行向个人和单位发行的，凭以向特约单位购物、消费和向银行存取现金，且具有消费信用的特制载体卡片。

信用卡

微课2-2

“大话”信用卡

1. 信用卡的特点

（1）形式多样。信用卡按使用对象分为单位卡和个人卡；按信誉等级分为金卡和普通卡。

凡在中国境内金融机构开立基本存款账户的单位可申请单位卡。单位卡账户的资金一律从其基本存款账户转账存入，在使用过程中，需要向其账户续存资金的，也一律从其基本存款账户转账存入，不得交存现金，不得将销货收入的款项存入其账户。单位卡一律不得用于10万元以上的商品交易、劳务供应款项的结算，不得支取现金。

（2）允许善意透支。信用卡在规定的期限和限额内允许善意透支，透支额金卡不得超过10 000元，普通卡最高不得超过5 000元，透支期限最长为60日。透支利息，自签单日或银行记账日起15日内按日息万分之五计算，超过15日按日息万分之十计算，超过30日或透支金额超过规定限额，按日息万分之十五计算。透支计息不分段，按最后期限或最高透支额的最高利率档次计息。超过规定限额或规定期限，并且经发卡银行催收无效的透支行为称为恶意透支。持卡人使用信用卡不得发生恶意透支，严禁将单位的款项存入个人卡账户。

2. 信用卡申领、使用的一般程序及账务处理

（1）单位或个人申领信用卡，应按规定填制申请表，连同有关资料一起送交发卡银行，符合条件并按银行要求交存一定金额的备用金后，银行为申领人开立信用卡存款账户，并发给信用卡。

由于企业为取得信用卡而交存的这部分备用金已经具有特定用途，属于其他货币资金，因此企业取得信用卡时，应根据银行有关凭证，借记“其他货币资金——信用卡”账户，贷记“银行存款”账户。

（2）企业在特约单位使用信用卡付款时，由特约单位在签购单上压卡，填写实际结算金额、用途、持卡人身份证号码、特约单位名称和编号。如果超过支付限额，则由特约方向发卡银行索权并填写授权号码。签购单由持卡人签名确认。

企业应根据特约单位退还的信用卡签购单第一联和发票等原始凭证进行账务处理，借记有关费用账户，贷记“其他货币资金——信用卡”等账户。

如果信用卡丢失，持卡人应立即持有效证明，并按规定提供有关情况说明书，向发卡银行或代办银行申请挂失。

信用卡结算的业务程序如图2-9所示。

三、银行存款收付业务的账务处理

企业对于银行存款的收支业务，应进行总分类核算和序时核算，即设置银行存款总分类账和银行存款日记账。银行存款总分类账由不从事出纳的会计人员登记，会计人员应当根据企业在不同的结算方式下有关的原始凭证编制银行存款收付凭证，并进行相应的会计处理。银行存款日记账由出纳人员登记，并做到日清月结。

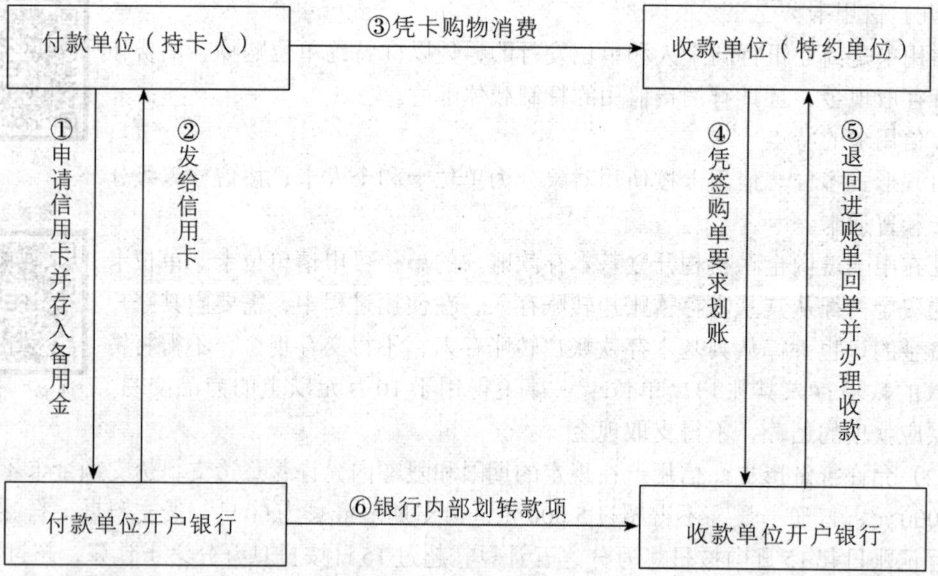

图2-9　信用卡结算的业务程序

企业将款项存入银行等金融机构时，借记“银行存款”账户，贷记“库存现金”“主营业务收入”“应交税费”等有关账户；提取或支付在银行等金融机构中的存款时，借记“库存现金”“管理费用”等账户，贷记“银行存款”等账户。

四、银行存款的核对

（一）银行存款的核对方法

为了准确反映银行存款的实际金额，防止银行存款账目发生差错，《企业会计制度》规定，银行存款的账面余额应当与银行对账单定期核对，并按月编制银行存款余额调节表。

银行存款日记账的核对主要包括三个环节：一是银行存款日记账与银行存款收、付款凭证要相互核对，做到账证相符；二是银行存款日记账与银行存款总账互相核对，做到账账相符；三是银行存款日记账与银行开出的对账单互相核对，做到账实相符。银行存款日记账与银行出具的“银行对账单”应逐笔核对，核对时如发现双方余额不一致，要及时查找原因。属于企业本身记账差错的，应立即更正；属于银行差错的，应通知银行更正。除记账错误外，还可能是由未达账项造成的。

所谓未达账项，是指企业与银行之间，由于凭证传递上的时间差，一方已登记入账，而另一方尚未入账的款项。未达账项具体包括以下四种情况：

（1）银行已收款记账而企业尚未接到收款通知，因而尚未记账的款项，如托收货款和银行支付给企业的存款利息。

（2）银行已付款记账而企业尚未收到付款通知，因而尚未记账的款项，如银行代企业支付的公用事业费用和银行向企业收取的借款利息等。

（3）企业已收款记账而银行尚未办妥入账手续的款项，如企业将收到的转账支票送存银行。

（4）企业已付款记账而银行尚未支付入账的款项，如企业开出转账支票，对方尚未到银行办理转账手续的款项。

（二）银行存款余额调节表的编制

在核对银行存款账目的过程中，对于发现的未达账项，应采用余额调节法编制“银行存款余额调节表”进行调节。余额调节法的调节原则是：在双方所记存款期末余额的基础上，调整各自的未达账项。若为银行方未入账，则调整银行对账单的余额；若为企业方未入账，则调整企业银行存款日记账的余额。

【例2-5】甲公司2×23年12月31日银行存款日记账的余额为28 256元，银行转来对账单的余额为26 926元。经逐笔核对，发现以下未达账项：

（1）12月30日，公司开出支票3 510元预付货款，持票人尚未到银行办理转账，银行尚未登记入账。

（2）12月31日，公司送存销货所得支票4 680元，银行尚未登记到公司存款账户中。

（3）12月31日，公司委托银行收取押金140元，银行已收妥入账，公司未接到银行的收款通知，尚未登记入账。

（4）12月31日，公司委托银行支付水费300元，银行已付妥入账，公司未接到银行的付款通知，尚未登记入账。

根据上述资料，可编制银行存款余额调节表，见表2-1。

表2-1　**银行存款余额调节表**　单位：元

项　目	金额	项　目	金额
企业银行存款日记账余额	28 256	银行对账单余额	26 926
加： 银行已收企业未收款项	140	加： 企业已收银行未收款项	4 680
减： 银行已付企业未付款项	300	减： 企业已付银行未付款项	3 510
调整后的余额	28 096	调整后的余额	28 096

经过上述调整后的银行存款余额，表示企业可动用的银行存款数额。需要注意的是，银行存款余额调节表主要用来核对企业与银行双方的记账有无差错，不能作为记账依据。对于未达账项，无须作账面调整，待结算凭证到达后再进行账务处理，登记入账。

调节后，如果企业与银行双方账面余额相等，一般说明双方记账没有错误；如果双方账面余额不相等，则表明记账有差错，需要进一步查对，找出原因，更正错误的记录。

第三节　其他货币资金的核算

其他货币资金，是指企业除库存现金、银行存款以外的各种货币资金，主要包括外埠存款、银行汇票存款、银行本票存款、信用卡存款、信用证保证金存款、存出投资款等。

一、外埠存款

外埠存款，是指企业到外地进行临时或零星采购时，汇往采购地银行开立采购专户的款项。

企业将款项汇往外地时，应填写汇款委托书，委托开户银行办理汇款。汇入地银行以汇款单位名义开立临时采购账户，该账户的存款不计利息、只付不收、付完清户，除了采购人员可从中提取少量现金外，一律采用转账结算。

企业将款项汇往外地开立采购专用账户时，根据汇出款项凭证，编制付款凭证，进行账务处理，借记“其他货币资金——外埠存款”账户，贷记“银行存款”账户；收到采购人员转来供应单位发票账单等报销凭证时，借记“材料采购”“原材料”“库存商品”“应交税费——应交增值税（进项税额）”等账户，贷记“其他货币资金——外埠存款”账户；采购完毕收回剩余款项时，根据银行的收账通知，借记“银行存款”账户，贷记“其他货币资金——外埠存款”账户。

【例2-6】甲公司2×23年12月18日因临时采购需要，将款项20 000元汇往在外地设立的临时账户。7天后收到采购员汇来的发票、运单，注明货款10 000元，增值税进项税额1 300元，共计11 300元，余款退回，收妥入账。

（1）款项汇往在外地设立的临时采购专户时，根据有关原始凭证，编制如下会计分录：

借：其他货币资金——外埠存款　　20 000
　贷：银行存款　　20 000

（2）收到发票和运单时，根据有关原始凭证，编制如下会计分录：

借：在途物资　　10 000
　　应交税费——应交增值税（进项税额）　　1 300
　贷：其他货币资金——外埠存款　　11 300

（3）余款收回时，根据有关原始凭证，编制如下会计分录：

借：银行存款　　8 700
　贷：其他货币资金——外埠存款　　8 700

二、银行汇票存款

银行汇票存款，是指企业为取得银行汇票，按照规定存入银行的款项。

企业向银行提交“银行汇票委托书”并将款项交存银行，取得汇票后，根据银行盖章退回的委托书存根联，编制付款凭证，借记“其他货币资金——银行汇票”账户，贷记“银行存款”账户。

企业使用银行汇票付款后，应根据发票账单及开户行转来的银行汇票有关副联等凭证，经核对无误后编制会计分录，借记“材料采购”“在途物资”“原材料”“应交税费——应交增值税（进项税额）”等账户，贷记“其他货币资金——银行汇票”账户。

如实际采购支付后银行汇票有余额，多余部分应借记“银行存款”账户，贷记“其他货币资金——银行汇票”账户。汇票因超过付款期限或其他原因未曾使用而退还款项时，应借记“银行存款”账户，贷记“其他货币资金——银行汇票”账户。

【例2-7】2×23年12月5日，甲公司为采购一批材料，申请银行汇票，金额为100 000元，银行已受理。

（1）根据银行汇票申请书存根联，编制如下会计分录：

借：其他货币资金——银行汇票　　100 000
　贷：银行存款　　100 000

（2）12月7日，向飞达公司购进材料，货款80 000元，应交增值税10 400元，甲公司以上述银行汇票付讫，材料已入库。根据收料单和收到的发票，编制如下会计分录：

借：原材料　80 000
　应交税费——应交增值税（进项税额）　10 400
　贷：其他货币资金——银行汇票　90 400

（3）12月9日，银行转来银行汇票存款多余款收账通知，金额9 600元。根据收账通知，编制如下会计分录：

借：银行存款　9 600
　贷：其他货币资金——银行汇票　9 600

三、银行本票存款

银行本票存款，是指企业为取得银行本票，按照规定存入银行的款项。

企业向银行提交"银行本票申请书"并将款项交存银行，取得银行本票时，应根据银行盖章退回的申请书存根联，编制付款凭证，借记"其他货币资金——银行本票"账户，贷记"银行存款"账户。

企业用银行本票支付购货款等款项后，应根据发票账单等有关凭证，借记"材料采购""在途物资""原材料""应交税费——应交增值税（进项税额）"等账户，贷记"其他货币资金——银行本票"账户。

当企业因本票超过付款期等原因未曾使用而要求银行退款时，应填制一式二联进账单，连同本票一起交给银行，然后根据银行转回本票时盖章退回的一联进账单，借记"银行存款"账户，贷记"其他货币资金——银行本票"账户。

【例2-8】2×23年12月25日，甲公司为采购一批材料，申请银行本票，金额为30 000元，银行受理。

（1）根据银行本票申请书存根联，编制如下会计分录：

借：其他货币资金——银行本票　30 000
　贷：银行存款　30 000

（2）12月26日，向飞达公司购进材料，货款20 000元，应交增值税2 600元，甲公司以上述银行本票付讫。材料已入库。根据收料单和收到的发票，编制如下会计分录：

借：原材料　20 000
　应交税费——应交增值税（进项税额）　2 600
　贷：其他货币资金——银行本票　22 600

（3）12月28日，银行转来银行本票存款多余款收账通知，金额7 400元。根据收账通知，编制如下会计分录：

借：银行存款　7 400
　贷：其他货币资金——银行本票　7 400

四、信用卡存款

信用卡存款，是指企业为取得信用卡按照规定存入银行信用卡专户的款项。企业向银行申请取得信用卡，应按规定填制申请表，连同支票和有关资料一并送交发卡银行，根据银行盖章退回的进账单第一联，借记"其他货币资金——信用卡"账户，贷记"银行存款"账户。

企业用信用卡购物或支付有关费用，借记"材料采购""在途物资""原材料""应交税费——应交增值税（进项税额）”“管理费用”等账户，贷记“其他货币资金——信用卡”账户。

企业信用卡在使用过程中，需要向其账户续存资金的，借记“其他货币资金——信用卡”账户，贷记“银行存款”账户。有信用卡业务的企业应当按开出信用卡的银行和信用卡种类设置明细账。

【例2-9】甲公司在银行申请领用信用卡，按要求于3月8日向银行交存备用金60 000元。3月10日使用信用卡支付2月份的电话费5 000元。

（1）存入备用金开立信用卡时，根据有关原始凭证，编制如下会计分录：

借：其他货币资金——信用卡	60 000	
贷：银行存款		60 000

（2）支付电话费时，根据有关原始凭证，编制如下会计分录：

借：管理费用	5 000	
贷：其他货币资金——信用卡		5 000

五、信用证保证金存款

信用证保证金存款，是指企业为取得信用证按规定存入银行的保证金。

企业向银行申请开立信用证，应按规定向银行提交开证申请书、信用证申请人承诺书和购销合同。企业向银行交付保证金后，根据银行退回的进账单第一联，借记“其他货币资金——信用证保证金”账户，贷记“银行存款”账户。

根据开证银行交来的信用证来单通知书及有关单据列明的金额，借记“材料采购”“原材料”“库存商品”“应交税费——应交增值税（进项税额）”等账户，贷记“其他货币资金——信用证保证金”和“银行存款”账户。

【例2-10】2×23年12月12日，甲公司为从国外进口一批材料，填制并向中国银行提交开证申请书、信用证申请人承诺书和购销合同，银行受理后，存入信用证保证金2 000 000元。

（1）根据进账单第一联，编制如下会计分录：

借：其他货币资金——信用证保证金	2 000 000	
贷：银行存款		2 000 000

（2）12月25日，向国外乙公司购进材料，货款折合人民币2 000 000元，以信用证保证金付讫，以银行存款支付增值税进项税额260 000元，关税100 000元，材料已入库。根据收料单和收到的发票、运单等，编制如下会计分录：

借：原材料	2 100 000	
应交税费——应交增值税（进项税额）	260 000	
贷：其他货币资金——信用证保证金		2 000 000
银行存款		360 000

六、存出投资款

存出投资款，是指企业已存入证券公司但尚未进行短期投资的资金。企业向证券公司划出资金时，应按实际划出的金额，借记“其他货币资金——存出投资款”账户，贷记“银行存款”账户；购买股票、债券时，按实际发生的金额，借记“交易性金融资产”账户，贷记“其他货币资金——存出投资款”账户。

【例2-11】甲公司2×23年12月16日向乙证券公司划出款项1 000 000元，拟进行短期投资。

（1）根据划款支付凭证，编制如下会计分录：

借：其他货币资金——存出投资款　1 000 000

　贷：银行存款　1 000 000

（2）12月20日，甲公司买进某公司股票60 000股，投资成本960 000元，以存出投资款支付，根据乙证券公司的账务对账单，编制如下会计分录：

借：交易性金融资产　960 000

　贷：其他货币资金——存出投资款　960 000

剩余的“其他货币资金——存出投资款”可以继续购买其他证券。

第四节　应收及预付款项的核算

应收及预付款项，是指企业在日常生产经营过程中发生的各项债权，包括应收款项和预付款项。应收款项包括应收票据、应收账款和其他应收款等。预付款项，是指企业因购买商品或劳务等而预先支付给有关单位的款项，如预付账款等。

一、应收票据

（一）概述

1.概念

应收票据，是指企业在采用商业汇票结算方式时，因销售商品、提供劳务而收到的商业汇票。商业汇票，是指收款人或付款人（或承兑申请人）签发，由承兑人承兑，并于到期日向收款人或被背书人支付款项的票据，它是交易双方以商业购销业务为基础而使用的一种信用凭证。

2.种类

商业汇票按其承兑人的不同，可分为商业承兑汇票和银行承兑汇票。商业承兑汇票，是指由收款人签发，经付款人承兑，或由付款人签发并承兑的票据。银行承兑汇票，是指由收款人或承兑申请人签发，并由承兑申请人向其开户银行申请，经银行审查同意承兑的票据。

商业汇票按是否计息可分为不带息商业汇票和带息商业汇票。不带息商业汇票，是指商业汇票到期时，承兑人只按票面金额（即面值）向收款人或被背书人支付款项的汇票。带息商业汇票，是指商业汇票到期时，承兑人必须按票面金额加上应计利息向收款人或被背书人支付票款的票据。

（二）应收票据的计价

我国商业票据的期限一般较短（最长不超过6个月），用现值记账不但计算麻烦而且其折价还要逐期摊销，过于烦琐。因此，应收票据一般按其面值计价，即企业收到应收票据时，应按照票据的面值入账。但对于带息的应收票据，按照《企业会计制度》的规定，应于期末（即中期期末和年度终了）按应收票据的票面价值和确定的利率计提利息，计提的利息应增加应收票据的账面价值。

（三）带息应收票据利息的计算及票据到期日

带息票据的利息，对于收款人来说是一种收入，对付款人来说是一种费用。应收票据的利息计算公式如下：

应收票据利息=应收票据票面金额×利率×期限

上式中，利率一般以年利率表示；"期限"指签发日至到期日的时间间隔（有效期）。票据的期限有按月表示和按日表示两种，在实际业务中，为了计算方便，常把1年定为360天。

票据期限若是按月表示，应以到期月份中与出票日相同的那一天作为到期日。月末签发的票据，无论月份大小，以到期月份的月末一天为到期日。例如，出票日为3月6日，期限为4个月的票据，其到期日应为7月6日；出票日为4月30日，期限为3个月的票据，其到期日应为7月31日。与此同时，计算利息使用的利率要换算成月利率（年利率÷12）。

票据期限若是按日表示，到期日应从出票日起按实际经历天数计算。但出票日和到期日只能算其中的一天，即"算头不算尾"或"算尾不算头"。例如，出票日为8月1日，期限为80天的票据，其到期日应为10月20日，即8月份31天，9月份30天，10月份19天（10月20日不算）。与此同时，计算利息使用的利率，要换算成日利率（年利率÷360）。

（四）应收票据一般业务的账务处理

1. 应收票据核算的账户设置

为了反映和监督企业应收票据的取得和回收情况，企业应设置"应收票据"账户进行核算。"应收票据"账户是资产类账户，借方登记应收票据的票面金额及按期确认的应计利息，贷方登记背书转让或到期收回，或因未能收回票款而转作应收账款的应收票据账面金额，期末借方余额反映未到期应收票据的票面金额及已计提利息。企业应当按照开出、承兑商业汇票的单位进行明细核算。

2. 账务处理

（1）不带息应收票据。

不带息票据的到期价值等于应收票据的面值。企业应当设立"应收票据"账户核算应收票据的票面金额，当企业收到应收票据时，借记"应收票据"账户，贷记"应收账款""主营业务收入"等账户。应收票据到期收回时，按其票面金额，借记"银行存款"账户，贷记"应收票据"账户。商业承兑汇票到期，承兑人违约拒付或无力偿还票款，收款企业应将到期票据的票面金额转入"应收账款"账户。

【例2-12】甲公司向乙公司销售产品一批，货款为100 000元，尚未收到，已办妥托收手续，适用的增值税税率为13%。

（1）根据有关原始凭证，编制如下会计分录：

借：应收账款	113 000	
贷：主营业务收入		100 000
应交税费——应交增值税（销项税额）		13 000

（2）10日后，甲公司收到乙公司寄来的一张3个月的不带息商业承兑汇票，面值为113 000元，抵付产品货款。根据有关原始凭证，编制如下会计分录：

借：应收票据	113 000	
贷：应收账款		113 000

(3) 3个月后，应收票据到期收回票面金额113 000元存入银行，根据有关原始凭证，编制如下会计分录：

借：银行存款 113 000

贷：应收票据 113 000

(4) 如果该票据到期，乙公司无力偿还票款，甲公司应将到期票据的票面金额转入“应收账款”账户，根据有关原始凭证，编制如下会计分录：

借：应收账款 113 000

贷：应收票据 113 000

(2) 带息应收票据。

企业收到带息应收票据时，同样借记“应收票据”账户，贷记“应收账款”“主营业务收入”等账户。带息的应收票据到期收回款项时，应按收到的本息，借记“银行存款”账户，按账面价值，贷记“应收票据”账户，按其差额，贷记“财务费用”账户。商业承兑汇票到期，承兑人违约拒付或无力偿还票款，收款企业仍将到期票据的相关金额转入“应收账款”账户。

【例2-13】甲公司于2×23年11月1日收到丙公司当日开出的商业承兑汇票一张以抵所欠货款，面值100 000元，年利率6%，期限3个月。

(1) 11月1日，收到票据时，根据有关原始凭证，编制如下会计分录：

借：应收票据 100 000

贷：应收账款 100 000

(2) 12月31日，计息时，根据有关原始凭证，编制如下会计分录：

借：应收票据 1 000

贷：财务费用 1 000

(3) 2×24年2月1日，票据到期收款时，根据有关原始凭证，编制如下会计分录：

到期值=100 000+100 000×6%÷12×3=101 500（元）

借：银行存款 101 500

贷：应收票据 101 000

财务费用 500

(4) 假设2月1日，丙公司无力支付款项，根据有关原始凭证，编制如下会计分录：

借：应收账款 101 500

贷：应收票据 101 000

财务费用 500

(五) 应收票据的贴现

1. 应收票据贴现的概念

企业持有的应收票据在到期前，如果出现资金短缺，可以持未到期的商业汇票向其开户银行申请贴现，以便获得所需资金。贴现，是指票据持有人将未到期的票据在背书后送交银行，银行受理后从票据到期值中扣除按银行贴现率计算确定的贴现利息，然后将余额付给持票人，作为银行对企业的短期贷款。可见，票据贴现实质上是企业融通资金的一种形式。

在我国，商业汇票的持票人向银行办理贴现必须具备下列条件：在银行开立存款账户的企业法人以及其他组织；与出票人或者直接前手之间具有真实的商品交易关系；提供与其前手之间的增值税发票和商品发运单据复印件。

2. 应收票据到期值、贴现息和贴现所得净额的计算

票据贴现的有关计算公式如下：

应收票据到期值=应收票据票面金额×（1+年利率×票据到期天数÷360）

=应收票据票面金额×（1+年利率×票据到期月数÷12）

对无息票据来说，票据的到期值就是其面值。

贴现息=票据到期值×贴现率×贴现期

贴现期=贴现日至票据到期日实际天数-1

贴现所得净额=票据到期值-贴现息

按照中国人民银行《支付结算办法》的规定，实付贴现金额按到期价值扣除贴现日至汇票到期前一日的利息计算。承兑人在异地的贴现利息的计算应另加3天的划款期限。

3. 应收票据贴现的账务处理

应收票据的贴现根据票据的风险是否转移分为两种情况：一种带追索权，贴现企业在法律上负连带责任；另一种不带追索权，企业将应收票据上的风险和未来经济利益全部转让给银行。下面分别介绍这两种不同形式的贴现。

（1）带追索权的票据贴现。

企业在销售商品、提供劳务以后，以取得的应收账款等应收债权向银行等金融机构申请贴现，如企业与银行等金融机构签订的协议中规定，在贴现的应收债权到期，债务人未按期偿还时，申请贴现的企业负有向银行等金融机构还款的责任。根据实质重于形式的原则，该类协议从实质上看，与所贴现应收债权有关的风险和报酬并未转移，应收债权可能产生的风险仍由申请贴现的企业承担，属于以应收债权为质押取得的借款，申请贴现的企业应按照以应收债权为质押取得借款的规定进行会计处理。

贴现时的基本会计处理应为：根据贴现所得金额借记“银行存款”账户，根据应收票据的到期值贷记“短期借款”账户，根据贴现息的金额借记“财务费用”账户。

【例2-14】企业收到购货单位交来2×23年12月31日签发的不带息商业票据一张，金额900 000元，承兑期限5个月。2×24年1月31日企业持汇票向银行申请贴现，带追索权，年贴现率为5%。

票据到期值=900 000元

贴现息=900 000× 5%× 4÷12=15 000（元）

贴现净额=900 000-15 000= 885 000（元）

借：银行存款	885 000	
财务费用	15 000	
贷：短期借款		900 000

上例若为带息票据，票面利率为4%。其余条件相同。

带息应收票据应于期末（即中期期末和年度终了）按应收票据的面值和票面利率计提利息，增加应收票据的账面余额。

其基本会计处理应为：

2×24年1月31日期末计提利息时：

借：应收票据　3 000

　贷：财务费用　3 000

票据到期值=900 000×（1+4%×5÷12）= 915 000（元）

贴现息=915 000×5%×4÷12 = 15 250（元）

贴现净额=915 000 −15 250 = 899 750（元）

借：银行存款　899 750

　　财务费用　15 250

　贷：短期借款　915 000

（2）不带追索权的票据贴现。

如果企业与银行等金融机构签订的协议中规定，在贴现的应收债权到期，债务人未按期偿还，申请贴现的企业不负有任何偿还责任时，应视同应收债权的出售。

企业将应收票据上的风险和未来经济利益全部转让给银行，冲减应收票据的账面价值，应收票据贴现值（即贴现所得金额）与账面价值的差额记入“财务费用”账户（可能在借方，也可能在贷方）。对已贴现的不带追索权的商业汇票到期，因贴现企业不承担连带偿付责任，不作任何会计处理。

贴现时的基本会计处理应为：根据贴现所得金额借记“银行存款”账户，根据应收票据的账面价值贷记“应收票据”账户，根据贴现所得金额与账面价值的差额借记或贷记“财务费用”账户。

【例2-15】接【例2-14】，企业收到购货单位交来2×23年12月31日签发的带息商业票据一张，票面利率4%，金额900 000元，承兑期限5个月。不带追索权，2×24年1月31日企业持汇票向银行申请贴现，年贴现率为5%。

票据到期值=900 000 ×（1+ 4%×5÷12）=915 000（元）

贴现息=915 000×5%×4÷12=15 250（元）

贴现净额=915 000−15 250=899 750（元）

2×24年1月31日期末计提利息时：

借：应收票据　3 000

　贷：财务费用　3 000

贴现时：

借：银行存款　899 750

　　财务费用　3 250

　贷：应收票据　903 000

二、应收账款

（一）应收账款的确认

应收账款，是指企业因销售商品、产品或提供劳务而形成的债权。具体说来，应收账款是指企业因销售商品、产品或提供劳务等业务应向购货企业或接受劳务的企业收取的款项，包括买价、增值税税额及代购货单位垫付的包装费、运杂费等。

会计上所指的应收账款有其特定的范围：

（1）应收账款是因销售活动形成的债权，不包括应收职工欠款、应收债务人的利息等其他应收款。

（2）应收账款是流动资产性质的债权，不包括长期的债权，如因销售商品、提供劳务形成的属于长期应收款等。

（3）应收账款是本企业应收客户的款项，不包括本企业付出的各类存出保证金，如投标保证金和租入包装物保证金等。

（二）应收账款的初始计量

应收账款通常是由企业赊销活动所引起的。因此，应收账款的确认时间与收入的确认标准密切相关，应收账款应于收入实现时确认。

应收账款的计价，是指应收账款入账金额的确认。通常情况下，应收账款应按买卖双方成交时的实际金额计价入账。但是，在商业活动中由于存在商业折扣、现金折扣、销货退回与折让等情况，交换价格会发生变动，从而影响应收账款价值的确定。

1. 商业折扣

商业折扣是指企业根据市场供需情况，或针对不同的顾客，在商品标价上给予的扣除。

商业折扣是企业最常用的促销手段。企业为了扩大销售、占领市场，对于批发商往往给予商业折扣，采用销量越多、价格越低的促销策略，即通常所说的“薄利多销”。对于季节性的商品，在销售的淡季，为了扩大销售，企业通常采用商业折扣的方式。但也并非完全如此，在市场竞争日益激烈的情况下，企业也往往利用人们的消费心理，即使在销售的旺季也把商业折扣作为一种常用的促销竞争手段。

商业折扣一般在交易发生时即已确定，它仅仅是确定实际销售价格的一种手段，不需在买卖双方任何一方的账上反映，因此商业折扣对应收账款的入账价值没有什么实质性的影响。在存在商业折扣的情况下，企业应收账款入账金额应按扣除商业折扣以后的实际售价确认。

2. 现金折扣

现金折扣又称销货折扣，是指企业为了鼓励客户在一定时期内早日付款而给予的价格优惠，折扣的多少由客户付款的早晚决定。它通常表示为“2/10，1/20，N/30”，即10日内付款，可享受2%的折扣；20日内付款，可享受1%的折扣；超过20日付款，则无折扣；30日为最长信用期。

企业在销售商品时给予客户的现金折扣，应当按照《企业会计准则第14号——收入》（财会〔2017〕22号）中关于可变对价的相关规定进行会计处理。即在确认销售收入时，要预估现金折扣发生的比例，并相应扣除后确认收入，再结合实际发生的现金折扣，来调整收入确认的金额。

（三）应收账款的账务处理

1. 账户设置

为总括反映和监督企业应收账款的发生和收回情况，企业应设置“应收账款”账户进行总分类核算。“应收账款”账户属于资产类账户，核算企业因销售商品、对外提供劳务等业务应向购货单位或接受劳务的单位收取的款项。借方登记赊销时发生的应收账款金额，贷方登记客户归还的，或已结转坏账损失，或转作商业汇票结算方式的应收账款金额。该账户应按对方单位名称设置明细账户，进行明细核算。预收货款不多的企业，为简化核算，也可不设“预收账款”账户，而将预收货款业务直接记入“应收账款”账户。

因销售商品、提供劳务等，合同或协议价款的收取采用递延方式、实质上具有融资性质的，在“长期应收款”账户核算，不在该账户核算。

2. 账务处理

企业发生应收账款时，按应收金额，借记“应收账款”账户，按实现的营业收入，贷记“主营业务收入”等账户，按专用发票上注明的增值税税额，贷记“应交税费——应交增值税（销项税额）”账户。收回应收账款时，借记“银行存款”等账户，贷记“应收账款”账户。代购货单位垫付包装费、运杂费时，借记“应收账款”账户，贷记“银行存款”等账户。收回代垫的费用时，借记“银行存款”账户，贷记“应收账款”账户。

（1）无任何折扣。企业发生的应收账款，在没有商业折扣的情况下，按应收的全部金额入账。

【例2-16】甲服装厂销售给某商场一批服装，价值总计100 000元，适用的增值税税率为13%，代购货单位垫付运杂费2 000元，已办妥委托银行收款手续。

（1）销售商品时，根据有关原始凭证，编制如下会计分录：

借：应收账款　115 000

　贷：主营业务收入　100 000

　　　应交税费——应交增值税（销项税额）　13 000

　　　银行存款　2 000

（2）收到货款时，根据有关原始凭证，编制如下会计分录：

借：银行存款　115 000

　贷：应收账款　115 000

（2）只有商业折扣。企业发生的应收账款，在只有商业折扣的情况下，应按扣除商业折扣后的金额入账。

【例2-17】甲公司销售一批产品，按价目表标明的价格计算，金额为20 000元，由于是成批销售，销货企业给购货企业10%的商业折扣，销货企业应收账款的入账金额为18 000元，适用的增值税税率为13%。

（1）销售商品时，根据有关原始凭证，编制如下会计分录：

借：应收账款　20 340

　贷：主营业务收入　18 000

　　　应交税费——应交增值税（销项税额）　2 340

（2）收到货款时，根据有关原始凭证，编制如下会计分录：

借：银行存款　20 340

　贷：应收账款　20 340

（3）只有现金折扣。企业在销售商品时给予客户的现金折扣属于可变对价的情形。若合同中存在可变对价，企业应当对计入交易价格的可变对价进行估计。企业应当按照期望值或最可能发生金额确定可变对价的最佳估计数。

【例2-18】甲公司为增值税一般纳税人，2×22年9月1日销售A商品5 000件并开具增值税专用发票，每件商品的售价为200元（不含增值税），A商品适用的增值税税率为

13%；每件商品的实际成本为120元；在销售合同中规定现金折扣条件为“2/20，N/30”，且计算现金折扣时不考虑增值税；当日A商品发出，客户收到商品并验收入库。甲公司基于对客户的了解，预计客户20天内付款的概率为90%，20天后付款的概率为10%。2×22年9月19日，甲公司收到客户支付的货款。不考虑其他因素。

本例中，对于现金折扣，甲公司认为按照最可能发生金额能够更好地预测其有权获取的对价金额。因此，甲公司应确认的销售商品收入=200×5 000×（1-2%）=980 000（元），增值税销项税额=200×5 000×13%=130 000（元）。

甲公司应编制如下会计分录：

（1）9月1日，确认收入、结转成本：

借：应收账款　　1 110 000

　贷：主营业务收入　　980 000

　　　应交税费——应交增值税（销项税额）　　130 000

借：主营业务成本　　600 000

　贷：库存商品　　600 000

（2）9月19日，收到货款：

借：银行存款　　1 110 000

　贷：应收账款　　1 110 000

（四）应收账款的减值

1. 应收账款等应收款项减值损失的确认

企业应当在资产负债表日对应收账款等应收款项进行减值测试，有客观证据表明该应收款项发生减值的，应当计算确定减值损失，计提坏账准备。应收款项的减值损失也称坏账损失。

表明应收款项发生减值的客观证据，是指应收款项初始确认后实际发生的、对该应收款项的预计未来现金流量有影响，且企业能够对该影响进行可靠计量的事项。应收款项发生减值的客观证据主要包括下列各项：

（1）发行方或债务人发生严重财务困难。

（2）债务人违反了合同条款，如偿付利息或本金发生违约或逾期等。

（3）债权人出于经济或法律等方面因素的考虑，对发生财务困难的债务人作出让步。

（4）债务人很可能倒闭或进行其他债务重组。

2. 应收账款减值的账务处理

（1）减值损失的会计处理方法。

应收账款减值在会计上有两种处理方法：直接转销法和备抵法。《企业会计制度》规定，我国企业对减值的核算，只能采用备抵法。

直接转销法

备抵法是期末在检查应收款项收回可能性的前提下，预计可能发生的坏账损失，并计提坏账准备，当某一应收款项全部或部分被确认为坏账时，将其金额冲减坏账准备并相应转销应收账款的方法。

备抵法的优点：一是预计不能收回的应收账款作为坏账损失及时计入费用，避免企业虚增利润；二是在报表上列示应收账款净额，使报表阅读者更能了解企业真实的财务情况；三是使应收账款实际占用资金接近实际，消除了虚列的应收账款，有利于加快企业资金周转，提高企业经济效益。

（2）减值损失的估计方法。

备抵法首先要按期估计坏账损失，估计坏账损失主要有四种方法，即应收款项余额百分比法、账龄分析法、销货百分比法和个别认定法。

① 应收款项余额百分比法，是指按照应收款项余额的一定百分比来估计坏账损失的方法。坏账损失率可以参照以往的数据资料确定。

② 账龄分析法，是指根据应收款项账龄的长短以及当前的具体情况来估计坏账损失的方法。账龄，是指客户所欠账款逾期的时间。通常情况下，账龄长短与发生坏账的可能性是成正比的。采用账龄分析法，应先将企业的应收账款按账龄长短划分为若干区段，计列各个区段上应收账款的金额，并为每一个区段估计一个坏账损失的百分比，在此基础上进行坏账损失的估计。

③ 销货百分比法，是指根据企业赊销总额的一定百分比估计坏账损失的方法。采用这种方法，估计的坏账损失数即当期应当计提的坏账准备，不需要和坏账准备账户的余额比较，也不需要调整坏账准备账户的余额。然而，估计坏账损失的百分比可能由于企业生产经营情况的不断变化而不相适应，因此需要经常检查百分比是否能足以反映企业坏账损失的实际情况，倘若发现过高或过低的情况，应及时调整百分比。

④ 个别认定法，是指根据每一笔应收账款的情况来估计坏账损失的方法。

（3）账户设置。

采用备抵法核算坏账，企业应设置“坏账准备”账户和“信用减值损失——计提的坏账准备”账户。“坏账准备”账户是“应收账款”“其他应收款”等账户的备抵账户，贷方登记坏账准备的提取数和以前会计期间已确认并转销而本期又收回的坏账，借方登记企业实际发生的坏账和坏账准备的转销数，期末一般为贷方余额，表示已计提但尚未转销的坏账准备数。平时，“坏账准备”账户可能出现借方余额，也可能出现贷方余额，但“坏账准备”账户年末一定为贷方余额。“信用减值损失”账户属于损益类账户，企业期末计提的坏账准备记入该账户的借方，期末转出的坏账损失记入该账户的贷方，结转后该账户无余额。

（4）应收账款减值的账务处理。

应收账款减值的有关账务处理的内容包括三个方面：一是期末按一定方法确定应收账款的减值损失，计提坏账准备的账务处理；二是实际发生坏账时的账务处理；三是已确认的坏账又收回的账务处理。

在资产负债表日，企业确定应收账款发生减值的，按应减记的金额，借记“信用减值损失”账户，贷记“坏账准备”账户。本期应计提的坏账准备大于其账面余额的，应按其差额计提；应计提的坏账准备小于其账面余额的差额做相反的会计分录。

对于确实无法收回的应收账款，按管理权限报经批准后作为坏账损失，转销应收账款，借记“坏账准备”账户，贷记“应收账款”账户。

对于已确认并转销的应收账款以后又收回的，应按实际收回的金额，借记“应收账款”账户，贷记“坏账准备”账户；同时，借记“银行存款”账户，贷记“应收账款”账户。

应收票据、预付账款、其他应收款、长期应收款等应收款项的减值处理可以比照应收账款的减值处理方法进行核算。

三、预付账款

（一）概念

预付账款，是指企业按照购货合同规定预付给供应单位的款项。

按照权责发生制原则，虽然预付账款的款项已经付出，但是对方的义务尚未尽到，要求对方履行义务仍是企业的权利。因此，预付账款和应收账款一样，都是企业的短期债权。但是，两者又有所区别：应收账款是企业销货引起的，是应向购货企业收取的款项；而预付账款是企业购货引起的，是预先付给供货企业的款项。因此两者应分别进行核算。

（二）预付账款的账务处理

1. 账户设置

为了加强对预付账款的管理，企业一般应单独设置“预付账款”账户进行核算。“预付账款”账户属于资产类账户，借方登记企业向供货企业预付的货款，贷方登记企业收到所购货物时结转的预付款项，期末余额一般在借方，反映企业已经预付但尚未结算的款项；如果出现贷方余额，反映企业所购货物或劳务大于预付款项的差额，属于负债性质，是企业应补付的款项。该账户应按供货单位或个人名称设置明细账。

预付账款不多的企业，也可以将预付的货款记入“应付账款”账户的借方。但在编制会计报表时，仍然要将“预付账款”和“应付账款”的金额分开列示。

2. 账务处理

企业按购货合同的规定预付货款时，按预付金额借记“预付账款”账户，贷记“银行存款”账户。

企业收到预定的物资时，应根据发票账单等列明的应计入所购买物资的成本，借记“原材料”“材料采购”等账户，按专用发票上注明的增值税税额，借记“应交税费——应交增值税（进项税额）”账户，按应付的金额，贷记“预付账款”账户。

补付货款时，借记“预付账款”账户，贷记“银行存款”账户；退回多付的货款时，借记“银行存款”账户，贷记“预付账款”账户。

【例2-19】甲公司2×23年3月5日根据合同规定向乙公司预付购买原材料的货款20 000元；6月5日甲公司收到乙公司发来的原材料，货款30 000元，应交增值税3 900元，甲公司在收到货物后向乙公司开出支票补付剩余款项。

（1）3月5日，甲公司预付货款时，根据有关原始凭证，编制如下会计分录：

借：预付账款——乙公司　　20 000

　贷：银行存款　　20 000

（2）6月5日，收到所购货物时，根据有关原始凭证，编制如下会计分录：

借：原材料　　30 000

　　应交税费——应交增值税（进项税额）　　3 900

　贷：预付账款——乙公司　　33 900

（3）6月5日，向乙公司补付剩余款项时，根据有关原始凭证，编制如下会计分录：

借：预付账款——乙公司　　13 900

　贷：银行存款　　13 900

四、其他应收款

(一) 概念

其他应收款，是指企业除应收票据、应收账款和预付账款等经营活动以外的其他各种应收、暂付款项。

(二) 其他应收款的内容

其他应收款的内容包括：

(1) 应收的各种赔款、罚款。

(2) 应收出租包装物的租金。

(3) 应向职工收取的各种垫付款项。

(4) 备用金（向企业各职能科室、车间等拨付的备用金)。

(5) 存出的保证金，如租入包装物支付的押金。

(6) 其他各种应收、暂付款项，不包括企业拨出用于投资、购买物资的各种款项。

(三) 其他应收款的账务处理

1. 账户设置

企业发生的各种其他应收款项目，应单独归类，以便会计信息的使用者把这些项目与由于营业活动而发生的应收账款识别清楚。为此，企业应设置“其他应收款”账户对其他应收款进行核算。该账户属于资产类账户，借方登记发生的各种其他应收款，贷方登记企业收到的款项和结转情况，余额一般在借方，表示应收未收的其他应收款项；期末贷方余额，反映企业尚未支付的其他应付款。

企业应在“其他应收款”账户下，按债务人设置明细账户进行明细核算。

2. 账务处理

企业发生应收未收的赔款、罚款、租金和其他款项，支付包装物押金以及其他各种暂付款项时，借记“其他应收款”账户，贷记“银行存款”等账户；收回应收暂付款项或内部单位、个人对预支款项报销时，借记“银行存款”等账户，贷记“其他应收款”账户。

【例2-20】5月6日，职工小王借差旅费900元，以库存现金支付。

(1) 根据有关原始凭证，编制如下会计分录：

借：其他应收款——小王　900

　贷：库存现金　900

(2) 6月10日，小王出差归来，报销差旅费820元，余款交回，根据有关原始凭证，编制如下会计分录：

借：管理费用　820

　　库存现金　80

　贷：其他应收款——小王　900

【思政讲堂】

建设现代中央银行制度　推进金融业高质量发展

党的二十大报告明确提出全面建成社会主义现代化强国、实现第二个百年奋斗目标，以中国式现代化全面推进中华民族伟大复兴是新时代新征程党的中心任务。要全面认识中国式现代化的中国特色，准确理解中国式现代化的本质要求，更加扎实工作，推动金融业高质量发展，坚定不移扩大开放，为中国式现代化贡献金融力量。

建设现代中央银行制度是党中央对金融工作作出的重要部署。人民银行、外汇局必须立足本职工作，落实好建设现代中央银行制度的要求。要完善货币政策体系，维护币值稳定，促进经济增长；增强人民币汇率弹性，保持人民币汇率在合理均衡水平上的基本稳定；深化金融改革，提升金融服务实体经济能力；加强和完善现代金融监管，强化金融稳定保障体系，为推动经济高质量发展和维护国家经济安全提供坚实有力保障。

资料来源：佚名. 人民银行、外汇局召开学习贯彻党的二十大精神宣讲报告会　落实好建设现代中央银行制度的要求［EB/OL］.（2022-11-04）. https：//www.163.com/dy/article/HLAJRO270552C2FY.html.

【复习思考】

1.建立货币资金内部控制制度的基本要求是什么？

2.《现金管理暂行条例》对现金的使用范围是怎样规定的？

3.国家对企业使用银行账户有哪些规定？

4.其他货币资金有哪几类？如何进行账务处理？

5.什么是票据？如何进行分类？

6.什么是贴现？如何进行账务处理？

7.什么是现金折扣？如何进行账务处理？

【练习题】

1.华伟公司5月份发生下列现金收支业务：

（1）1日，小张出差归来，报销差旅费900元，补付现金100元，结清原借款。

（2）2日，从银行提现3 000元，备用。

（3）4日，以现金购买办公用品800元，交厂部办公室使用。

（4）9日，小李出差，预借差旅费1 000元，以现金付讫。

（5）13日，小李出差回来报销差旅费800元，退回现金200元。

（6）16日，出租包装物一批，收到对方交来押金现金2 000元。

（7）21日，以现金支付职工张某困难补助600元。

（8）22日，填制现金交款单，将现金8 000元存入银行。

（9）28日，经清查，发现短缺现金90元，原因待查。

（10）30日，经查，短缺90元现金属于出纳员王某责任，由其赔偿。

要求：对以上业务进行相应的会计处理。

2.某企业2×23年7月31日银行存款日记账的账面余额为68 200元，银行对账单上的余额为67 500元，经逐笔核对，发现有下列未达账项：

（1）7月29日，企业支付货款开出转账支票一张，金额为4 500元，企业已登记入账，银行尚未入账。

（2）7月30日，企业销售产品收到转账支票一张，金额为12 300元，企业已经登记入账，而银行尚未入账。

（3）7月30日，银行收到企业委托收款10 900元，银行已经登记入账，企业尚未入账。

（4）7月31日，银行代企业支付水电费3 800元，银行已登记入账，企业尚未入账。

要求：根据上述未达账项，编制银行存款余额调节表。

3.某公司坏账损失采用备抵法核算，按应收账款余额的5‰提取坏账损失，2×22年年末坏账准备余额为2 500元，2×23年发生坏账损失3 000元，年末应收账款余额300 000元，2×24年收回上年已冲销的应收账款1 000元，期末应收账款450 000元。

要求：计算相关坏账准备并编制相关会计分录。

4.2×23年2月1日方正公司销售产品一批，含税货款56 500元，适用的增值税税率为13%，以银行存款垫付运费2 500元，即日收到对方签发的商业承兑汇票一张，面值59 000元，期限90天，票面利率为6%。方正公司在持有30天后，因资金周转需要，将该汇票向银行申请贴现，贴现率为9%。

要求：

（1）计算票据到期值、贴现息和贴现净值（保留整数）。

（2）编制销售、贴现的相关会计分录。

第三章

存 货

学习目标

知识目标： 通过本章的学习，要求掌握存货收入、发出、结存的核算方法和存货确认、计价方法；理解存货岗位的职责、核算任务；了解存货的分类、收发业务程序和手续。

技能目标： 通过本章的学习，要求能够对存货业务进行确认、计量；具备审核原始凭证并根据原始凭证编制记账凭证、登记有关存货明细账和提供存货收入、发出、结存信息的能力。

第一节 存货概述

一、存货的概念与确认条件

（一）存货的概念

存货，是指企业在日常活动中持有以备出售的产成品或商品、处在生产过程中的在产品、在生产过程或提供劳务过程中耗用的材料、物料等，包括各类材料、在产品、半成品、产成品、商品以及包装物、低值易耗品、委托代销商品等。

存货区别于固定资产等非流动资产的最基本的特征是，企业持有存货的最终目的是出售，包括可供直接出售的产成品、商品等以及需经过进一步加工后出售的原料等。

（二）存货的确认条件

存货必须在符合定义的前提下，同时满足下列两个条件，才能予以确认。

1. 与该存货有关的经济利益很可能流入企业

资产最重要的特征是预期会给企业带来经济利益。如果某一项目预期不能给企业带来经济利益，就不能确认为企业的资产。存货是企业一项重要的流动资产，因此，对存货的确认，关键是判断其是否很可能给企业带来经济利益，或其所包含的经济利益是否很可能流入企业。通常，拥有存货的所有权是与该存货有关的经济利益很可能流入本企业的一个重要标志。一般情况下，根据销售合同已经售出（取得现金或收取现金的权利），所有权已经转移的存货，因其所含经济利益已不能流入本企业，因而不能再作为企业的存货进行核算，即使该存货尚未运离企业。企业在判断与该存货有关的经济利益能否流入企业时，通常应结合考虑该存货所有权的归属，而不应当仅仅看其存放的地点等。

2. 该存货的成本能够可靠计量

成本或者价值能够可靠计量是资产确认的一项基本条件。存货作为企业资产的组成部分，要予以确认也必须能够对其成本进行可靠计量。存货的成本能够可靠计量必须以取得的确凿证据为依据，并且具有可验证性。如果存货成本不能可靠计量，则不能确认为一项存货。例如，企业承诺的订货合同，由于并未实际发生，不能可靠确定其成本，因此不能确认为购买企业的存货。

二、存货的分类

微课 3-1

存货的认知

存货种类繁多，它们在生产经营过程中的用途不同，所起的作用也不尽相同。为了正确组织存货的核算，加强存货的管理，应根据不同的目的和标准对存货进行科学的分类。

（一）按存货的经济内容分类

（1）原材料，是指企业在生产过程中经加工改变其形态或性质并构成产品、主要实体的各种原料及主要材料、辅助材料、外购半成品（外购件）、修理用备件（备品备件）、包装材料、燃料等。需要注意的是，为建造固定资产等各项工程而储备的各种材料虽然同属于材料，但是用于建造固定资产等各项工程，其价值分次进行转移，并不符合存货的定义，因此不能作为企业的存货进行核算。企业的特种储备以及国家指令专项储备的资产也不符合存货的定义，因此也不属于企业的存货。

（2）在产品，是指企业正在制造尚未完工的产品，包括正在各个生产工序加工的产品和已加工完毕但尚未检验或已检验但尚未办理入库手续的产品。

（3）半成品，是指经过一定生产过程并已检验合格交付半成品仓库保管，但尚未制造完工成为产成品，仍需进一步加工的中间产品。

（4）产成品，是指工业企业已经完成全部生产过程并验收入库，可以按照合同规定的条件送交订货单位或者可以作为商品对外销售的产品。企业接受外来原材料加工制造的代制品和为外单位加工修理的代修品，制造和修理完成验收入库后，应视同企业的产成品。

（5）商品，是指商品流通企业外购或委托加工完成验收入库用于销售的各种商品。

（6）周转材料，是指企业能够多次使用，但不符合固定资产定义的材料，如为了包装本企业商品而储备的各种包装物、各种工具、管理用具、玻璃器皿、劳动保护用品以及在经营过程中周转使用的容器等低值易耗品和建造承包商的钢模板、木模板、脚手架等其他周转材料。但是，周转材料符合固定资产定义的，应当作为固定资产处理。

（7）委托代销商品，是指企业委托其他单位代销的商品。

（二）按存货的存放地点分类

（1）库存存货，是指已经运到企业或加工完成并已经验收入库的各种存货。

（2）在途存货，是指企业购入的正在运输途中的或已经运到但尚未验收入库的各种存货。

(3) 加工中存货，是指企业自行生产加工以及委托其他单位加工改制中的各种存货。

(4) 委托代销存货，是指存放在委托单位，并委托其代为销售的存货。

(三) 按存货的来源分类

(1) 外购存货，是指企业从外单位购入并已验收入库的材料、商品等存货。

(2) 自制存货，是指企业自备材料加工完成并验收入库的材料、半成品、产成品等存货。

(3) 投资者投入存货，是指投资者投入的材料、商品等存货。

三、存货的初始计量

存货应当按照成本进行初始计量。存货成本包括采购成本、加工成本和其他成本。

(一) 存货的采购成本

存货的采购成本，包括购买价款、相关税费、运输费、装卸费、保险费以及其他可归属于存货采购成本的费用。

1. 购买价款

存货的购买价款，是指企业购入的材料或商品的发票账单上列明的价款，但不包括按规定可以抵扣的增值税税额。

2. 相关税费

相关税费，是指企业购买存货发生的进口税费、消费税、资源税和不能抵扣的增值税进项税额以及相应的教育费附加等应计入存货采购成本的税费。

3. 其他可归属于存货采购成本的费用

其他可归属于存货采购成本的费用，是指采购成本中除上述各项以外的可归属于存货采购的费用，如在存货采购过程中发生的仓储费、包装费、运输途中的合理损耗，入库前的挑选整理费用等。

商品流通企业在采购商品过程中发生的运输费、装卸费、保险费以及其他可归属于存货采购成本的费用等进货费用，应当计入存货采购成本，也可以先行归集，期末根据所购商品的销售情况进行分摊。对于已售商品的进货费用，计入当期损益；对于未售商品的进货费用，计入期末存货成本。企业采购商品的进货费用金额较小的，可以在发生时直接计入当期损益。

(二) 存货的加工成本

存货的加工成本，是指在存货的加工过程中发生的追加费用，包括直接人工以及按照一定方法分配的制造费用。

直接人工，是指企业在生产产品和提供劳务过程中发生的直接从事产品生产和劳务提供人员的职工薪酬。

制造费用，是指企业为生产产品和提供劳务而发生的各项间接费用。

(三) 存货的其他成本

存货的其他成本，是指除采购成本、加工成本以外的，使存货达到目前场所和状态所发生的其他支出。企业设计产品发生的设计费用通常应计入当期损益，但是为特定客户设计产品所发生的、可直接确定的设计费用应计入存货的成本。

存货的来源不同，其成本的构成内容也不同。原材料、商品、低值易耗品等通过购买而取得的存货的成本由采购成本构成；产成品、在产品、半成品等自制或需委托外单位加工完成的存货的成本由采购成本、加工成本以及使存货达到目前场所和状态所发生的其他支出构成。实务中具体按以下原则确定：

1. 购入存货的成本

购入存货的成本包括：买价、运杂费（如运输费、装卸费、保险费、包装费、仓储费等）、运输途中的合理损耗、入库前的挑选整理费用（如挑选整理中发生的工费支出，以及挑选整理过程中所发生的数量损耗，并扣除回收的下脚废料价值）以及按规定应计入成本的税费和其他费用。

2. 自制存货的成本

自制的存货包括自制原材料、自制包装物、自制低值易耗品、自制半成品及库存商品等，其成本包括直接材料、直接人工和制造费用等各项实际支出。

3. 委托外单位加工存货的成本

委托外单位加工完成的存货包括加工后的原材料、包装物、低值易耗品、半成品、产成品等，其成本包括实际耗用的原材料或者半成品、加工费、装卸费、保险费、委托加工的往返运输费等费用，以及按规定应计入成本的税费。

4. 投资者投入存货的成本

投资者投入存货的成本，应当按照投资合同或协议约定的价值确定，但合同或协议约定价值不公允的除外。在投资合同或协议约定价值不公允的情况下，按照该项存货的公允价值作为其入账价值。

5. 盘盈存货的成本

盘盈的存货应按其重置成本作为入账价值，并通过“待处理财产损溢”账户进行会计处理，按管理权限报经批准后，冲减当期管理费用。

6. 通过非货币性资产交换、债务重组等方式取得的存货的成本

企业通过非货币性资产交换、债务重组等方式取得的存货，其成本应当分别按照《企业会计准则第7号——非货币性资产交换》和《企业会计准则第12号——债务重组》等的规定确定。但是，其后续计量和披露应当执行《企业会计准则第1号——存货》的规定。

7. 通过提供劳务取得的存货的成本

通过提供劳务取得的存货，其成本按从事劳务提供人员的直接人工和其他直接费用以及可归属于该存货的间接费用确定。

但是，下列费用不应计入存货成本，而应在其发生时计入当期损益：

（1）非正常消耗的直接材料、直接人工和制造费用，应在发生时计入当期损益，不应计入存货成本。例如，由于自然灾害而发生的直接材料、直接人工和制造费用，由于这些费用的发生无助于使该存货达到目前场所和状态，不应计入存货成本，而应确认为当期损益。

（2）仓储费用，是指企业在存货采购入库后发生的储存费用，应在发生时计入当期损益。但是，在生产过程中为达到下一个生产阶段所必需的仓储费用应计入存货成本。例如，某种酒类产品生产企业为使生产的酒达到规定的产品质量标准，而必须发生的仓储费用，应计入酒的成本，而不应计入当期损益。

（3）不能归属于使存货达到目前场所和状态的其他支出，应在发生时计入当期损益，不得计入存货成本。

四、存货的盘存制度

企业确定存货的实物数量有两种方法：一种是实地盘存制；另一种是永续盘存制。

（一）实地盘存制

实地盘存制，也称定期盘存制，是指在平时只登记存货的购入，而不登记存货的销售。会计期末，通过对全部存货进行实地盘点以确定期末存货的结存数量，然后分别乘以各项存货的盘存单价，计算出期末存货的总金额，记入各有关存货账户，倒轧本期已耗用或已销售存货的成本的一种方法。这一方法用于工业企业，称为“以存计耗”或“盘存计耗”；用于商品流通企业，称为“以存计销”或“盘存计销”。

这一方法所依据的基本公式为：

期初存货+本期购货=本期耗用（或销售）+期末存货

如果存货采用历史成本计价，上式可改为：

本期耗用（或销售）成本=期初存货成本+本期购货成本-期末存货成本

式中，期初存货成本和本期购货成本可从账簿记录中取得，再通过实地盘存，确定期末存货成本，即可计算出本期耗用（或销售）成本。

实地盘存制的优点是核算工作比较简单，工作量较小。但它也有很明显的缺点：一是增加了期末工作量；二是不能随时反映存货收入、发出、结存的动态，不便于管理人员掌握有关情况；三是由于采用“以存计耗”和“以存计销”倒挤成本，从而使非正常销售或耗用的存货损失、差错，甚至偷盗等原因所引起的短缺，全部挤入耗用或销货成本中，容易掩盖存货管理中存在的问题，削弱了对存货的控制；四是采用这种方法只能等到期末盘点时才能结转已耗用或已销存货的成本，而不能随时结转成本。因此，这一方法的实用性较差，通常适用于那些自然损耗较大、数量不稳定的鲜活商品等。

（二）永续盘存制

永续盘存制，也称账面盘存制，是指通过设置详细的存货明细账，逐笔或逐日记录存货收入、发出的数量和金额，以随时结出结余存货的数量、金额的一种存货盘存方法。采用这一盘存法，应对存货分品种、规格等设置详细的明细账，逐笔或逐日记录存货收入、发出的数量和金额，并结出期末存货的数量和金额。在没有发生丢失或被盗的情况下，存货账户的余额应当与实际库存相符。所以，在这一方法下，存货发出的数量可以通过账簿资料随时提供，存货发出的成本，也是根据账簿资料计算的。然而，采用永续盘存制，并不排除对存货的实物盘点，为了核对存货账面记录，加强对存货的管理，每年至少应对存货进行一次全面盘点，具体盘点次数视企业内部控制要求而定。

永续盘存制的优点是有利于加强对存货的管理。在各种存货明细记录中，可以随时反映每一种存货的收入、发出和结存的情况；通过账簿还可以随时反映出存货是否过多或不足，以便及时合理地组织货源，避免不合理的库存，加速资金周转。永续盘存制的缺点是存货明细记录的工作量较大，存货品种规格繁多的企业尤为如此。

企业可根据存货类别和管理要求，对一些存货实行实地盘存制，而对另一些存货实行永续盘存制，但是不论采用何种方法，前后各期必须一致。

五、发出存货成本的计价方法

企业应当根据各类存货的实物流转方式、企业管理要求、存货性质等实际情况，合理地选择发出存货成本的计算方法，以合理确定当期发出存货的实际成本。对于性质和用途相似的存货，应当采用相同的成本计算方法确定发出存货的成本，企业在确定发出存货的成本时，可以采用先进先出法、月末一次加权平均法、移动加权平均法和个别计价法等方法。企业不得采用后进先出法确定发出存货的成本。

（一）先进先出法

先进先出法是以先购入的存货应先发出（销售或耗用）这样一种存货实物流转假设为前提，对发出存货进行计价。采用这种方法，先购入的存货成本在后购入存货成本之前转出，据此确定发出存货和期末存货的成本。

【例3-1】假定甲公司存货的收入、发出、结存数据见表3-1。

表3-1 甲公司存货的收入、发出、结存数据 金额单位：元

日期	收入		发出		结存数量（件）
	数量（件）	单位成本	数量（件）	单位成本	
12月1日结存	300	2.00			300
12月8日购入	200	2.20			500
12月14日发出			400		100
12月20日购入	300	2.30			400
12月28日发出			200		200
12月31日购入	200	2.50			400

使用先进先出法时，应逐笔计算收入、发出、结存的成本，见表3-2。

表3-2 存货明细账（先进先出法） 金额单位：元

日期	收入			发出		
	数量（件）	单位成本	总成本	数量（件）	单位成本	总成本
12月1日结存	300	2.00	600			
12月8日购入	200	2.20	440			
12月14日发出				300	2.00	600
				100	2.20	220
12月20日购入	300	2.30	690			
12月28日发出				100	2.20	220
				100	2.30	230
12月31日购入	200	2.50	500			

该公司期末400件存货的价值，可计算确定如下：

第一批购货：200件存货按每单位成本2.30元计算，其总成本为460元。

第二批购货：200件存货按每单位成本2.50元计算，其总成本为500元。

期末结存存货的成本=460+500=960（元）

（二）月末一次加权平均法

月末一次加权平均法，是指以当月全部进货数量加上月月初存货数量作为权数，去除当月全部进货成本加上月月初存货成本，计算出存货的加权平均单位成本，以此为基础计

算当月发出存货的成本和期末存货的成本的一种方法。

$$\text{存货单位成本}=\left[\text{月初库存存货的实际成本}+\sum\left(\text{本月各批进货的实际单位成本}\times\text{本月各批进货的数量}\right)\right]\div\left(\text{月初库存存货数量}+\text{本月各批进货数量之和}\right)$$

本月发出存货的成本=本月发出存货的数量×存货单位成本

本月月末库存存货的成本=月末库存存货的数量×存货单位成本

【例3-2】接【例3-1】，采用月末一次加权平均法计算其存货成本如下：

$$\text{平均单位成本}=\frac{2.00\times300+(2.20\times200+2.30\times300+2.50\times200)}{300+(200+300+200)}=2.23(\text{元})$$

本月发出存货的成本=600×2.23=1 338（元）

本月月末库存存货的成本=400×2.23=892（元）

（三）移动加权平均法

移动加权平均法，是指以每次进货的成本加上原有库存存货的成本，除以每次进货数量与原有库存存货的数量之和，据此计算加权存货单位成本，作为在下次进货前计算各次发出存货成本的依据。其计算公式如下：

$$\text{存货的单位成本}=\left(\text{月初库存存货的实际成本}+\text{本次进货的实际成本}\right)\div\left(\text{月初库存存货数量}+\text{本次进货数量}\right)$$

本月发出存货的成本=本次发出存货的数量×本次发货前的存货单位成本

本月月末库存存货的成本=月末库存存货的数量×本月月末的存货单位成本

【例3-3】接【例3-1】，采用移动加权平均法计算月末存货成本及每次收货后的新的存货单位成本，见表3-3。

表3-3 **存货明细账（移动加权平均法）** 金额单位：元

日期	收入			发出			结存		
	数量（件）	单位成本	总成本	数量（件）	单位成本	总成本	数量（件）	单位成本	总成本
12月1日结存							300	2.00	600
12月8日购入	200	2.20	440				500	2.08	1 040
12月14日发出				400	2.08	832	100	2.08	208
12月20日购入	300	2.30	690				400	2.245	898
12月28日发出					2.245	449	200	2.245	449
12月31日购入	200	2.50	500				400	2.3725	949

新的存货单位成本计算如下：

第一批购货后的存货单位成本=（600+440）÷（300+200）=2.08（元）

第二批购货后的存货单位成本=（208+690）÷（100+300）=2.245（元）

第三批购货后的存货单位成本=（449+500）÷（200+200）=2.3725（元）

（四）个别计价法

个别计价法，也称个别认定法、具体辨认法、分批实际法，其特征是注重所发出存货具体项目的实物流转与成本流转之间的联系，逐一辨认各批发出存货和期末存货所属的购进批别或生产批别，分别按其购入或生产时所确定的单位成本计算各批发出存货和期末存货的成本，即把每一种存货的实际成本作为计算发出存货成本和期末存货成本的基础。对于不能替代使用的存货、为特定项目专门购入或制造的存货以及提供的劳务，通常采用个别计价法确定发出存货的成本。在实际工作中，越来越多的企业采用计算机信息系统进行会计处理，个别计价法可以广泛应用于发出存货的计价，并且该方法确定的存货成本最为准确。

第二节 原材料的核算

原材料，是指企业在生产过程中经过加工改变其形态或性质并构成产品主要实体的各种原料、主要材料和外购半成品，以及不构成产品实体但有助于产品形成的辅助材料。原材料具体包括原料、主要材料、辅助材料、外购半成品（外购件）、修理用备件（备品备件）、包装材料、燃料等。

一、核算方法

存货的日常收发及结存有两种核算方法，分别是实际成本法和计划成本法。

（一）实际成本法

实际成本法，是指存货的收发及结存，无论总分类核算还是明细分类核算，均按照实际成本计价。采用实际成本核算，日常反映不出材料成本是节约还是超支，从而不能反映和考核物资采购业务的经营成果。因此，这种方法通常适用于材料收发业务较少的企业。

（二）计划成本法

计划成本法，是指存货的收入、发出和结存都按企业制定的计划成本计算，同时将实际成本与计划成本之间的差额，单独设置“材料成本差异”账户反映，期末将发出存货和期末存货，由计划成本调整为实际成本。企业采用计划成本法核算存货时，应当制定科学、合理的计划单位成本。企业存货计划成本所包括的内容应与存货实际成本的内容相一致。企业应根据正常的供需条件，结合各种存货近期的市场价格水平和技术状况、供应单位所在地的远近等因素确定可直接归属于存货采购的运杂费（如运输费、装卸费、保险费、包装费、仓储费等）以及合理的途中损耗，从而制定计划成本。所制定的存货计划成本应当尽可能地接近实际。

在实务工作中，对于材料收发业务较多并且计划成本资料较为健全、准确的企业，一般可以采用计划成本进行材料收发的核算。

对存货日常核算采用何种方法，由企业根据实际情况自行确定，但要遵守前后一致的原则。在采用实际成本进行核算时，对于发出存货的实际成本的计算方法，以及在采用计划成本进行核算时对于成本差异的分摊方法，一经确定之后一般不应变更。

二、原材料按实际成本计价的核算

（一）账户设置

企业按实际成本计价核算存货时，应设置“原材料”“在途物资”等账户，而不设置“材料采购”账户。

“原材料”账户属于资产类账户，用来核算企业库存的各种原材料的实际成本。该账户借方登记收入原材料的实际成本，贷方登记发出原材料的实际成本，期末余额在借方，表示库存原材料的实际成本。该账户应按照原材料的保管地点（如仓库）、材料类别、品种和规格设置原材料明细账（或原材料卡片），进行明细分类核算。

“在途物资”账户属于资产类账户，用来核算企业已经付款或已开出承兑的商业汇票但尚未到达或尚未验收入库的各种物资的实际成本。该账户的借方登记已支付或已开出承兑的商业汇票的各种物资的实际成本，贷方登记已验收入库物资的实际成本，期末余额在借方，表示已经付款或已开出承兑的商业汇票但尚未到达或尚未验收入库的在途物资的实际成本。该账户应按供应单位设置明细账，进行明细分类核算。

“应付账款”账户属于负债类账户，用于核算企业因购买材料、商品和接受劳务等经营活动应支付的款项。该账户的贷方登记企业因购入材料、商品和接受劳务等尚未支付的款项，借方登记偿还的应付账款，期末余额一般在贷方，反映企业尚未支付的应付账款。

“预付账款”账户属于资产类账户，用于核算企业按照合同规定预付的款项。该账户的借方登记预付的款项及补付的款项，贷方登记收到所购物资时根据有关发票账单记入“原材料”等账户的金额及收回多付款项的金额，若期末余额在借方，则反映企业实际预付的款项，若期末余额在贷方，则反映企业尚未预付的款项。预付款项情况不多的企业，可以不设置“预付账款”账户，而将此业务在“应付账款”账户中核算。

（二）原材料收入的账务处理

1. 外购原材料

由于支付方式不同，原材料入库的时间与付款的时间可能一致，也可能不一致，在会计处理上也有所不同。

（1）发票账单与材料同时到达的采购业务。

在此种情况下，企业可根据银行结算凭证、发票账单和收料单等凭证，按应计入材料采购成本的金额，借记“原材料”账户，根据增值税专用发票上注明的可抵扣的进项税额，借记“应交税费——应交增值税（进项税额）”账户，按实际支付或应支付的金额，贷记“银行存款”“库存现金”“其他货币资金”“应付账款”“应付票据”“预付账款”等账户。

【例3-4】甲公司购入C材料一批，增值税专用发票上记载的货款为500 000元，增值税进项税额65 000元，对方代垫包装费1 000元，全部款项已用转账支票付讫，材料已验收入库。

根据有关原始凭证，编制如下会计分录：

借：原材料——C材料　　501 000

　　应交税费——应交增值税（进项税额）　　65 000

　贷：银行存款　　566 000

【例3-5】甲公司持银行汇票1 162 000元购入D材料一批，增值税专用发票上记载的货款为1 000 000元，增值税进项税额130 000元，对方代垫包装费2 000元，材料已验收入库。

根据有关原始凭证，编制如下会计分录：

借：原材料——D材料　　1 002 000

　　应交税费——应交增值税（进项税额）　　130 000

　贷：其他货币资金——银行汇票　　1 132 000

【例3-6】甲公司采用托收承付结算方式购入E材料一批，货款40 000元，应交增值税5 200元，对方代垫包装费5 000元，款项在承付期内以银行存款支付，材料已验收入库。

根据有关原始凭证，编制如下会计分录：

借：原材料——E材料 45 000

应交税费——应交增值税（进项税额） 5 200

贷：银行存款 50 200

（2）发票账单已到，材料尚未到达或尚未验收入库的采购业务。

在此种情况下，在先付款时，因为企业材料尚未入库，所以企业应根据银行结算凭证、发票账单和收料单等凭证，借记“在途物资”账户，根据增值税专用发票上注明的可抵扣的进项税额，借记“应交税费——应交增值税（进项税额）”账户，贷记“银行存款”“其他货币资金”等账户。

【例3-7】甲公司采用汇兑结算方式购入F材料一批，发票及账单已收到，增值税专用发票上记载的货款为20 000元，增值税进项税额为2 600元，支付保险费1 000元，材料尚未到达。

根据有关原始凭证，编制如下会计分录：

借：在途物资 21 000

应交税费——应交增值税（进项税额） 2 600

贷：银行存款 23 600

【例3-8】接【例3-7】，上述购入的F材料已收到，并验收入库。

根据有关原始凭证，编制如下会计分录：

借：原材料——F材料 21 000

贷：在途物资 21 000

（3）发票账单未到，材料已经验收入库。

在此种情况下，若发票账单在月末之前到达，则在收到发票账单当日以实际金额按正常程序入账。若发票账单在月末仍未到，因为无法确定实际成本，期末应按照暂估价值先入账，下月月初红字冲回，收到发票账单后再以实际金额按正常程序入账。对于材料已到达并已验收入库，但发票账单等结算凭证未到，货款尚未支付的采购业务，应于期末，按材料的暂估价值，借记“原材料”账户，贷记“应付账款——暂估应付账款”账户。下月月初以红字冲回，待下月付款或开出、承兑商业汇票后，按正常程序进行账务处理。

【例3-9】甲公司采用委托收款结算方式购入H材料一批，材料已验收入库，月末发票账单尚未收到也无法确定其实际成本，暂估价值为30 000元。

（1）根据有关原始凭证，编制如下会计分录：

借：原材料——H材料 30 000

贷：应付账款——暂估应付账款 30 000

（2）下月月初做相反会计分录冲回时，根据有关原始凭证，编制如下会计分录：

借：应付账款——暂估应付账款 30 000

贷：原材料——H材料 30 000

【例3-10】接【例3-9】，上述购入的H材料于次月收到发票账单，增值税专用发票上记载的货款为31 000元，增值税进项税额为4 030元，对方代垫保险费2 000元，已用银行存款付讫。

根据有关原始凭证，编制如下会计分录：

借：原材料——H材料 33 000

应交税费——应交增值税（进项税额） 4 030

贷：银行存款 37 030

（4）原材料采购过程中的短缺或损耗的处理。

企业采购材料验收入库时，如果发现短缺和毁损，应及时查明原因，分清责任，根据造成短缺或毁损的不同原因分别进行账务处理。

属于运输途中的合理损耗，应当计入材料的采购成本，即按实际收到的材料数量入账，支出总额不变，相应地提高入库材料的实际单位成本，不必另作账务处理。

属于供应单位责任事故造成的短缺，则视款项是否已经支付而作出相应的账务处理。在款项尚未支付的情况下，应按短缺的数量和发票单价计算拒付金额（如有代垫运杂费，也应按比例分配拒付金额），填写拒付理由书，向银行办理拒付手续；在货款已经支付，并已记入“在途物资”账户的情况下，当材料运达企业验收入库时发生短缺或毁损，则应填制“赔偿请求单”向供货单位索赔，通过“应付账款”账户核算。

属于运输单位的责任造成的短缺，应向运输部门索赔，赔偿款通过“其他应收款”账户核算。

属于运输途中发生的非常损失和尚待查明原因的途中损耗，查明原因前，先转入“待处理财产损溢”账户，待查明原因后按批准意见再分别处理。

购入材料运输途中的非常损失和尚待查明原因的途中损耗，查明原因后，属于应由供货单位、运输单位、保险公司或其他过失人负责赔偿的损失，借记“应付账款”“其他应收款”等账户，贷记“待处理财产损溢”账户；若属于自然灾害等非正常原因造成的损失，应将扣除残料价值和过失人、保险公司赔偿后的净损失，借记“营业外支出——非常损失”账户，贷记“待处理财产损溢”账户；残料入库时，借记“原材料”账户；无法收回的其他损失，经批准后，借记“管理费用”账户，贷记“待处理财产损溢”账户。

购进原材料发生溢余时，未查明原因的一般只作为代保管物资在备查账中登记，不作为进货业务入账核算。

【例3-11】材料运输途中发生超定额损耗，价款5 000元，原因尚未查明。

（1）根据有关原始凭证，编制如下会计分录：

借：待处理财产损溢——待处理流动资产损溢 5 000

贷：在途物资 5 000

（2）上述损耗原因已查明，是意外灾害造成的，经批准后计入营业外支出，根据有关原始凭证，编制如下会计分录：

借：营业外支出——非常损失 5 000

贷：待处理财产损溢——待处理流动资产损溢 5 000

2. 自制原材料

企业基本生产车间或辅助生产车间自制完工并验收入库的材料，应按实际成本计价，根据“材料交库单”，借记“原材料”账户，贷记“生产成本”账户。

3. 其他单位投入的原材料

其他单位投入的原材料，按投资合同或协议约定的价值，借记“原材料”账户，按专用发票上注明的增值税税额，借记"应交税费——应交增值税（进项税额）"账户，按价税合计贷记"实收资本"账户（股份制企业按其在股本中所拥有的份额，贷记"股本"账户)，按其差额贷记"资本公积"账户。

（三）原材料发出的账务处理

由于企业材料的日常领发业务频繁，为了简化日常核算工作，平时一般只登记材料明细分类账，反映各种材料的收发和结存金额，月末根据实际成本计价的发料凭证，按领用部门和用途，汇总编制"发料凭证汇总表"，据以登记总分类账。

生产经营领用材料，借记"生产成本""制造费用""管理费用""销售费用"等账户，贷记"原材料"账户。

出售材料结转成本，借记"其他业务成本"账户，贷记"原材料"账户。

发出委托外单位加工的材料，借记"委托加工物资"账户，贷记"原材料"账户。

【例3-12】甲公司根据"发料凭证汇总表"的记录，1月份基本生产车间领用K材料500 000元，辅助生产车间领用K材料40 000元，车间管理部门领用K材料5 000元，企业行政管理部门领用K材料4 000元。

根据有关原始凭证，编制如下会计分录：

借：生产成本——基本生产成本	500 000	
——辅助生产成本	40 000	
制造费用	5 000	
管理费用	4 000	
贷：原材料——K材料		549 000

三、原材料按计划成本计价的核算

（一）账户设置

材料采用计划成本核算时，应设置"原材料""材料采购""材料成本差异"等账户，而不设置"在途物资"账户。材料实际成本与计划成本的差异，通过"材料成本差异"账户核算。月末，计算本月发出材料应负担的成本差异并进行分摊，根据领用材料的用途计入相关资产的成本或者当期损益，从而将发出材料的计划成本调整为实际成本。

"原材料"账户用于核算库存各种材料的收发与结存情况。在材料采用计划成本核算时，该账户的借方登记入库材料的计划成本，贷方登记发出材料的计划成本，期末余额在借方，反映企业库存材料的计划成本。

"材料采购"账户借方登记采购材料的实际成本，贷方登记入库材料的计划成本。借方大于贷方表示超支，从该账户贷方转入"材料成本差异"账户的借方；贷方大于借方表示节约，从该账户借方转入"材料成本差异"账户的贷方。期末余额在借方，反映企业在途材料的采购成本。

"材料成本差异"账户反映企业已入库各种材料的实际成本与计划成本的差异，借方登记入库材料实际成本大于计划成本的超支差异额及月末结转发出材料应负担的节约差异额，贷方登记入库材料实际成本小于计划成本的节约差异额及月末结转发出材料应负担的超支差异额。期末若为借方余额，则反映企业库存材料的实际成本大于计划成本的差异(即超支差异)；期末若为贷方余额，则反映企业库存材料的实际成本小于计划成本的差异(即节约差异)。

（二）原材料收入的账务处理

如同原材料按实际成本计价的账务处理一样，企业收入的原材料，要根据来源、采用的结算方式等不同的情况进行相应的账务处理。

1. 外购原材料

（1）发票账单与材料同时到达的采购业务。

在此种情况下，企业可根据银行结算凭证、发票账单和收料单等凭证，按应计入材料采购成本的金额，借记“材料采购”账户，根据增值税专用发票上注明的可抵扣的进项税额，借记“应交税费——应交增值税（进项税额）”账户，按实际支付或应支付的金额，贷记“银行存款”“库存现金”“其他货币资金”“应付账款”“应付票据”等账户。

企业验收已入库的材料时，按计划成本借记“原材料”账户，按实际成本，贷记“材料采购”账户，按计划成本与实际成本的差异额，借记或贷记“材料成本差异”账户（借方表示超支差异，贷方表示节约差异）。

【例3-13】2×23年3月5日，甲公司购进原材料一批，购买价30 000元，应交增值税3 900元，货款已支付，材料已验收，并以32 000元的计划成本计算入库。

①采购材料时，根据有关原始凭证，编制如下会计分录：

借：材料采购	30 000	
应交税费——应交增值税（进项税额）	3 900	
贷：银行存款		33 900

②材料入库时，根据有关原始凭证，编制如下会计分录：

借：原材料	32 000	
贷：材料采购		30 000
材料成本差异		2 000

（2）发票账单已到，材料尚未到达或尚未验收入库的采购业务。

在此种情况下，企业可根据银行结算凭证、发票账单和收料单等凭证，按应计入材料采购成本的金额，借记“材料采购”账户，根据增值税专用发票上注明的可抵扣的进项税额，借记“应交税费——应交增值税（进项税额）”账户，按实际支付或应支付的金额，贷记“银行存款”“库存现金”“其他货币资金”“应付账款”“应付票据”等账户。

材料到达并验收入库时，再根据收料单所列计划成本，由“材料采购”账户的贷方转入“原材料”账户的借方，同时结转入库材料的成本差异额。

【例3-14】甲公司采用汇兑结算方式购入M材料一批，专用发票上记载的货款为200 000元，增值税进项税额为26 000元，发票账单已收到，计划成本180 000元，材料尚未入库。

根据有关原始凭证，编制如下会计分录：

借：材料采购——M材料	200 000	
应交税费——应交增值税（进项税额）	26 000	
贷：银行存款		226 000

（3）发票账单未到，材料已经验收入库。

在此种情况下，若发票账单在月末之前到达，则在收到发票账单当日以实际金额按正常程序入账。若发票账单在月末仍未到，因为无法确定实际成本，期末应按照计划成本暂估入账，但下月月初应以红字冲回，收到发票账单后再以实际金额按正常程序入账。对于材料已到达并已验收入库，但发票账单等结算凭证未到，货款尚未支付的采购业务，应于期末按照材料的计划成本，借记“原材料”账户，贷记“应付账款——暂估应付账款”账户。下月月初以红字冲回，待下月付款或开出、承兑商业汇票后，按正常程序进行账务处理。

【例3-15】甲公司采用委托收款结算方式购入H材料一批，材料已验收入库，月末发票账单尚未收到，其计划成本为30 000元。

①根据有关原始凭证，编制如下会计分录：

借：原材料——H材料　30 000

　贷：应付账款——暂估应付账款　30 000

②下月月初做相反会计分录冲回时，根据有关原始凭证，编制如下会计分录：

借：应付账款——暂估应付账款　30 000

　贷：原材料——H材料　30 000

（4）原材料采购过程中的短缺或损耗的处理。

购进原材料短缺或损耗的账务处理，与前述材料按实际成本核算基本相同，只是在材料验收入库时，按其计划成本，借记“原材料”账户，贷记“材料采购”账户。平时或月终结转材料成本差异时，借记或贷记“材料成本差异”账户，贷记或借记“材料采购”账户。

2. 自制原材料

企业基本生产车间或辅助生产车间自制完工并验收入库的材料，应按计划成本借记“原材料”账户，根据实际成本贷记“生产成本”账户，根据计划成本与实际成本的差额借记或贷记“材料成本差异”账户。

3. 其他单位投入的原材料

其他单位投入的原材料，按计划成本借记“原材料”账户，按专用发票上注明的增值税税额，借记“应交税费——应交增值税（进项税额）”账户，按投资合同或协议约定的价值和增值税贷记“实收资本”账户，计划成本与投资合同或协议约定的价值的差额借记或贷记“材料成本差异”账户。

（三）原材料发出的账务处理

按照计划成本进行材料发出的核算与按照实际成本计价基本一致，通常是月终根据各种发料凭证，按照发出材料的类别或用途汇总，编制发料凭证汇总表，据以进行发出材料总分类核算。由于发料凭证只填列计划成本，为了正确计算产品成本，必须将发料凭证根据这个汇总表中的计划成本调整为实际成本，即通过“材料成本差异”账户进行结转，同时根据材料成本差异率计算填列发出材料应负担的材料成本差异额。结转发出领用材料应负担的成本差异，按实际成本大于计划成本的超支额，借记“生产成本”“管理费用”“销售费用”“委托加工物资”“其他业务成本”等账户，贷记“材料成本差异”账户；按实际成本小于计划成本的节约额做相反的会计分录。发出材料应负担的成本差异，应当按期（月）分摊，不得在季末或年末一次计算。

材料成本差异率是材料成本差异额与材料计划成本之间的比率。其计算公式如下：

$$\text{本期材料成本差异率} = \left(\text{期初结存材料的成本差异} + \text{本期验收入库材料的成本差异}\right) \div \left(\text{期初结存材料的计划成本} + \text{本期验收入库材料的计划成本}\right) \times 100\%$$

期初材料成本差异率=期初结存材料的成本差异÷期初结存材料的计划成本×100%

发出材料应负担的成本差异=发出材料的计划成本×材料成本差异率

发出材料应负担的成本差异，除委托外部加工发出材料可按期初成本差异率计算外，应使用当期的实际差异率。期初成本差异率与本期成本差异率相差不大的，也可按期初成本差异率计算。计算方法一经确定，不得随意变更。

【例 3-16】甲公司根据“发料凭证汇总表”的记录，某月L材料的消耗（计划成本）为：基本生产车间领用2 000 000元，辅助生产车间领用600 000元，车间管理部门领用250 000元，企业行政管理部门领用50 000元。

根据有关原始凭证，编制如下会计分录：

借：生产成本——基本生产成本	2 000 000	
——辅助生产成本	600 000	
制造费用	250 000	
管理费用	50 000	
贷：原材料——L材料		2 900 000

【例 3-17】接【例 3-16】，甲公司某月月初结存L材料的计划成本为1 000 000元，成本差异为超支30 740元。当月入库L材料的计划成本为3 200 000元，成本差异为节约差异200 000元。

甲公司的账务处理如下：

材料成本差异率=（30 740-200 000）÷（1 000 000+3 200 000）×100%=-4.03%

结转发出材料的成本差异时，根据有关原始凭证，编制如下会计分录：

借：材料成本差异——L材料	116 870	
贷：生产成本——基本生产成本		80 600
——辅助生产成本		24 180
制造费用		10 075
管理费用		2 015

第三节　周转材料的核算

一、周转材料的概念及账户设置

周转材料主要包括企业能够多次使用，逐渐转移其价值但仍保持原有形态，不确认为固定资产的包装物和低值易耗品，以及建筑承包企业的钢模板、木模板、脚手架和其他周转使用的材料等。

为了核算周转材料的计划成本或实际成本，企业应设置“周转材料”账户，该账户应按周转材料的种类，分“在库”“在用”“摊销”进行明细核算。该账户的期末借方余额，反映企业在库周转材料的计划成本或实际成本，以及在用周转材料的摊余价值。

对于企业的包装物和低值易耗品，也可以单独设置“包装物”和“低值易耗品”账户进行核算。

二、低值易耗品

(一) 低值易耗品的特点及种类

低值易耗品，是指单位价值较低，使用年限较短，不能作为固定资产的各种用具、设备，如工具、管理用具、玻璃器皿以及在经营过程中周转使用的包装容器等。

低值易耗品从其在生产经营过程中所起的作用来看，与固定资产一样，属于劳动资料，它可以多次参加生产经营周转而不改变原有实物形态，其价值随着实物的不断磨损逐渐转移到产品成本以及管理费用中去。但是，由于低值易耗品具有品种繁多、数量较大、单位价值较低、使用期限短的特点，需要经常补充和更换，如果对低值易耗品也同固定资产一样核算与管理，既有困难也无必要。因此，将低值易耗品划归为存货一类，作为流动资产进行管理与核算。

低值易耗品按用途一般可将其分为以下六大类：

(1) 一般工具，是指生产上通用的刀具、量具、夹具等生产工具和各种辅助工具。

(2) 专用工具，是指专门用于制造某一特定产品，或在某一特定工序上使用的工具，如专用模具等。

(3) 替换设备，是指容易磨损或为制造不同产品需要替换使用的各种设备，如轧钢用的钢辊等。

(4) 管理用具，是指在管理工作中使用的各种家具和办公用具，如桌椅、柜、计算器等。

(5) 劳动保护用品，是指为了安全生产而发给工人作为劳动保护用的工作服、工作鞋和各种防护用品等。

(6) 其他，是指不属于上述各类的低值易耗品。

(二) 低值易耗品的账务处理

低值易耗品和其他材料一样，可以采用实际成本计价核算，也可以采用计划成本计价核算。采用计划成本计价核算的企业，对低值易耗品实际成本与计划成本之间差异的形成及分摊，应设置"材料成本差异——低值易耗品"账户，进行核算。

1. 低值易耗品收入的账务处理

低值易耗品收入，包括外购、自制、委托外单位加工完成并已验收入库的低值易耗品，其核算方法与原材料收入的核算基本相同，不再重复。

2. 低值易耗品领用摊销的账务处理

按照现行会计制度的规定，对在用低值易耗品可采用一次摊销法；对在用低值易耗品按使用车间、部门进行数量和金额明细核算的企业，也可采用五五摊销法进行摊销。

(1) 一次摊销法。

采用一次摊销法，领用时，按低值易耗品的用途将全部价值摊入"制造费用""管理费用""其他业务成本"等成本费用账户；报废时，将报废低值易耗品的残料价值作为当期低值易耗品摊销额的减少，冲减对应的成本费用类账户。

一次摊销法核算简便，但不利于实物管理，而且价值一次结转也影响费用成本的均衡性。所以，这种方法适用于单位价值较低或容易损耗，而且一次领用数量不多的管理用具、工卡量具和玻璃器皿等低值易耗品。

（2）五五摊销法。

采用五五摊销法，领用时，应将低值易耗品的计划成本或实际成本从“在库低值易耗品”账户转入“在用低值易耗品”账户，同时按领用低值易耗品的计划成本或实际成本的50%作为摊销额记入有关成本费用账户；低值易耗品报废时，再摊销剩余的50%，同时将其残料价值冲减摊销的成本费用，并将其全部价值（计划成本或实际成本）与摊销额相互结转，即“在用低值易耗品”与“低值易耗品摊销”相互转销。按计划成本计价核算的，还应在低值易耗品报废月份终了，计算结转应分摊的材料成本差异。

采用五五摊销法，在报废低值易耗品前，账面上一直保持其价值的一半，因而有利于实行会计监督，防止出现大量的账外物资。该方法一般适用于使用期限较长，单位价值较高，每月领用数、报废数比较均衡的低值易耗品，并且低值易耗品按车间、部门进行数量和金额明细核算的企业。

【例3-18】某基本生产车间领用专用工具一批，计划成本8 000元；本月报废管理用具一批，计划成本1 000元，报废管理用具的残值100元，作为辅助材料已验收入库，本月材料成本差异率为2%。

（1）根据领用凭证，编制如下会计分录：

借：周转材料——在用低值易耗品　　8 000

　贷：周转材料——在库低值易耗品　　8 000

同时，摊销低值易耗品成本的50%：

借：制造费用　　4 000

　贷：周转材料——低值易耗品摊销　　4 000

（2）报废管理用具，收回残料交库，根据有关原始凭证，编制如下会计分录：

借：制造费用　　500

　贷：周转材料——低值易耗品摊销　　500

借：原材料——辅助材料　　100

　贷：制造费用　　100

借：周转材料——低值易耗品摊销　　1 000

　贷：周转材料——在用低值易耗品　　1 000

（3）结转报废管理用具应负担的材料成本差异，编制如下会计分录：

借：制造费用　　20

　贷：材料成本差异——低值易耗品　　20

三、包装物

（一）包装物的核算范围

包装物，是指为了包装本企业产成品和商品而储备的各种包装容器，如桶、箱、瓶、坛、袋等。其核算范围包括：

（1）生产过程中用于包装产品作为产品组成部分的包装物。

（2）随同产品出售不单独计价的包装物。

（3）随同产品出售单独计价的包装物。

（4）出租或出借给购买单位使用的包装物。

下列各项不属于包装物核算的范围：

（1）各种包装材料如纸、绳、铁丝、铁皮等，这些属于一次性使用的包装材料，应在“原材料”账户核算。

（2）用于储存和保管产品、材料而不对外出售的包装物，应按其价值的大小和使用年限的长短，分别作为固定资产或低值易耗品管理和核算。

（3）计划上单独列作企业商品、产品的自制包装物，应作为库存商品进行管理和核算。

（二）包装物的账务处理

1. 包装物收入的账务处理

企业包装物收入的核算与原材料收入的核算基本一致，不再重复。

2. 包装物领用的账务处理

（1）生产领用包装物。

生产领用包装物，应按照领用包装物的实际成本，借记“生产成本”账户，按照领用包装物的计划成本，贷记“周转材料——包装物”账户，按照其差额，借记或贷记“材料成本差异”账户。

【例3-19】甲公司对包装物采用计划成本核算，某月生产产品领用包装物的计划成本为100 000元，材料成本差异率为-3%。

根据有关原始凭证，编制如下会计分录：

借：生产成本　97 000

　　材料成本差异　3 000

　贷：周转材料——包装物　100 000

（2）随同商品出售不单独计价的包装物。

随同商品出售而不单独计价的包装物，应按其实际成本计入销售费用，借记“销售费用”账户，按其计划成本，贷记“周转材料——包装物”账户，按其差额，借记或贷记“材料成本差异”账户。

【例3-20】甲公司某月销售商品领用不单独计价包装物的计划成本为50 000元，材料成本差异率为-3%。

根据有关原始凭证，编制如下会计分录：

借：销售费用　48 500

　　材料成本差异　1 500

　贷：周转材料——包装物　50 000

（3）随同商品出售单独计价的包装物。

随同商品出售单独计价的包装物，一方面应反映其销售收入，计入其他业务收入；另一方面应反映其实际销售成本，计入其他业务成本。

【例3-21】甲公司某月销售商品领用单独计价包装物的计划成本为80 000元，销售收入为100 000元，应交增值税为13 000元，款项已存入银行。该包装物的材料成本差异率为-3%。

①出售单独计价包装物时，根据有关原始凭证，编制如下会计分录：

借：银行存款　113 000

　贷：其他业务收入　100 000

贷：应交税费——应交增值税（销项税额）　　13 000

②结转所售单独计价包装物的成本时，根据有关原始凭证，编制如下会计分录：

借：其他业务成本　　82 400

　贷：周转材料——包装物　　80 000

　　材料成本差异　　2 400

（4）出租或出借包装物。

出租的包装物，应按其实际成本计入成本，借记“其他业务成本”账户，按其计划成本，贷记“周转材料——包装物”账户，按其差额，借记或贷记“材料成本差异”账户。

【例3-22】仓库发出新包装物一批，出租给购货单位，计划成本为5 000元，收到租金565元，存入银行。

①发出包装物时，根据有关原始凭证，编制如下会计分录：

借：其他业务成本　　5 000

　贷：周转材料——包装物　　5 000

②收到租金时，根据有关原始凭证，编制如下会计分录：

借：银行存款　　565

　贷：其他业务收入　　500

　　应交税费——应交增值税（销项税额）　　65

出借的包装物，应按其实际成本计入销售费用，借记“销售费用”账户，按其计划成本，贷记“周转材料——包装物”账户，按其差额，借记或贷记“材料成本差异”账户。包装物在出借期间，其价值损耗和发生的修理费用，都是为销售产品而发生的，应计入企业销售费用。出借包装物发出、收回及退还押金与出租核算相同，但对于逾期未退回包装物没收的押金，应计入企业营业外收入。出借包装物报废，对其残料价值，应冲减企业销售费用，借记“库存现金”或“银行存款”账户，贷记“销售费用”账户。

【例3-23】出借新包装物一批，计划成本为3 000元，收到押金2 000元，存入银行。

①根据有关原始凭证，编制如下会计分录：

借：销售费用　　3 000

　贷：周转材料——包装物　　3 000

②收到押金时，根据有关原始凭证，编制如下会计分录：

借：银行存款　　2 000

　贷：其他应付款——押金　　2 000

第四节　委托加工物资的核算

一、委托加工物资的概念

委托加工物资，是指企业委托外单位加工的各种材料、商品等物资。

与材料的销售不同，企业发出委托外单位加工的物资，只是改变了物资的存放地点，仍属于企业存货的范畴。

二、委托加工物资的账务处理

（一）账户设置

为了反映和监督委托加工物资增减变动及其结存情况，企业应当设置“委托加工物资”账户，借方登记委托加工物资的实际成本，贷方登记加工完成验收入库的物资的实际成本和剩余物资的实际成本，期末余额在借方，反映企业尚未完工的委托加工物资的实际成本和发出加工物资的运杂费等。委托加工物资也可以采用计划成本或售价进行核算，其方法与库存商品相似。

（二）委托加工物资的账务处理

企业委托外单位加工物资的成本包括加工中实际耗用物资的成本、支付的加工费用及应负担的运杂费、税费（包括委托加工物资所应负担的消费税，即属于消费税应税范围的加工物资）等。

（1）发给外单位加工的物资，按实际成本借记“委托加工物资”账户，贷记“原材料”等账户。需要说明的是，企业发给外单位加工物资时，如果采用计划成本核算的，还应同时结转材料成本差异，贷记或借记“材料成本差异”账户。

（2）支付加工费用、应承担的运杂费、增值税时，按加工费借记“委托加工物资”账户，按增值税专用发票上的金额借记“应交税费——应交增值税（进项税额）”账户，贷记“应付账款”“银行存款”等账户。

支付由受托方代收代缴的消费税，分以下情况进行账务处理：一是收回后直接用于销售的，应将受托方代收代缴的消费税计入委托加工物资成本；二是收回后用于连续生产、按规定准予抵扣的，按受托方代收代缴的消费税，借记“应交税费——应交消费税”账户。

消费税

（3）加工完成验收入库的物资和剩余的物资，按加工收回物资的实际成本和剩余物资的实际成本，借记“原材料”“库存商品”等账户，贷记“委托加工物资”账户。按入库物资应负担的材料成本差异，借记或贷记“材料成本差异”账户。

【例3-24】甲公司将一批原材料委托外单位代加工H产品（属于应税消费品，收回后用于连续生产），发出原材料的计划成本为100 000元，本月材料成本差异率为1%，用银行存款支付加工费用10 000元，支付应缴纳的消费税5 842元和取得的增值税发票上注明的增值税进项税额1 300元。加工完毕验收入库，计划成本为115 000元。

①领用加工物资时，根据有关原始凭证，编制如下会计分录：

借：委托加工物资　　101 000
　贷：原材料　　100 000
　　材料成本差异　　1 000

②支付加工费时，根据有关原始凭证，编制如下会计分录：

借：委托加工物资　　10 000
　应交税费——应交增值税（进项税额）　　1 300
　　　　——应交消费税　　5 842
　贷：银行存款　　17 142

③加工完成后验收入库时，根据有关原始凭证，编制如下会计分录：

借：库存商品　　115 000

贷：委托加工物资　　111 000
　　材料成本差异　　4 000

【例3-25】接【例3-24】，若H产品收回后直接用于销售，账务处理如下：

①领用加工物资时，根据有关原始凭证，编制如下会计分录：

借：委托加工物资　　101 000
　贷：原材料　　100 000
　　　材料成本差异　　1 000

②支付加工费时，根据有关原始凭证，编制如下会计分录：

借：委托加工物资　　15 842
　　应交税费——应交增值税（进项税额）　　1 300
　贷：银行存款　　17 142

③加工完成后验收入库时，根据有关原始凭证，编制如下会计分录：

借：库存商品　　115 000
　　材料成本差异　　1 842
　贷：委托加工物资　　116 842

第五节 存货清查的核算

一、存货清查的意义及方法

存货清查，是指通过对存货的实地盘点，确定存货的实有数量，并与账面结存数核对，从而确定存货实存数与账面结存数是否相符的一种专门方法。

实地盘点法

存货清查的方法采用实地盘点法。存货清查按清查的对象和范围不同，可分为全面清查和局部清查；按清查时间不同，可分为定期清查和不定期清查。

由于存货种类繁多、收发频繁，在日常收发过程中可能发生计量错误、计算错误、自然损耗、损坏变质以及贪污、盗窃等情况，造成账实不符，形成存货的盘盈、盘亏。对于存货的盘盈、盘亏，应填写存货盘点报告表，及时查明原因，按照规定程序报批处理。

微课 3-2

存货的清查——自己的家当要知道

二、存货的盘盈

为了反映企业在财产清查中查明的各种存货的盘盈、盘亏情况，企业应当设置“待处理财产损溢”账户，借方登记存货的盘亏金额及盘盈的转销金额，贷方登记存货的盘盈金额及盘亏的转销金额。企业清查的各种存货损溢，应在期末结账前处理完毕，期末处理后，该账户应无余额。

企业发生存货盘盈时，应按盘盈存货的重置成本价值，借记“原材料”“库存商品”等账户，贷记“待处理财产损溢——待处理流动资产损溢”账户，按管理权限报经批准后，借记“待处理财产损溢——待处理流动资产损溢”账户，贷记“管理费用”账户。

【例3-26】甲公司在财产清查中盘盈J材料1 000千克，实际成本60元/千克，经查属于材料收发计量方面的错误。

①批准处理前，根据有关原始凭证，编制如下会计分录：

借：原材料——J材料　60 000
　贷：待处理财产损溢——待处理流动资产损溢　60 000

②批准处理后，根据有关原始凭证，编制如下会计分录：

借：待处理财产损溢——待处理流动资产损溢　60 000
　贷：管理费用　60 000

三、存货的盘亏

企业发生存货盘亏及损耗时，在报经批准前，应根据“存货盘点报告表”所列的盘亏数额，借记“待处理财产损溢——待处理流动资产损溢”账户，贷记有关存货账户。同时，对购进的货物、在产品、产成品等发生非正常损失引起盘亏存货应负担的增值税，借记“待处理财产损溢——待处理流动资产损溢”账户，贷记“应交税费——应交增值税（进项税额转出）”账户。

按规定程序批准转销的，根据亏损原因，分以下情况进行账务处理：

（1）属于自然损耗产生的定额内合理的亏损，经批准后即可转作管理费用，借记“管理费用”账户，贷记“待处理财产损溢——待处理流动资产损溢”账户。

（2）属于超定额短缺以及存货毁损的，能确定过失人的应由过失人负债赔偿；属于保险责任范围的，应向保险公司索赔。扣除过失人或保险公司赔款和残料价值后，计入管理费用，借记“管理费用”账户，贷记“待处理财产损溢——待处理流动资产损溢”账户。

（3）属于非正常损失所造成的存货毁损，扣除保险公司赔款和残料价值后，计入营业外支出，借记“营业外支出——非常损失”账户，贷记“待处理财产损溢——待处理流动资产损溢”账户。

【例3-27】甲公司在财产清查中发现盘亏K材料500千克，实际成本200元/千克，经查属于一般经营损失。

①批准处理前，根据有关原始凭证，编制如下会计分录：

借：待处理财产损溢——待处理流动资产损溢　100 000
　贷：原材料——K材料　100 000

②批准处理后，根据有关原始凭证，编制如下会计分录：

借：管理费用　100 000
　贷：待处理财产损溢——待处理流动资产损溢　100 000

【例3-28】甲公司在财产清查中发现毁损L材料300千克，实际成本100元/千克，经查属于材料保管员的过失造成的，按规定由其个人赔偿20 000元，残料已办理入库手续，价值2 000元。假定不考虑增值税。

①批准处理前，根据有关原始凭证，编制如下会计分录：

借：待处理财产损溢——待处理流动资产损溢　30 000
　贷：原材料——L材料　30 000

②批准处理后，根据有关原始凭证，编制如下会计分录：

由过失人赔款时，根据有关原始凭证，编制如下会计分录：

借：其他应收款　20 000
　贷：待处理财产损溢——待处理流动资产损溢　20 000

残料入库时，根据有关原始凭证，编制如下会计分录：

借：原材料——L材料　　2 000

　贷：待处理财产损溢——待处理流动资产损溢　　2 000

确认材料毁损的净损失时，根据有关原始凭证，编制如下会计分录：

借：管理费用　　8 000

　贷：待处理财产损溢——待处理流动资产损溢　　8 000

【例3-29】甲公司因管理不善造成一批库存材料毁损，实际成本10 000元，应交增值税1 300元，根据保险责任范围及保险合同的规定，应由保险公司赔偿5 000元。

①批准处理前，根据有关原始凭证，编制如下会计分录：

借：待处理财产损溢——待处理流动资产损溢　　11 300

　贷：原材料　　10 000

　　　应交税费——应交增值税（进项税额转出）　　1 300

②批准处理后，根据有关原始凭证，编制如下会计分录：

借：其他应收款　　5 000

　　营业外支出——非常损失　　6 300

　贷：待处理财产损溢——待处理流动资产损溢　　11 300

第六节　存货减值的核算

一、成本与可变现净值孰低法的概念

在资产负债表日，存货应当按照成本与可变现净值孰低计量。

当存货成本低于可变现净值时，存货按成本计量；当存货成本高于可变现净值时，存货按可变现净值计量，同时按照成本高于可变现净值的差额计提存货跌价准备，计入当期损益。

成本与可变现净值孰低计量的理论基础主要是使存货符合资产的定义。当存货的可变现净值下跌至成本以下时，表明该存货会给企业带来的经济利益低于其账面成本，因而应将这部分损失从资产价值中扣除，计入当期损益。

否则，存货的可变现净值低于成本时，如果仍然以其成本计量，就会出现虚计资产的现象。所以，这种计价方法是一种计算期末存货价值的稳健方法。

二、存货可变现净值的确定

可变现净值，是指在日常活动中，存货的估计售价减去至完工时估计将要发生的成本、估计的销售费用以及相关税费后的金额。存货的可变现净值由存货的估计售价、至完工时将要发生的成本、估计的销售费用和估计的相关税费等内容构成。

（一）可变现净值的基本特征

（1）确定存货可变现净值的前提是企业在进行日常活动。如果企业不是在进行正常的生产经营活动，如企业处于清算过程，那么不能按照《企业会计准则第1号——存货》的规定确定存货的可变现净值。

（2）可变现净值是存货的预计未来净现金流量，而不是简单地等于存货的售价或合同价。

企业预计的销售存货现金流量，并不完全等于存货的可变现净值。存货在销售过程中可能发生的销售费用和相关税费，以及为达到预定可销售状态还可能发生的加工成本等相关支出，都构成了现金流入的抵减项目。企业预计的销售存货现金流量，扣除这些抵减项目后，才能确定存货的可变现净值。

（3）不同存货可变现净值的构成不同。

① 产成品、商品和用于出售的材料等直接用于出售的商品存货，其可变现净值为正常生产经营过程中，该存货的估计售价减去估计的销售费用和相关税费后的金额。

② 需要经过加工的材料存货，其可变现净值为正常生产经营过程中，以该存货所生产的产成品的估计售价减去至完工时估计将要发生的成本、销售费用和相关税费后的金额。

（二）不同情况下存货可变现净值的确定

（1）产成品、商品等（不包括用于出售的材料）直接用于出售的商品存货，没有销售合同约定的，其可变现净值应当为产成品或商品的一般销售价格（即市场销售价格）减去估计的销售费用和相关税费后的金额。

【例3-30】2×23年12月31日，甲公司生产的A型机器的账面价值（成本）为2 160 000元，数量为12台，单位成本为180 000元/台。2×23年12月31日，A型机器的市场销售价格（不含增值税）为200 000元/台。甲公司没有签订有关A型机器的销售合同。

本例中，由于甲公司没有就A型机器签订销售合同，因此在这种情况下，计算确定A型机器的可变现净值应以其一般销售价格总额2 400 000元（200 000×12）作为计量基础。

（2）用于出售的材料等，应当以市场价格减去估计的销售费用和相关税费后的金额作为其可变现净值。这里的市场价格是指材料等的市场销售价格。

【例3-31】2×23年，由于产品更新换代，甲公司决定停止生产B型机器。为减少不必要的损失，甲公司决定将原材料中专门用于生产B型机器的外购原材料钢材全部出售，2×23年12月31日其账面价值（成本）为900 000元，数量为10吨。根据市场调查，此种钢材的市场销售价格（不含增值税）为60 000元/吨。同时，销售这10吨钢材可能发生销售费用及税费50 000元。

本例中，由于企业已决定不再生产B型机器，因此该批钢材的可变现净值不能再以B型机器的销售价格作为计量基础，而应按钢材本身的市场销售价格作为计量基础。因此，该批钢材的可变现净值应为550 000元（60 000×10−50 000）。

（3）需要经过加工的材料存货，如原材料、在产品、委托加工材料等，由于持有该材料的目的是用于生产产成品，而不是出售，因此该材料存货的价值将体现在用其生产的产成品上。在确定需要经过加工的材料存货的可变现净值时，需要以其生产的产成品的可变现净值与该产成品的成本进行比较，如果该产成品的可变现净值高于其成本，则该材料应当按其成本计量。

【例3-32】2×23年12月31日，甲公司库存A材料的账面价值（成本）为1 500 000元，市场销售价格总额（不含增值税）为1 400 000元，假设不发生其他购买费用，用A材料生产的产成品B型机器的可变现净值高于成本。

本例中，虽然A材料在2×23年12月31日的账面价值（成本）高于其市场价格。但是由于用其生产的产成品B型机器的可变现净值高于其成本，即用A材料生产的最终产品此时并没有发生价值减损，因此在这种情况下，A材料即使其账面价值（成本）已高于市场价格，也不应计提存货跌价准备，应按其原账面价值（成本）1 500 000元列示在甲公司2×23年12月31日资产负债表的存货项目中。

如果材料价格的下降表明以其生产的产成品的可变现净值低于成本，则A材料应当按可变现净值计量。因此，A材料的可变现净值为在正常生产经营过程中，以其所生产的产成品的估计售价减去至完工时估计将要发生的成本、估计的销售费用以及相关税费后的金额确定。

（4）为执行销售合同或者劳务合同而持有的存货，其可变现净值应当以合同价格而不是估计售价，减去估计的销售费用和相关税费后的金额确定。

企业与购买方签订了销售合同（或劳务合同，下同），并且销售合同订购的数量大于或等于企业持有的存货数量，在这种情况下，与该项销售合同直接相关的存货的可变现净值，应当以合同价格为计量基础。如果企业就其产成品或商品签订了销售合同，则该批产成品或商品的可变现净值应当以合同价格作为计量基础；如果企业销售合同所规定的标的物尚未生产出来，但持有专门用于该标的物生产的材料，其可变现净值也应当以合同价格作为计量基础。

【例3-33】2×23年8月10日，甲公司与乙公司签订了一份不可撤销的销售合同，双方约定，2×24年2月15日，甲公司应按200 000元/台的价格向乙公司提供A型机器10台。2×23年12月31日，甲公司A型机器的账面价值（成本）为1 360 000元，数量为8台，单位成本为170 000元/台。2×23年12月31日，A型机器的市场销售价格为190 000元/台。

本例中，根据甲公司与乙公司签订的销售合同，甲公司该批A型机器的销售价格已由销售合同约定，并且其库存数量小于销售合同订购的数量。在这种情况下，计算库存A型机器的可变现净值时，应以销售合同约定的价格1 600 000元（200 000×8）作为计量基础，即估计售价为1 600 000元。

三、成本与可变现净值孰低法下存货的账务处理

（一）成本低于可变现净值的账务处理

如果存货的成本预计低于可变现净值，则该存货仍然应当按照成本计量。

（二）成本高于可变现净值的账务处理

存货存在下列情形之一的，通常表明存货的可变现净值低于成本：

（1）该存货的市场价格持续下跌，并且在可预见的未来无回升的希望。

（2）企业使用该项原材料生产的产品的成本大于产品的销售价格。

（3）企业因产品更新换代，原有库存原材料已不适应新产品的需要，而该原材料的市场价格又低于其账面成本。

（4）因企业所提供的商品或劳务过时或消费者偏好改变而使市场的需求发生变化，导致市场价格逐渐下跌。

（5）其他足以证明该项存货实质上已经发生减值的情形。

存货存在下列情形之一的，通常表明存货的可变现净值为零：

（1）已霉烂变质的存货。

（2）已过期且无转让价值的存货。

（3）生产中已不再需要，并且已无使用价值和转让价值的存货。

（4）其他足以证明已无使用价值和转让价值的存货。

如果存货的成本预计高于可变现净值，则该存货应当按可变现净值计量，按其差额，计提存货跌价准备。

1. 核算方法

存货减值的核算在会计上采用备抵法。备抵法的优点是不需对有关存货的明细账进行调整，保持账簿记录的原貌，工作量也较小。

2. 账户设置

采用备抵法，企业应设置“存货跌价准备”账户和“资产减值损失”账户，“存货跌价准备”账户用于核算企业提取的存货跌价准备，属于资产类账户，贷方登记存货可变现净值低于成本的差额，借方登记已计提跌价准备的存货价值以后又得以恢复的金额和其他原因冲减已计提跌价准备的金额，期末贷方余额，反映企业已提取的存货跌价准备。

“资产减值损失”账户用来核算企业计提各项减值准备所形成的损失，属于损益类账户，借方登记提取各项准备金而增加的损失，贷方登记冲减或冲销准备金而减少的损失，期末应将该账户余额转入“本年利润”账户，结转后该账户无余额。该账户应按资产减值损失的项目进行明细核算。

3. 账务处理

当存货成本高于其可变现净值时，企业应当按照单个存货项目计算存货可变现净值低于成本的差额，借记“资产减值损失——计提的存货跌价准备”账户，贷记“存货跌价准备”账户。

转回已计提的存货跌价准备金额时，按恢复增加的金额，借记“存货跌价准备”账户，贷记“资产减值损失——计提的存货跌价准备”账户。

企业结转存货销售成本时，对于已计提存货跌价准备的，借记“存货跌价准备”账户，贷记“主营业务成本”“其他业务成本”等账户。

企业应当合理计提存货跌价准备，但不得计提秘密准备。如果有确凿证据表明企业不恰当地运用了谨慎性原则计提秘密准备，则应当作为重大会计差错予以更正，并在会计报表附注中说明事项的性质、调整金额，以及对企业财务状况、经营成果的影响。

【例3-34】甲公司自2×23年起采用成本与可变现净值孰低法对期末某类存货进行计价，并运用分类比较法计提存货跌价准备。假设公司2×23年至2×26年年末该类存货的账面成本均为200 000元。

①假设2×23年年末该类存货的预计可变现净值为180 000元，则应计提的存货跌价准备为20 000元。根据有关原始凭证，编制如下会计分录：

借：资产减值损失	20 000	
贷：存货跌价准备		20 000

②假设2×24年年末该类存货的预计可变现净值为170 000元，则应补提的存货跌价准备为10 000元。根据有关原始凭证，编制如下会计分录：

借：资产减值损失	10 000	
贷：存货跌价准备		10 000

③假设2×25年年末该类存货的可变现净值有所恢复，预计可变现净值为194 000元，则应冲减已计提的存货跌价准备24 000元（30 000−6 000）。根据有关原始凭证，编制如

下会计分录：

借：存货跌价准备 24 000

　贷：资产减值损失 24 000

④假设2×26年年末该类存货的可变现净值进一步恢复，预计可变现净值为205 000元，则应冲减已计提的存货跌价准备6 000元（以已经计提的跌价准备为限）。根据有关原始凭证，编制如下会计分录：

借：存货跌价准备 6 000

　贷：资产减值损失 6 000

【思政讲堂】

中国制造业的优势是任何国家都无法替代的

党的二十大报告指出，要“加快建设现代化经济体系，着力提高全要素生产率，着力提升产业链供应链韧性和安全水平”。

工信部原总工程师、中国企业联合会党委书记、常务副会长兼理事长朱宏任认为，中国拥有广大市场和雄厚的制造业基础，有完整的产业链和供应链，中国制造业的配套能力在中低端有绝对的优势。欧洲的企业加大在华投资的数据也显示欧洲企业坚定看好中国的未来。

此外，他还表示，越南和印度依靠单一的低劳动成本和低附加值，制造业产品的出口增长很快，但两国产业链的完整程度还远远不能和中国相比，包括原材料、设备、关键的零部件等相关配套产品，都存在一定的短板。这些领域一旦出现断点，两国制造业的发展将受到阻碍。与此相比，中国已经形成非常完整的制造业体系，特别是消费品领域工业制造的体系，完全可以抵御种种断链风浪的侵袭，中国制造业，尤其在中低端制造业产业链的韧性很强。

资料来源：郭松峤.解读二十大报告 | 朱宏任：中国制造业的优势是任何国家都无法替代的［EB/OL］.（2022-10-21）.https：//new.qq.com/rain/a/20221021A06V5100.

【复习思考】

1.企业存货的认定范围，按存放地点认定还是按所有权认定？

2.企业应如何根据实际情况选择发出存货的计价方法？

3.如何提高原材料按计划成本核算的准确性？

4.什么是包装物？什么是低值易耗品？它们与原材料相比较，会计核算的特点是什么？

【练习题】

1.某工业企业属于一般纳税企业，材料日常核算采用计划成本法，计划单位成本为10元/千克。7月31日“原材料”账户的期末借方余额为70 000元，“材料成本差异”账户的期末贷方余额为707元。8月份发生下列业务：

（1）8月1日，冲回7月31日按暂估价4 800元入账的A材料480千克。

（2）8月6日，收到有关A材料的结算清单。清单上注明材料500千克，价款4 750

元，应交增值税617.50元，运杂费325元。材料短缺20千克，经查属正常损耗。所有款项以支票结算。

（3）8月28日，购入材料3 000千克，价款27 000元，应交增值税3 510元，承担运杂费1 932元，款项均以支票结算，材料已验收入库。

（4）本月共发出材料5 100千克，其中生产产品领用4 800千克，生产车间管理部门领用100千克，企业管理部门领用200千克。

要求：

（1）计算8月份材料成本差异率。

（2）结转发出材料的计划成本。

（3）结转发出材料应负担的成本差异。

2.某公司为上市公司，对外提供中期报告。该公司为增值税一般纳税企业，适用的增值税税率为13%，运输费用可抵扣9%，原材料按计划成本核算，甲材料的计划单位成本为500元/千克。4月初“原材料——甲材料”账户余额为300 000元；“材料成本差异”账户为借方余额3 561元。期末存货按成本与可变现净值孰低法计价并按单个存货项目计提存货跌价准备，本期原材料有关资料如下：

（1）4月12日购入甲材料400千克，增值税专用发票上注明货款为204 000元，增值税进项税额为26 520元，发生运输费1 000元（已经取得运输发票），货款已用银行存款支付，材料运到企业并验收入库，材料的实际数量为399千克，短缺1千克为合理损耗。

（2）4月30日产品生产领用800千克。

（3）由于该公司调整产品结构，甲材料所生产的产品已经停产，确定该材料在生产中已不再需要，6月30日其可变现净值为100 000元。

要求：编制有关会计分录。

3.某工业企业为增值税一般纳税企业，该企业采用计划成本进行原材料的核算，有关资料如下：

（1）2×23年1月1日，原材料账面计划成本为500 000元，“材料成本差异”账户的借方余额为10 000元。

（2）1月5日购入原材料一批，取得的增值税发票上注明的原材料价款为100 000元，增值税进项税额为13 000元，外地进货费用为10 000元，有关款项已通过银行存款支付。

（3）上述原材料的计划成本为110 000元，原材料已验收入库。

（4）1月25日购入材料一批，材料已运到并验收入库，但发票等结算凭证尚未收到，货款尚未支付，该批材料的计划成本为35 000元。

（5）本月领用材料的计划成本为400 000元，其中生产领用250 000元，车间管理部门领用40 000元，厂部管理部门领用10 000元，在建工程领用100 000元。

要求：编制有关业务的会计分录。

第四章

金融资产

学习目标

知识目标： 通过本章的学习，要求掌握企业投资的明细分类核算和投资收益的考核；掌握新准则下金融资产的特点及账务处理。

技能目标： 通过本章的学习，要求掌握交易性金融资产的取得、现金股利、利息的处理和期末计价；掌握债权投资的取得和后续计量的核算；掌握其他债权投资取得和后续计量的核算。

第一节 金融资产概述

一、金融资产的概念

金融资产，是指企业持有的现金、其他方的权益工具以及符合下列条件之一的资产：

（1）从其他方收取现金或其他金融资产的合同权利（如银行存款、应收账款、应收票据和贷款等）。

（2）在潜在有利条件下，与其他方交换金融资产或金融负债的合同权利（如看涨期权或看跌期权）。

（3）将来须用或可用企业自身权益工具进行结算的非衍生工具合同，且企业根据该合同将收到可变数量的自身权益工具。

（4）将来须用或可用企业自身权益工具进行结算的衍生工具合同，但以固定数量的自身权益工具交换固定金额的现金或其他金融资产的衍生工具合同除外。其中，企业自身权益工具不包括应当按照“金融工具列报准则”分类为权益工具的可回售工具或发行方仅在清算时才有义务向另一方按比例交付其净资产的金融工具，也不包括本身就要求在未来收取或交付企业自身权益工具的合同。

本章不涉及以下金融资产的会计处理：

（1）长期股权投资（即企业对外能够形成控制、共同控制和重大影响的股权投资）。

（2）货币资金（即库存现金、银行存款、其他货币资金）。

二、金融资产的分类

微课4-1

金融资产-现金

（一）金融资产类别

企业应当根据其管理金融资产的业务模式和金融资产的合同现金流量特征，将金融资产划分为以下三类：

（1）以摊余成本计量的金融资产。

（2）以公允价值计量且其变动计入其他综合收益的金融资产。

（3）以公允价值计量且其变动计入当期损益的金融资产。

（二）关于企业管理金融资产的业务模式

1. 业务模式评估

企业管理金融资产的业务模式，是指企业如何管理其金融资产以产生现金流量。业务模式决定企业所管理金融资产现金流量的来源是收取合同现金流量、出售金融资产还是两者兼有。

企业确定其管理金融资产的业务模式时，应当注意以下方面：

（1）企业应当在金融资产组合的层次上确定管理金融资产的业务模式，而不必按照单个金融资产逐项确定业务模式。

（2）企业应当以企业关键管理人员决定的对金融资产进行管理的特定业务目标为基础，确定管理金融资产的业务模式。企业的业务模式并非企业自愿指定，而是一种客观事实，通常可以从企业为实现其设定目标而开展的特定活动中得以反映。

（3）企业应当以客观事实为依据，确定管理金融资产的业务模式，不得以按照合理预期不会发生的情形为基础确定。

如果金融资产实际现金流量的实现方式不同于评估业务模式时的预期（如企业出售的金融资产数量超出或少于在对资产作出分类时的预期），只要企业在评估业务模式时已经考虑了当时所有可获得的相关信息，这一差异不构成企业财务报表的前期差错，也不改变企业在该业务模式下持有的剩余金融资产的分类。但是，企业在评估新的金融资产的业务模式时，应当考虑这些信息。

2. 以收取合同现金流量为目标的业务模式

【例4-1】甲企业购买了一个贷款组合，且该组合中有包含已发生信用减值的贷款。如果贷款不能按时偿付，甲企业将通过各类方式尽可能实现合同现金流量，如通过邮件、电话或其他方法与借款人联系催收。同时，甲企业签订了一项利率互换合同，将贷款组合的利率由浮动利率转换为固定利率。

本例中，甲企业管理该贷款组合的业务模式是以收取合同现金流量为目标。即使甲企业预期无法收取全部合同现金流量（部分贷款已发生信用减值），也不影响其业务模式。此外，甲企业签订利率互换合同也不影响贷款组合的业务模式。

3. 以收取合同现金流量和出售金融资产为目标的业务模式

【例4-2】甲银行持有金融资产组合以满足其每日流动性需求。甲银行为了降低其管理流动性需求的成本，高度关注该金融资产组合的回报。组合回报包括收取的合同付款和出售金融资产的利得或损失。

本例中，甲银行管理该金融资产组合的业务模式，以收取合同现金流量和出售金融资产为目标。

4. 其他业务模式

如果企业管理金融资产的业务模式，不是以收取合同现金流量为目标，也不是既以收取合同现金流量又出售金融资产来实现其目标。企业持有金融资产的目的是交易性的或者基于金融资产的公允价值作出决策并对其进行管理。

（三）关于金融资产的合同现金流量特征

金融资产的合同现金流量特征，是指金融工具合同约定的、反映相关金融资产经济特征的现金流量属性。企业分类为以摊余成本计量的金融资产和以公允价值计量且其变动计入其他综合收益的金融资产，其合同现金流量特征应当与基本借贷安排相一致，即相关金融资产在特定日期产生的合同现金流量仅为对本金和以未偿付本金金额为基础的利息的支付。

（四）金融资产的具体分类

1. 金融资产同时符合下列条件的，应当分类为以摊余成本计量的金融资产

（1）企业管理该金融资产的业务模式是以收取合同现金流量为目标。

（2）该金融资产的合同条款规定，在特定日期产生的现金流量，仅为对本金和以未偿付本金金额为基础的利息的支付。

例如，银行向企业客户发放的固定利率的贷款，在没有其他特殊安排的情况下，贷款的合同现金流量一般情况下可能符合仅为对本金和以未偿付本金金额为基础的利息支付的要求。如果银行管理该贷款的业务模式是以收取合同现金流量为目标，则该贷款应当分类为以摊余成本计量的金融资产。

企业一般应当设置“贷款”“债权投资”等账户核算分类为以摊余成本计量的金融资产。

2. 金融资产同时符合下列条件的，应当分类为以公允价值计量且其变动计入其他综合收益的金融资产

（1）企业管理该金融资产的业务模式既以收取合同现金流量为目标又以出售该金融资产为目标。

（2）该金融资产的合同条款规定，在特定日期产生的现金流量，仅为对本金和以未偿付本金金额为基础的利息的支付。

【例4-3】企业持有的普通债券的合同现金流量是到期收回本金及按约定利率在合同期间按时收取固定或浮动利息的权利。该债券能否分类为以公允价值计量且其变动计入其他综合收益的金融资产。

本例中，该债券可以分类为以公允价值计量且其变动计入其他综合收益的金融资产。因为，在没有其他特殊安排的情况下，普通债券的合同现金流量一般情况下可能符合仅为对本金和以未偿付本金金额为基础的利息支付的要求。如果企业管理该债券的业务模式既以收取合同现金流量为目标又以出售该债券为目标，则该债券应当分类为以公允价值计量且其变动计入其他综合收益的金融资产。

企业应当设置“其他债权投资”账户核算分类为以公允价值计量且其变动计入其他综合收益的金融资产。

3.除按照上述分类为以摊余成本计量的金融资产和以公允价值计量且其变动计入其他综合收益的金融资产之外的金融资产，企业应当将其分类为以公允价值计量且其变动计入当期损益的金融资产

【例4-4】企业持有的普通股股票的合同现金流量是收取被投资企业未来股利分配以及其清算时获得剩余收益的权利。企业持有的普通股股票能否分类为以公允价值计量且其变动计入当期损益的金融资产。

本例中，企业持有的普通股股票可以分类为以公允价值计量且其变动计入当期损益的金融资产。由于股利及获得剩余收益的权利均不符合本金和利息的定义，因此企业持有的普通股股票应当分类为以公允价值计量且其变动计入当期损益的金融资产。

企业应当设置"交易性金融资产"账户核算以公允价值计量且其变动计入当期损益的金融资产。企业持有的直接指定为以公允价值计量且其变动计入当期损益的金融资产，也在本账户核算。

（五）金融资产分类的特殊规定

权益工具投资的合同现金流量评估一般不符合基本借贷安排，因此只能分类为以公允价值计量且其变动计入当期损益的金融资产。然而，在初始确认时，企业可以将非交易性权益工具投资指定为以公允价值计量且其变动计入其他综合收益的金融资产，并按规定确认股利收入。该指定一经作出，不得撤销。企业投资其他上市公司股票或者非上市公司股权的，都可能属于这种情形。

初始确认时，企业可基于单项非交易性权益工具投资，将其指定为以公允价值计量且其变动计入其他综合收益的金融资产，其公允价值的后续变动计入其他综合收益，不需要计提减值准备。除了获得的股利（明确代表投资成本部分收回的股利除外）计入当期损益外，其他相关的利得和损失（包括汇兑损益）均应当计入其他综合收益，且后续不得转入当期损益。当金融资产终止确认时，之前计入其他综合收益的累计利得或损失应当从其他综合收益中转出，计入留存收益。

需要注意的是，企业在非同一控制下的企业合并中确认的或有对价构成金融资产的，该金融资产应当分类为以公允价值计量且其变动计入当期损益的金融资产，不得指定为以公允价值计量且其变动计入其他综合收益的金融资产。

第二节　交易性金融资产

一、交易性金融资产概述

（一）概念

交易性金融资产，是指企业为了近期内出售而持有的金融资产。例如，为了利用闲置资金，以赚取价差为目的从二级市场购入的股票、债券、基金等。

（二）持有目的

交易性金融资产的持有目的是进行交易，其目的与债权投资和长期股权投资不同。

交易性金融资产属于流动资产，在资产负债表上一般以"以公允价值计量且其变动计入当期损益的金融资产"项目列示于流动资产项目内。

（三）账户设置

企业对交易性金融资产通过“交易性金融资产”账户核算，分别设置“成本”和“公允价值变动”两个明细账户。

二、交易性金融资产取得的核算

（一）取得方式

交易性金融资产以购入方式取得为主，也可以非货币性资产交换、债务重组、投资者投入等方式取得。以非货币性资产交换、债务重组、投资者投入等方式取得的交易性金融资产的会计处理将在后续章节中详细讲述，本章仅以交易性股票、债券的购入为主说明交易性金融资产的会计处理原则和方法。

（二）处理原则

交易性金融资产以公允价值购入，其入账成本就是该交易性金融资产的购买价格。但购买交易性金融资产时，还需要支付交易费用（如印花税、手续费、佣金等），我国会计准则规定将其作为投资费用处理，借记“投资收益”账户。

交易性金融资产入账成本中包含的已宣告但尚未发放的股利或已到付息期但尚未领取的债券利息，应通过“应收股利”“应收利息”账户反映。

【例4-5】甲公司2月10日从股票市场购入S公司股票3 000股，公司根据其管理该债券的业务模式和该债券的合同现金流量特征，将该债券分类为以公允价值计量且其变动计入当期损益的金融资产。每股购买价格10元，另支付交易手续费及印花税等共计230元，款项以银行存款支付。

根据有关原始凭证，编制如下会计分录：

借：交易性金融资产——S公司股票（成本）	30 000	
投资收益	230	
贷：银行存款		30 230

【例4-6】甲公司3月25日购入G公司债券850 000元，公司根据其管理该债券的业务模式和该债券的合同现金流量特征，将该债券分类为以公允价值计量且其变动计入当期损益的金融资产。购买价款中包含已到付息期但尚未领取的债券利息2 000元，购买该债券支付的交易费用为850元。款项以银行存款全额支付。

根据有关原始凭证，编制如下会计分录：

借：交易性金融资产——G公司债券（成本）	848 000	
应收利息	2 000	
投资收益	850	
贷：银行存款		850 850

三、交易性金融资产持有期间收到的股利（利息）的核算

交易性金融资产持有期间收到被投资单位宣告发放的现金股利或债券利息，应作为交易性金融资产持有期间实际实现的投资收益，借记“应收股利”或“应收利息”账户，贷记“投资收益”账户。

实际收到股利或债券利息时，借记“银行存款”等账户，贷记“应收股利”或“应收利息”账户。

【例4-7】接【例4-5】，S公司于3月1日宣告发放股利，每股1元，甲公司持有S公司

股票3 000股，应收股利3 000元，该股利于3月15日实际收到。

（1）3月1日S公司宣告发放股利时，根据有关原始凭证，编制如下会计分录：

借：应收股利　3 000

　贷：投资收益　3 000

（2）3月15日实际收到股利时，根据有关原始凭证，编制如下会计分录：

借：银行存款　3 000

　贷：应收股利　3 000

【例4-8】接【例4-6】，甲公司于4月2日收到G公司债券利息2 000元，已存入银行。

根据有关原始凭证，编制如下会计分录：

借：银行存款　2 000

　贷：应收利息　2 000

四、交易性金融资产的期末计价

交易性金融资产以获取价差为目的，在资产负债表日，应按当日各项交易性金融资产的公允价值对交易性金融资产账面价值进行调整，以此反映交易性金融资产预计给企业带来的经济利益以及该交易性金融资产预计获得价差的能力。

1. 公允价值高于账面价值

借：交易性金融资产——公允价值变动

　贷：公允价值变动损益

2. 公允价值低于账面价值

借：公允价值变动损益

　贷：交易性金融资产——公允价值变动

【例4-9】接【例4-7】，甲公司12月31日记录的持有S公司3 000股股票账面价值为30 000元，当日其公允价值为24 000元。

根据有关原始凭证，编制如下会计分录：

借：公允价值变动损益　6 000

　贷：交易性金融资产——S公司股票（公允价值变动）　6 000

【例4-10】接【例4-8】，甲公司12月31日记录的持有G公司债券的账面价值为848 000元，当日其公允价值为849 000元，应调增债券账面价值1 000元。

根据有关原始凭证，编制如下会计分录：

借：交易性金融资产——G公司债券（公允价值变动）　1 000

　贷：公允价值变动损益　1 000

五、交易性金融资产的出售

交易性金融资产出售时，应当将该金融资产出售时的公允价值与其账面余额之间的差额作为投资损益进行会计处理。

【例4-11】接【例4-5】、【例4-7】和【例4-9】，甲公司将其持有的S公司3 000股股票出售了1 000股，售价6 000元。

根据有关原始凭证，编制如下会计分录：

借：银行存款　6 000

　　交易性金融资产——S公司股票（公允价值变动）　2 000

借：投资收益 2 000

　贷：交易性金融资产——S公司股票（成本） 10 000

【例4-12】接【例4-6】、【例4-8】和【例4-10】，甲公司将其持有的G公司债券出售了50%，售价426 000元。

根据有关原始凭证，编制如下会计分录：

借：银行存款 426 000

　贷：交易性金融资产——G公司债券（成本） 424 000

　　　　　　　　　——G公司债券（公允价值变动） 500

　　投资收益 1 500

第三节 债权投资

一、债权投资概述

（一）概念

债权投资，是指到期日固定、回收金额固定或可确定，且企业有明确意图和能力持有至到期的非衍生金融资产。通常情况下，能够划分为债权投资的金融资产，主要是债权性投资，如从二级市场上购入的固定利率国债、浮动利率金融债券等。股权投资因其没有固定的到期日，因而不能划分为债权投资。债权投资通常具有长期性质，但期限较短（1年以内）的债券投资，符合债权投资条件的，也可将其划分为债权投资。

企业不能将下列非衍生金融资产划分为债权投资：

（1）在初始确认时即被指定为以公允价值计量且其变动计入当期损益的非衍生金融资产。

（2）在初始确认时被指定为可供出售的非衍生金融资产。

（3）符合贷款和应收款项的定义的非衍生金融资产。

企业在将金融资产划分为债权投资时，应当注意把握其特征：

（1）该金融资产到期日固定、回收金额固定或可确定。

“到期日固定、回收金额固定或可确定”，是指相关合同明确了投资者在确定的期间内获得或应收取现金流量（如投资利息和本金等）的金额和时间。因此，从投资者角度看，如果不考虑其他条件，在将某项投资划分为债权投资时可以不考虑可能存在的发行方重大支付风险。其次，由于要求到期日固定，从而权益工具投资不能划分为债权投资。

（2）企业有明确意图将该金融资产持有至到期。

“有明确意图持有至到期”，是指投资者在取得投资时意图就是明确的，除非遇到一些企业所不能控制、预期不会重复发生且难以合理预计的独立事项，否则将持有至到期。

（3）企业有能力将该金融资产持有至到期。

“有能力持有至到期”，是指企业有足够的财务资源，并不受外部因素影响将投资持有至到期。

（二）分类

债权投资按偿还方式不同，可划分为到期一次还本付息债券、到期一次还本分期付息债券、分期还本分期付息债券。

（1）到期一次还本付息债券，是指发行公司于债券到期日一次偿还全部债券本金和利息的债券。

（2）到期一次还本分期付息债券，是指发行公司于债券到期日一次偿还全部债券本金，分批偿还利息的债券。

（3）分期还本分期付息债券，是指发行公司分批偿还本金，分批偿还利息的债券。到期一次还本分期付息债券和分期还本分期付息债券可并称为分期付息债券，分期付息债券可减轻发行公司集中还本的财务负担。

（三）账户设置

企业对债权投资应设置“债权投资”账户进行核算，并设置“成本”“利息调整”“应计利息”等明细账户。

二、债权投资取得的核算

企业对债权投资的会计处理，应着重于该金融资产的持有者打算“持有至到期”，未到期前通常不会出售或重分类，主要应解决该金融资产实际利率的计算、摊余成本的确定、持有期间的收益确认以及将其处置时损益的处理。

债权投资初始确认时，应当按照公允价值计量和相关交易费用之和作为初始入账金额。实际支付的价款中包括的已到付息期但尚未领取的债券利息，应单独确认为应收项目。

债权投资初始确认时，应当计算确定其实际利率，并在该债权投资预期存续期间或适用的更短期间内保持不变。

1. 按面值购入债券

【例4-13】甲公司购入乙公司当天发行的2年期债券，在购买该债券时，预计发行方不会提前赎回。甲公司根据其管理该债券的业务模式和该债券的合同现金流量特征，将该债券分类为以摊余成本计量的金融资产。票面价值100 000元，票面利率为10%，到期一次还本付息，用银行存款实际支付价款100 000元，未发生交易费用。

根据有关原始凭证，编制如下会计分录：

借：债权投资——乙公司债券（成本）	100 000	
贷：银行存款		100 000

2. 溢价购入债券

【例4-14】甲公司购入乙公司当天发行的2年期债券，在购买该债券时，预计发行方不会提前赎回。甲公司根据其管理该债券的业务模式和该债券的合同现金流量特征，将该债券分类为以摊余成本计量的金融资产。票面价值200 000元，票面利率为10%，到期一次还本付息，用银行存款实际支付价款206 000元，未发生交易费用。

根据有关原始凭证，编制如下会计分录：

借：债权投资——乙公司债券（成本）	200 000	
——乙公司债券（利息调整）	6 000	
贷：银行存款		206 000

3. 折价购入债券

【例4-15】甲公司2×23年1月1日购入乙公司2×22年1月1日发行的2年期债券，在购买该债券时，预计发行方不会提前赎回。甲公司根据其管理该债券的业务模式和该债券的合同现金流量特征，将该债券分类为以摊余成本计量的金融资产。票面价值200 000元，票面利率为10%，到期一次还本，每年1月5日支付上年度利息，用银行存款实际支付价款204 000元，未发生交易费用。

根据有关原始凭证，编制如下会计分录：

借：债权投资——乙公司债券（成本）　200 000
　　应收利息　20 000
　贷：银行存款　204 000
　　　债权投资——乙公司债券（利息调整）　16 000

三、债权投资的收益及摊余成本

企业应在债权投资持有期间，采用实际利率法，按照摊余成本和实际利率计算确认利息收入，计入投资收益。实际利率应当在取得债权投资时确定，实际利率与票面利率差别较小的，也可按票面利率计算利息收入，计入投资收益。

处置债权投资时，应将所取得价款与债权投资账面价值之间的差额，计入当期损益。

实际利率和摊余成本

【例4-16】2×23年1月1日，甲公司支付价款1 000万元（含交易费用）从上海证券交易所购入A公司同日发行的5年期公司债券12 500份，债券票面价值总额为1 250万元，票面年利率为4.72%，于年末支付本年度债券利息（即每年利息为59万元），本金在债券到期时一次性偿还。合同约定，该债券的发行方在遇到特定情况时可以将债券赎回，且不需要为提前赎回支付额外款项。甲公司在购买该债券时，预计发行方不会提前赎回。甲公司根据其管理该债券的业务模式和该债券的合同现金流量特征，将该债券分类为以摊余成本计量的金融资产。假定不考虑所得税、减值损失等因素，计算该债券的实际利率为10%。

根据上述数据，甲公司的有关账务处理如下：

（1）2×23年1月1日，购入债券时，根据有关原始凭证，编制如下会计分录：

借：债权投资——A公司债券（成本）　12 500 000
　贷：银行存款　10 000 000
　　　债权投资——A公司债券（利息调整）　2 500 000

（2）2×23年12月31日，确认实际利息收入、收到票面利息时，根据有关原始凭证，编制如下会计分录：

借：应收利息　590 000
　　债权投资——A公司债券（利息调整）　410 000
　贷：投资收益　1 000 000

借：银行存款　590 000
　贷：应收利息　590 000

（3）2×24年12月31日，确认实际利息收入、收到票面利息时，根据有关原始凭证，编制如下会计分录：

借：应收利息　590 000
　　债权投资——A公司债券（利息调整）　451 000
　贷：投资收益　1 041 000

借：银行存款　590 000
　贷：应收利息　590 000

（4）2×25年12月31日，确认实际利息收入、收到票面利息时，根据有关原始凭证，编制如下会计分录：

借：应收利息　590 000
　　债权投资——A公司债券（利息调整）　496 100
　贷：投资收益　1 086 100
借：银行存款　590 000
　贷：应收利息　590 000

（5）2×26年12月31日，确认实际利息收入、收到票面利息时，根据有关原始凭证，编制如下会计分录：

借：应收利息　590 000
　　债权投资——A公司债券（利息调整）　545 710
　贷：投资收益　1 135 710
借：银行存款　590 000
　贷：应收利息　590 000

（6）2×27年12月31日，确认实际利息收入、收到票面利息时，根据有关原始凭证，编制如下会计分录：

借：应收利息　590 000
　　债权投资——A公司债券（利息调整）　597 190
　贷：投资收益　1 187 190
借：银行存款　590 000
　贷：应收利息　590 000

（7）2×28年1月1日，收到本金时，根据有关原始凭证，编制如下会计分录：

借：银行存款　12 500 000
　贷：债权投资——A公司债券（成本）　12 500 000

四、债权投资的处置与重分类

（一）债权投资的重分类

企业将某金融资产划分为债权投资后，可能会发生到期前将该金融资产予以处置或重分类的情况，该情况表明企业违背了将投资持有至到期的最初意图。如果企业在本会计年度内出售或重分类为其他债权投资的某项债权投资金额，相对于在出售或重分类前该类投资总额较大的，企业在处置或重分类后应立即将剩余债权投资重分类为以公允价值计量且其变动计入其他综合收益的金融资产，即其他债权投资，并以公允价值进行后续计量。重分类日，该投资剩余部分的账面价值与其公允价值之间的差额计入其他综合收益，在该其他债权投资发生减值或终止确认时转出，计入当期损益。但是，遇到下列情况可以除外：

其他综合收益

（1）出售日或重分类日距离该项投资到期日或赎回日较近（如到期前3个月内），且市场利率变化对该项投资的公允价值没有显著影响。

（2）根据合同约定的定期偿付或提前还款方式收回该投资几乎所有初始

本金后，将剩余部分予以出售或重分类。

(3) 出售或重分类是由于企业无法控制、预期不会重复发生且难以合理预计的独立事项所引起。

企业因出售或重分类债权投资的金额较大而将剩余债权投资重分类为其他债权投资后，在本会计年度及以后两个完整的会计年度内不得再将金融资产划分为债权投资，直至两个完整的会计年度之后，企业才可以再将符合规定条件的金融资产划分为债权投资。

(二) 债权投资的出售

债权投资出售时，将该投资的账面价值冲减为零，同时将出售所得价款与债权投资账面价值的差额计入投资收益。

借：银行存款

  贷：债权投资——成本

    投资收益

【例4-17】2×23年3月，甲公司持有的、原划分为债权投资的F公司债券价格持续下跌。为此，甲公司于4月1日对外出售该债权投资的10%，该部分资产的公允价值为2 400 000元。剩余部分转为以公允价值计量且其变动计入其他综合收益的金融资产，即其他债权投资。

(1) 假定4月1日该债券出售前的账面余额（成本）为20 000 000元，不考虑债券出售等其他相关因素的影响，根据有关原始凭证，编制如下会计分录：

借：银行存款	2 400 000	
贷：债权投资——F公司债券（成本）		2 000 000
投资收益		400 000
借：其他债权投资——F公司债券（成本）	18 000 000	
——F公司债券（公允价值变动）	3 600 000	
贷：债权投资——F公司债券（成本）		18 000 000
其他综合收益		3 600 000

(2) 假定4月23日，甲公司将该债券全部出售，收取价款23 600 000元，根据有关原始凭证，编制如下会计分录：

借：银行存款	23 600 000	
贷：其他债权投资——F公司债券（成本）		18 000 000
——F公司债券（公允价值变动）		3 600 000
投资收益		2 000 000
借：其他综合收益	3 600 000	
贷：投资收益		3 600 000

五、债权投资的减值

企业应当在资产负债表日对债权投资的账面价值进行检查，有客观证据表明该金融资产发生减值的，应当计提减值准备。

债权投资发生减值时，应当将该债权投资的账面价值减记至预计未来现金流量现值，减记的金额确认为资产减值损失，计入当期损益。

债权投资确认减值损失后，如有客观证据表明该金融资产价值得以恢复，且客观上与确认该损失后发生的事项有关，原确认的减值损失应当予以转回，计入当期损益。但是，该转回后的账面价值不应超过假定不计提减值准备情况下该债权投资在转回日的摊余成本。

微课4-2

股票、债券的风险收益面面观

第四节 其他债权投资

一、其他债权投资概述

其他债权投资，是指以公允价值计量且其变动计入其他综合收益的金融资产，初始确认时即被指定为可供出售的G非衍生金融资产，以及除下列各类资产以外的金融资产：贷款和应收款项；债权投资；以公允价值计量且其变动计入当期损益的金融资产。例如，企业购入的在活跃市场上有报价的股票、债券和基金等，以及没有划分为以公允价值计量且其变动计入当期损益的金融资产或债权投资等，均可归为此类。

对于在活跃市场上有报价的金融资产，既可划分为以公允价值计量且其变动计入当期损益的金融资产，也可能划分为其他债权投资。如果该金融资产属于有固定到期日、回收金额固定或可确定的金融资产，则该金融资产还可能划分为债权投资。某项金融资产具体应划分为哪一类，主要取决于企业管理层的风险管理、投资决策等因素。金融资产的分类应是管理层意图的如实表达。

债权投资与其他债权投资的区别

二、其他债权投资的账务处理

其他债权投资的会计处理，与以公允价值计量且其变动计入当期损益的金融资产的会计处理有类似之处，但也有不同。具体而言：

（1）初始确认时，都应按公允价值计量，但对于其他债权投资，相关交易费用应计入初始入账金额。

（2）在资产负债表日，都应按公允价值计量，但对于其他债权投资，公允价值变动不是计入当期损益，而通常应计入其他综合收益。

分类为以公允价值计量且其变动计入其他综合收益的金融资产所产生的所有利得或损失，除减值损失或利得和汇兑损益之外，均应当计入其他综合收益，直至该金融资产终止确认或被重分类。但是，采用实际利率法计算的该金融资产的利息应当计入当期损益。该金融资产计入各期损益的金额应当与视同其一直按摊余成本计量而计入各期损益的金额相等。

该金融资产终止确认时，之前计入其他综合收益的累计利得或损失应当从其他综合收益中转出，计入当期损益。

指定为以公允价值计量且其变动计入其他综合收益的非交易性权益工具投资，除了获得的股利（明确代表投资成本部分收回的股利除外）计入当期损益外，其他相关的利得或损失（包括汇兑损益）均应当计入其他综合收益，且后续不得转入当期损益。

当其终止确认时，之前计入其他综合收益的累计利得或损失应当从其他综合收益中转出，计入留存收益。

企业在对其他债权投资进行会计处理时，还应注意以下方面：

（1）企业取得其他债权投资支付的价款中包含的已到付息期但尚未领取的债券利息或已宣告但尚未发放的现金股利，应单独确认为应收项目。

其他债权投资持有期间取得的利息或现金股利，应当计入投资收益。在资产负债表日，其他债权投资应当以公允价值计量，且公允价值变动计入其他综合收益。

（2）其他债权投资发生的减值损失，应计入当期损益；如果其他债权投资是外币货币性金融资产，则其形成的汇兑差额也应计入当期损益。采用实际利率法计算的其他债权投资的利息，应当计入当期损益；可供出售权益工具投资的现金股利，应当在被投资单位宣告发放现金股利时计入当期损益。

（3）处置其他债权投资时，应将取得的价款与该金融资产账面价值之间的差额，计入投资损益。同时，将原直接计入其他综合收益的公允价值变动累计额对应处置部分的金额转出，计入投资损益。

【例4-18】2×23年1月1日，甲公司从上海证券交易所按面值购入A公司同日发行的3年期公司债券，债券票面价值总额为100万元，票面年利率为4%，于每年年末支付本年度债券利息，本金在债券到期时一次性偿还。甲公司根据其管理该债券的业务模式和该债券的合同现金流量特征，将该债券分类为以公允价值计量且其变动计入其他综合收益的金融资产。2×23年12月31日，A公司债券市价下降为90万元，甲公司认定此下降为债券市场的正常波动。2×24年6月10日，甲公司将持有的A公司债券全部出售，获得价款96万元。

假定甲公司初始确认A公司债券时的实际利率与票面利率相同，假定不考虑交易税费。

甲公司的会计处理为：

（1）2×23年1月1日，购入债券。

借：其他债权投资——A公司债券（成本）　　1 000 000

　贷：银行存款　　1 000 000

（2）2×23年12月31日，确认利息收入和公允价值变动。

①应收利息=1 000 000×4%=40 000（元）

借：应收利息　　40 000

　贷：投资收益　　40 000

②公允价值变动=900 000-1 000 000=-100 000（元）

借：其他综合收益——其他债权投资公允价值变动　　100 000

　贷：其他债权投资——A公司债券（公允价值变动）　　100 000

（3）2×24年6月10日，出售A公司债券。

借：银行存款　　960 000

　　其他债权投资——A公司债券（公允价值变动）　　100 000

　贷：其他债权投资——A公司债券（成本）　　1 000 000

　　　投资收益　　60 000

同时，应将原已计入其他综合收益的的金额转出，计入当期损益。

借：投资收益　　100 000

　贷：其他综合收益——其他债权投资公允价值变动　　100 000

第五节 其他权益工具投资

一、其他权益工具投资概述

其他权益工具投资，是指指定为以公允价值计量且其变动计入其他综合收益的非交易性权益工具投资。该种投资情况下，现金流量并非本金与利息之和但业务模式为长期持有、获取稳定分红、不关心价格的波动对损益的影响，即非交易性权益工具投资。

二、其他权益工具投资的账务处理

针对指定为以公允价值计量且其变动计入其他综合收益的非交易性权益工具投资，企业一般应当设置“其他权益工具投资”账户核算此类金融资产。该账户可按照其他权益工具投资的类别和品种，分“成本”“公允价值变动”等账户进行明细核算。

指定为以公允价值计量且其变动计入其他综合收益的非交易性权益工具投资应当按照下列规定处理：

（1）获得的现金股利（明确代表投资成本部分收回的股利除外）计入当期损益。

（2）其他相关的利得和损失（包括汇兑损益）均应当计入其他综合收益。

（3）不确认减值损失。

（4）终止确认时，处置价款和账面价值的差额计入留存收益。

（5）终止确认时，之前计入其他综合收益的累计利得或损失转出计入留存收益。

【例4-19】2×23年5月6日，甲公司支付价款1 016万元（含交易费用1万元和已宣告发放的现金股利15万元），购入乙公司发行的股票200万股，占乙公司有表决权股份的0.5%。甲公司将其指定为以公允价值计量且其变动计入其他综合收益的非交易性权益工具投资。

（1）2×23年5月10日，甲公司收到乙公司发放的现金股利15万元。

（2）2×23年6月30日，该股票市价为每股5.2元。

（3）2×23年12月31日，甲公司仍持有该股票；当日，该股票市价为每股5元。

（4）2×24年5月9日，乙公司宣告发放的现金股利4 000万元。

（5）2×24年5月13日，甲公司收到乙公司发放的现金股利。

（6）2×24年5月20日，甲公司由于某特殊原因，以每股4.9元的价格将股票全部转让。

假定不考虑其他因素，甲公司的账务处理如下：

（1）2×23年5月6日，购入股票时，根据有关原始凭证，编制如下会计分录：

借：应收股利　　150 000

　　其他权益工具投资——乙公司股票（成本）　　10 010 000

　贷：银行存款　　10 160 000

（2）2×23年5月10日，收到现金股利时，根据有关原始凭证，编制如下会计分录：

借：银行存款　　150 000

　贷：应收股利　　150 000

（3）2×23年6月30日，确认股票价格变动时，根据有关原始凭证，编制如下会计分录：

借：其他权益工具投资——乙公司股票（公允价值变动） 390 000
　贷：其他综合收益——其他权益工具投资公允价值变动 390 000

（4）2×23年12月31日，确认股票价格变动时，根据有关原始凭证，编制如下会计分录：

借：其他综合收益——其他权益工具投资公允价值变动 400 000
　贷：其他权益工具投资——乙公司股票（公允价值变动） 400 000

（5）2×24年5月9日，确认应收现金股利时，根据有关原始凭证，编制如下会计分录：

借：应收股利 200 000
　贷：投资收益 200 000

（6）2×24年5月13日，收到现金股利时，根据有关原始凭证，编制如下会计分录：

借：银行存款 200 000
　贷：应收股利 200 000

（7）2×24年5月20日，出售股票时，根据有关原始凭证，编制如下会计分录：

借：银行存款 9 800 000
　　其他权益工具投资——乙公司股票（公允价值变动） 10 000
　　盈余公积——乙公司股票（法定盈余公积） 21 000
　　利润分配——乙公司股票（未分配利润） 189 000
　贷：其他权益工具投资——乙公司股票（成本） 10 010 000
　　　其他综合收益——其他权益工具投资公允价值变动 10 000

【思政讲堂】

加快建设中国特色现代资本市场

党中央高度重视金融工作，习近平总书记多次作出重要讲话、重要指示，为做好新时代金融工作指明了方向。党的二十大擘画了全面建设社会主义现代化国家、全面推进中华民族伟大复兴的宏伟蓝图。金融是现代经济的核心、实体经济的血脉，关系发展和安全，在推进中国式现代化进程中发挥着重要作用。

证监会表示，着力推动高质量发展，进一步坚定对中国经济长期向好发展的信心。资本市场要服从和服务于这个大局，坚持金融服务实体经济的宗旨，全面深化改革，完善多层次市场体系，健全资本市场功能，提高直接融资比重。

证监会同时强调，扩大高水平制度型开放，拓宽境外上市融资渠道，加强与我国香港市场的务实合作。要坚持将资本市场一般规律与中国市场的实际相结合，与中华优秀传统文化相结合，加快建设中国特色现代资本市场。

银保监会也表示，在实体经济创新发展、稳步转型的背景下，资本市场具有长期投资价值、保持稳定运行的良好基础不会改变。

资料来源：辛圆．财政部、一行两会传达学习二十大精神，透露了哪些经济信号？[EB/OL]．(2022-10-26)．https：//finance.sina.com.cn/china/2022-10-26/doc-imqmmthc2166401.shtml.

【复习思考】

1.什么是金融资产？如何进行分类？

2.简述交易性金融资产和债权投资二者持有目的的区别。

3.企业在对其他债权投资进行会计处理时应当注意哪些方面？

【练习题】

1.ABC公司于2×23年5月26日以每股15元的价格从二级市场购入B公司普通股（法人股）10 000股，另付相关税费800元。ABC公司根据其管理该债券的业务模式和该债券的合同现金流量特征，将该债券分类为以公允价值计量且其变动计入当期损益的金融资产。B公司于2×23年5月20日已宣告分派每股1元的现金股利，并预定于2×23年6月26日实际支付。

要求：进行相关账务处理。

2.ABC公司2×23年1月3日购入B企业同年1月1日发行的3年期债券，票面利率为12%，债券面值600 000元，每年6月30日和12月31日各付息一次。债券购买时市场利率为14%，购买价格为571 400.40元（不考虑相关税费）。企业有明确意图和能力持有至到期。

要求：进行相关账务处理。

3.甲公司为上市公司，2×23年12月31日，以21 909.19万元（包括交易费用9.19万元）的价格购入乙公司于2×23年1月1日发行的5年期一次还本、分期付息债券，债券面值总额为2亿元，付息日为每年1月5日，票面年利率为6%。甲公司于每年年末计提债券利息；根据其管理该债券的业务模式和该债券的合同现金流量特征，将该债券分类为以公允价值计量且其变动计入其他综合收益的金融资产。甲公司确定该债券实际利率为5%。

要求：进行相关账务处理。

第五章

长期股权投资

学习目标

知识目标： 通过本章的学习，要求熟悉长期股权投资核算范围、长期股权投资成本法和权益法的适用范围；掌握不同情况下长期股权投资的初始计量、成本法和权益法的账务处理、长期股权投资处置的账务处理。

技能目标： 通过本章的学习，要求能正确确定长期股权投资的初始成本，能正确运用成本法、权益法对长期股权投资进行核算。

第一节 长期股权投资概述

一、长期股权投资的概念

长期股权投资，是指投资方对被投资单位能够实施控制或具有重大影响的权益性投资，以及对其合营企业的权益性投资。

微课 5-1

如何理解金融资产与长期股权投资？

二、长期股权投资的核算范围

长期股权投资的核算范围包括：

（1）投资企业能够对被投资单位实施控制的权益性投资，即对子公司投资。

（2）投资企业与其他合营方一同对被投资单位实施共同控制的权益性投资，即对合营企业投资。

（3）投资企业对被投资单位具有重大影响的权益性投资，即对联营企业投资。

（一）能够实施控制的权益性投资

控制，是指有权决定一个企业的财务和经营政策，并能据以从该企业的经营活动中获取利益。控制一般存在于以下情况：投资企业直接拥有被投资单位50%以上的表决权资本；投资企业直接拥有被投资单位50%或以下的表决权资本，但具有实质控制权的情况。

投资企业对被投资单位是否具有实质控制权，可以通过以下一种或几种情形进行判定：

（1）通过与其他投资者的协议，投资企业拥有被投资单位50%以上表决权资本的控制权。

（2）根据章程或协议，投资企业有权控制被投资单位的财务和经营政策。

（3）有权任免被投资单位董事会等类似权力机构的多数成员。这种情况是指，虽然投资企业仅拥有被投资单位50%或以下表决权资本，但根据章程或协议有权任免被投资单位董事会的多数董事，能够达到实质上控制的目的。

（4）在被投资单位董事会或类似权力机构会议上有半数以上投票权。这种情况是指，虽然投资企业仅拥有被投资单位50%或以下表决权资本，但能够控制被投资单位董事会等类似权力机构的会议，从而能够控制其财务和经营政策。

投资企业能够对被投资单位实施控制的，被投资单位为其子公司，投资企业应当将子公司纳入合并财务报表的合并范围。投资企业在其个别财务报表中对子公司的长期股权投资，应当采用成本法核算，编制合并财务报表时按照权益法进行调整。

（二）能够实施重大影响的权益性投资

企业合并案例

企业能够对被投资单位施加重大影响的，被投资单位为本企业的联营企业。重大影响，是指对一个企业的财务和经营政策有参与决策的权力，但并不能够控制或者与其他方一起共同控制这些政策的制定。投资企业直接或通过子公司拥有被投资单位20%以上但低于50%的表决权股份时，一般认为对被投资单位具有重大影响，除非有明确的证据表明该种情况下不能参与被投资单位的生产经营决策，不形成重大影响。投资企业拥有被投资单位有表决权股份的比例低于20%的，一般认为对被投资单位不具有重大影响，但符合下列情况之一的，应认为对被投资单位具有重大影响：

（1）在被投资单位的董事会或类似权力机构中派有代表。这种情况下，由于在被投资单位的董事会或类似权力机构中派有代表，并享有相应的实质性的参与决策权，投资企业可以通过该代表参与被投资单位经营政策的制定，达到对被投资单位施加重大影响。

（2）参与被投资单位的政策制定过程，包括股利分配政策等的制定。这种情况下，因可以参与被投资单位的政策制定过程，在制定政策过程中可以出于其自身利益提出建议和意见，从而对被投资单位施加重大影响。

（3）与被投资单位之间发生重要交易。有关的交易因对被投资单位的日常经营具有重要性，进而在一定程度上可以影响被投资单位的生产经营决策。

（4）向被投资单位派出管理人员。这种情况下，通过投资企业对被投资单位派出管理人员，管理人员有权力并负责被投资单位的财务和经营活动，从而能够对被投资单位施加重大影响。

（5）向被投资单位提供关键技术资料。因被投资单位的生产经营需要依赖投资企业的技术或技术资料，表明投资企业对被投资单位具有重大影响。

在确定能否对被投资单位施加重大影响时，一方面应考虑投资企业直接或间接持有被投资单位的表决权股份，同时要考虑企业及其他方持有的现行可执行潜在表决权在假定转换为对被投资单位的股权后产生的影响，如被投资单位发行的当期可转换的认股权证、股票期权及可转换公司债券等的影响，如果其在转换为对被投资单位的股权后，能够增加投资企业的表决权比例或是降低被投资单位其他投资者的表决权比例，从而使得投资企业能够参与被投资单位的财务和经营决策的，应当认为投资企业对被投资单位具有重大影响。

（三）对合营企业的权益性投资

合营安排，是指一项由两个或两个以上的参与方共同控制的安排。共同控制，是指按照相关约定对某项安排所共有的控制，并且该安排的相关活动必须经过分享控制权的参与方一致同意后才能决策。合营安排可以分为共同经营和合营企业。共同经营，是指合营方享有该安排相关资产且承担该安排相关负债的合营安排；合营企业，是指合营方仅对该安排的净资产享有权利的合营安排。

长期股权投资仅指对合营安排享有共同控制的参与方（即合营方）对其合营企业的权益性投资，不包括对合营安排不享有共同控制的参与方的权益性投资，也不包括共同经营。

除能够实施控制的权益性投资、具有重大影响的权益性投资和对合营企业的权益性投资外，企业持有的其他权益性投资，应当按照金融工具确认和计量准则的规定，在初始确认时划分为以公允价值计量且其变动计入当期损益的金融资产或指定为以公允价值计量且其变动计入其他综合收益的金融资产。

第二节　长期股权投资的初始计量

长期股权投资在取得时，应按初始投资成本入账。长期股权投资的初始投资成本应分为企业合并和非企业合并两种情况确定。

一、企业合并形成的长期股权投资

微课 5-2

企业合并的概念和方式

企业合并形成的长期股权投资，应按照企业合并的类型，即同一控制下控股合并与非同一控制下控股合并，确定初始投资成本。

（一）同一控制下控股合并形成的长期股权投资

对于同一控制下的企业合并，从能够对参与合并各方在合并前及合并后均实施最终控制的一方来看，最终控制方在企业合并前及合并后能够控制的资产并没有发生变化。合并方通过企业合并形成的对被合并方的长期股权投资，其成本代表的是在被合并方所有者权益账面价值中按持股比例享有的份额。

（1）合并方以支付现金、转让非现金资产或承担债务方式作为合并对价的，应当在合并日按照所取得的被合并方在最终控制方合并财务报表中的净资产的账面价值的份额作为长期股权投资的初始投资成本。长期股权投资的初始投资成本与支付的现金、转让的非现金资产及所承担债务账面价值之间的差额，应当调整资本公积（资本溢价或股本溢价）；资本公积（资本溢价或股本溢价）的余额不足冲减的，应依次冲减盈余公积、未分配利润。

具体进行会计处理时，合并方在合并日按取得被合并方所有者权益账面价值的份额，借记“长期股权投资”账户，按应享有被投资单位已宣告但尚未发放的现金股利或利润，借记“应收股利”账户，按支付的合并对价的账面价值，贷记有关资产账户或借记有关负债账户，按其差额，贷记“资本公积——资本溢价（或股本溢价）”账户；如为借方差额，应借记“资本公积——资本溢价（或股本溢价）”账户，资本公积（资本溢价或股本溢价）不足冲减的，应依次借记“盈余公积”“利润分配——未分配利润”账户。

（2）合并方以发行权益性证券作为合并对价的，应按发行股份的面值总额作为股本，长期股权投资初始投资成本与所发行股份面值总额之间的差额，应当调整资本公积（资本溢价或股本溢价）；资本公积（资本溢价或股本溢价）不足冲减的，应依次冲减盈余公积、未分配利润。

具体进行会计处理时，在合并日应按取得被合并方所有者权益账面价值的份额，借记“长期股权投资”账户，按应享有被投资单位已宣告但尚未发放的现金股利或利润，借记“应收股利”账户，按发行权益性证券的面值贷记“股本”账户，按其差额，贷记“资本公积——资本溢价（或股本溢价）”账户；如为借方差额，应借记“资本公积——资本溢价（或股本溢价）”账户，资本公积（资本溢价或股本溢价）不足冲减的，应依次借记“盈余公积”“利润分配——未分配利润”账户。

合并方发生的审计、法律服务、评估咨询等中介费用以及其他相关管理费用，于发生时计入当期损益。与发行权益性工具作为合并对价直接相关的交易费用，应当冲减资本公积（资本溢价或股本溢价），资本公积（资本溢价或股本溢价）不足冲减的，依次冲减盈余公积、未分配利润。与发行债务性工具作为合并对价直接相关的交易费用，应当计入债务性工具的初始确认金额。

上述在按照合并日应享有被合并方账面所有者权益的份额确定长期股权投资的初始投资成本时，前提是合并前合并方与被合并方采用的会计政策应当一致。企业合并前合并方与被合并方采用的会计政策不同的，应首先按照合并方的会计政策对被合并方资产、负债的账面价值进行调整，在此基础上计算确定形成长期股权投资的初始投资成本。

【例5-1】2×23年6月30日，甲公司向同一集团内S公司的原股东定向增发1 500万股普通股股票（每股面值为1元，市价为13.02元），取得S公司100%的股权，并于当日起能够对S公司实施控制。合并后S公司仍维持其独立法人资格继续经营。两公司在企业合并前采用的会计政策相同。合并日，S公司的账面所有者权益总额为6 606万元。

合并日，甲公司在其账簿及个别财务报表中应确认对S公司的长期股权投资，根据有关原始凭证，编制如下会计分录：

借：长期股权投资——S公司	66 060 000	
贷：股本		15 000 000
资本公积——股本溢价		51 060 000

（二）非同一控制下控股合并形成的长期股权投资

非同一控制下的控股合并中，购买方应当按照确定的企业合并成本作为长期股权投资的初始投资成本。企业合并成本包括购买方付出的资产、发生或承担的负债、发行的权益性工具或债务性工具的公允价值之和。购买方为企业合并发生的审计、法律服务、评估咨询等中介费用以及其他相关管理费用，应于发生时计入当期损益；购买方作为合并对价发行的权益性工具或债务性工具的交易费用，应当计入权益性工具或债务性工具的初始确认金额。

【例5-2】甲公司于2×23年3月31日以公允价值43 000 000元的无形资产和27 000 000元的银行存款取得B公司70%的股权。该无形资产的成本为52 000 000元，至企业合并发生时已计提累计摊销12 000 000元。合并中，甲公司为核实B公司的资产价值，聘请专业资产评估机构对B公司的资产进行评估，用银行存款支付评估费用1 000 000元。假定合并前甲公司与B公司不存在任何关联方关系。

本例中，因甲公司与B公司在合并前不存在任何关联方关系，应作为非同一控制下的企业合并处理。甲公司对于合并形成的对B公司的长期股权投资，应按确定的企业合并成本作为其初始投资成本。

（1）确认取得的长期股权投资时，根据有关原始凭证，编制如下会计分录：

借：长期股权投资——B公司	70 000 000	
累计摊销	12 000 000	
贷：无形资产		52 000 000
银行存款		27 000 000
资产处置损益		3 000 000

（2）支付评估费用时，根据有关原始凭证，编制如下会计分录：

借：管理费用	1 000 000	
贷：银行存款		1 000 000

二、企业合并以外其他方式取得的长期股权投资

除企业合并形成的长期股权投资应遵循特定的会计处理原则外，以其他方式取得的长期股权投资，取得时初始投资成本的确定应遵循以下规定：

（1）以支付现金取得的长期股权投资，应当按照实际支付的购买价款作为长期股权投资的初始投资成本，包括购买过程中支付的手续费、税费等必要支出。但所支付价款中包含的被投资单位已宣告但尚未发放的现金股利或利润应作为应收项目核算，不构成取得长期股权投资的成本。

【例5-3】甲公司于2×23年2月10日，自公开市场中买入乙公司20%的股份，实际支付价款817 000元。另外，在购买过程中支付手续费等相关费用2 000元。甲公司取得该部分股权后，能够对乙公司的生产经营决策施加重大影响。假定甲公司取得该项投资时，乙公司已宣告但尚未发放现金股利，甲公司按其持股比例计算确定可分得1 500元。

甲公司应当按照实际支付的购买价款作为取得长期股权投资的成本，根据有关原始凭证，编制如下会计分录：

借：长期股权投资——乙公司	817 500	
应收股利	1 500	
贷：银行存款		819 000

（2）以发行权益性证券方式取得的长期股权投资，其成本为所发行权益性证券的公允价值，但不包括应自被投资单位收取的已宣告但尚未发放的现金股利或利润。

为发行权益性证券支付给有关证券承销机构等的手续费、佣金等与权益性证券发行直接相关的费用，不构成取得长期股权投资的成本。该部分费用按照《企业会计准则第37号——金融工具列报》的规定，应自权益性证券的溢价发行收入中扣除，权益性证券的溢价收入不足冲减的，应依次冲减盈余公积和未分配利润。

【例5-4】2×23年3月，甲公司通过增发9 000万股普通股（每股面值1元）取得B公司20%的股权，按照增发前后的平均股价计算，该9 000万股股份的公允价值为1.56亿元。为增发该部分股份，甲公司向证券承销机构等支付了600万元的佣金和手续费。假定

甲公司取得该部分股权后，能够对B公司的生产经营决策施加重大影响。

甲公司应当以所发行股份的公允价值作为取得长期股权投资的成本，根据有关原始凭证，编制如下会计分录：

借：长期股权投资——B公司　156 000 000
　贷：股本　90 000 000
　　资本公积——股本溢价　66 000 000

发行权益性证券过程中支付的佣金和手续费，应冲减权益性证券的溢价发行收入，根据有关原始凭证，编制如下会计分录：

借：资本公积——股本溢价　6 000 000
　贷：银行存款　6 000 000

（3）以债务重组、非货币性资产交换等方式取得的长期股权投资，其初始投资成本应按照《企业会计准则第12号——债务重组》和《企业会计准则第7号——非货币性资产交换》的规定确定。

第三节　长期股权投资的后续计量

长期股权投资在持有期间，根据投资企业对被投资单位的影响程度及是否存在活跃市场、公允价值能否可靠取得等进行划分，应当分别采用成本法及权益法进行核算。对子公司的长期股权投资应当按成本法核算，对合营企业、联营企业的长期股权投资应当按权益法核算。

一、成本法

成本法，是指长期股权投资的账面价值按初始投资成本计量，除追加或收回投资外，一般不对长期股权投资的账面价值进行调整的一种会计处理方法。

长期股权投资的核算为什么要区分成本法和权益法？

（一）成本法的适用范围

投资方对被投资单位能够实施控制的长期股权投资应当采用成本法核算。

（二）成本法下投资成本的后续计量

采用成本法核算的长期股权投资，应按照初始投资成本计价，一般不予变更，只有在追加或收回投资时才调整长期股权投资的成本。初始投资或追加投资时，按照初始投资或追加投资时的成本增加长期股权投资的账面价值。

（三）成本法下股利的处理

除取得投资时实际支付的价款中包含的已宣告但尚未发放的现金股利或利润外，投资企业应当按照享有被投资单位宣告发放的现金股利或利润确认投资收益，借记“应收股利”账户，贷记“投资收益”账户；收到上述现金股利或利润时，借记“银行存款”账户，贷记“应收股利”账户。

被投资单位宣告分派股票股利，投资方应于除权日作备忘记录。

投资企业在确认被投资单位应分得的现金股利或利润后，应当考虑有关长期股权投资是否发生减值。在判断该类长期股权投资是否存在减值迹象时，应当关注长期股权投资的账面价值是否大于享有被投资单位净资产（包括相关商誉）账面价值的份额等情况。出现类似情况时，企业应当按照《企业会计准则第8号——资产减值》的规定对长期股权投资进行减值测试，可收回金额低于长期股权投资账面价值的，应当计提减值准备。

【例5-5】甲公司于2×22年4月20日自非关联方处取得乙公司60%股权，成本为25 000 000元，相关手续于当日完成，并能够对乙公司实施控制。2×23年2月6日，乙公司宣告分派现金股利，甲公司按照持股比例可取得600 000元。乙公司于2×23年2月10日实际分派现金股利。不考虑相关税费等其他因素的影响。

（1）取得长期股权投资时，根据有关原始凭证，编制如下会计分录：

借：长期股权投资——乙公司　　25 000 000

　贷：银行存款　　25 000 000

（2）乙公司宣告分派现金股利时，根据有关原始凭证，编制如下会计分录：

借：应收股利　　600 000

　贷：投资收益　　600 000

（3）实际收到现金股利时，根据有关原始凭证，编制如下会计分录：

借：银行存款　　600 000

　贷：应收股利　　600 000

进行上述处理后，如相关长期股权投资存在减值迹象，应当进行减值测试。

二、权益法

权益法，是指投资以初始投资成本计量后，在投资持有期间根据投资企业享有被投资单位所有者权益的份额的变动对投资的账面价值进行调整的方法。

（一）权益法的适用范围

投资企业对被投资单位具有共同控制或重大影响的长期股权投资，即对合营企业投资及联营企业投资，应当采用权益法核算。

（二）初始投资成本的调整

投资企业取得对联营企业或合营企业的投资以后，对于取得投资时投资成本与应享有被投资单位可辨认净资产公允价值份额之间的差额，应区分情况分别处理。

（1）初始投资成本大于取得投资时应享有被投资单位可辨认净资产公允价值份额的，该部分差额是投资方在取得投资过程中通过作价体现出的与所取得股权份额相对应的商誉价值，这种情况下不要求对长期股权投资的成本进行调整。

（2）初始投资成本小于取得投资时应享有被投资单位可辨认净资产公允价值份额的，两者之间的差额体现为双方在交易作价过程中转让方的让步，该部分经济利益流入应作为收益处理，计入取得投资当期的营业外收入，同时调整增加长期股权投资的账面价值。

【例5-6】甲公司于2×23年1月取得乙公司30%的股权，支付价款80 000 000元。取得投资时被投资单位乙公司的净资产账面价值为225 000 000元（假定被投资单位各项可辨认资产、负债的公允价值与其账面价值相同）。

在乙公司的生产经营决策过程中，所有股东均按持股比例行使表决权。甲公司在取得乙公司的股权后，派人参与了乙公司的生产经营决策。因能够对乙公司施加重大影响，甲公司对该投资应当采用权益法核算。

取得投资时，根据有关原始凭证，编制如下会计分录：

借：长期股权投资——乙公司（成本）　80 000 000

　贷：银行存款　80 000 000

长期股权投资的初始投资成本80 000 000元大于取得投资时应享有被投资单位可辨认净资产公允价值的份额67 500 000元（225 000 000×30%），两者之间的差额不调整长期股权投资的账面价值。

如果本例中取得投资时被投资单位可辨认净资产的公允价值为360 000 000元，甲公司按持股比例30%计算确定应享有108 000 000元，则初始投资成本与应享有被投资单位可辨认净资产公允价值份额之间的差额28 000 000元应计入取得投资当期的营业外收入。

根据有关原始凭证，编制如下调整分录：

借：长期股权投资——乙公司（成本）　28 000 000

　贷：营业外收入　28 000 000

（三）投资损益的确认

投资企业取得长期股权投资后，应当按照应享有（或分担）被投资单位实现净利润（或净亏损）的份额，调整长期股权投资的账面价值，并确认为当期投资损益。

长期股权投资权益法下未实现内部交易的处理

【例5-7】甲公司于2×23年1月取得乙公司20%有表决权股份，能够对乙公司施加重大影响。假定甲公司取得该项投资时，乙公司各项可辨认资产、负债的公允价值与其账面价值相同。2×23年年底，乙公司实现净利润3 200万元。假定不考虑所得税因素。

甲公司在按照权益法确认应享有乙公司2×23年净损益时，根据有关原始凭证，编制如下会计分录：

借：长期股权投资——乙公司（损益调整）　6 400 000

　贷：投资收益　6 400 000

（四）超额亏损的确认

按照权益法核算的长期股权投资，投资企业确认应分担被投资单位发生的损失，原则上应以长期股权投资及其他实质上构成对被投资单位净投资的长期权益减记至零为限，投资企业负有承担额外损失义务的除外。“其他实质上构成对被投资单位净投资的长期权益”通常是指长期应收项目，比如企业对被投资单位的长期债权，该债权没有明确的清收计划，且在可预见的未来期间不准备收回的，实质上构成对被投资单位的净投资，但不包括投资企业与被投资单位之间因销售商品、提供劳务等日常活动所产生的长期债权。

权益法下有关投资净损失的会计处理

投资企业在确认应分担被投资单位发生的亏损时，具体应按照以下顺序处理：

首先，减记长期股权投资的账面价值。

其次，在长期股权投资的账面价值减记至零的情况下，对于未确认的投资损失，考虑除长期股权投资以外，账面上是否有其他实质上构成对被投资单位净投资的长期权益项目，如果有，则应以其他长期权益的账面价值为限，继续确认投资损失，冲减长期应收项目等的账面价值。

最后，经过上述处理，按照投资合同或协议约定，投资企业仍需要承担额外损失弥补等义务的，应按预计将承担的义务金额确认预计负债，计入当期投资损失。

企业在实务操作过程中，在发生投资损失时，应借记“投资收益”账户，贷记“长期股权投资——损益调整”账户。在长期股权投资的账面价值减记至零以后，考虑其他实质上构成对被投资单位净投资的长期权益，继续确认的投资损失，应借记“投资收益”账户，贷记“长期应收款”等账户。因投资合同或协议约定导致投资企业需要承担额外义务的，按照或有事项准则的规定，对于符合确认条件的义务，应确认为当期损失，同时确认预计负债，借记“投资收益”账户，贷记“预计负债”账户。除上述情况仍未确认的应分担被投资单位的损失，应在账外备查登记。

在确认了有关的投资损失以后，被投资单位于以后期间实现盈利的，应按以上相反顺序分别减记账外备查登记的金额、已确认的预计负债、恢复其他长期权益及长期股权投资的账面价值，同时确认投资收益，即应当按顺序分别借记“预计负债”“长期应收款”“长期股权投资”等账户，贷记“投资收益”账户。

【例5-8】甲公司持有乙公司40%的股权，能够对乙公司施加重大影响。2×23年12月31日，该项长期股权投资的账面价值为6 000万元。乙公司2×23年亏损1.8亿元，甲公司按其持股比例确认应分担的损失为7 200万元，甲公司账上有应收乙公司的长期应收款2 400万元，该款项从目前情况看，没有明确的清偿计划（并非产生于商品购销等日常活动）。

根据有关原始凭证，编制如下会计分录：

借：投资收益　　60 000 000

　贷：长期股权投资——乙公司（损益调整）　　60 000 000

借：投资收益　　12 000 000

　贷：长期应收款　　12 000 000

（五）应收股利的确认

按照权益法核算的长期股权投资，投资企业自被投资单位取得的现金股利或利润，应抵减长期股权投资的账面价值。在被投资单位宣告分派现金股利或利润时，借记“应收股利”账户，贷记“长期股权投资——损益调整”账户；自被投资单位取得的现金股利或利润超过已确认损益调整的部分应视同投资成本的收回，冲减长期股权投资的账面价值。

【例5-9】A公司持有B公司的股份比例为40%，B公司2×23年5月10日宣告分配现金股利1 000 000元；5月25日，B公司实际发放现金股利1 000 000元。

根据有关原始凭证，编制如下会计分录：

（1）5月10日，应收现金股利的会计处理：

A公司应收股利=1 000 000×40%=400 000（元）

借：应收股利　　400 000

　贷：长期股权投资——损益调整　　400 000

（2）5月25日，实际收到现金股利的会计处理：

借：银行存款　　400 000

　贷：应收股利　　400 000

（六）其他综合收益的确认

被投资单位其他综合收益发生变动的，投资方应当按照归属于本企业的部分，相应调整长期股权投资的账面价值，同时增加或减少其他综合收益。

【例5-10】甲公司持有B企业30%的股份，能够对B企业施加重大影响。B企业因当期持有的其他债权投资公允价值的变动计入其他综合收益的金额为1 800万元，除该事项外，B企业当期实现的净利润为9 600万元。假定甲公司与B企业适用的会计政策、会计期间相同，投资时B企业有关资产、负债的公允价值与其账面价值也相同，双方当期及以前期间未发生任何内部交易。

甲公司在确认应享有被投资单位所有者权益的变动时，根据有关原始凭证，编制如下会计分录：

借：长期股权投资——B企业（损益调整）　28 800 000

　贷：投资收益　28 800 000

借：长期股权投资——B企业（其他综合收益）　5 400 000

　贷：其他综合收益　5 400 000

（七）其他权益变动的确认

被投资单位除净损益、其他综合收益以及利润分配以外的所有者权益的其他变动的因素，主要包括被投资单位接受其他股东的资本性投入、被投资单位发行可分离交易的可转换公司债券中包含的权益成分、以权益结算的股份支付、其他股东对被投资单位增资导致投资方持股比例变动等。

投资方应当按照所持股权比例计算应享有的份额，调整长期股权投资的账面价值，同时计入资本公积（其他资本公积），并在备查簿中予以登记。投资方在后续处置股权投资，但对剩余股权仍采用权益法核算时，应按处置比例将这部分资本公积转入处置当期投资收益；对剩余股权终止采用权益核算时，将这部分资本公积全部转入处置当期投资收益。

【例5-11】甲公司持有G公司30%的股份，能够对G公司施加重大影响，采用权益法核算。2×23年度，G公司接受其母公司实质上属于资本性投入的现金捐赠，金额为600万元，G公司将其计入资本公积，导致所有者权益发生实质变动。

应享有其他权益变动的份额=600×30%=180（万元）

借：长期股权投资——G公司（其他权益变动）　1 800 000

　贷：资本公积——其他资本公积　1 800 000

（八）股票股利的处理

被投资单位分派的股票股利，投资企业不作账务处理，但应于除权日注明所增加的股数，以反映股份的变化情况。

第四节　长期股权投资的处置和减值

一、长期股权投资的处置

投资企业处置长期股权投资时，按照实际取得的价款与长期股权投资账面价值的差额确认为投资收益。采用被投资单位直接处置相关资产或负债相同的基础，按相应比例对原记入“其他综合收益”账户和“资本公积——其他资本公积”账户的部分进行会计处理。如果对长期股权投资计提了减值准备，还应当同时结转已计提的长期股权投资减值准备。

投资企业处置长期股权投资时按照实际收到的金额，借记“银行存款”等账户，按照已计提的减值准备，借记“长期股权投资减值准备”账户，按照该长期股权投资的账面余额，贷记“长期股权投资”账户，按照尚未领取的现金股利或利润，贷记“应收股利”账户，按照其差额，贷记或借记“投资收益”账户。

同时，应当采用与被投资单位直接处置相关资产或负债相同的基础，对相关的其他收益进行会计处理，即按照上述原则可以转入当期损益的其他综合收益，应按结转的长期股权投资的投资成本比例结转原记入“其他综合收益”账户的金额，借记或贷记“其他综合收益”账户，贷记或借记“投资收益”账户。

同时，还应将因被投资单位除净损益、其他综合收益和利润分配以外的其他所有者权益变动而确认的资本公积按相应比例结转，借记或贷记“资本公积——其他资本公积”账户，贷记或借记“投资收益”账户。

【例5-12】甲公司原持有B企业40%的股权，2×23年3月1日，甲公司决定将其全部出售，出售时甲公司账面上对B企业长期股权投资的构成为：投资成本360万元，损益调整借方余额96万元，其他综合收益借方余额60万元，其他权益变动借方余额20万元。不考虑相关税费等其他因素的影响。出售取得价款1 500万元。

（1）确认处置损益时，根据有关原始凭证，编制如下会计分录：

借：银行存款　　15 000 000

　贷：长期股权投资——B企业（成本）　　3 600 000

　　　　　　　　——B企业（损益调整）　　960 000

　　　　　　　　——B企业（其他综合收益）　　600 000

　　　　　　　　——B企业（其他权益变动）　　200 000

　　　投资收益　　9 640 000

（2）除应将实际取得价款与出售长期股权投资的账面价值进行结转，确认出售损益以外，还应将原计入其他综合收益和资本公积的部分按比例转入当期损益。根据有关原始凭证，编制如下会计分录：

借：其他综合收益　　600 000

　贷：投资收益　　600 000

借：资本公积——其他资本公积　　200 000

　贷：投资收益　　200 000

二、长期股权投资的减值

为什么长期股权投资减值损失一经确认在以后会计期间不得转回？

长期股权投资在按照规定进行核算确定其账面价值的基础上，如果存在减值迹象，应当按照《企业会计准则第8号——资产减值》的规定确定其可收回金额及应予计提的减值准备。

投资企业计提长期股权投资减值准备，应当通过设置“长期股权投资减值准备”账户进行核算。投资企业按照已减记的金额，借记“资产减值损失——计提的长期股权投资减值准备”账户，贷记“长期股权投资减值准备”账户。长期股权投资减值损失一经确认，在以后会计期间不得转回。

【思政讲堂】

“一带一路”海外投资

“一带一路”倡议提出十年来，对外投资合作的顶层设计基本完成，基建投资正在逐步向产业投资转型，实现了从理念到行动、从愿景到现实的转化。“一带一路”倡议的实施显著促进了中国企业在沿线国家的绿地投资、承包工程以及跨国并购，中国企业对外投资成就斐然。2022年，中国对“一带一路”沿线国家非金融类直接投资额210亿美元，较2012年翻了一番。共建“一带一路”国家巨大的市场潜力、互补的产业链分工合作优势，以及友好的多边合作基础，推动了中国企业加快“一带一路”投资合作的步伐。经过十年共建，中国企业“一带一路”投资已覆盖服务、减贫脱贫、绿色环保、文化科技等多个民生领域，在推进过程中始终追求高标准、惠民生、可持续目标，统筹兼顾经济价值和社会价值，在对外投资经营中创造“一带一路”共享价值。社会价值驱动的对外投资合作形成了企业持续的优势来源，让中国企业更好地“走进去”。

资料来源：祝继高.“一带一路”海外投资：经验、风险与展望［J］. 智库理论与实践，2023（10）.

【复习思考】

1.在不同情况下如何确认长期股权投资初始投资成本？

2.长期股权投资成本法包括哪些内容？

3.长期股权投资权益法包括哪些内容？

【练习题】

1.宏发公司2×23年2月2日以银行存款2 100万元购得B公司60%的股份，并支付相关审计、评估咨询费10万元，能够对B公司实施控制。2×23年3月1日，B公司宣告将于2×23年4月1日向投资者支付2×22年利润600万元。2×23年4月1日，宏发公司收到B公司分配的现金股利360万元。B公司2×23年实现净利润6 000万元。

2×24年3月1日，B公司宣告向投资者发放现金股利240万元。

要求：编制宏发公司相关业务的会计分录。

2.甲公司于2×23年2月10日自公开市场买入乙公司30%的股份，实际支付价款80 000 000元。在购买过程中支付手续费等相关费用1 000 000元。甲公司取得该部分股权后能够对乙公司施加重大影响。假定甲公司取得该项投资时，乙公司已宣告但尚未发放现金股利，甲公司按其持股比例计算确定可分得300 000元。取得投资时乙公司可辨认净资产的公允价值为200 000 000元。

2×23年乙公司实现净利润8 000 000元，同时因其他债权投资增加计入其他综合收益3 000 000元。2×24年3月1日，乙公司宣告发放现金股利2 000 000元。

2×23年5月1日，甲公司将该长期股权投资全部处置，收到银行存款90 000 000元。

要求：编制甲公司相关业务的会计分录。

第六章

固定资产

学习目标

知识目标： 通过本章的学习，要求了解固定资产的概念、特点和分类；熟悉固定资产的确认条件、固定资产折旧的意义、计提折旧的范围以及影响折旧的因素；掌握固定资产的初始计量以及后续计量的方法、固定资产处置、固定资产减值的账务处理。

技能目标： 通过本章的学习，要求能够正确地为固定资产进行分类与计价，并为其设立固定资产卡片；能够掌握关于固定资产购进、租入、转移、出租、报废、处置等业务的分类核算，能够对固定资产的折旧进行正确的账务处理；掌握固定资产清查的处理方法。

第一节 固定资产概述

一、固定资产的概念及确认条件

（一）固定资产的概念

固定资产，是指为生产商品、提供劳务、出租或经营管理而持有的使用寿命超过一个会计年度的有形资产。

固定资产是企业生产经营过程中的重要劳动资料。它能够在若干个生产经营周期中发挥作用，并保持其原有的实物形态，但其价值则由于损耗而逐渐减少。这部分减少的价值以折旧的形式，分期转移到产品成本或费用中去，并在销售收入中得到补偿。从固定资产的定义看，固定资产具有以下三个特征：

1. 为生产商品、提供劳务、出租或经营管理而持有

企业持有固定资产的目的不是出售，固定资产是企业的劳动工具或手段。企业持有固定资产的目的是生产商品、提供劳务、出租或经营管理，其中出租的固定资产是指企业以

经营租赁方式出租的机器设备类的固定资产。融资租赁方式下出租的固定资产不在出租方的固定资产中核算；经营租出的建筑物属于企业的投资性房地产，也不在固定资产中核算。

2. 使用寿命超过一个会计年度

固定资产的使用寿命是指企业使用固定资产的预计期间，或者该固定资产所能生产产品或提供劳务的数量。比如自用房屋建筑物的预计使用年限为该固定资产的使用寿命，车间使用的机器设备所能生产产品的数量为该设备的使用寿命。

投资性房地产与固定资产异同探析

判断固定资产的具体标准，主要有两个方面：一是时间标准；二是价值标准。《企业会计制度》规定，企业使用期限超过1年的房屋、建筑物、机器、机械、运输工具以及其他与生产经营有关的设备、器具、工具等资产均应作为固定资产；不属于生产经营主要设备的物品，单位价值在2 000元以上，并且使用期限超过2年的也作为固定资产管理。企业不符合上述条件的劳动资料，应当作为低值易耗品管理和核算。

3. 固定资产是有形资产

固定资产的这一特征是区别于无形资产的，因为有些无形资产具有固定资产的其他特征。

（二）固定资产的确认条件

固定资产在符合定义的前提下，还应当同时满足以下两个条件，才能加以确认。

1. 与该固定资产有关的经济利益很可能流入企业

资产最重要的特征就是预期会给企业带来经济利益。企业在确认固定资产时，需要判断与该固定资产有关的经济利益是否很可能流入企业。如果该固定资产有关的经济利益很可能流入企业，并同时满足固定资产确认的其他条件，那么企业应将其确认为固定资产，否则不应将其确认为固定资产。

在实务中，与该固定资产有关的经济利益是否很可能流入企业，主要判断与该固定资产所有权相关的风险和报酬是否转移到了企业。此处的风险指的是由于经营情况的变化造成的相关收益的变动，以及由于资产闲置、技术陈旧等原因造成的损失；报酬指的是固定资产使用寿命内使用固定资产而获得的收入，以及处置该资产所实现的利得等。

一般情况下，与该固定资产所有权相关的风险和报酬是否转移的重要标志是所有权是否转移。但是，所有权是否转移不是判断与固定资产所有权相关的风险和报酬是否转移到企业的唯一标志。虽然在某些情况下，某些固定资产的所有权不属于企业，但是与该固定资产相关的风险和报酬实质上已经转移到企业，在这种情况下，企业也应该将该固定资产予以确认。

2. 该固定资产的成本能够可靠计量

通常，企业取得固定资产时成本的记录应该取得确凿的证据，如果证据不确凿，也应该根据最新获取的资料，对固定资产的成本进行合理的估计。比如企业对于已达到预定可使用状态但尚未办理竣工决算的固定资产，需要根据工程预算、工程造价或者工程实际发生的成本等资料，按估计的价值确定其成本，待办理完竣工决算后，再按照实际成本调整原来的暂估价值。

二、固定资产的分类

企业固定资产的种类繁多，为了正确进行固定资产核算，应按不同标准对固定资产进行分类。

（一）按经济用途分类

固定资产按经济用途进行分类，可以分为生产经营用固定资产和非生产经营用固定资产。

（1）生产经营用固定资产，是指直接参加生产经营过程或直接服务于生产经营过程的各种房屋及建筑物、机器设备、运输设备、动力传导设备、工具器具和管理用具等。

（2）非生产经营用固定资产，是指生活福利部门等非生产经营部门使用的房屋、器具以及职工住宅、食堂等。

（二）按使用情况分类

固定资产按使用情况分类，可以分为使用中固定资产、暂时闲置固定资产和持有待售固定资产。

（1）使用中固定资产是指正在使用的各种固定资产。

（2）暂时闲置固定资产是指尚未投入使用或暂停使用的各种固定资产。

（3）持有待售固定资产是指不适合本企业需要，准备出售处理的各种固定资产。

固定资产按照使用情况进行分类，可以提供固定资产使用状况的信息。企业管理者可以根据这些信息了解固定资产的使用效率，加强暂时闲置固定资产的管理，及时处置持有待售固定资产，提高固定资产的使用效率。

（三）按各种情况综合分类

在实际工作中，企业的固定资产是按照各种情况综合分类的，共分为七类。

（1）生产经营用固定资产。

（2）非生产经营用固定资产。

（3）租出固定资产，指的是经营出租的固定资产。

（4）不需用固定资产。

（5）未使用固定资产。

（6）土地，是指过去已经估价单独入账的土地。因征地而支付的补偿费，应计入与土地有关的房屋、建筑物的价值内，不单独作为土地入账。

三、固定资产的初始计量

固定资产应当按照获取成本进行初始计量。固定资产的成本是指企业获得某项固定资产并使其达到预定可使用状态前所发生的一切合理的、必要的支出。这些支出包括直接发生的成本，如购买价、运杂费、包装费、安装费等，也包括间接发生的支出，如应承担的借款利息、外币折算差额以及应分摊的其他间接费用。根据固定资产的取得方式的不同，初始计量方法也各不相同。

（一）外购固定资产

企业外购的固定资产成本，包括购买价款、相关税费、使固定资产达到预定可使用状态前所发生的可归属于该项资产的运输费、装卸费、安装费和专业人员的服务费等。

（二）自行建造固定资产

企业自行建造固定资产的成本，由自行建造该项资产达到预定可使用状态前所发生的必要支出构成。

（三）投资者投入固定资产

投资者投入固定资产的成本，应当按照投资合同或协议约定的价值确定，但合同或协议价值不公允的应该按照公允价值确定。

（四）非货币性资产交换取得的固定资产

如果该项交换具有商业实质并且换入与换出的资产的公允价值均能够可靠计量的，应当以该固定资产的公允价值加相关税费作为该项换入固定资产的初始价值。如果不符合上述条件，应当按照换出资产的账面价值和应该支付的相关税费作为换入该项固定资产的成本。

（五）债务重组方式取得的固定资产

债务重组方式取得的固定资产应当以固定资产的公允价值加相关税费作为固定资产的初始价值。

（六）接受捐赠取得的固定资产

《企业会计准则第4号——固定资产》规定：接受捐赠的固定资产，按以下规定确定其入账价值：

（1）捐赠方提供了有关凭据的，按凭据上标明的金额加上应当支付的相关税费，作为入账价值。

（2）捐赠方没有提供有关凭据的，按以下顺序确定其入账价值：

① 同类或类似固定资产存在活跃市场的，按同类或类似固定资产的市场价格估计的金额，加上应当支付的相关税费，作为入账价值。

② 同类或类似固定资产不存在活跃市场的，按接受捐赠的固定资产的预计未来现金流量现值，作为入账价值。

如果接受捐赠的是旧的固定资产，按依据上述方法确定的新固定资产价值减去按该项资产的新旧程度估计的价值损耗后的余额，作为入账价值。

（七）盘盈的固定资产

如果同类或者类似固定资产存在活跃市场，按照同类或类似固定资产的市场价格，减去按该项固定资产的新旧程度估计的价值损耗后的余额，作为入账价值；如果同类或类似固定资产不存在活跃市场，按该项固定资产的预计未来现金流量现值，作为入账价值。

第二节　固定资产的确认和初始计量

一、账户设置

为了反映固定资产的增减变动，企业应设置“固定资产”、“累计折旧”、“在建工程”和“工程物资”等账户。

（一）“固定资产”账户

“固定资产”账户总括反映固定资产原值的增减变动和结存情况。该账户借方登记增加固定资产的原值，贷方登记减少固定资产的原值，借方余额表示实有固定资产的原值。

固定资产一般都下设明细账。固定资产明细账，又称固定资产卡片，应按照每一项独立的固定资产设置，登记固定资产原值、预计净残值、预计使用年限、折旧方法、月折旧率、开始使用时间、使用期间内的停用记录和大修理记录以及其他与该项固定资产相关的记录等，并按照固定资产的类别和使用、保管单位的顺序排列。月末，各类固定资产卡片的原值合计数，应与各该类固定资产登记簿余额核对相符。

（二）“累计折旧”账户

“累计折旧”账户属于“固定资产”账户的抵减账户。该账户贷方登记计提的固定资产折旧以及增加的旧固定资产的已提折旧，借方登记减少的旧固定资产的已提折旧，贷方余额表示全部固定资产已提折旧的累计数。

（三）“在建工程”账户

“在建工程”账户属于资产类账户，用来核算企业固定资产安装、基建、更新改造等在建工程发生的支出。该账户借方登记企业各项在建工程的实际支出，贷方登记完工工程转出的成本，期末余额在借方，反映企业尚未达到预定可使用状态的在建工程的成本。

（四）“工程物资”账户

“工程物资”账户属于资产类账户，用来核算企业为在建工程准备的各种物资的成本。该账户借方登记企业购入工程物资的成本，贷方登记领用工程物资的成本，期末余额在借方，反映企业期末为在建工程准备的剩余的各种物资的成本。

此外，企业固定资产、在建工程、工程物资发生减值的，还应当设置“固定资产减值准备”“在建工程减值准备”“工程物资减值准备”等账户进行核算。

二、外购固定资产的账务处理

企业外购固定资产的账务处理应该区分下列情况分别核算。

（一）购入不需安装的固定资产

企业购入不需安装的固定资产，应按照实际支付的购买价款、相关税费以及使固定资产达到预定可使用状态前所发生的可归属于该项资产的运输费、装卸费和专业人员服务费等，借记“固定资产”账户，根据可抵扣的增值税进项税额，借记“应交税费——应交增值税（进项税额）”账户，贷记“银行存款”等账户。

【例6-1】甲公司购入不需安装的生产设备一套，发票价格100 000元，应交增值税13 000元，款项全部以银行存款支付。

购入时，根据有关原始凭证，编制如下会计分录：

借：固定资产	100 000	
应交税费——应交增值税（进项税额）	13 000	
贷：银行存款		113 000

（二）购入需要安装的固定资产

企业购入需要安装的固定资产，应在取得成本的基础上加上发生的安装调试成本等，作为购入固定资产的成本，先通过“在建工程”账户核算，待安装完毕达到预定可使用状态时，再将“在建工程”账户的余额转入“固定资产”账户。

【例6-2】甲公司购入需要安装的生产设备一台，发票价格100 000元，应交增值税13 000元。设备由供货企业安装，安装费5 000元，安装费的增值税为450元，款项以银行存款付清。

（1）购入该项设备时，根据有关原始凭证，编制如下会计分录：

借：在建工程　100 000
　　应交税费——应交增值税（进项税额）　13 000
　贷：银行存款　113 000

（2）支付安装费时，根据有关原始凭证，编制如下会计分录：

借：在建工程　5 000
　　应交税费——应交增值税（进项税额）　450
　贷：银行存款　5 450

（3）该项设备安装完毕达到预定可使用状态时，确定该固定资产的成本为105 000元（100 000 + 5 000），根据有关原始凭证，编制如下会计分录：

借：固定资产　105 000
　贷：在建工程　105 000

三、自行建造固定资产的账务处理

自行建造固定资产的成本，由建造该项资产使其达到预定可使用状态所发生的必要的支出构成，包括工程物资成本、人工成本、缴纳的有关税费、应予资本化的借款费用以及应该分摊的间接费用等。

企业自行建造固定资产包括自营工程和出包工程两种方式。

（一）自营工程

企业以自营方式建造固定资产，意味着企业自行组织工程物资采购、自行组织施工人员从事工程施工。在实务中，企业较少采用自营方式建造固定资产，多数情况下采用出包方式。企业如果采用自营方式建造固定资产，其成本应包括直接材料、直接人工、直接机械施工费等。

企业为建造固定资产准备的各种物资应该按照实际支付的买价、运输费、保险费、装卸费以及相关的税费作为实际成本进行核算。建造固定资产领用工程物资、原材料或库存商品，应按照其实际成本转入在建工程成本。自营工程所应负担的职工薪酬、辅助生产部门为之提供的水、电、运输等劳务，以及其他必要支出等也要计入所建工程的成本。符合资本化条件的借款费用也要计入所建工程的成本。

企业以自营方式建造固定资产，达到预定可使用状态时，从“在建工程”账户转入“固定资产”账户。所建造的固定资产已达到预定可使用状态，但尚未办理竣工结算的，应当自达到预定可使用状态之日起，根据工程预算、造价，或者工程实际成本等，按暂估价值转入固定资产，并按有关计提折旧的规定，计提折旧。待办理竣工决算手续后再调整原来的暂估价值，但不需要调整原已计提的折旧额。

【例6-3】甲公司为增值税一般纳税人，2×23年1月1日，准备自行建造一条生产流水线，适用的增值税税率为13%。有关资料如下：

（1）1月8日，购入工程物资一批，增值税专用发票上注明的价款为300 000元，增值税为39 000元，款项以银行存款支付。

（2）2月3日，领用生产用原材料一批，其初始取得成本为10 000元。

（3）1月8日至6月30日，先后领用工程物资272 500元。

（4）工程建设期间应发工程人员工资为65 800元。

（5）6月30日，该工程达到预定可使用状态。

甲公司的账务处理如下：

（1）购入工程物资时，根据有关原始凭证，编制如下会计分录：

借：工程物资　300 000

　　应交税费——应交增值税（进项税额）　39 000

　贷：银行存款　339 000

（2）领用原材料，根据有关原始凭证，编制如下会计分录：

借：在建工程　10 000

　贷：原材料　10 000

（3）工程领用物资，根据有关原始凭证，编制如下会计分录：

借：在建工程　272 500

　贷：工程物资　272 500

（4）计提工程人员工资，根据有关原始凭证，编制如下会计分录：

借：在建工程　65 800

　贷：应付职工薪酬　65 800

（5）工程达到预定可使用状态，固定资产的入账价值为348 300元（10 000+272 500+65 800)，根据有关原始凭证，编制如下会计分录：

借：固定资产　348 300

　贷：在建工程　348 300

（二）出包工程

在出包方式下，企业通过招标方式将工程项目发包给建造承包商，由建造承包商（施工企业）组织工程项目施工。企业要与建造承包商签订建造合同，企业是建造合同的甲方，负责筹集资金和组织管理工程建设，通常称为建设单位，建造承包商是建造合同的乙方，负责建筑安装工程施工任务。

在出包方式下，“在建工程”账户主要是企业与建造承包商办理工程价款的结算账户，企业支付给建造承包商的工程价款，作为工程成本通过“在建工程”账户核算。企业应按合理估计的工程进度和合同规定结算的进度款，借记“在建工程”账户，按增值税专用发票上注明的增值税进项税额，借记“应交税费——应交增值税（进项税额）”账户，按应实际支付的金额，贷记“银行存款”账户。工程达到预定可使用状态时，按其成本，借记“固定资产”账户，贷记“在建工程”账户。

【例6-4】甲企业采用出包方式建造厂房。合同规定：全部工程款（不含增值税）为4 000 000元，增值税税率为9%，2×23年3月1日合同签订日预付25%工程款；2×23年7月1日，工程完成60%时，结算工程进度款；2×23年9月1日工程全部完工并验收合格时，支付剩余工程款。

（1）2×23年3月1日，合同签订日，用银行存款预付工程款1 000 000元，根据有关原始凭证，编制如下会计分录：

借：预付账款　1 000 000

　贷：银行存款　1 000 000

（2）2×23年7月1日，工程完成60%，结算工程进度款2 400 000元，应交增值税216 000元，合计2 616 000元，扣除预付工程款1 000 000元，用银行存款补付工程款及增值税1 616 000元，根据有关原始凭证，编制如下会计分录：

借：在建工程——工程成本　2 400 000

　　应交税费——应交增值税（进项税额）　216 000

　贷：预付账款　1 000 000

　　　银行存款　1 616 000

（3）2×23年9月1日，工程全部完工，验收合格，用银行存款支付剩余工程款1 600 000元，应交增值税144 000元，合计1 744 000元，根据有关原始凭证，编制如下会计分录：

借：在建工程——工程成本　1 600 000

　　应交税费——应交增值税（进项税额）　144 000

　贷：银行存款　1 744 000

（4）房屋交付使用，结转为固定资产时，根据有关原始凭证，编制如下会计分录：

实际工程成本=2 400 000+1 600 000=4 000 000（元）

借：固定资产　4 000 000

　贷：在建工程——工程成本　4 000 000

四、投资者投入固定资产的账务处理

接受投资者投入固定资产，在办理了固定资产移交手续后，应按投资合同或协议约定的价值，借记“固定资产”“应交税费——应交增值税（进项税额）”账户，贷记“实收资本”“资本公积”等账户。

【例6-5】2×23年8月1日甲公司接受乙公司投入的设备一台，投入单位的账面原价为700 000元，双方确认的价值为500 000元（假设合同约定的价格公允），收到增值税专用发票，注明增值税进项税额为65 000元。

接受投资时，根据有关原始凭证，编制如下会计分录：

借：固定资产　500 000

　　应交税费——应交增值税（进项税额）　65 000

　贷：实收资本　565 000

第三节　固定资产的后续计量

一、固定资产折旧

（一）固定资产折旧的概念

固定资产折旧在会计中是指在固定资产使用寿命内，按照确定的方法对应计折旧额进行的系统的分摊。应计折旧额是指应当计提折旧的固定资产的原价扣除其预计的净残值和

对固定资产计提的减值准备后的余额。

（二）影响固定资产折旧的主要因素

在计算固定资产折旧时，必须正确考虑影响固定资产计提折旧的因素。具体讲，计提固定资产折旧的主要依据有：计提固定资产折旧的基数、固定资产减值准备、固定资产的预计净残值、固定资产的预计使用寿命。

以使用固定资产产生的收入为基础的折旧方法

1. 计提固定资产折旧的基数

计提固定资产折旧的基数一般为固定资产的原始成本，也就是固定资产原价。固定资产应计提的折旧总额等于原价减去预计净残值。

2. 固定资产减值准备

固定资产减值准备，是指固定资产已计提的固定资产减值准备累计金额。固定资产计提减值准备后，应当在剩余使用寿命内根据调整后的固定资产账面价值（固定资产账面余额减去累计折旧和累计减值准备后的金额）和预计的净残值重新计算确定折旧率和折旧额。

3. 固定资产的预计净残值

固定资产的预计净残值，是指企业预期在固定资产使用寿命终了时，从该固定资产的处置中获得的处置收入扣除预计处置费用后的净额。固定资产的净残值是固定资产使用期满时的回收额，在计提折旧时，应从固定资产原价中扣除。

4. 固定资产的预计使用寿命

固定资产的预计使用寿命是指固定资产预期使用的期限（有些固定资产的使用寿命也可以用该固定资产所能生产的产品或提供服务的数量表示）。固定资产预计使用寿命的长短，直接影响各期应计提折旧额的大小。

企业应当根据固定资产的性质和使用情况，合理确定固定资产的使用寿命和预计净残值。固定资产的使用寿命、预计净残值一经确定，不得随意变更。但是，企业至少应当于每年年度终了，对固定资产的使用寿命、预计净残值进行复核。使用寿命预计数与原先估计数有差异的，应当调整固定资产使用寿命；预计净残值与原先估计数有差异的，应当调整预计净残值。

（三）固定资产折旧的范围

《企业会计准则第4号——固定资产》规定，企业应对所有的固定资产计提折旧。但是，已提足折旧仍继续使用的固定资产和单独计价入账的土地除外。

提足折旧，是指已经提足该项固定资产的应计折旧额。固定资产提足折旧后，不论能否继续使用，均不再计提折旧。提前报废的固定资产也不再补提折旧。

处于更新改造过程停止使用的固定资产，应将其账面价值转入在建工程，不再计提折旧。更新改造项目达到预定可使用状态转为固定资产后，再按照重新确定的使用寿命、预计净残值和折旧方法计提折旧。

已达到预定可使用状态的固定资产，如果尚未办理竣工决算的，应当按照估计价值暂估入账，并计提折旧；待办理了竣工决算手续后，再按照实际成本调整原来的暂估价值，不再调整原已计提的折旧额。

因进行大修理而停用的固定资产，应当照提折旧，计提的折旧额计入相关的资产成本或是当期损益。

固定资产应当按月计提折旧，当月增加的固定资产，当月不计提折旧，从下月计提折旧；当月减少的固定资产，当月仍计提折旧，从下月起停止计提折旧。

(四) 固定资产折旧的方法

常用的固定资产折旧计算方法一般可以分为四类：年限平均法、工作量法、双倍余额递减法和年数总和法。企业应当根据与固定资产有关的经济利益的预期实现方式，合理选择折旧方法。由于折旧方法的选用直接影响企业的利润，因此一经选用，不得随意更改。如果需要变更，必须符合固定资产准则的规定。

如何合理选择固定资产折旧方法

1. 非加速折旧法

非加速折旧法包括年限平均法和工作量法。

（1）年限平均法。

年限平均法，又称直线法，是指按照固定资产的预计使用年限平均计提折旧的方法，其累计折旧额为使用时间的线性函数。采用这种方法，假定固定资产的服务潜力随着时间的推移而逐渐递减，其效能与固定资产的新旧程度无关。因此，固定资产的应计提折旧总额可以均匀地摊配于预计使用年限内的各个会计期间。其计算公式为：

年折旧额=［固定资产原值-（预计残值收入-预计清理费用）］÷预计使用年限

=固定资产应计提折旧总额÷预计使用年限

月折旧额=年折旧额÷12

上述公式为固定资产折旧年限平均法的一般原理。在实际工作中，固定资产折旧额一般根据固定资产原值乘以折旧率计算。在年限平均法下，固定资产折旧率是固定资产折旧额与固定资产原值的比率，其计算公式为：

年折旧率=（1-预计净残值率）÷预计使用年限×100%

月折旧率=年折旧率÷12

月折旧额=固定资产原值×月折旧率

【例6-6】甲公司某项固定资产原值为700 000元，预计净残值率为4%，预计使用年限为10年。其折旧率和月折旧额计算如下：

该项固定资产年折旧率=（1-4%）÷10×100%=9.6%

该项固定资产月折旧率=9.6%÷12=0.8%

该项固定资产月折旧额=700 000×0.8%=5 600（元）

（2）工作量法。

工作量法，是指按照固定资产预计完成的工作总量平均计提折旧的方法，其累计折旧额为完成工作量的线性函数。采用这种方法，假定固定资产的服务潜力随着完成工作量的增加而逐渐递减，其效能与固定资产的新旧程度无关。因此，固定资产的应计提折旧总额可以均匀地摊配于预计的每一单位工作量。采用工作量法计提折旧，也应首先确定固定资产应计提折旧总额；然后根据固定资产应计提折旧总额和预计完成的工作总量，确定单位工作量折旧额；最后根据单位工作量折旧额和某月实际完成的工作量，就可以计算出该月折旧额。其计算公式如下：

某项固定资产单位工作量折旧额=该项固定资产应计提折旧总额÷该项固定资产预计完成的工作总量

该项固定资产月折旧额=该项固定资产单位工作量折旧额×该项固定资产该月实际完成的工作总量

不同的固定资产，其工作量有不同的表现形式。对于运输设备来说，其工作量表现为运输里程；对于机器设备来说，其工作量表现为机器工时和机器台班。

【例6-7】甲公司拥有运输汽车1辆，原值为300 000元，预计净残值率为4%，预计行驶总里程为800 000千米：该汽车采用工作量法计提折旧。某月该汽车行驶6 000千米。

该汽车的单位工作量折旧额和该月折旧额计算如下：

单位工作量折旧额=300 000×（1-4%）÷800 000=0.36（元/千米）

该月折旧额=0.36×6 000=2 160（元）

工作量法一般适用于价值较高的大型精密机床以及运输设备等固定资产折旧的计算。这些固定资产的价值较高，各月的工作量一般不很均衡，采用年限平均法计提折旧会使各月成本费用的负担不够合理，采用工作量法来核算更为准确。

2. 加速折旧法

加速折旧法，是指在固定资产使用初期计提折旧较多而在后期计提折旧较少，从而相对加速折旧的方法。采用加速折旧法，各年的折旧额呈递减趋势。为了简化折旧计算工作，月折旧额一般按年折旧额的1/12计算。如果某项固定资产开始计提折旧的时间不是年初（一月份），则该年度各月的折旧额以及下一年度前几个月的折旧额（即开始计提折旧一年之内各月的折旧额），均按年折旧额的月平均数计算。较常用的加速折旧法有双倍余额递减法和年数总和法两种。

（1）双倍余额递减法。

双倍余额递减法，是指在不考虑固定资产净残值的前提下，按固定资产净值（每期期初固定资产原价减去累计折旧）和双倍直线折旧率计提折旧的方法。实行双倍余额递减法计提折旧的固定资产，应当在固定资产折旧年限到期最后两年，将固定资产账面净值扣除预计净残值后的余额平均摊销。其计算公式如下：

年折旧率=2÷预计使用年限×100%

年折旧额=固定资产期初净值×年折旧率

月折旧额=固定资产年折旧额÷12

【例6-8】甲公司有一台机器设备原价为600 000元，预计使用寿命为5年，预计净残值为24 000元。

采用双倍余额递减法计算每年应计提的折旧额为：

年折旧率=2÷5×100%=40%

第1年应提的折旧额=600 000×40%=240 000（元）

第2年应提的折旧额=（600 000-240 000）×40%=144 000（元）

第3年应提的折旧额=（600 000-240 000-144 000）×40%=86 400（元）

第4年、第5年每年应提的折旧额=（600 000-240 000-144 000-86 400-24 000）÷2=52 800（元）

（2）年数总和法。

年数总和法，是指按固定资产应计提折旧总额和该年尚可使用年限占各年尚可使用年限总和的比重（即年折旧率）计提折旧的方法。其年折旧率和年折旧额的计算公式如下：

年折旧率=（预计使用年限-已使用年限）÷［预计使用年限×（预计使用年限+1）÷2］

=该年尚可使用年限÷各年尚可使用年限总和×100%

年折旧额=应计提折旧总额×年折旧率

【例6-9】乙公司有一台设备，原值78 000元，预计净残值2 000元，预计可用4年。

采用年数总和法计算每年应计提的折旧额为：

年数总和=1+2+3+4=10（年）

第1年应计提的折旧额=（78 000−2 000）×（4÷10）×100%=30 400（元）

第2年应计提的折旧额=（78 000−2 000）×（3÷10）×100%=22 800（元）

第3年应计提的折旧额=（78 000−2 000）×（2÷10）×100%=15 200（元）

第4年应计提的折旧额=（78 000−2 000）×（1÷10）×100%=7 600（元）

（五）固定资产折旧的账务处理

企业一般应按月计提固定资产折旧，当月增加的固定资产，当月不提折旧，从下月起计提折旧；当月减少的固定资产，当月照提折旧，从下月起不提折旧。因此，企业各月计算提取折旧时，可以在上月计提折旧的基础上，对当月的固定资产的增减情况进行整理后计算当月应计提的折旧额。

企业每月计提折旧时：

本月应提折旧额=上月应提折旧额+上月增加的固定资产应提折旧额−上月减少的固定资产应提折旧额

我国会计实务中，各月固定资产折旧的计提一般是通过编制“固定资产折旧计算表”进行的。

企业每月计提的固定资产折旧额，应按照固定资产的使用部门，借记有关成本费用账户，贷记“累计折旧”账户。

【例6−10】甲公司2×23年4月份的固定资产折旧计算表见表6−1。

表6−1 固定资产折旧计算表

2×23年4月 单位：元

使用部门	固定资产项目	上月折旧额	上月增加固定资产		上月减少固定资产		本月折旧额
			原价	应提折旧额	原价	应提折旧额	
车间	厂房	5 000					5 000
	机器设备	25 000	100 000	600			25 600
	合计	30 000					30 600
管理部门	房屋建筑物	1 000					1 000
	运输工具	2 000					2 000
	合计	3 000					3 000

根据固定资产折旧计算表，编制如下会计分录：

借：制造费用 30 600

　　管理费用 3 000

　贷：累计折旧 33 600

二、固定资产的后续支出

固定资产的后续支出指的是固定资产在使用过程中发生的更新改造支出、修理费用等。

《企业会计准则第4号——固定资产》规定，与固定资产有关的后续支出，如果使可能流入企业的经济利益超过了原先的估计，如延长了固定资产的使用寿命，或者使产品质量实质性提高，或者使产品成本实质性降低，则应当计入固定资产账面价值，其增计后的金额不应超过该固定资产的可收回金额。除此以外的后续支出，应当确认为当期费用，不再通过预提或待摊的方式核算。企业在日常核算中应依据上述原则判断固定资产后续支出是应当资本化，还是费用化。

在具体实务中，对于固定资产发生的下列各项后续支出，通常的处理方法如下：

（1）固定资产修理费用，应当直接计入当期费用。

（2）固定资产改良支出，应当计入固定资产账面价值，其增计后的金额不应超过该固定资产的可收回金额。

（3）如果不能区分是固定资产修理还是固定资产改良，或固定资产修理和固定资产改良结合在一起，则企业应按上述原则进行判断，其发生的后续支出分别计入固定资产价值或计入当期费用。

（4）企业因执行旧的《企业会计准则第4号——固定资产》，对固定资产大修理费用的核算方法由原采用预提或待摊方式改为一次性计入当期费用的，其原为固定资产大修理发生的预提或待摊费用余额，应继续采用原有的会计政策，直至冲减或摊销完毕为止；自执行新的《企业会计准则第4号——固定资产》后新发生的固定资产后续支出，再按上述原则处理。

（一）资本化的后续支出

企业在发生应资本化的固定资产后续支出时，应先将该固定资产的账面原价、已计提的累计折旧和减值准备转销，将固定资产的账面价值转入“在建工程”账户；然后，将发生的各项后续支出通过“在建工程”账户核算；当发生后续支出的固定资产完工并达到预定可使用状态时，应在后续支出资本化后的固定资产账面价值不超过其可收回金额的范围内，从“在建工程”账户转入“固定资产”账户。

【例6-11】2×23年1月1日，甲公司所拥有的一条生产线，其账面原价为860 000元，累计已提折旧500 000元。由于生产的产品适销对路，现有生产线的生产能力已难以满足公司生产发展的需要，经研究，公司决定对现有生产线进行扩建，以提高其生产能力。扩建工程从2×23年1月1日起至3月31日止，历时3个月，共支付扩建工程款400 000元，应交增值税52 000元，全部以银行存款支付；该生产线扩建工程达到预定可使用状态后，预计其使用寿命将延长5年，该生产线已达到预定可使用状态。

在本例中，由于对生产线的扩建支出提高了生产线的生产能力并延长了其使用寿命，因此此项后续支出应予以资本化，即增加固定资产的账面价值。其账务处理如下：

（1）生产线转入扩建时，根据有关原始凭证，编制如下会计分录：

借：在建工程	360 000	
累计折旧	500 000	
贷：固定资产		860 000

（2）支付扩建工程款时，根据有关原始凭证，编制如下会计分录：

借：在建工程	400 000	
应交税费——应交增值税（进项税额）	52 000	

　　贷：银行存款　　452 000

（3）生产线扩建工程达到预定可使用状态时，根据有关原始凭证，编制如下会计分录：

借：固定资产　　760 000

　　贷：在建工程　　760 000

（二）费用化的后续支出

企业发生的固定资产后续支出，如果不满足固定资产确认条件，即不符合资本化的条件，则应予以费用化，即在发生时直接计入当期损益。固定资产的大修理、中小修理等维护性支出，就属于这种情况。

一般情况下，固定资产投入使用之后，由于固定资产磨损，各组成部分的耐用程度不同，可能导致固定资产的局部损坏，为了维护固定资产的正常运转和使用，充分发挥其使用效能，企业就需要对固定资产进行必要的维护。企业发生的固定资产维护支出是为了确保固定资产处于正常工作状态，它并不导致固定资产性能的改变和固定资产未来经济利益的增加。因此，企业应在固定资产维护支出发生时，根据固定资产的使用地点和用途，直接计入当期损益。在会计处理上，借记“管理费用”“销售费用”“其他业务成本”等账户，贷记“银行存款”等账户。如企业生产车间和行政管理部门等发生的固定资产修理费用等后续支出，借记“管理费用”账户，贷记“银行存款”等账户；企业发生的与专设销售机构的固定资产相关的修理费用等后续支出，借记“销售费用”账户，贷记“银行存款”等账户。

【例6-12】甲公司对行政管理部门的小轿车进行维修，以银行存款支付维修费2 300元，增值税税额299元。

支付维修费时，根据有关原始凭证，编制如下会计分录：

借：管理费用　　2 300

　　应交税费——应交增值税（进项税额）　　299

　　贷：银行存款　　2 599

第四节　固定资产的处置

一、固定资产终止确认的条件

企业会计准则规定，固定资产满足下列条件之一的，应当予以终止确认：

（1）该固定资产处于处置状态。固定资产处置包括固定资产的出售、转让、报废或毁损、对外投资、非货币性资产交换、债务重组等。处于处置状态的固定资产不再用于生产商品、提供劳务、出租或经营管理，因此不再符合固定资产的定义，应予终止确认。

（2）该固定资产预期通过使用或处置不能产生经济利益。固定资产的确认条件之一是“与该固定资产有关的经济利益很可能流入企业”，如果一项固定资产预期通过使用或处置不能产生经济利益，那么它就不再符合固定资产的定义和确认条件，应予终止确认。

二、固定资产处置的账务处理

（一）账户设置

企业出售、转让、报废固定资产或发生固定资产毁损，应当将处置收入扣除固定资产的账面价值和处置过程中相关税费后的金额计入当期损益。固定资产处置一般通过“固定资产清理”账户进行核算。

（二）账务处理

企业因出售、报废或毁损、对外投资、非货币性资产交换、债务重组等处置固定资产，其会计处理一般经过以下几个步骤：

（1）固定资产转入清理。固定资产转入清理时，按固定资产账面价值，借记“固定资产清理”账户，按已计提的累计折旧，借记“累计折旧”账户，按已计提的减值准备，借记“固定资产减值准备”账户，按固定资产账面余额，贷记“固定资产”账户。

（2）发生的清理费用。固定资产清理过程中发生的有关费用以及应支付的相关税费，借记“固定资产清理”“应交税费——应交增值税（进项税额）”账户，贷记“银行存款”等账户。

（3）出售收入和残料等的处理。企业收回出售固定资产的价款、残料价值和变价收入等，应冲减清理支出。按实际收到的出售价款以及残料变价收入等，借记“银行存款”“原材料”等账户，贷记“固定资产清理”“应交税费——应交增值税（销项税额）”账户。

（4）保险赔偿的处理。企业取得的赔款也视为清理过程中的一项收入，借记“其他应收款”等账户，贷记“固定资产清理”“应交税费——应交增值税（销项税额）”账户，在计算清理净损益时也应一并考虑。

（5）清理净损益的处理。处置固定资产清理完成后的净收益，借记“固定资产清理”账户，贷记“资产处置损益”账户；处置固定资产清理完成后的净亏损，做相反会计分录。报废固定资产借记“营业外支出”账户，贷记“固定资产清理”账户。

“资产处置损益”账户核算出售固定资产、在建工程、生产性生物资产及无形资产而产生的处置利得或损失。“营业外支出”账户核算债务重组损失、公益性捐赠支出、非常损失、盘亏损失、非流动资产毁损报废损失。

【例6-13】甲企业某项机器设备出售，原值为40 000元，累计折旧为20 000元，未计提固定资产减值准备，清理过程中用现金支付清理费用250元（未取得增值税专用发票），取得出售价款25 000元，应交增值税3 250元，存入银行。

（1）注销机器设备原值和累计折旧时，根据有关原始凭证，编制如下会计分录：

借：固定资产清理　　20 000
　　累计折旧　　20 000
　贷：固定资产　　40 000

（2）支付清理费用，未取得增值税专用发票时，根据有关原始凭证，编制如下会计分录：

借：固定资产清理　　250
　贷：库存现金　　250

（3）收取价款和增值税时，根据有关原始凭证，编制如下会计分录：

借：银行存款　　28 250
　贷：固定资产清理　　25 000
　　　应交税费——应交增值税（销项税额）　　3 250

（4）结转机器设备清理净损益时，根据有关原始凭证，编制如下会计分录：

机器设备清理净收益=25 000−20 000−250=4 750（元）

借：固定资产清理　　4 750

　贷：资产处置损益　　4 750

第五节　固定资产清查

一、固定资产清查的意义

加强固定资产财产清查工作，对于加强企业管理、充分发挥会计的监督作用具有重要的意义。

（1）通过固定资产的清查，做到账实相符，保证会计信息的真实可靠，保护各项财产的安全完整。

（2）通过固定资产的清查，提示固定资产的使用情况，促进企业改善经营管理，挖掘固定资产的潜力，提高资金的使用效能，加速资金的周转。

（3）通过固定资产的清查，可以发现经营管理中存在的漏洞，建立健全各项规章制度，提高企业管理水平。

二、固定资产的盘盈

根据《企业会计准则第4号——固定资产》及其应用指南的有关规定，固定资产盘盈应作为前期差错记入"以前年度损益调整"账户，之所以新准则将固定资产盘盈作为前期差错进行会计处理，是因为这些资产尤其是固定资产出现由于企业无法控制的因素而造成盘盈的可能性极小，甚至是不可能的。这些资产如果出现盘盈，必定是企业自身"主观"原因造成的，或者以前会计期间少计或漏计这些资产等会计差错造成的，因此应当按照前期差错进行更正处理。新准则通过以前年度损益调整，调整未分配利润，使企业的报表更加透明，这样也能在一定程度上降低人为调整利润的可能性。

【例6-14】甲公司于2×23年6月30日对公司全部的固定资产进行清查，盘盈一台机器设备，该设备的同类商品市场价格为60 000元，估计折旧额为50 000元，企业所得税税率为25%。按净利润的10%提取法定盈余公积。

微课6-1

以前年度损益调整

（1）盘盈设备时，根据有关原始凭证，编制如下会计分录：

借：固定资产　　10 000

　贷：以前年度损益调整　　10 000

（2）调整所得税时，根据有关原始凭证，编制如下会计分录：

借：以前年度损益调整　　2 500

　贷：应交税费——应交所得税　　2 500

注：以前年度损益调整增加了公司以往年度的净利润，税法上也将资产盘盈作为应税收入，会计与税法规定一致，所以要缴纳企业所得税。

（3）结转以前年度损益调整时，根据有关原始凭证，编制如下会计分录：

借：以前年度损益调整　　7 500

　贷：利润分配——未分配利润　　6 750

　　　盈余公积——法定盈余公积　　750

三、固定资产的盘亏

企业在财产清查中盘亏的固定资产，通过“待处理财产损溢——待处理固定资产损溢”账户核算，盘亏造成的损失，扣除各项赔款后，剩余的损失报经批准以后，转入“营业外支出——盘亏损失”账户核算，计入当期损益。

【例6-15】甲公司在财产清查中，发现短缺设备一台，账面原价80 000元，已提折旧40 000元。后经批准将该固定资产盘亏转入营业外支出。

（1）批准前，根据有关原始凭证，编制如下会计分录：

借：待处理财产损溢——待处理固定资产损溢　　40 000
　　累计折旧　　40 000
　贷：固定资产　　80 000

（2）批准后，根据有关原始凭证，编制如下会计分录：

借：营业外支出——盘亏损失　　40 000
　贷：待处理财产损溢——待处理固定资产损溢　　40 000

第六节　固定资产减值准备

由于固定资产发生损坏、技术陈旧或其他经济原因，导致固定资产可收回金额低于其账面价值，这种情况称为固定资产减值。此处的账面价值是指账面余额减去相关的备抵项目后的净额。固定资产原价扣除累计折旧后为净值，净值再扣除减值准备后为账面价值（净额）。账面余额是指固定资产账户中的实际余额。

固定资产减值迹象

一、固定资产期末减值的计价方法

企业会计准则规定，企业的固定资产应当在期末时按照账面价值与可收回金额孰低计量，对可收回金额（即资产的销售净价，与预期从该资产的持续使用和使用寿命结束时的处置中形成的预计未来现金流量的现值进行比较，两者之间较高者）低于账面价值的差额，应计提固定资产减值准备。

二、固定资产期末减值的会计处理

（一）账户设置

企业对固定资产期末的减值应设置“固定资产减值准备”账户，其对应账户为“资产减值损失”账户。

（二）账务处理

企业计提固定资产减值准备时，应借记“资产减值损失”账户，贷记“固定资产减值准备”账户。固定资产减值损失一经确认，在以后会计期间不得转回。

【例6-16】2×23年年末，甲公司对其拥有的固定资产进行逐项检查，其中一项生产用设备存在可能发生减值的迹象。该设备账面价值为100 000元，经计算，该设备可收回金额为70 000元，则于年末计提固定资产减值准备30 000元。以前年度未对该设备计提过减值准备。

根据有关原始凭证，编制如下会计分录：

借：资产减值损失　　30 000
　贷：固定资产减值准备　　30 000

【思政讲堂】

绿水青山就是金山银山

2006年，我国首次将弃置费用这个概念引入企业会计准则。固定资产弃置费用是指根据国家法律和行政法规、国际公约等规定，针对某些特定产业所应支付的环保和生态修复等责任的费用。例如，核电站、石油开发企业，在进行相关工作时而废弃的核废料、油气井等，这些都会在一定程度上破坏环境，对环境造成污染。固定资产弃置费用具有明显的约束性和强制性，以及费用金额大的特征。企业应当承担起该责任，环境污染的治理成本是巨大的。

对于特殊行业的特定固定资产，在确认其初始入账价值时应当考虑弃置费用。企业应当根据《企业会计准则第13号——或有事项》的规定，按照现值计算确定应计入固定资产成本的金额和相应的预计负债。油气资产的弃置费用，应当按照《企业会计准则第27号——石油天然气开采》及其应用指南的规定处理。不属于弃置义务的固定资产报废清理费，应当在发生时作为固定资产处置费用处理。将在未来固定资产报废时预计存在弃置费用的行业纳入弃置费用的核算范围，真正引导企业走可持续发展道路，形成良好的环保意识，避免短期效益，促进人与自然和谐发展，助推生态文明建设。

党的二十大报告提到：坚持绿水青山就是金山银山的理念，坚持山水林田湖草沙一体化保护和系统治理，全方位、全地域、全过程加强生态环境保护，生态文明制度体系更加健全，污染防治攻坚向纵深推进，绿色、循环、低碳发展迈出坚实步伐，生态环境保护发生历史性、转折性、全局性变化，我们的祖国天更蓝、山更绿、水更清。

【复习思考】

1.什么是固定资产？固定资产的特点是什么？

2.固定资产如何分类？

3.固定资产初始取得的账务处理原则和方法有哪些？

4.影响固定资产折旧的因素有哪些？

5.计提折旧的方法有哪些？如何进行账务处理？

6.固定资产的后续支出如何处理？

7.固定资产的处置如何处理？

8.固定资产的报废和毁损如何进行账务处理？

9.固定资产减值准备如何确认？如何进行账务处理？

【练习题】

1.甲企业2×23年12月份购入一台需要安装的生产用设备，增值税专用发票上注明的设备货款为100 000元，适用的增值税税率为13%，发生安装费4 000元，安装费的增值税为360元，全部款项已用银行存款支付。该设备当月安装完毕并交付使用。该设备的预计净残值为10 000元，预计使用年限为5年。

要求：

（1）编制设备入账的相关会计分录。

（2）分别采用双倍余额递减法和年数总和法计算该设备2×24年和2×25年的折旧额。

2. 甲企业是增值税一般纳税人，适用的增值税税率为13%，2×23年3月份发生的有关固定资产的业务如下：

（1）5日，购入不需安装的设备一台，该设备价款100 000元，应交增值税13 000元。款项均以银行存款支付。

（2）在财产清查过程中发现有未入账的设备一台，该设备的同类市场价格为10 000元，估计折旧为3 000元。企业所得税税率为25%。按净利润的10%提取法定盈余公积。

（3）15日，一台设备报废，进入清理过程，该设备原价25 000元，已提折旧24 000元，取得残料收入500元，支付清理费用1 000元（未取得增值税专用发票）。

（4）月末，支付本月固定资产的日常维修费5 000元。

要求：对上述业务进行账务处理。

第七章

无形资产

学习目标

知识目标： 通过本章的学习，要求了解无形资产的定义、特征和分类；熟悉无形资产的初始计量及使用寿命的确定；掌握无形资产取得、后续计量、处置的会计处理；掌握研究开发支出的确认及处理原则；掌握无形资产减值的会计处理。

技能目标： 通过本章的学习，要求能够区分无形资产与有形资产，并正确计量无形资产的初始成本；能够对无形资产进行摊销及减值处理；掌握无形资产处置的核算。

第一节 无形资产概述

一、无形资产的定义和特征

无形资产，是指企业拥有或控制的没有实物形态的可辨认非货币性资产，通常包括专利权、非专利技术、商标权、著作权、特许权、土地使用权等。

无形资产具有以下特征：

1. 由企业拥有或者控制并能为其带来经济利益的资源

无形资产作为一项资产，具有一般资产的本质特征，即由企业拥有或控制并预期能为其带来经济利益。通常情况下，企业拥有或者控制的无形资产应当拥有其所有权并且预期能够为企业带来经济利益。但在某些情况下，如果企业有权获得某项无形资产产生的未来经济利益，并能约束其他方获得这些经济利益，即使企业没有拥有其所有权，也可认为企业控制了该无形资产。例如，对于会产生经济利益的技术知识，若其受到版权、贸易协议约束（如果允许）等法定权利或雇员保密法定职责的保护，那么说明该企业控制了相关利益。

客户关系、人力资源等，由于企业无法控制其带来的经济利益，不符合无形资产的定义，不应将其确认为无形资产。

2. 无形资产不具有实物形态

无形资产通常表现为某种权利、某项技术或某种获取超额利润的综合能力，不具有实物形态，如土地使用权、非专利技术等。需要指出的是，某些无形资产的存在有赖于实物载体。比如，计算机软件需要存储在介质中，但这并不改变无形资产本身不具有实物形态的特征。在确定一项包含无形和有形要素的资产是属于固定资产，还是属于无形资产时，需要通过判断来加以确定，通常以哪个要素更重要作为判断的依据。例如，计算机控制的机械工具没有特定计算机软件就不能运行时，则说明该软件是构成相关硬件不可缺少的组成部分，该软件应作为固定资产处理；如果计算机软件不是构成相关硬件不可缺少的组成部分，则该软件应作为无形资产核算。

3. 无形资产具有可辨认性

作为无形资产核算的资产必须是能够区别于其他资产可单独辨认的，如企业持有的专利权、非专利技术、商标权、土地使用权、特许权等。满足下列条件之一的，应当认定为其具有可辨认性：

（1）能够从企业中分离或者划分出来，并能单独用于出售或转让等，而不需要同时处置在同一获利活动中的其他资产，表明无形资产可辨认。在某些情况下，无形资产可能需要与有关的合同一起用于出售转让等，此类无形资产也视为可辨认。

（2）源自合同性权利或其他法定权利，无论这些权利是否可以从企业或其他权利和义务中转移或者分离。例如，一方通过与另一方签订特许权合同而获得的特许使用权、通过法律程序申请获得的商标权和专利权等。

微课 7-1

有趣的商誉

商誉通常是与企业整体价值联系在一起的，无法与企业自身相分离而存在，不具有可辨认性，不属于无形资产。

4. 无形资产属于非货币性资产

非货币性资产，是指企业持有的货币资金和将以固定或可确定的金额收取的资产以外的其他资产。无形资产在持有过程中为企业带来经济利益的情况不确定，不属于以固定或可确定的金额收取的资产，属于非货币性资产。

二、无形资产的分类

无形资产可按不同的标准进行分类，一般有以下几种分类：

（一）按经济内容分类

无形资产按其反映的经济内容，可以分为专利权、非专利技术、商标权、著作权、特许权、土地使用权等。

1. 专利权

专利权是指国家专利主管机关依法授予发明创造专利申请人，对其发明创造在法定期限内所享有的专有权利，一般包括发明专利权、实用新型专利权和外观设计专利权等。发明专利权的期限为20年，实用新型专利权和外观设计专利权的期限为10年，均自申请日起计算。

2. 非专利技术

非专利技术，又称专有技术，是指不为外界所知、在生产经营活动中已采用了的、不享有法律保护的、可以带来经济效益的各种技术和诀窍。非专利技术一般包括工业专有技术、商业贸易专有技术、管理专有技术等。非专利技术用自我保密的方式来维持其独占性，不受专利法的保护，具有经济性、机密性和动态性等特点。

3. 商标权

商标是用来辨认特定的商品或劳务的标记。商标权，是指专门在某类指定的商品或产品上使用特定的名称或图案的权利。经商标局核准注册的商标为注册商标，商标注册人享有商标专用权，受法律保护。注册商标的有效期为10年，自核准注册之日起计算。注册商标有效期满，需要继续使用的，应当在期满前6个月内申请续展注册；在此期间未能提出申请的，可以给予6个月的宽展期。宽展期满仍未提出申请的，注销其注册商标。每次续展注册的有效期为10年。

4. 著作权

著作权，又称版权，是指作者对其创作的文学、科学和艺术作品依法享有的某些特殊权利。著作权包括作品署名权、发表权、修改权和保护作品完整权，还包括复制权、发行权、出租权、展览权、表演权、放映权、广播权、信息网络传播权、摄制权、改编权、翻译权、汇编权以及应当由著作权人享有的其他权利。著作权人包括作者和其他依法享有著作权的公民、法人或者其他组织。

5. 特许权

特许权，又称经营特许权、专营权，是指企业在某一地区经营或销售某种特定商品的权利或是一家企业接受另一家企业使用其商标、商号、技术秘密等的权利。通常有两种形式：一种是由政府机构授权，准许企业使用或在一定地区享有经营某种业务的特权，如水、电、邮电、通信等专营权，烟草专卖权等；另一种是企业间依照签订的合同，有限期或无限期使用另一家企业的某些权利，如连锁店分店使用总店的名称等。转让人一般要向受让人提供商标、商号等使用权，传授专有技术，并负责培训营业人员，提供经营所必需的设备和特殊原料。受让人则需要向转让人支付取得特许权的费用，开业后则按营业收入的一定比例或其他计算方法支付享用特许权费用。

6. 土地使用权

微课7-2

土地使用权

土地使用权，是指国家准许某企业在一定期间内对国有土地享有开发、利用、经营的权利。根据我国土地管理法的规定，我国土地实行公有制，任何单位和个人不得侵占、买卖或者以其他形式非法转让。企业取得土地使用权的方式大致有行政划拨取得、外购取得（如以缴纳土地出让金方式取得）及投资者投资取得几种。通常情况下，作为投资性房地产或者作为固定资产核算的土地，按照投资性房地产或者固定资产核算；以缴纳土地出让金等方式外购的土地使用权、投资者投入等方式取得的土地使用权，作为无形资产核算。

（二）按来源途径分类

无形资产按其来源途径，可以分为外来无形资产和自创无形资产。外来无形资产，是指企业用货币资金或可以变现的资产从国内外科研单位及其他企业购进的无形资产以及接受投资方式形成的无形资产。自创无形资产，是指企业自行开发、研制的无形资产。

（三）按经济寿命期限分类

无形资产按是否具备确定的经济寿命期限，可以分为期限确定的无形资产和期限不确定的无形资产。期限确定的无形资产，是指在有关法律中规定有最长有效期限的无形资产，如专利权、商标权、著作权、土地使用权和特许权等。期限不确定的无形资产，是指没有相应法律规定其有效期限，其经济寿命难以预先准确估计的无形资产，如非专利技术。这些无形资产的经济寿命取决于技术进步的快慢以及技术保密工作的好坏等因素。

第二节　无形资产的确认和初始计量

一、无形资产的确认条件

无形资产应当在符合定义的前提下，同时满足以下两个确认条件时，才能予以确认：

1. 与该无形资产有关的经济利益很可能流入企业

作为无形资产确认的项目，必须满足其所产生的经济利益很可能流入企业这一条件。通常情况下，无形资产产生的未来经济利益可能包括在销售商品、提供劳务的收入中，或者企业使用该项无形资产而减少或节约的成本中，或体现在获得的其他利益中。例如，生产加工企业在生产工序中使用了某种知识产权，使其降低了未来生产成本。要确定无形资产创造的经济利益是否很可能流入企业，需要对无形资产在预计使用寿命内可能存在的各种经济因素作出合理估计，并且应当有明确的证据支持。例如，企业是否有足够的人力资源、高素质的管理队伍、相关的硬件设备、相关的原材料等来配合无形资产为企业创造经济利益。同时，更为重要的是关注一些外界因素的影响，如是否存在相关的新技术、新产品冲击，或据其生产的产品的市场等。企业管理层应对在无形资产的预计使用寿命内存在的各种因素作出最稳健的估计。

2. 该无形资产的成本能够可靠计量

成本能够可靠计量是确认资产的一项基本条件，对无形资产而言，这个条件显得更为重要。例如，企业内部产生的品牌、报刊名、刊头、客户名单和实质上类似项目的支出，由于不能与整个业务开发成本区分开来，成本无法可靠计量，不应确认为无形资产。

二、无形资产的初始计量

无形资产通常按照实际成本进行初始计量，即以取得无形资产并使之达到预定用途而发生的全部支出作为无形资产的成本。对于不同来源取得的无形资产，其成本构成不尽相同。

（一）外购无形资产的成本

外购无形资产的成本，包括购买价、相关税费以及直接归属于使该项资产达到预定用途所发生的其他支出。其中，直接归属于使该项资产达到预定用途所发生的其他支出包括使无形资产达到预定用途所发生的专业服务费用、测试无形资产是否能够正常发挥作用的费用等，但不包括为引入新产品进行宣传发生的广告费、管理费用及其他间接费用，也不包括在无形资产已经达到预定用途以后发生的费用。

购买无形资产的价款超过正常信用条件延期支付，实质上具有融资性质的，无形资产的成本应以购买价款的现值为基础确定。

（二）自行研究开发无形资产的成本

自行研究开发无形资产的成本，包括自满足无形资产的确认条件后至达到预定用途前所发生的支出总额，但是对于以前期间已经费用化的支出不再调整。

（三）投资者投入无形资产的成本

投资者投入无形资产的成本，应当按照投资合同或协议约定的价值确定，但合同或协议约定价值不公允的，应按无形资产的公允价值入账。

（四）土地使用权的处理

企业取得的土地使用权，通常应当按照取得时所支付的价款及相关税费确认无形资产。但属于投资性房地产的土地使用权，应当按投资性房地产进行会计处理。

三、无形资产取得的核算

（一）账户设置

为了核算无形资产的取得、摊销和处置等情况，企业应当设置“无形资产”“研发支出”“累计摊销”“无形资产减值准备”等账户。

“无形资产”账户用来核算持有无形资产的成本，借方登记取得无形资产的成本，贷方登记处置结转的无形资产成本，期末借方余额反映无形资产的成本。该账户可按无形资产项目进行明细核算。

“研发支出”账户用来核算企业进行研究与开发无形资产的过程中发生的各项支出，借方登记企业自行研发无形资产发生的研发支出，贷方登记结转达到预定用途的研究开发项目已资本化的金额和期末结转该账户归集的费用化金额，期末借方余额反映无形资产研发项目满足资本化条件的支出。该账户可按研发项目如“费用化支出”和“资本化支出”进行明细核算。

“累计摊销”账户用来核算对使用寿命有限的无形资产计提的累计摊销，贷方登记企业计提的无形资产摊销，借方登记处置无形资产转出的累计摊销，期末贷方余额反映无形资产的累计摊销额。

此外，企业无形资产发生减值的，还应设置“无形资产减值准备”账户进行核算。

（二）无形资产取得的账务处理

1. 外购的无形资产

外购无形资产的成本，包括购买价、相关税费以及直接归属于使该项资产达到预定用途所发生的其他支出，如律师费、咨询费、公证费、鉴定费、注册登记费等。企业外购的无形资产，按应计入无形资产成本的金额，借记“无形资产”“应交税费——应交增值税（进项税额）”账户，贷记“银行存款”等账户。

【例7-1】甲公司从乙公司购入一项专利权，实际支付的价款为60 000元，应交增值税3 600元和有关专业服务费用3 000元，款项已通过银行转账支付。

根据有关原始凭证，编制如下会计分录：

借：无形资产——专利权　　63 000

　　应交税费——应交增值税（进项税额）　　3 600

　贷：银行存款　　66 600

2. 自行研究开发无形资产

企业在自行研究开发无形资产的过程中，所发生的研究与开发活动的费用，除了要遵循无形资产确认和初始计量的一般要求外，还需要满足其他特定的条件，才能够确认为一项无形资产。首先，为评价内部产生的无形资产是否满足确认标准，企业应当将资产的形成过程分为研究阶段与开发阶段两部分；其次，对于开发过程中发生的费用，在符合一定条件的情况下，才可确认为一项无形资产。在实务工作中，具体划分研究阶段与开发阶段，以及是否符合资本化的条件，应当根据企业的实际情况以及相关信息予以判断。

（1）研究阶段和开发阶段的划分。

对于企业自行进行的研究开发项目，应当区分研究阶段与开发阶段两个部分，分别进行核算。

①研究阶段，是指为获取并理解新的科学或技术知识而进行的独创性的、有计划的调查。例如，旨在获取知识而进行的活动；研究成果或其他知识的应用研究、评价和最终选择；材料、设备、产品、工序、系统或服务替代品的研究；新的或经改进的材料、设备、产品、工序、系统或服务的替代品的配制、设计、评价和最终选择等，均属于研究活动。

研究阶段的两个重要特点是：计划性和探索性。研究阶段并没有把文字性的调查内容付诸行动，在研究阶段所进行的活动将来是否会转入开发，开发后是否会形成无形资产等具有很大的不确定性，研究阶段的成功概率很难判断，一般成功率很低。因此，研究阶段发生的有关支出应当费用化计入当期损益。

②开发阶段，是指在进行商业性生产或使用前，将研究成果或其他知识应用于某项计划或设计，以生产出新的或具有实质性改进的材料、装置、产品等。例如，生产前或使用前的原型和模型的设计、建造和测试；含新技术的工具、夹具、模具和冲模的设计；不具有商业性生产经济规模的试生产设施的设计、建造和运营；新的或经改造的材料、设备、产品、工序、系统或服务所选定的替代品的设计、建造和测试等，均属于开发活动。

开发阶段的特点在于具有针对性和形成成果的可能性较大。在开发阶段，已经对研究阶段的成果进行具体的应用，很大程度上形成一项新产品或新技术的基本条件已经具备，成功率较高，此时如果企业能够证明满足无形资产的定义及相关确认条件，则所发生的开发支出可资本化，确认为无形资产的成本。

（2）开发阶段有关支出资本化的条件。

如果开发阶段的支出同时满足下列条件，应将该支出资本化，确认为无形资产的成本：

① 完成该无形资产以使其能够使用或出售在技术上具有可行性。企业在判断是否满足该条件时，应以目前阶段的成果为基础，说明在此基础上进一步进行开发所需的技术条件等已经具备，基本上不存在技术上的障碍或其他不确定性，企业在判断时，应提供相关的证据和材料。

② 具有完成该无形资产并使用或出售的意图。开发的某项产品或专利技术产品等是使用或出售，通常是根据管理层决定该项研发活动的目的或者意图所决定，即研发项目形成成果以后，是出售，还是自己使用，并从使用中获得经济利益，应当依管理层意图而定。因此，企业的管理层应能够说明其持有拟开发无形资产的目的，具有完成该项无形资产开发并使其能够使用或出售的可能性。

③ 很可能为企业带来经济利益。如果有关的无形资产在形成以后主要用于形成新产品或新工艺，企业应对运用该无形资产生产的产品市场情况进行估计，应能够证明所生产的产品存在市场，并能够带来经济利益的流入；如果有关的无形资产开发以后主要用于对外出售，则企业应能够证明市场上存在对该类无形资产的需求，开发以后存在外在的市场可以出售并带来经济利益的流入；如果无形资产开发以后，不是用于生产产品，也不是用

于对外出售，而是在企业内部使用，则企业应能够证明资产在企业内部使用时对企业的有用性。

④ 有足够的技术、财务资源和其他资源支持，以完成该无形资产的开发，并有能力使用或出售该无形资产。这一条件主要包括：为完成该项无形资产开发具有技术上的可靠性；具有财务资源和其他资源支持；能够证明企业在开发过程中所需的技术、财务和其他资源，以及企业获得这些资源的相关计划等。

⑤ 归属于该无形资产开发阶段的支出能够可靠计量。企业对于开发活动发生的支出应单独核算，如发生的开发人员的工资、材料费等，在企业同时从事多项开发活动的情况下，所发生的支出同时用于支持多项开发活动的，应按照一定的标准在各项开发活动之间进行分配，无法明确分配的，应予以费用化计入当期损益，不计入开发活动的成本。

(3) 自行研发无形资产的计量。

企业内部研发活动形成的无形资产的成本，由可直接归属于该资产的创造、生产并使该资产能够以管理层预定的方式运作的所有必要支出组成。可直接归属成本包括：开发该无形资产时耗费的材料、劳务成本、注册费等；在开发该无形资产过程中使用的其他专利权和特许权的摊销，以及按照借款费用的处理原则可资本化的利息支出。在开发无形资产过程中发生的除上述可直接归属于无形资产开发活动的其他销售费用、管理费用等间接费用，无形资产达到预定用途前发生的可辨认的无效和初始运作损失，为运行该无形资产发生的培训支出等不构成无形资产的开发成本。

内部开发无形资产的成本仅包括在满足资本化条件的时点至无形资产达到预定用途前发生的支出总和，对于同一项无形资产在开发过程中达到资本化条件之前已经费用化计入当期损益的支出不再进行调整。

(4) 内部研发费用的账务处理。

企业内部研究开发无形资产，应当区分研究阶段和开发阶段。

① 研究阶段的有关支出在发生时应当全部费用化，计入当期损益（管理费用）。企业应根据其在研究阶段的支出，借记“研发支出——费用化支出”账户，贷记“银行存款”“原材料”“应付职工薪酬”等账户；期末，应根据发生的全部研究支出，借记“管理费用”账户，贷记“研发支出——费用化支出”账户。

② 开发阶段的有关支出符合条件的资本化，不符合资本化条件的计入当期损益（管理费用）。企业在开发阶段的支出，要判断其是否符合资本化条件，不满足资本化条件的，借记“研发支出——费用化支出”账户，满足资本化条件的，借记“研发支出——资本化支出”账户，贷记“原材料”“银行存款”“应付职工薪酬”等账户；待研究开发项目达到预定用途形成无形资产时，按“研发支出——资本化支出”账户的余额，借记“无形资产”账户，贷记“研发支出——资本化支出”账户。

③ 如果确实无法区分研究阶段的支出和开发阶段的支出，应将其所发生的研发支出全部费用化，计入当期损益。

【例7-2】甲公司经董事会批准研发某项新产品专利技术，该专利技术在研究阶段发生调研费用30 000元，人工费用40 000元，以银行存款支付；开发过程中发生材料费50 000元，人工费用80 000元，其他费用38 000元（以银行存款支付）。该项目开发过程中发生的全部支出均符合资本化条件。该专利技术已达到预定用途。

(1) 研究阶段发生调研费用、人工费用时，根据有关原始凭证，编制如下会计分录：

借：研发支出——费用化支出 70 000

贷：银行存款 30 000

应付职工薪酬 40 000

期末，将研究费用转入管理费用时：

借：管理费用 70 000

贷：研发支出——费用化支出 70 000

(2) 开发阶段发生资本化支出时，根据有关原始凭证，编制如下会计分录：

借：研发支出——资本化支出 168 000

贷：原材料 50 000

应付职工薪酬 80 000

银行存款 38 000

(3) 无形资产达到预定用途时，根据有关原始凭证，编制如下会计分录：

借：无形资产——专利技术 168 000

贷：研发支出——资本化支出 168 000

3. 投资者投入的无形资产

企业接受投资者投入的无形资产，应按投资合同或协议约定的价值，借记“无形资产”账户，贷记“实收资本”或“股本”账户，但合同或协议约定价值不公允的除外。如果投资合同或协议约定的价值超过投资协议规定的投资额，其差额贷记“资本公积——资本溢价（或股本溢价）”账户。

【例7-3】甲公司接受乙公司以其拥有的专利权作为出资，双方协议约定的价值为160万元，其公允价值为130万元，已办妥相关手续。甲公司接受乙公司投资后的注册资本为500万元，乙公司投资持股比例为12%。

根据有关原始凭证，编制如下会计分录：

借：无形资产——专利权 1 300 000

贷：实收资本 600 000

资本公积——资本溢价 700 000

第三节 无形资产的后续计量

一、无形资产后续计量的原则

无形资产初始确认和计量后，在以后使用期间，其成本应当在有效使用年限内进行系统合理的摊销。无形资产的摊销，是指将无形资产在其使用寿命内分期摊入各受益期间的过程。要确定无形资产在使用过程中的累计摊销额，基础是估计其使用寿命，而只有使用寿命有限的无形资产才需要在估计使用寿命内采用系统合理的方法进行摊销，对于使用寿命不确定的无形资产则不需要摊销。

(一) 估计无形资产使用寿命应考虑的因素

估计无形资产使用寿命应考虑的因素包括：

(1) 该资产通常的产品寿命周期，以及可获得的类似资产使用寿命的信息。

（2）技术、工艺等方面的现实情况及对未来发展的估计。

（3）以该资产在该行业运用的稳定性和生产的产品或服务的市场需求情况。

（4）现在或潜在的竞争者预期采取的行动。

（5）为维持该资产产生未来经济利益的能力所需要的维护支出，以及企业预计支付有关支出的能力。

（6）对该资产的控制期限，以及对该资产使用的法律或类似限制，如特许使用期间、租赁期间等。

（7）与企业持有的其他资产使用寿命的关联性等。

（二）无形资产使用寿命的确定

（1）某些无形资产的取得源自合同性权利或其他法定权利，其使用寿命不应超过合同性权利或其他法定权利的期限。但如果企业使用资产的预期期限短于合同性权利或其他法定权利规定的期限的，则应当按照企业预期使用的期限确定其使用寿命。

（2）如果合同性权利或其他法定权利能够在到期时因续约等原因而延续，那么仅当有证据表明续约不需要付出重大成本时，续约期才能够包括在使用寿命的估计中。

（3）没有明确的合同或法律规定无形资产的使用寿命的，企业应当综合各方面情况，来确定无形资产为企业带来经济利益的期限。例如，企业经过努力，聘请相关专家进行论证，与同行业的情况进行比较以及参考历史经验等。

如果经过这些努力，仍然无法合理确定无形资产为企业带来经济利益的期限，才能将该无形资产作为使用寿命不确定的无形资产。

（三）无形资产使用寿命的复核

企业至少应当于每年年度终了，对无形资产的使用寿命及摊销方法进行复核。如果有证据表明无形资产的使用寿命及摊销方法不同于以前的估计，则应改变其摊销年限及摊销方法，并按照会计估计变更进行处理；如果有证据表明使用寿命不确定的无形资产，其使用寿命是有限的，则应视为会计估计变更，估计其使用寿命并按照使用寿命有限的无形资产的处理原则进行处理。

二、使用寿命有限的无形资产

（一）摊销期和摊销方法

无形资产的摊销期自其可供使用（即其达到预定用途）时起至终止确认时止，即无形资产摊销期为：当月增加的无形资产，当月开始摊销；当月减少的无形资产，当月不再摊销。

在无形资产的使用寿命内系统地分摊其应摊销金额，存在多种方法，如直线法、产量法等。企业选择的无形资产摊销方法，应当能够反映与该项无形资产有关的经济利益的预期实现方式，并一致地运用于不同会计期间。无法可靠地确定其预期实现方式的，应当采用直线法进行摊销。

（二）残值的确定

使用寿命有限的无形资产，其残值一般为零。但下列情况除外：

（1）有第三方承诺在无形资产使用寿命结束时购买该项无形资产。

（2）可以根据活跃市场得到无形资产预计残值信息，并且该市场在该项无形资产使用寿命结束时很可能存在。

无形资产的残值，意味着在其经济寿命结束之前企业预计将会处置该无形资产，并且从该处置中取得利益。估计无形资产的残值应以资产处置时的可收回金额为基础，此时的可收回金额，是指在预计出售日出售一项使用寿命已满且处于类似使用状况下，同类无形资产预计的处置价格（扣除相关税费）。无形资产的残值确定以后，在持有无形资产的期间，至少应于每年年末进行复核，预计其残值与原估计金额不同的，应按照会计估计变更进行处理。如果无形资产的残值重新估计以后高于其账面价值，则无形资产不再摊销，直至残值降至低于账面价值时再恢复摊销。

（三）使用寿命有限的无形资产摊销的账务处理

对于使用寿命有限的无形资产，摊销时一般应计入当期损益，但如果某项无形资产是专门用于生产某种产品或者其他资产，其所包含的经济利益是通过转入所生产的产品或其他资产中实现的，则无形资产的摊销金额应当计入相关资产的成本。

企业应当设置“累计摊销”账户核算企业对使用寿命有限的无形资产计提的累计摊销额，企业按期摊销无形资产时，按确定的摊销额，借记“管理费用”“制造费用”“其他业务成本”等账户，贷记“累计摊销”账户。

持有待售的无形资产不进行摊销，按照账面价值与公允价值减去处置费用后的净额孰低进行计量。

【例7-4】甲公司从外单位购得一项非专利技术，取得的增值税专用发票上注明的价款为4 800万元，增值税进项税额为288万元，款项已用银行存款支付，估计该项非专利技术的使用寿命为8年，该项非专利技术用于产品生产，净残值为零，甲公司对其采用直线法摊销。

（1）取得无形资产时，根据有关原始凭证，编制如下会计分录：

借：无形资产——非专利技术	48 000 000	
应交税费——应交增值税（进项税额）	2 880 000	
贷：银行存款		50 880 000

（2）按年摊销时，根据有关原始凭证，编制如下会计分录：

借：制造费用——非专利技术	6 000 000	
贷：累计摊销		6 000 000

三、使用寿命不确定的无形资产

如果根据可获得的相关信息，企业无法合理估计某项无形资产的使用寿命，应将其作为使用寿命不确定的无形资产进行核算。对于使用寿命不确定的无形资产，在持有期间内不需要摊销，但应当在每个会计期间进行减值测试。如果经减值测试表明已发生减值，则需要计提相应的减值准备，借记“资产减值损失”账户，贷记“无形资产减值准备”账户。

第四节　无形资产的处置

无形资产的处置，主要是指无形资产出售、对外出租、对外捐赠，或无法为企业带来经济利益时，对无形资产的转销并终止确认。

一、无形资产出售

企业出售某项无形资产，表明企业放弃该无形资产的所有权，应将所取得的价款与该无形资产账面价值的差额作为资产处置利得或损失，计入资产处置损益。

企业出售无形资产时，应按实际收到的金额，借记“银行存款”等账户，按已计提的累计摊销，借记“累计摊销”账户，原已计提减值准备的，借记“无形资产减值准备”账户，按其账面余额，贷记“无形资产”账户，按应支付的相关税费，贷记“应交税费”等账户，按其差额，借记或贷记“资产处置损益”账户。

【例7-5】甲企业为增值税一般纳税人，出售一项商标权，所得的不含税价款为1 200 000元，应交增值税72 000元（适用的增值税税率为6%，不考虑其他税费）。该商标权的成本为3 000 000元，出售时已摊销金额为1 800 000元，已计提的减值准备金额为300 000元。

根据有关原始凭证，编制如下会计分录：

借：银行存款	1 272 000	
累计摊销	1 800 000	
无形资产减值准备——商标权	300 000	
贷：无形资产——商标权		3 000 000
应交税费——应交增值税（销项税额）		72 000
资产处置损益		300 000

二、无形资产出租

企业出租某项无形资产，表明企业将所拥有的无形资产的使用权让渡给他人，并收取租金，属于与企业日常活动相关的其他经营活动取得的收入，在满足收入确认条件的情况下，应确认相关的收入及成本，并通过其他业务收支账户进行核算。

企业按照让渡无形资产使用权取得的租金收入，借记“银行存款”等账户，贷记“其他业务收入”等账户；摊销出租无形资产的成本并发生与转让有关的各种费用支出时，借记“其他业务成本”账户，贷记“累计摊销”等账户。

【例7-6】2×23年1月1日，甲公司将某商标权出租给乙公司使用，租期为4年，每年收取不含税租金150 000元，甲公司为增值税一般纳税人，应交增值税9 000元（适用的增值税税率为6%）。在出租期间内甲公司不再使用该商标权。该商标权系甲公司2×22年1月1日购入的，初始入账价值为1 800 000元，预计使用年限为15年，采用直线法摊销。假定按年摊销商标权，且不考虑增值税以外的其他相关税费。

（1）每年取得租金时，根据有关原始凭证，编制如下会计分录：

借：银行存款	159 000	
贷：其他业务收入——出租商标权		150 000
应交税费——应交增值税（销项税额）		9 000

（2）按年对该商标权进行摊销时，根据有关原始凭证，编制如下会计分录：

借：其他业务成本——商标权摊销	120 000	
贷：累计摊销		120 000

三、无形资产报废

如果无形资产预期不能为企业带来经济利益，应将其报废并予以转销，其账面价值转作当期损益。例如，该无形资产已被其他新技术所替代或超过法律保护期，不能再为企业带来经济利益的，则不再符合无形资产的定义。

转销时，应按已计提的累计摊销，借记“累计摊销”账户，按其账面余额，贷记“无形资产”账户，按其差额，借记“营业外支出”账户。已计提减值准备的，还应同时结转减值准备。

【例7-7】甲公司拥有的某项专利权因被其他新技术所替代，已经不能再为企业带来经济利益，甲公司决定予以转销。转销时，该项专利权的账面余额为400万元，摊销期限为10年，采用直线法进行摊销，已累计摊销240万元，假定该项专利权的残值为零，已累计计提的减值准备为38万元，假定不考虑其他相关因素。

根据有关原始凭证，编制如下会计分录：

借：累计摊销	2 400 000	
无形资产减值准备	380 000	
营业外支出——处置非流动资产损失	1 220 000	
贷：无形资产——专利权		4 000 000

第五节　无形资产减值准备

一、无形资产减值的确定

无形资产减值，是指无形资产因给企业带来经济利益的能力下降等原因，其可收回金额低于账面价值。

企业应当在资产负债表日，对无形资产逐项进行检查，如果发现减值迹象，如市价大幅下跌，经营环境以及资产市场发生重大变化，已被其他新技术替代等，应当估计无形资产的可收回金额。可收回金额应根据无形资产的公允价值减去处置费用后的净额与无形资产预计未来现金流量的现值两者中的较高者确定。无形资产的公允价值减去处置费用后的净额与无形资产预计未来现金流量的现值，只要有一项超过了无形资产的账面价值，就表明无形资产没有发生减值。

二、无形资产减值的会计处理

企业应设置“无形资产减值准备”账户核算无形资产的减值准备，该账户可按无形资产项目进行明细核算。在资产负债表日，无形资产的可收回金额低于账面价值的，应当将无形资产的账面价值减记至可收回金额，减记的金额借记“资产减值损失”账户，贷记“无形资产减值准备”账户。

无形资产减值损失一经确认，以后会计期间不得转回。无形资产减值损失确认后，减值无形资产的摊销费用应当在未来期间作相应调整，以使该无形资产在剩余使用寿命内，系统地分摊调整后的无形资产价值。

处置无形资产时，应同时结转减值准备。

【例7-8】2×23年12月31日，由于市场情况发生变化，甲公司根据其一项专利权所生产的产品市场份额大幅度下降，预计该专利权可收回金额为40万元。该专利权成本为75万元，已累计摊销30万元。

根据有关原始凭证，编制如下会计分录：

该专利权的减值损失=75-30-40=5（万元）

借：资产减值损失　　50 000

　贷：无形资产减值准备　　50 000

【思政讲堂】

突破和创新，是企业持续发展的不竭动力

党的二十大报告提到：坚持面向世界科技前沿、面向经济主战场、面向国家重大需求、面向人民生命健康，加快实现高水平科技自立自强。以国家战略需求为导向，集聚力量进行原创性引领性科技攻关，坚决打赢关键核心技术攻坚战。加快实施一批具有战略性全局性前瞻性的国家重大科技项目，增强自主创新能力。加强基础研究，突出原创，鼓励自由探索。提升科技投入效能，深化财政科技经费分配使用机制改革，激发创新活力。加强企业主导的产学研深度融合，强化目标导向，提高科技成果转化和产业化水平。

创新日益成为驱动信息技术企业发展的源泉，而技术创新更是企业创新的核心。华为公司作为我国ICT行业的领导者，专注于以创新创造价值。从默默无闻的交互机代理商到如今领跑5G技术的国际公司，华为的成长离不开日复一日的高强度研发资金的投入。华为不同的发展阶段，都曾遇到不同的挫折，面临各种难关。在发展的不同时期，华为正是借助适当的技术创新战略，从而解决每个阶段面临的难题，完成每个阶段的目标，最终能够推动整个公司向前迈进。

在当下这个复杂多变的时代，企业生存举步维艰，创新和转型显得尤为重要。我们要有秦时李冰父子“深淘滩，低作堰”的治渠精神，这也是华为所推崇的信念。所以，企业想要在逆境中求得生存和发展，应该不拘泥于形式，敢于突破和创新，才是企业持续发展的不竭动力。

资料来源：佚名. 华为精神的启示：突破和创新，才是企业持续发展的不竭动力［EB/OL］.（2022-10-11）. https：//www.jianshu.com/p/2a140ae1a41f.

【复习思考】

1. 无形资产具有哪些特征？

2. 如何确认无形资产？

3. 不同来源的无形资产如何进行初始计量？

4. 内部研发的无形资产在开发阶段如何判断应予资本化的支出？

5. 如何确定无形资产的使用寿命？

6. 什么是使用寿命有限的无形资产的摊销期限和摊销方法？

7. 什么是无形资产处置？怎样进行会计处理？

8. 怎样确认无形资产发生减值？

【练习题】

1. 甲公司2×23年无形资产有关业务的资料如下：

（1）甲公司以银行存款280万元购入一项专利技术，应交增值税16.8万元，预计使用寿命为10年。

（2）2×23年1月1日，甲公司董事会批准研发一项新技术，该公司董事会认为，研发该技术具有可靠的技术和财务等资源支持，并且一旦研发成功将会降低该公司的生产成本。研发过程中发生材料费30万元，人工费用48万元，使用其他无形资产的摊销费用10万元，其他费用8万元，总计100.8万元。其中符合资本化条件的支出为55万元，2×23年12月31日，该项新技术已经达到预定用途。

要求：根据上述经济业务，编制会计分录。

2.甲公司2×17年至2×23年无形资产有关业务的资料如下：

（1）2×17年12月1日，以银行存款购入一项专利权，不含税的价款为240万元，增值税税额为14.4万元，预计使用寿命10年，采用直线法摊销。

（2）2×21年12月31日，由于市场情况变化，新技术的出现，预计该专利权的可收回金额为134.9万元，该专利权发生减值后，原预计使用年限不变，摊销方法不变。

（3）2×22年12月31日，预计该专利权的可收回金额为94.4万元，调整该无形资产减值准备后，原预计使用年限不变，摊销方法不变。

（4）2×23年6月2日，将该专利权对外出售，所得的不含税价款为80万元并收存银行，应交增值税为4.8万元（适用的增值税税率为6%，不考虑其他税费）。

要求：

（1）编制购入该专利权的会计分录。

（2）计算2×21年12月31日该专利权的账面价值。

（3）编制2×21年12月31日该专利权计提减值准备的会计分录。

（4）计算2×22年12月31日该专利权的账面价值。

（5）编制2×22年12月31日调整该专利权减值准备的会计分录。

（6）计算2×23年5月31日该专利权的账面价值。

（7）编制该专利权出售的会计分录。

第八章

投资性房地产

学习目标

知识目标： 通过本章的学习，要求了解投资性房地产的定义、特征和分类；掌握投资性房地产的初始计量、后续计量、后续支出的会计处理；掌握投资性房地产与非投资性房地产转换的账务处理；掌握投资性房地产处置的会计处理。

技能目标： 通过本章的学习，要求能够区分投资性房地产与固定资产，并正确计量投资性房地产的初始成本；能够对投资性房地产进行后续计量和后续支出的账务处理；掌握投资性房地产处置的核算。

第一节 投资性房地产概述

一、投资性房地产的性质

投资性房地产，是指为赚取租金或资本增值，或者两者兼有而持有的房地产。

（一）投资性房地产是一种经营性活动

投资性房地产的主要形式是出租建筑物和土地使用权，其实质是让渡资产使用权，所获得的租金属于让渡资产使用权取得的使用费收入，是企业为完成其经营目标所从事的经常性活动以及与之相关的其他活动形成的经济利益总流入。投资性房地产的另一种形式是持有并准备增值后转让的土地使用权，其目的是增值后转让以赚取增值收益，也是企业为完成其经营目标所从事的经常性活动以及与之相关的其他活动形成的经济利益总流入。

让渡资产使用权

（二）投资性房地产在用途、状态、目的等方面区别于作为生产经营场所的房地产和用于销售的房地产

企业持有的房地产除了用作自身管理、生产经营活动场所和对外销售之外，出现了将

房地产用于赚取租金或增值收益的活动，甚至成为个别企业的主营业务。这就需要将投资性房地产单独作为一项资产核算和反映，与自用的厂房、办公楼等房地产和作为存货（已建完工商品房）的房地产加以区别，从而更加清晰地反映企业所持有房地产的构成情况和盈利能力。

微课 8-1

投资性房地产与固定资产的区别

二、投资性房地产的范围

投资性房地产主要包括已出租的土地使用权、持有并准备增值后转让的土地使用权和已出租的建筑物。

（一）属于投资性房地产的项目

1. 已出租的土地使用权

已出租的土地使用权，是指企业通过出让或转让方式取得并以经营租赁方式出租的土地使用权。企业计划用于出租但尚未出租的土地使用权，不属于此类。对于以经营租赁方式租入土地使用权再转租给其他单位的，不能确认为投资性房地产。

2. 持有并准备增值后转让的土地使用权

持有并准备增值后转让的土地使用权，是指企业通过出让或转让方式取得并准备增值后转让的土地使用权。但是，按照国家有关规定认定的闲置土地，不属于持有并准备增值后转让的土地使用权。

3. 已出租的建筑物

已出租的建筑物，是指企业拥有产权并以经营租赁方式出租的房屋等建筑物，包括自行建造或开发活动完成后用于出租的建筑物。企业在判断和确认已出租的建筑物时，应当把握以下要点：

（1）用于出租的建筑物是企业拥有产权的建筑物。企业以经营租赁方式租入再转租的建筑物不属于投资性房地产。

【例 8-1】2×23 年 5 月 18 日，甲公司与乙公司签订了一项经营租赁合同，乙公司将其拥有产权的两间房屋出租给甲公司，租赁期为 6 年。甲公司一开始将这两间房屋用于自行经营餐馆。3 年后，由于连续亏损，甲公司把餐馆转租给丙公司，以赚取租金差价。

本例中，对甲公司而言，这两间房屋属于以经营租赁方式租入后又转租的建筑物，甲公司并不拥有其产权，因此不能将其确认为投资性房地产。乙公司拥有这两间房屋的产权并以经营租赁方式对外出租，可以将其确认为投资性房地产。

（2）已出租的建筑物是企业已经与其他方签订了租赁协议，约定以经营租赁方式出租的建筑物。一般应自租赁协议规定的租赁期开始日起，经营租出的建筑物才属于已出租的建筑物。

经营租赁

（3）企业已将建筑物出租，按租赁协议向承租人提供的相关辅助服务在整个协议中不重大的，应当将该建筑物确认为投资性房地产。例如，企业将其办公楼出租，同时向承租人提供保安、维修等日常辅助服务，企业应当将其确认为投资性房地产。

（二）不属于投资性房地产的项目

下列房地产不属于投资性房地产：

1. 自用房地产

自用房地产，是指企业为生产商品、提供劳务或者经营管理而持有的房地产，包括自用建筑物（固定资产）和自用土地使用权（无形资产）。自用房地产的特征在于服务于企业自身的生产经营，其价值会随着房地产的使用而逐渐转移到企业的产品或服务中去，通过销售商品或提供服务为企业带来经济利益，在产生现金流量的过程中与企业持有的其他资产密切相关。例如，企业生产经营用的厂房和办公楼属于固定资产，企业生产经营用的土地使用权属于无形资产。

2. 作为存货的房地产

作为存货的房地产，通常是指房地产开发企业在正常经营过程中销售的或为销售而正在开发的商品房和土地。这部分房地产属于房地产开发企业的存货，其生产、销售构成企业的主营业务活动，产生的现金流量也与企业的其他资产密切相关。因此，具有存货性质的房地产不属于投资性房地产。

从事房地产经营开发的企业依法取得的、用于开发后出售的土地使用权，属于房地产开发企业的存货，即使房地产开发企业决定待增值后再转让其开发的土地，也不得将其确认为投资性房地产。

三、投资性房地产的确认条件

投资性房地产只有在符合定义的前提下，同时满足下列条件的，才能予以确认：

（1）与该投资性房地产有关的经济利益很可能流入企业。

（2）该投资性房地产的成本能够可靠计量。

第二节　投资性房地产的初始计量

投资性房地产取得时，应当按照成本进行初始计量。投资性房地产的成本一般应当包括取得投资性房地产和直至该项投资性房地产达到预定可使用状态所实际发生的各项必要的、合理的支出，如购买价款、土地开发费、建筑安装成本、应予以资本化的借款费用等。投资性房地产的取得途径不同，其成本的具体构成内容就会有所不同。

一、外购的投资性房地产

企业外购投资性房地产的成本包括购买价款、相关税费和可直接归属于该资产的其他支出。如果外购的房地产部分用于出租（或资本增值）、部分自用，用于出租（或资本增值）的部分应当予以单独确认的，应按照不同部分的公允价值占公允价值总额的比例将成本在不同部分之间进行合理分配。

采用成本模式进行后续计量的企业，外购投资性房地产时，应按照确定的实际成本，借记"投资性房地产"账户，贷记"银行存款"等账户；采用公允价值模式进行后续计量的企业，应当在"投资性房地产"账户下设置"成本"和"公允价值变动"两个明细账，按外购时发生的实际成本，借记"投资性房地产——成本"账户。

【例8-2】2×23年9月，甲公司计划购入写字楼用于对外出租。9月10日，甲公司与乙公司签订了租赁合同，约定自写字楼购买日起，将该写字楼出租给乙公司使用，租赁期为5年。9月30日，甲公司购入写字楼，实际支付购买价款和相关税费共计2 600万元。根据租赁合同，租赁期开始日为2×23年10月1日。假设不考虑相关税费。

（1）假定甲公司采用成本模式进行后续计量，根据有关原始凭证，编制如下会计分录：

借：投资性房地产——写字楼　　26 000 000

　贷：银行存款　　26 000 000

（2）假定甲公司采用公允价值模式进行后续计量，根据有关原始凭证，编制如下会计分录：

借：投资性房地产——写字楼（成本）　　26 000 000

　贷：银行存款　　26 000 000

二、自行建造的投资性房地产

企业自行建造的投资性房地产，其成本由建造该项资产达到预定可使用状态前发生的必要支出构成，包括土地开发费、建筑安装成本、应予以资本化的借款费用、支付的其他费用和分摊的间接费用等。

微课 8-2

借款费用资本化

开发产品

采用成本模式进行后续计量的，应按照确定的自行建造投资性房地产成本，借记“投资性房地产”账户，贷记“在建工程”或“开发产品”等账户；采用公允价值模式进行后续计量的，应按照确定的自行建造投资性房地产成本，借记“投资性房地产——成本”账户，贷记“在建工程”或“开发产品”等账户。

【例 8-3】甲公司自行建造了一栋写字楼用于出租。2×23 年 5 月 31 日竣工。写字楼完工后的决算报告上显示，实际造价为 5 000 万元，另外先期支付 1 000 万元购买对应的土地使用权。2×23 年 6 月 1 日，将该写字楼出租给乙公司。

（1）假定甲公司采用成本模式进行后续计量，根据有关原始凭证，编制如下会计分录：

借：投资性房地产　　60 000 000

　贷：在建工程　　50 000 000

　　　无形资产——土地使用权　　10 000 000

（2）假定甲公司采用公允价值模式进行后续计量，根据有关原始凭证，编制如下会计分录：

借：投资性房地产——成本　　60 000 000

　贷：在建工程　　50 000 000

　　　无形资产——土地使用权　　10 000 000

第三节　投资性房地产的后续计量

投资性房地产的后续计量模式有成本模式和公允价值模式两种。企业通常采用成本模式对投资性房地产进行后续计量，有确凿证据表明投资性房地产的公允价值能够持续可靠取得的，也可以采用公允价值模式对投资性房地产进行后续计量。同一个企业只能采用一种后续计量模式，不得对一部分投资性房地产采用成本模式，对另一部分投资性房地产采用公允价值模式计量。

一、采用成本模式计量的投资性房地产

企业通常应当采用成本模式对投资性房地产进行后续计量。采用成本模式进行后续计量的投资性房地产，应当遵循以下会计处理规定：

（1）按照固定资产或无形资产的有关规定，按期（月）计提折旧或摊销，借记“其他业务成本”账户，贷记“投资性房地产累计折旧（摊销）”账户。

（2）取得的租金收入，借记“银行存款”等账户，贷记“其他业务收入”等账户。

（3）投资性房地产存在减值迹象的，适用《企业会计准则第8号——资产减值》的有关规定。经减值测试后确定发生减值的，应当计提减值准备，借记“资产减值损失”账户，贷记“投资性房地产减值准备”账户。已经计提减值准备的投资性房地产，其减值损失在以后的会计期间不得转回。

【例8-4】甲公司将一栋写字楼出租给乙公司使用，确认为投资性房地产，采用成本模式进行后续计量。假设这栋办公楼的成本为7 200 000元，按照年限平均法计提折旧，使用寿命为20年，预计净残值为零。经营租赁合同约定，乙公司每月等额支付甲公司租金40 000元。

（1）每月计提折旧时，根据有关原始凭证，编制如下会计分录：

每月计提的折旧=7 200 000÷20÷12=30 000（元）

借：其他业务成本——出租写字楼折旧　　30 000

　贷：投资性房地产累计折旧　　30 000

（2）每月确认租金收入时，根据有关原始凭证，编制如下会计分录：

借：银行存款（或其他应收款）　　40 000

　贷：其他业务收入——出租写字楼租金收入　　40 000

二、采用公允价值模式计量的投资性房地产

只有存在确凿证据表明投资性房地产的公允价值能够持续可靠取得的情况下，企业才可以采用公允价值模式对投资性房地产进行后续计量。企业一旦选择采用公允价值计量模式，就应当对其所有投资性房地产均采用公允价值模式进行后续计量。

（一）采用公允价值模式计量的条件

采用公允价值模式进行后续计量的投资性房地产，应当同时满足以下两个条件：

（1）投资性房地产所在地有活跃的房地产交易市场。所在地，通常指投资性房地产所在的城市。对于大中型城市，应当为投资性房地产所在的城区。

（2）企业能够从活跃的房地产交易市场上取得同类或类似房地产的市场价格及其他相关信息，从而对投资性房地产的公允价值作出合理的估计。同类或类似的房地产，对建筑物而言，是指所处地理位置和地理环境相同、性质相同、结构类型相同或相近、新旧程度相同或相近、可使用状况相同或相近的建筑物；对土地使用权而言，是指同一位置区域、所处地理环境相同或相近，可使用状况相同或相近的土地。

投资性房地产的公允价值是市场参与者在计量日的有序交易中，出售该房地产所能收到的金额。确定投资性房地产的公允价值时，应当参照活跃市场上同类或类似房地产的现行市场价格（市场公开报价）；无法取得同类或类似房地产现行市场价格的，应当参照活跃市场上同类或类似房地产的最近交易价格，并考虑交易情况、交易日期、所在区域等因素，对投资性房地产的公允价值作出合理的估计，也可以基于预计未来获得的租金收益和

相关现金流量予以估计。

（二）采用公允价值模式计量的会计处理

采用公允价值模式进行后续计量的投资性房地产，应当遵循以下会计处理规定：

（1）不对投资性房地产计提折旧或摊销。企业应当以资产负债表日投资性房地产的公允价值为基础调整其账面价值，公允价值与原账面价值之间的差额计入当期损益。在资产负债表日，投资性房地产的公允价值高于原账面价值的差额，借记“投资性房地产——公允价值变动”账户，贷记“公允价值变动损益”账户；公允价值低于原账面价值的差额，作相反的账务处理。

（2）取得的租金收入，借记“银行存款”等账户，贷记“其他业务收入”等账户。

【例8-5】2×23年8月15日，某房地产开发公司与A公司签订经营租赁协议，约定将房地产开发公司自行开发的一栋写字楼于开发完成后租赁给A公司使用，租赁期为6年。该房地产开发公司对投资性房地产采用公允价值模式进行后续计量。2×23年9月1日，写字楼开发完成，实际造价为6 500万元，根据租赁协议，当日即租赁期开始日。2×23年12月31日，该写字楼的公允价值为7 000万元。假定不考虑相关税费。

（1）2×23年9月1日，写字楼开发完成并出租时，根据有关原始凭证，编制如下会计分录：

借：投资性房地产——写字楼（成本）　　65 000 000

　贷：开发成本　　65 000 000

（2）2×23年12月31日，确认公允价值变动损益时，根据有关原始凭证，编制如下会计分录：

借：投资性房地产——写字楼（公允价值变动）　　5 000 000

　贷：公允价值变动损益　　5 000 000

第四节　投资性房地产的后续支出

一、投资性房地产后续支出的处理原则

投资性房地产的后续支出，是指已确认为投资性房地产的项目在持有期间发生的与投资性房地产使用效能直接相关的各种支出，如改建扩建支出、装修装潢支出、日常维修支出等。

投资性房地产的后续支出，如果延长了投资性房地产的使用寿命或明显改良了使用效能，从而导致流入企业的经济利益超过了原先的估计，能够满足投资性房地产确认条件，应当计入投资性房地产的成本。例如，企业为了使投资性房地产更加坚固耐用而对其进行改建扩建所发生的支出，或为了提高投资性房地产使用效能而对其进行装修装潢所发生的支出，改扩建或装修支出满足确认条件的，应当将其资本化，计入投资性房地产的成本。

与投资性房地产有关的后续支出，如果只是维护或恢复投资性房地产原有的使用效能，不可能导致流入企业的经济利益超过原先的估计，应当在发生时计入当期损益。例如，企业对投资性房地产进行日常维护的支出，不能满足投资性房地产的确认条件，应当将其费用化，计入当期损益。

二、资本化的后续支出

企业对某项投资性房地产进行改建扩建等再开发，如果再开发活动完成后仍作为投资性房地产，再开发期间应继续将其作为投资性房地产，再开发期间不计提折旧或摊销。

【例8-6】甲公司对投资性房地产采用成本模式进行后续计量。该公司与B公司签订的一项厂房经营租赁合同即将于2×23年12月31日到期，该厂房原价为925万元，租赁合同到期日累计已提折旧185万元。为了提高厂房的租金收入，甲公司决定在租赁期满后对厂房进行改建，并与C公司签订了经营租赁合同，约定自改建完工之日起将厂房出租给C公司使用。2×23年12月31日，与B公司的租赁合同到期，厂房随即转入改建工程，在改建过程中，用银行存款支付改建支出80万元。2×24年5月31日，厂房改建工程完工，即日按照租赁合同将厂房出租给C公司。

（1）2×23年12月31日，将厂房转入改建工程时，根据有关原始凭证，编制如下会计分录：

借：投资性房地产——厂房（在建）　7 400 000
　　投资性房地产累计折旧　1 850 000
　贷：投资性房地产——厂房　9 250 000

（2）2×24年1月1日—5月31日，发生改建支出时，根据有关原始凭证，编制如下会计分录：

借：投资性房地产——厂房（在建）　800 000
　贷：银行存款　800 000

（3）2×24年5月31日，改建工程完工时，根据有关原始凭证，编制如下会计分录：

扩建后厂房价值=740+80=820（万元）

借：投资性房地产——厂房　8 200 000
　贷：投资性房地产——厂房（在建）　8 200 000

【例8-7】接【例8-6】，现假定甲公司对投资性房地产采用公允价值模式进行后续计量，2×23年12月31日，厂房账面余额为1 075万元，其中成本为925万元，累计公允价值变动金额为150万元。

（1）2×23年12月31日，将厂房转入改建工程时，根据有关原始凭证，编制如下会计分录：

借：投资性房地产——厂房（在建）　10 750 000
　贷：投资性房地产——厂房（成本）　9 250 000
　　　　　　　　——厂房（公允价值变动）　1 500 000

（2）2×24年1月1日—5月31日，发生改建支出时，根据有关原始凭证，编制如下会计分录：

借：投资性房地产——厂房（在建）　800 000
　贷：银行存款　800 000

（3）2×24年5月31日，改建工程完工时，根据有关原始凭证，编制如下会计分录：

扩建后厂房价值=1 075+80=1 155（万元）

借：投资性房地产——厂房（成本）　11 550 000
　贷：投资性房地产——厂房（在建）　11 550 000

三、费用化的后续支出

与投资性房地产有关的后续支出，不能满足投资性房地产确认条件的，应当作为费用化的后续支出，于发生时计入当期损益，借记“其他业务成本”等账户，贷记“银行存款”等账户。

【例8-8】甲公司对其投资性房地产进行日常维修，以银行存款支付维修费1万元。

根据有关原始凭证，编制如下会计分录：

借：其他业务成本　　10 000

　贷：银行存款　　10 000

第五节　投资性房地产与非投资性房地产的转换

一、房地产的转换形式

房地产的转换，是因房地产用途发生改变而对房地产进行的重新分类。企业必须有确凿证据表明房地产用途发生改变，才能将投资性房地产转换为非投资性房地产或者将非投资性房地产转换为投资性房地产。这里的确凿证据包括两个方面：一是企业董事会或类似机构应当就改变房地产用途形成正式的书面决议；二是房地产因用途改变而发生实际状态上的改变，如从自用状态改为出租状态。房地产转换形式具体包括以下四方面：

（1）投资性房地产转换为自用房地产。

（2）投资性房地产转换为存货。

（3）自用房地产转换为投资性房地产。

（4）作为存货的房地产转换为投资性房地产。

二、投资性房地产转换为非投资性房地产

（一）投资性房地产转换为自用房地产

（1）企业将采用成本模式计量的投资性房地产转换为自用房地产。

企业将原本用于赚取租金或资本增值的房地产改用于生产商品、提供劳务或者经营管理，投资性房地产相应地转换为固定资产或无形资产。例如，企业将出租的厂房收回，并用于生产本企业的产品。在此种情况下，转换日为房地产达到自用状态，企业开始将房地产用于生产商品、提供劳务或者经营管理的日期。

【例8-9】2×23年8月1日，甲企业将出租在外的厂房收回，开始用于本企业的产品生产。该项房地产在转换前采用成本模式计量，其账面价值为775万元，其中，原价为1 000万元，累计已提折旧225万元。

根据有关原始凭证，编制如下会计分录：

借：固定资产——厂房　　10 000 000

　　投资性房地产累计折旧　　2 250 000

　贷：投资性房地产——厂房　　10 000 000

　　　累计折旧　　2 250 000

（2）企业将采用公允价值模式计量的投资性房地产转换为自用房地产。

企业将采用公允价值模式计量的投资性房地产转换为自用房地产时，应当以其转换日的公允价值作为自用房地产的账面价值，公允价值与原账面价值的差额计入当期损益。

【例8-10】2×23年5月1日，某房地产开发公司对外出租的写字楼租赁期满予以收回，准备作为办公楼用于本企业的行政管理。写字楼在转换前采用公允价值模式计量，原账面价值为850万元，其中，成本为800万元，公允价值变动（截至2×22年12月31日）为50万元。2×23年5月1日，写字楼开始自用，当日的公允价值为860万元。

根据有关原始凭证，编制如下会计分录：

借：固定资产——写字楼　8 600 000

　贷：投资性房地产——写字楼（成本）　8 000 000

　　　　　　　　——写字楼（公允价值变动）　500 000

　　公允价值变动损益　100 000

（二）投资性房地产转换为存货

（1）企业将采用成本模式计量的投资性房地产转换为存货。

房地产开发企业将用于经营租出的房地产重新开发用于对外销售的，从投资性房地产转换为存货。在这种情况下，转换日为租赁期届满、企业董事会或类似机构作出书面决议明确表明将其重新开发用于对外销售的日期。

企业将采用成本模式计量的投资性房地产转换为存货时，应当按照该项投资性房地产在转换日的账面价值，确认存货的入账价值。

【例8-11】某房地产开发公司将其开发的一栋写字楼以经营租赁方式出租给其他单位使用。2×23年8月1日，因租赁期满，该房地产开发公司将出租的写字楼收回，并作出书面决议，将写字楼重新开发用于对外销售。写字楼在转换前采用成本模式计量，账面原价为2 900万元，已计提的折旧为210万元，已计提的减值准备金额为100万元。

根据有关原始凭证，编制如下会计分录：

借：开发产品　25 900 000

　　投资性房地产累计折旧　2 100 000

　　投资性房地产减值准备　1 000 000

　贷：投资性房地产——写字楼　29 000 000

（2）企业将采用公允价值模式计量的投资性房地产转换为存货。

企业将采用公允价值模式计量的投资性房地产转换为存货时，应当以转换日的公允价值作为自用存货的账面价值，公允价值与原账面价值的差额计入当期损益。

【例8-12】接【例8-11】，现假定写字楼在转换前采用公允价值模式计量，原账面价值为3 100万元，其中，成本为2 900万元，公允价值变动（截至2×22年12月31日）为200万元；2×23年8月1日，写字楼的公允价值为3 400万元，其他条件不变。

该房地产开发公司将投资性房地产转换为存货，根据有关原始凭证，编制如下会计分录：

借：开发产品　34 000 000

　贷：投资性房地产——写字楼（成本）　29 000 000

　　　　　　　　——写字楼（公允价值变动）　2 000 000

　　公允价值变动损益　3 000 000

三、非投资性房地产转换为投资性房地产

(一)自用房地产转换为投资性房地产

(1)将自用的房地产转换为采用成本模式计量的投资性房地产。

企业将原本用于生产商品、提供劳务或者经营管理的房地产改用于出租，通常应于租赁期开始日，将相应的固定资产或无形资产转换为投资性房地产。对不再用于日常生产经营活动且经整理后达到可经营出租状态的建筑物，如企业董事会或类似机构作出书面决议，明确表明其自用房地产用于经营出租、持有意图短期内不再发生变化的，应视为自用房地产转换为投资性房地产，转换日为企业董事会或类似机构作出书面决议的日期。

【例8-13】甲公司决定将因转产而闲置的一栋厂房用于对外出租。2×23年3月10日，甲公司与B公司签订了经营租赁协议，将厂房出租给B公司使用，租赁期开始日为2×23年4月1日，租赁期为5年。2×23年4月1日，厂房账面原价600万元，累计已提折旧150万元。甲公司对投资性房地产采用成本模式计量。

根据有关原始凭证，编制如下会计分录：

借：投资性房地产——厂房	6 000 000	
累计折旧	1 500 000	
贷：固定资产——厂房		6 000 000
投资性房地产累计折旧		1 500 000

(2)将自用房地产转换为以公允价值模式计量的投资性房地产。

企业将自用房地产转换为以公允价值模式计量的投资性房地产时，应当以该项建筑物或土地使用权在转换日的公允价值作为投资性房地产的入账价值。转换日的公允价值小于原账面价值的差额，借记“公允价值变动损益”账户；转换日的公允价值大于原账面价值的差额，贷记“其他综合收益”账户。待该项投资性房地产处置时，因转换计入其他综合收益的部分应转入当期损益。

【例8-14】某房地产开发公司的办公楼处于商业繁华地段，为了获得更大的经济利益，该公司决定将办公地点迁往新址，原办公楼腾空后用于出租，以赚取租金收入。2×23年11月，该房地产开发公司完成了办公地点的搬迁工作，原办公楼停止自用。2×23年12月，该房地产开发公司与甲公司签订了租赁协议，将原办公楼出租给甲公司使用，租赁期开始日为2×24年1月1日，租赁期为3年。该办公楼原价为1 250万元，累计已提折旧375万元。该房地产开发公司对投资性房地产采用公允价值模式计量。

(1)假定办公楼2×24年1月1日的公允价值为830万元，根据有关原始凭证，编制如下会计分录：

借：投资性房地产——办公楼(成本)	8 300 000	
公允价值变动损益	450 000	
累计折旧	3 750 000	
贷：固定资产——办公楼		12 500 000

(2)假定办公楼2×24年1月1日的公允价值为900万元，根据有关原始凭证，编制如下会计分录：

借：投资性房地产——办公楼(成本)	9 000 000	
累计折旧	3 750 000	

贷：固定资产——办公楼　12 500 000
　　其他综合收益　250 000

（二）作为存货的房地产转换为投资性房地产

（1）将作为存货的房地产转换为采用成本模式计量的投资性房地产。

房地产开发企业将其持有的开发产品以经营租赁的方式出租，转换日通常为房地产的租赁期开始日。企业将作为存货的房地产转换为采用成本模式计量的投资性房地产，应当按该项房地产在转换日的账面价值，作为投资性房地产的入账价值。

【例8-15】2×23年2月10日，某房地产开发公司与甲公司签订了租赁协议，将其开发的一栋原准备出售的写字楼出租给甲公司使用，租赁期开始日为2×23年3月1日。该写字楼的实际建造成本为3 500万元，未计提存货跌价准备。

该房地产开发公司对投资性房地产采用成本模式计量，根据有关原始凭证，编制如下会计分录：

借：投资性房地产——写字楼　35 000 000
　贷：开发产品　35 000 000

（2）将作为存货的房地产转换为采用公允价值模式计量的投资性房地产。

企业将作为存货的房地产转换为采用公允价值模式计量的投资性房地产，应当按该项房地产在转换日的公允价值作为投资性房地产的入账价值。同时，转换日的公允价值小于原账面价值的差额，借记"公允价值变动损益"账户；转换日的公允价值大于原账面价值的差额，贷记"其他综合收益"账户。待该项投资性房地产处置时，因转入其他综合收益的部分应转入当期损益。

【例8-16】按【例8-15】的资料，现假定该房地产开发公司对投资性房地产采用公允价值模式计量，2×23年3月1日，写字楼的公允价值为3 600万元，其他条件不变。

该房地产开发公司将作为存货的房地产转换为投资性房地产，根据有关原始凭证，编制如下会计分录：

借：投资性房地产——写字楼（成本）　36 000 000
　贷：开发产品　35 000 000
　　其他综合收益　1 000 000

第六节　投资性房地产的处置

投资性房地产的处置，主要指投资性房地产的出售、报废和毁损，也包括对外投资、非货币性资产交换、债务重组等原因转出投资性房地产的情形。当投资性房地产被处置，或者永久退出使用且预计不能从其处置中取得经济利益时，应当终止确认该项投资性房地产。企业出售、转让、报废投资性房地产或者发生投资性房地产毁损，应当将处置收入扣除其账面价值和相关税费后的金额计入当期损益。

一、成本模式计量的投资性房地产的处置

企业处置成本模式计量的投资性房地产，应当按实际收到的金额，借记"银行存款"等账户，贷记"其他业务收入"账户；按该项投资性房地产的账面价值，借记"其他业务成本"账户，按其账面余额，贷记"投资性房地产"账户，按照累计已提折旧或累计已摊

销金额，借记“投资性房地产累计折旧（摊销）”账户，原已计提减值准备的，借记“投资性房地产减值准备”账户。

【例8-17】甲公司将其一栋写字楼用于对外出租，采用成本模式计量。租赁期届满后，甲公司将该写字楼出售给A公司，合同价款为6 250万元，A公司已用银行存款付清。出售时，该栋写字楼的成本为5 500万元，累计已提折旧660万元。

假定不考虑相关税费，根据有关原始凭证，编制如下会计分录：

借：银行存款	62 500 000	
贷：其他业务收入		62 500 000
借：其他业务成本	48 400 000	
投资性房地产累计折旧	6 600 000	
贷：投资性房地产——写字楼		55 000 000

二、公允价值模式计量的投资性房地产的处置

处置采用公允价值模式计量的投资性房地产时，应当按实际收到的金额，借记“银行存款”等账户，贷记“其他业务收入”账户；按该项投资性房地产的账面余额，借记“其他业务成本”账户，按其成本，贷记“投资性房地产——成本”账户，按其累计公允价值变动，贷记或借记“投资性房地产——公允价值变动”账户。同时，结转投资性房地产累计公允价值变动，借记或贷记“公允价值变动损益”账户，贷记或借记“其他业务成本”账户。若存在原转换日计入其他综合收益的金额，还应借记“其他综合收益”账户，贷记“其他业务成本”账户。

【例8-18】2×22年6月25日，甲公司与B公司签订经营租赁协议，将其自用的一栋写字楼出租给B公司使用，租期为2年，租赁期开始日为2×22年7月1日。写字楼的实际建造成本为2 300万元，截至2×22年6月30日，累计已提折旧287.5万元，甲公司对投资性房地产采用公允价值模式计量。2×22年7月1日，写字楼的公允价值为2 100万元；2×22年12月31日，写字楼的公允价值为2 050万元；2×23年12月31日，写字楼的公允价值为2 200万元。2×24年6月30日，租赁期届满，甲公司收回写字楼，并以2 250万元售出，价款已收存银行。假定不考虑相关税费。

（1）2×22年7月1日，自用房地产转换为投资性房地产，根据有关原始凭证，编制如下会计分录：

借：投资性房地产——写字楼（成本）	21 000 000	
累计折旧	2 875 000	
贷：固定资产——写字楼		23 000 000
其他综合收益		875 000

（2）2×22年12月31日，确认公允价值变动时，根据有关原始凭证，编制如下会计分录：

借：公允价值变动损益	500 000	
贷：投资性房地产——写字楼（公允价值变动）		500 000

（3）2×23年12月31日，确认公允价值变动时，根据有关原始凭证，编制如下会计分录：

借：投资性房地产——写字楼（公允价值变动）	1 500 000	

　　贷：公允价值变动损益　1 500 000

（4）2×24年6月30日，出售投资性房地产时，根据有关原始凭证，编制如下会计分录：

借：银行存款　22 500 000
　　贷：其他业务收入　22 500 000
借：其他业务成本　220 000 000
　　贷：投资性房地产——写字楼（成本）　21 000 000
　　　　　　　　　——写字楼（公允价值变动）　1 000 000
借：公允价值变动损益　1 000 000
　　贷：其他业务成本　1 000 000
借：其他综合收益　875 000
　　贷：其他业务成本　875 000

【思政讲堂】

完善住房供给与保障体系是增进民生福祉的重要任务

党的二十大报告在“增进民生福祉，提高人民生活品质”的篇章中指出：“我们要实现好、维护好、发展好最广大人民根本利益，紧紧抓住人民最关心最直接最现实的利益问题”、“采取更多惠民生、暖民心举措，着力解决好人民群众急难愁盼问题”。住房是最大的民生，中低收入群体的住房问题是世界各国面临的普遍难题，也是中国普通老百姓急难愁盼的重要问题之一。因此，推进“租购并举”，加强住房保障，努力实现全体人民住有所居和基本公共服务均等化，是增进民生福祉，实现共同富裕的重要任务。

自1998年我国实行住房体制改革以来，商品房市场迅速发展，人均住房面积不断提高，人民住房条件得到极大改善。根据“七普”数据，2020年，我国城镇人均住房建筑面积达到38.6平方米，比1998年的18.7平方米增加了一倍多。但房价快速上涨，导致“被动性”和“投机性”购房需求不断增加，租购结构严重失衡。一些居民因担心房价继续大涨，不得已提前购买住房；而另一些投资投机客为实现资产保值增值，通过各种途径和方式购买多套住房，进一步加剧了住房市场的供需矛盾。党中央、国务院高度重视房地产市场的结构性问题。2015年年底，中央经济工作会议首次提出“要发展住房租赁市场，以建立购租并举的住房制度为主要方向”。2016年5月，国务院办公厅印发《关于加快培育和发展住房租赁市场的若干意见》（国办发〔2016〕39号），提出“以建立购租并举的住房制度为主要方向，健全以市场配置为主、政府提供基本保障的住房租赁体系”。2016年年底，中央经济工作会议首次明确“房子是用来住的、不是用来炒的”定位。2017年7月住建部等九部门联合印发《关于在人口净流入的大中城市加快发展住房租赁市场的通知》，提出采取多种措施加快推进租赁住房建设，培育和发展住房租赁市场。党的二十大报告又再次重申“坚持房子是用来住的、不是用来炒的定位，加快建立多主体供给、多渠道保障、租购并举的住房制度”。

过去十年，以习近平同志为核心的党中央深入贯彻以人民为中心的发展思想，在住有所居上持续用力。十年间累计改造棚户区住房四千二百多万套，改造农村危房二千四百多万户，城乡居民住房条件明显改善。正如党的二十大报告所提：“人民群众获得感、幸福感、安全感更加充实、更有保障、更可持续，共同富裕取得新成效”。

江山就是人民，人民就是江山。党的二十大报告中专章论述了如何增进民生福祉、提高人民生活品质，并在此框架下再次重申了房地产市场的发展目标和方向。党的二十大报告为扎实推动共同富裕作了新部署，为实现人民美好生活描绘了新图景，也为住房制度的改革指明了方向。

资料来源：曾辉，虞晓芬.【笃行中国式现代化】完善住房供给与保障体系是增进民生福祉的重要任务［EB/OL］.（2023-02-22）. https：//www.fdc.ah.cn/news/show-31453.html.

【复习思考】

1.什么是投资性房地产？投资性房地产包括哪些项目？

2.投资性房地产有哪些后续计量模式？

3.如何确定投资性房地产的取得成本？

4.如何对投资性房地产的后续支出进行会计处理？

【练习题】

1.甲企业于2×23年1月1日以800万元购入一栋写字楼，同日将其出租给乙企业，租赁开始日为2×23年1月1日。采用成本模式进行后续计量，按照直线法计提折旧，折旧年限为10年，预计净残值为零。按照经营租赁合同，乙企业每月支付租金8万元。2×23年年底，这栋办公楼发生减值迹象，经减值测试，其可收回金额为700万元。

要求：编制甲企业与投资性房地产有关的会计分录。

2.甲公司于2×20年12月31日将其自用的建筑物对外出租并采用公允价值模式计量，租期为3年，每年12月31日收取租金200万元。出租当日，该建筑物的成本为2 700万元，已计提折旧400万元，尚可使用年限为20年，公允价值为1 700万元；2×21年12月31日，该建筑物的公允价值为1 830万元；2×22年12月31日，该建筑物的公允价值为1 880万元；2×23年12月31日，该建筑的公允价值为1 760万元；2×24年1月5日，甲公司将该建筑物对外出售，收到1 880万元存入银行。

要求：编制甲公司上述经济业务的会计分录。

第九章

负债

学习目标

知识目标： 通过本章的学习，要求掌握负债的概念和特点；了解流动负债和非流动负债的种类；掌握短期借款和长期借款的核算；掌握应付债券的账务处理。

技能目标： 通过本章的学习，要求熟悉负债的种类；掌握短期借款和长期借款的借入、利息及归还的账务处理；掌握应付债券发行、利息及归还的账务处理。

第一节 负债概述

一、负债的定义及确认条件

（一）负债的定义

《企业会计准则——基本准则》（2014）第二十三条对负债的定义是：负债是指企业过去的交易或者事项形成的、预期会导致经济利益流出企业的现时义务。根据负债的定义，负债主要具备以下三个特征：

1. 负债是企业承担的现时义务

现时义务是负债的最基本特征。义务，是指企业要以一定方式履行的责任，而现时义务，是指企业在现行条件下已经承担的义务。企业未来发生的交易或者事项形成的义务，不属于现时义务，不构成负债。这里的义务，既包括法定义务，也包括推定义务。其中，法定义务，是指由具有约束力的合同或者法律法规产生的义务。企业对承担的法定义务必须依法执行，比如企业采用商业信用方式购买商品形成的应付账款、取得银行贷款形成的借款本金和利息、按照税法规定应缴纳的税费、应支付职工的工资等，均属于法定义务。推定义务，是指根据企业多年来形成的惯例、公开作出的承诺或者公开宣布的政策而导致企业承担的责任，有关各方都对企业履行该义务以解脱责任形成了合理预期，因而也形成企业的一项现时义务，如公司董事会对外宣告要支付的现金股利等。

2. 负债预期会导致经济利益流出企业

企业在履行现时义务时，会导致经济利益流出企业。经济利益以清偿负债的方式流出企业包括支付现金、转移非现金资产或提供劳务等形式。如果企业在履行义务时，不会导致经济利益的流出，如企业可以选择发行普通股来履行义务，就不属于一项负债。

3. 负债是由过去的交易或事项形成的

负债应当由企业过去的交易或者事项所形成。只有过去的交易或者事项才形成负债。企业将在未来发生的承诺、签订的合同等交易或者事项，不形成负债。

（二）金融负债

金融负债是企业承担的一种合同义务，履行该义务会导致企业转移现金或者其他金融资产，或者导致企业有义务在潜在不利的情况下与其他单位交换金融工具。大多数负债都属于金融负债，即债务人需要使用现金或者其他金融资产来履行相关的现时义务，比如应付账款、应付债券等。但是，也有个别负债不属于金融负债，如预收账款、产品质量保证形成的预计负债等，这些负债形成的现时义务不是通过现金或其他金融资产来清偿，而是通过销售产品或者提供服务来履行义务。

（三）负债的确认条件

企业要确认负债，除了要符合负债的定义之外，还应当同时满足以下两个条件：

1. 与该义务有关的经济利益很可能流出企业

由于经济业务存在不确定性，导致企业在履行经济业务时流出的经济利益有时需要估计，特别是由于推定义务而产生的负债。比如，企业因销售产品而承担的产品质量保证义务所发生的支出金额就存在很大的不确定性。如果有证据表明，与现时义务有关的经济利益很可能流出企业，就应当确认负债。反之，企业对于预期流出经济利益可能性较小或不复存在的现时义务，不应确认为一项负债。

2. 未来流出经济利益的金额能够可靠地计量

企业要确认负债，必须能够可靠计量负债的金额，即能够可靠计量未来经济利益流出的金额。企业因法定义务而预期发生的经济利益流出金额，通常可以根据法律或合同的规定予以确定。比如，企业应交税费的金额可以根据相关税法的规定计算确定。而企业因推定义务产生的未来经济利益的流出金额，则往往需要根据合理的估计才能确定履行相关义务所需支出的金额。如果未来期间较长，还需要考虑货币时间价值的影响。

二、负债的分类

在资产负债表中，负债需要根据流动性进行分类列报，划分为流动负债和非流动负债。

1. 流动负债

流动负债，是指满足下列情形之一的负债：

（1）预计在一个正常营业周期内清偿的负债，如企业采用商业信用方式购买原材料形成的应付账款。

（2）为交易目的而持有的负债，如银行为近期回购而发行的短期票据。

（3）自资产负债表日起1年内（含1年）到期应予以清偿的负债，如企业以前期间发行的将在资产负债表日起1年内到期偿还的债券。

（4）企业无权自主地将清偿期限推迟至资产负债表日后1年以上的负债，如企业购买商品或接受劳务时开出并承兑的商业汇票，无权延长付款期限。

流动负债的核算内容主要包括短期借款、交易性金融负债、应付票据、应付账款、预收账款、应付职工薪酬、应交税费、应付利息、应付股利、其他应付款等。

2. 非流动负债

非流动负债，是指流动负债以外的负债。非流动负债主要是企业为筹集长期资产购建所需资金而发生的负债，如企业为购买大型设备而从银行借入的中长期贷款等。非流动负债主要包括长期借款、应付债券、长期应付款、预计负债等。

第二节　流动负债

一、流动负债概述

流动负债，是指企业将在1年或超过1年的一个营业周期内偿还的债务，主要包括短期借款、应付票据、应付账款、预收账款、应付职工薪酬、应交税费、应付利息、应付股利、其他应付款等。

流动负债除了具有负债的一般特点外，还具有以下特点：

（1）偿还期限短。这是流动负债的最大特点，它是在债权人提出要求时即期偿还，或1年内及超过1年的一个经营周期内必须偿付的债务。

（2）到期必须用企业资产、提供劳务或者举借新债来偿还。

（3）企业举借流动负债的目的一般是满足生产经营资金周转的需要。

（4）流动负债中各项负债项目的数额与非流动负债中各项负债项目的数额相比较小。

二、短期借款

短期借款，是指企业向银行或其他金融机构等借入的期限在1年以内（含1年）的各种借款。企业借入短期借款构成了一项负债，企业应设置“短期借款”账户核算短期借款的取得、偿还等情况。该账户的贷方登记取得短期借款本金的金额，借方登记偿还短期借款本金的金额，期末余额在贷方，反映企业尚未偿还的短期借款。该账户可按借款种类、贷款人和币种设置明细账户进行明细核算。短期借款的账务处理包括取得短期借款、发生短期借款利息、归还短期借款等环节。

（一）取得短期借款

企业取得短期借款时，借记“银行存款”账户，贷记“短期借款”账户。

（二）发生短期借款利息

企业借入短期借款应支付利息。在实际工作中，如果短期借款利息是按期支付的，如按季度支付利息，或者利息是在借款到期时连同本金一起归还，并且其数额较大的，企业于月末应采用预提方式进行短期借款利息的核算。短期借款利息属于企业的筹资费用，应当在发生时作为财务费用直接计入当期损益。在资产负债表日，企业应当按照计算确定的短期借款利息费用，借记“财务费用”账户，贷记“应付利息”账户；实际支付利息时，借记“应付利息”账户，贷记“银行存款”或“库存现金”账户。

如果企业的短期借款利息按月支付，或者在借款到期时连同本金一起归还，数额不大的可以不采用预提的方法，而在实际支付或收到银行的计息通知时，直接计入当期损益，借记“财务费用”账户，贷记“银行存款”账户。

（三）归还短期借款

短期借款到期时，应及时归还。短期借款到期偿还本金时，企业应借记“短期借款”账户，贷记“银行存款”账户。如果在借款到期时连同本金一起归还利息，企业应将归还的利息通过“应付利息”或“财务费用”账户核算。

【例9-1】甲公司于2×23年1月1日向银行借入一笔生产经营用短期借款，共计240 000元；期限为8个月，年利率为8%。根据与银行签署的借款协议，该项借款的本金到期后一次归还，利息分月预提，按季支付。

（1）1月1日，借入短期借款时，根据有关原始凭证，编制如下会计分录：

借：银行存款　　240 000
　贷：短期借款　　240 000

（2）1月末，计提1月份应计利息时，根据有关原始凭证，编制如下会计分录：

本月应计提的利息金额=240 000×8%÷12=1 600（元）

借：财务费用　　1 600
　贷：应付利息　　1 600

2月末计提2月份利息费用的处理与1月份相同。

（3）3月末，支付第一季度银行借款利息时，根据有关原始凭证，编制如下会计分录：

借：财务费用　　1 600
　　应付利息　　3 200
　贷：银行存款　　4 800

第二季度支付银行借款利息的账务处理同上。

（4）9月1日，偿还银行借款本金时，根据有关原始凭证，编制如下会计分录：

借：短期借款　　240 000
　　应付利息　　3 200
　贷：银行存款　　243 200

三、应付票据

（一）应付票据的概念

票据

应付票据是由出票人出票，委托付款人在指定日期无条件支付确定的金额给收款人或者持票人的票据。应付票据也是委托付款人允诺在一定时期支付一定款项的书面证明。应付票据与应付账款不同，虽然两者都是由于交易而引起的流动负债，但应付账款是尚未结清的债务，而应付票据是一种期票，是延期付款的证明，有承诺付款的票据作为凭据。

在我国，应付票据是在经济往来活动中由于采用商业汇票方式而发生的，由签发人签发、承兑人承兑的票据。我国商业汇票的付款期限最长为6个月，因而应付票据是短期应付票据。

企业应当设置“应付票据备查簿”，详细登记商业汇票的种类、号数和出票日期、到期日、票面余额、交易合同号和收款人姓名或单位名称以及付款日期和金额等资料。应付票据到期结清时，上述内容应当在备查簿内予以注销。

（二）应付票据的分类

在我国，企业的应付票据主要指的是商业汇票，按其承兑人的不同，可将商业汇票划分为商业承兑汇票和银行承兑汇票。商业汇票按是否计息可分为不带息商业汇票和带息商业汇票。实际工作中，使用的商业汇票一般为不带息的商业汇票。

（三）应付票据的账务处理

企业应设置“应付票据”账户核算应付票据的开出、偿付等情况。该账户贷方登记开出、承兑汇票的面值，借方登记支付票据的金额，期末余额在贷方，反映企业尚未到期的商业汇票的票面金额。

1.开出应付票据

企业因购买材料、商品和接受服务等而开出、承兑的商业汇票，应当按其票面金额作为应付票据的入账金额，借记“材料采购”“在途物资”“原材料”“库存商品”“应付账款”“应交税费——应交增值税（进项税额）”等账户，贷记“应付票据”账户。

企业因开出银行承兑汇票而支付的银行承兑汇票手续费，应当计入当期财务费用。支付手续费时，按照确认的手续费，借记“财务费用”账户，取得增值税专用发票的，按注明的增值税进项税额，借记“应交税费——应交增值税（进项税额）”账户，按照实际支付的金额，贷记“银行存款”账户。

2.带息应付票据期末计提利息

由于我国商业汇票期限较短，在每年的中期期末和年末，通常对尚未支付的带息应付票据计提利息，企业应按照票据的票面价值和票据规定的利息计算应付利息，借记“财务费用”账户，贷记“应付票据”账户。

3.偿付应付票据

企业开具的商业汇票到期支付票据款时，根据开户银行的付款通知，借记“应付票据”账户，贷记“银行存款”账户。

4.转销应付票据

（1）应付商业承兑汇票到期，如企业无力支付票款，由于商业汇票已经失效，企业应将应付票据按账面余额转作应付账款，借记“应付票据”账户，贷记“应付账款”账户。

（2）应付银行承兑汇票到期，如企业无力支付票款，则由承兑银行代为支付并作为付款企业的贷款处理，企业应将应付票据的账面余额转作短期借款，借记“应付票据”账户，贷记“短期借款”账户。

【例9-2】甲巧克力公司为增值税一般纳税人，原材料按实际成本核算。甲巧克力公司于2×23年11月1日购入一批可可豆已入库，价款是300 000元，适用的增值税税率为13%，不考虑其他有关税费，出具一张期限为6个月、利率为10%的带息票据。

（1）2×23年11月1日，购入可可豆时，根据有关原始凭证，编制如下会计分录：

借：原材料	300 000	
应交税费——应交增值税（进项税额）	39 000	
贷：应付票据		339 000

（2）2×23年12月31日，计提2个月的利息费用5 650元（339 000×10%×2÷12），根据有关原始凭证，编制如下会计分录：

借：财务费用　　5 650

　贷：应付票据　　5 650

（3）2×24年5月1日，票据到期，偿付票据本息时，根据有关原始凭证，编制如下会计分录：

借：应付票据　　344 650

　　财务费用　　11 300

　贷：银行存款　　355 950

（4）假设甲巧克力公司开具的是商业承兑汇票，如果2×24年5月1日票据到期，企业无力偿付且不再签发新的票据，根据有关原始凭证，编制如下会计分录：

借：应付票据　　344 650

　　财务费用　　11 300

　贷：应付账款　　355 950

（5）假设甲巧克力公司开具的是银行承兑汇票，如果2×24年5月1日票据到期，企业无力偿付，则银行会先承兑，对甲巧克力公司而言，应付票据转为对承兑银行的短期借款，每天按万分之五的利率计息，根据有关原始凭证，编制如下会计分录：

借：应付票据　　344 650

　　财务费用　　11 300

　贷：短期借款　　355 950

【例9-3】甲企业为增值税一般纳税人，原材料按实际成本核算。2×23年6月1日购进一批钢材已入库，价值10 000元，应交增值税1 300元。该企业开出并经开户银行承兑的商业汇票一张，面值11 300元，期限3个月。交纳银行承兑手续费113元，其中增值税进项税额13元。2×23年9月1日商业汇票到期，甲企业通知其开户银行以银行存款支付票款。

（1）根据进货发票和商业汇票存根，编制如下会计分录：

借：原材料　　10 000

　　应交税费——应交增值税（进项税额）　　1 300

　贷：应付票据　　11 300

（2）支付银行手续费时，根据有关原始凭证，编制如下会计分录：

借：财务费用　　100

　　应交税费——应交增值税（进项税额）　　13

　贷：银行存款　　113

（3）到期收到银行支付通知时，根据有关原始凭证，编制如下会计分录：

借：应付票据　　11 300

　贷：银行存款　　11 300

（4）假设上述业务票据到期无力支付时，根据有关原始凭证，编制如下会计分录：

借：应付票据　　11 300

　贷：短期借款　　11 300

四、应付账款

(一) 应付账款的概念

应付账款是指企业因购买材料、商品或接受服务等经营活动而应付给供应单位的款项。它是买卖双方在购销活动中由于取得物资与支付货款在时间上不一致而产生的负债。

应付账款和应付票据都是企业在交易活动中，为取得某项物资与支付货款在时间上的不一致而产生的两种负债。虽然两种负债同属于流动负债，但两者不同，应付账款属于尚未清偿的债务，而应付票据是有承诺、有证明的延期付款的债务。

(二) 应付账款入账时间和金额的确定

应付账款入账时间的确定，一般应以与所购买物资所有权有关的风险和报酬已经转移或劳务已经接受为标志。但在实际工作中，一般是区分下列情况处理：

(1) 在物资和发票账单同时到达的情况下，应付账款一般待物资验收入库后，才按发票账单登记入账。这主要是为了确认所购入的物资是否在质量、数量和品种上都与合同上写明的条件相符，以免因先入账而在验收入库时发现购入物资错、漏、破损等问题再行调账。在会计期末仍未完成验收的，则应先按合理估计金额将物资和应付债务入账，事后发现问题再行更正。

(2) 在物资和发票账单未同时到达的情况下，由于应付账款需根据发票账单登记入账，有时货物已到，发票账单要间隔较长时间才能到达，由于这笔负债已经成立，应作为一项负债反映。为在资产负债表上客观反映企业所拥有的资产和承担的债务，在实际工作中采用在月份终了将所购物资和应付债务估计入账，待下月月初再用红字予以冲回的办法。

应付账款一般按应付金额入账，而不按到期应付金额的现值入账。在企业购入资产取得增值税专用发票的情况下，发票价格包括增值税税额。

(三) 应付账款的账务处理

企业应设置“应付账款”账户核算应付账款的发生、偿还、转销等情况。该账户的贷方登记应付未付款项的增加，借方登记应付未付款项的减少，期末贷方余额反映企业尚未支付的应付账款余额。该账户可按债权人设置明细账户进行明细核算。

1. 发生应付账款

企业购入材料、商品等验收入库，但货款尚未支付，根据有关凭证（发票账单、随货同行发票上记载的实际价款或暂估价值），借记“材料采购”“在途物资”等账户，按可抵扣的增值税税额，借记“应交税费——应交增值税（进项税额）”等账户，按应付的价款，贷记“应付账款”账户。

企业接受供应单位提供服务而发生的应付未付款项，根据供应单位的发票账单，借记“生产成本”“管理费用”等账户，按可抵扣的增值税税额，借记“应交税费——应交增值税（进项税额）”账户，贷记“应付账款”账户。

2. 偿还应付账款

企业偿还应付账款时，应借记“应付账款”账户，贷记“银行存款”账户；若开出商业承兑汇票抵付应付账款，则应借记“应付账款”账户，贷记“应付票据”账户。

有些应付账款，由于债权单位撤销或其他原因，企业无法支付这笔款项。若企业的应付账款确实无法支付，报经批准后，可视同企业经营业务以外的一项额外收入，借记“应付账款”账户，贷记“营业外收入”账户。

【例9-4】甲公司为增值税一般纳税人，适用的增值税税率为13%，原材料按实际成本核算。2×23年8月，公司购入材料20 000元，进项税额为2 600元，材料已验收入库，发票已收到，货款尚未支付。

（1）根据发票、入库单等原始凭证，编制如下会计分录：

借：原材料　20 000
　　应交税费——应交增值税（进项税额）　2 600
　贷：应付账款　22 600

（2）开出支票，偿付上述应付账款时，根据有关原始凭证，编制如下会计分录：

借：应付账款　22 600
　贷：银行存款　22 600

①若上述材料的发票至月终尚未到达，可根据计划成本或暂估成本（假设该材料的计划成本为25 000元）入账，根据有关原始凭证，编制如下会计分录：

借：原材料　25 000
　贷：应付账款　25 000

②下月月初编制相反会计分录冲回，根据有关原始凭证，编制如下会计分录：

借：应付账款　25 000
　贷：原材料　25 000

（3）本月应付电费2 000元，其中生产产品用电1 000元，车间用电500元，照明用电500元，根据有关原始凭证，编制如下会计分录：

借：生产成本　1 000
　　制造费用　500
　　管理费用　500
　贷：应付账款　2 000

（4）公司开出商业承兑汇票一张，票面金额为20 000元，期限2个月，抵付前欠的应付账款，根据有关原始凭证，编制如下会计分录：

借：应付账款　20 000
　贷：应付票据　20 000

（5）公司一项应付账款1 000元，因债权人下落不明，已无法支付。报经批准后，根据有关原始凭证，编制如下会计分录：

借：应付账款　1 000
　贷：营业外收入　1 000

实务中，企业外购电力、燃气等动力一般通过“应付账款”账户核算，即在每月付款时先作暂付款处理，按照增值税专用发票上注明的价款，借记“应付账款”账户，按照增值税专用发票上注明的可抵扣增值税进项税额，借记“应交税费——应交增值税（进项税额）”账户，贷记“银行存款”等账户；月末按照外购动力的用途分配动力费时，借记“生产成本”“制造费用”“管理费用”等账户，贷记“应付账款”账户。

【例9-5】2×22年5月20日，丙企业收到银行转来省电力公司供电部门开具的增值税专用发票，发票上注明的电费为38 400元、增值税税额为4 992元，企业以银行存款付讫。月末，该企业经计算，本月应付电费38 400元，其中生产车间电费25 600元、行政管理部门电费12 800元。丙企业应编制如下会计分录：

（1）支付外购电力费：

借：应付账款——省电力公司	38 400	
应交税费——应交增值税（进项税额）	4 992	
贷：银行存款		43 392

（2）月末分配外购电力费：

借：制造费用	25 600	
管理费用	12 800	
贷：应付账款——省电力公司		38 400

五、预收账款

（一）预收账款的概念

预收账款，是指企业按照合同规定预收的款项，一般是定金或部分货款。

（二）预收账款的账务处理

企业应设置“预收账款”账户，核算预收账款的取得、偿付等情况。该账户贷方登记发生的预收账款金额，借方登记企业冲销的预收账款金额；期末贷方余额，反映企业预收的款项，如为借方余额，反映企业尚未转销的款项。该账户一般应按照客户设置明细账户进行明细核算。

如果企业的预收账款情况不多，也可以不设“预收账款”账户，而是将预收的货款直接记入“应收账款”账户。

1.取得预收账款

企业预收款项时，按实际收到的全部预收款，借记“银行存款”等账户，涉及增值税的，按照预收款计算的应交增值税，贷记“应交税费——应交增值税（销项税额）”账户，全部预收款扣除应交增值税的差额，贷记“预收账款”账户。

2.转销预收账款

企业分期确认有关收入时，按实现的收入，借记“预收账款”账户，贷记“主营业务收入”“其他业务收入”等账户；企业收到客户补付款项时，借记“库存现金”“银行存款”账户，贷记“预收账款”“应交税费——应交增值税（销项税额）”账户；退回客户多预付的款项时，借记“预收账款”账户，贷记“库存现金”“银行存款”账户。涉及增值税的，还应进行相应的会计处理。

【例9-6】甲公司为增值税一般纳税人，出租有形动产适用的增值税税率为13%。2×22年7月1日，甲公司与乙公司签订经营租赁（非主营业务）吊车合同，向乙公司出租吊车三台，期限为6个月，三台吊车租金（含税）共计67 800元。合同约定，合同签订日预付租金（含税）22 600元，合同到期结清全部租金余款。合同签订日，甲公司收到租金并存入银行，开具的增值税专用发票上注明租金20 000元、增值税税额2 600元。租赁期满日，甲公司收到租金余款及相应的增值税。甲公司应编制如下会计分录：

（1）收到乙公司预付租金：

借：银行存款 22 600

　贷：预收账款——乙公司 20 000

　　　应交税费——应交增值税（销项税额） 2 600

（2）每月末确认租金收入：

每月租金收入=67 800÷（1+13%）÷6=10 000（元）

借：预收账款——乙公司 10 000

　贷：其他业务收入 10 000

（3）租赁期满收到租金余款及增值税税款：

借：银行存款 45 200

　贷：预收账款——乙公司 40 000

　　　应交税费——应交增值税（销项税额） 5 200

其中，“预收账款——乙公司”账户40 000元（10 000×6−20 000）为借方余额从贷方转出。

六、合同负债

合同负债是指企业已收或应收客户对价而应向客户转让商品的义务。需要说明的是，对于尚未向客户履行转让商品的义务而已收或应收客户对价中的增值税部分，因不符合合同负债的定义，不应确认为合同负债。具体账务处理参见本书第十二章内容。

七、应付职工薪酬

（一）职工薪酬的内容

新准则中职工薪酬的含义与范围

职工薪酬，是指企业为获得职工提供的服务或解除劳动关系而给予各种形式的报酬或补偿。根据《企业会计准则第9号——职工薪酬》（2014）的规定，职工薪酬包括短期薪酬、离职后福利、辞退福利和其他长期职工福利。企业提供给职工配偶、子女、受赡养人、已故员工遗属及其他受益人等的福利，也都属于职工薪酬。

1.短期薪酬

短期薪酬，是指企业在职工提供相关服务的年度报告期间结束后12个月内需要全部予以支付的职工薪酬，因解除与职工的劳动关系给予的补偿除外。因解除与职工的劳动关系给予的补偿属于辞退福利的范畴。

短期薪酬主要包括以下内容：

（1）职工工资、奖金、津贴和补贴，是指企业按照构成工资总额的计时工资、计件工资、各种因职工超额劳动报酬和增收节支而支付的奖金、为补偿职工特殊贡献或额外劳动而支付的津贴，以及为了保证职工工资水平不受物价影响支付给职工的物价补贴等。其中，企业按照短期奖金计划向职工发放的奖金，属于短期薪酬；按照长期奖金计划向职工发放的奖金，属于其他长期职工福利。

“五险一金”的作用

（2）职工福利费，是指企业向职工提供的生活困难补助、丧葬补助费、抚恤费、职工异地安家费、防暑降温费等职工福利支出。

（3）社会保险费，是指企业按照国家规定的基准和比例计算，向社会保险经办机构缴存的医疗保险费、工伤保险费和生育保险费等。

（4）住房公积金，是指企业按照国家规定的基准和比例计算，向住房公积金管理机构缴存的用于购买商品房、支付住房租金的长期储金。

（5）工会经费和职工教育经费，是指企业为了改善职工文化生活、为职工学习先进技术和提高文化水平和业务素质，用于开展工会活动和职工教育及职业技能培训等活动的相关支出。

（6）短期带薪缺勤，是指职工虽然缺勤但企业仍向其支付报酬的安排，包括年休假、病假、婚假、产假、丧假、探亲假等。长期带薪缺勤属于其他长期职工福利。

（7）短期利润分享计划，是指因职工提供服务而与职工达成的基于利润或其他经营成果提供薪酬的协议。长期利润分享计划属于其他长期职工福利。

（8）非货币性福利，是指企业以自产产品或外购商品发给职工作为福利、将自己拥有的资产或租赁的资产无偿提供给职工使用（如提供给企业高级管理人员的汽车、住房等）、为职工无偿提供医疗保健服务，或者向职工提供企业支付了一定补贴的商品或服务等职工福利。

（9）其他短期薪酬，是指除上述薪酬以外的其他为获得职工提供的服务而给予的短期薪酬。

2.长期职工薪酬

（1）离职后福利。

离职后福利，是指企业为获得职工提供的服务而在职工退休或与企业解除劳动关系后，提供的各种形式的报酬和福利，短期薪酬和辞退福利除外。企业应当将离职后福利计划分类为设定提存计划和设定受益计划两种类型。

设定提存计划，是指企业向独立的基金缴存固定费用后，不再承担进一步支付义务的离职后福利计划。企业应在资产负债表日确认为换取职工在会计期间内为企业提供的服务而应付给设定提存计划的提存金，并作为一项费用计入当期损益或相关资产成本。

设定受益计划，是指除设定提存计划以外的离职后福利计划。企业应当采用预期累计福利单位法和适当的精算假设，确认和计量设定受益计划所产生的义务。

（2）辞退福利。

辞退福利，是指企业在职工劳动合同到期之前解除与职工的劳动关系，或者为鼓励职工自愿接受裁减而给予职工的补偿。

（3）其他长期职工福利。

其他长期职工福利，是指除短期薪酬、离职后福利和辞退福利以外的其他所有职工福利，包括长期带薪缺勤、其他长期服务福利、长期利润分享计划等。

（二）短期职工薪酬的账务处理

企业应设置“应付职工薪酬”账户，核算应付职工薪酬的计提、结算、使用等情况。该账户的贷方登记已分配计入有关成本费用项目的职工薪酬，借方登记实际发放的职工薪酬，包括扣还的款项等；期末贷方余额，反映企业应付未付的职工薪酬。

“应付职工薪酬”账户应按照“工资”“职工福利费”“非货币性福利”“社会保险费”“住房公积金”“工会经费”“职工教育经费”“带薪缺勤”“利润分享计划”“设定提存计划”“设定受益计划”“辞退福利”等职工薪酬项目设置明细账户进行明细核算。

企业应当在职工为其提供服务的会计期间，将实际发生的短期薪酬确认为负债，并计入当期损益，其他会计准则要求或允许计入资产成本的除外。

1. 货币性职工薪酬

（1）职工工资、奖金、津贴和补贴。

企业发生的职工工资、津贴和补贴等短期薪酬，应当根据职工提供服务情况和工资标准等计算应计入职工薪酬的工资总额，并按照受益对象计入当期损益或相关资产成本，借记“生产成本”“制造费用”“管理费用”等账户，贷记“应付职工薪酬”账户。

实务中，企业一般在每月发放工资前，根据“工资费用分配汇总表”中的“实发金额”栏的合计数，通过开户银行支付给职工或从开户银行提取现金，然后再向职工发放。

企业按照有关规定向职工支付工资、奖金、津贴、补贴等，借记“应付职工薪酬——工资”账户，贷记“银行存款”“库存现金”等账户；企业从应付职工薪酬中扣还的各种款项（代垫的职工家属医药费、个人所得税等），借记“应付职工薪酬”账户，贷记“银行存款”“库存现金”“其他应收款”“应交税费——应交个人所得税”等账户。

（2）职工福利费。

对于职工福利费，企业应当在实际发生时按照实际发生额计入当期损益或相关资产成本，借记“生产成本”“制造费用”“管理费用”“销售费用”等账户，贷记“应付职工薪酬——职工福利费”账户。

（3）工会经费和职工教育经费。

根据《中华人民共和国工会法》的规定，企业按每月全部职工工资总额的2%向工会拨缴经费，在成本费用中列支，主要用于为职工服务和工会活动。

职工教育经费一般由企业按照每月职工工资总额的8%计提，主要用于职工接受岗位培训、继续教育等方面的支出。

期末，企业根据规定的计提基础和比例计算确定应付工会经费、职工教育经费，借记“生产成本”“制造费用”“管理费用”“销售费用”“在建工程”“研发支出”等账户，贷记“应付职工薪酬——工会经费”“应付职工薪酬——职工教育经费”等账户；实际上缴或发生实际开支时，借记“应付职工薪酬——工会经费”“应付职工薪酬——职工教育经费”等账户，贷记“银行存款”等账户。

（4）社会保险费和住房公积金。

社会保险费包括医疗保险费、养老保险费、失业保险费、工伤保险费。企业承担的社会保险费，除养老保险费和失业保险费按规定确认为离职后福利外，其他的社会保险作为企业的短期薪酬。

住房公积金分为职工所在单位为职工缴存和职工个人缴存两部分，但其全部属于职工个人所有。

期末，对于企业应缴纳的社会保险费（不含基本养老保险费和失业保险费）和住房公积金，应按照规定的计提基础和比例，在职工提供服务期间根据受益对象计入当期损益或相关资产成本，并确认相应的应付职工薪酬金额，借记“生产成本”“制造费用”“管理费用”“销售费用”“在建工程”“研发支出”等账户，贷记“应付职工薪酬——社会保险费（或住房公积金）”账户；对于职工个人承担的社会保险费和住房公积金，由职工所在企业每月从其工资中代扣代缴，借记“应付职工薪酬——工资”账户，贷记“其他应付款——社会保险费（医疗保险）（或住房公积金）”账户。

【例9-7】2×23年7月，甲公司当月应发工资1 560万元，其中，生产部门生产工人工资1 000万元；生产部门管理人员工资200万元；管理部门管理人员工资360万元。

根据甲公司所在地政府的规定，甲公司应当按照职工工资总额的10%和8%计提并缴存医疗保险费和住房公积金。甲公司分别按照职工工资总额的2%和8%计提工会经费和职工教育经费。假定不考虑其他因素以及所得税影响。

根据上述资料，甲公司计算2×23年7月份的职工薪酬金额如下：

应当计入生产成本的职工薪酬金额=1 000+1 000×（10%+8%+2%+8%）–1 280（万元）

应当计入制造费用的职工薪酬金额=200+200×（10%+8%+2%+8%）=256（万元）

应当计入管理费用的职工薪酬金额=360+360×（10%+8%+2%+8%）=460.8（万元）

甲公司根据有关原始凭证，编制如下会计分录：

借：生产成本	12 800 000	
制造费用	2 560 000	
管理费用	4 608 000	
贷：应付职工薪酬——工资		15 600 000
——医疗保险费		1 560 000
——住房公积金		1 248 000
——工会经费		312 000
——职工教育经费		1 248 000

【例9-8】甲企业根据“工资费用分配汇总表”结算本月应付职工工资总额1 560万元。其中企业代垫职工房租20万元、代垫职工家属医药费10万元、代扣个人所得税50万元，代扣个人应缴纳的社会保险费（不含基本养老保险费和失业保险费）265.2万元、住房公积金124.8万元，共计470万元，实发员工工资为1 090万元。

（1）通过银行网银转账发放工资：

借：应付职工薪酬——工资	10 900 000	
贷：银行存款		10 900 000

（2）结转各种代扣代垫款项：

借：应付职工薪酬——工资	4 700 000	
贷：其他应收款——职工房租		200 000
——代垫医药费		100 000
其他应付款——社会保险费		2 652 000
——住房公积金		1 248 000
应交税费——应交个人所得税		500 000

（5）短期带薪缺勤。

对于职工带薪缺勤，企业应当根据其性质及职工享有的权利，分为累积带薪缺勤和非累积带薪缺勤两类。企业应当对累积带薪缺勤和非累积带薪缺勤分别进行会计处理。如果带薪缺勤属于长期带薪缺勤，企业应当作为其他长期职工福利处理。

①累积带薪缺勤。

累积带薪缺勤，是指带薪权利可以结转下期的带薪缺勤，本期尚未用完的带薪缺勤权利可以在未来期间使用。企业应当在职工提供了服务从而增加了其未来享有的带薪缺勤权利时，确认与累积带薪缺勤相关的职工薪酬，并以累积未行使权利而增加的预期支付金额计量。确认累积带薪缺勤时，借记“管理费用”等账户，贷记“应付职工薪酬——带薪缺勤——短期带薪缺勤——累积带薪缺勤”账户。

【例9-9】丁企业从2×22年1月1日起实行累积带薪缺勤制度。该制度规定，每个职工每年可享受5个工作日带薪年休假，未使用的年休假只能向后结转一个公历年度，超过1年未使用的权利作废，在职工离开企业时也无权获得现金支付；职工休年假时，首先使用当年可享受的权利，不足部分再从上年结转的带薪年休假中扣除。

至2×22年12月31日，丁企业有2 000名职工未享受当年的带薪年休假，丁企业预计2×23年有1 900名职工将享受不超过5天的带薪年休假，剩余100名职工每人将平均享受6天半年休假，假定这100名职工全部为总部各部门经理，该企业平均每名职工每个工作日工资为300元。不考虑其他相关因素。2×22年12月31日，丁企业应编制如下会计分录：

借：管理费用　　45 000

　贷：应付职工薪酬——带薪缺勤——短期带薪缺勤——累积带薪缺勤　　45 000

丁企业在2×22年12月31日应当预计由于职工累积未使用的带薪年休假权利而产生的预期支付的金额，即相当于150天（100×（6.5-5））的年休假工资金额45 000元（150×300）。

②非累积带薪缺勤。

非累积带薪缺勤，是指带薪权利不能结转下期的带薪缺勤，本期尚未用完的带薪缺勤权利将予以取消，并且职工离开企业时也无权获得现金支付。我国企业职工休婚假、产假、丧假、探亲假、病假期间的工资通常属于非累积带薪缺勤。由于职工提供服务本身不能增加其能够享受的福利金额，企业在职工未缺勤时不应当计提相关费用和负债。为此，企业应当在职工实际发生缺勤的会计期间确认与非累积带薪缺勤相关的职工薪酬。

企业确认职工享有的与非累积带薪缺勤权利相关的薪酬，视同职工出勤确认的当期损益或相关资产成本。通常情况下，与非累积带薪缺勤相关的职工薪酬已经包括在企业每期向职工发放的工资等薪酬中，因此，不必额外作相应的账务处理。

2.非货币性职工薪酬

企业以自产的产品作为非货币性福利提供给职工的，应当按照该产品的公允价值和相关税费确定职工薪酬金额，并计入当期损益或相关资产成本。

企业将拥有的住房等资产无偿提供给职工使用的，应当根据受益对象，将该住房每期应计提的折旧计入相关资产成本或费用，同时确认应付职工薪酬。

企业将租赁住房等资产提供给职工无偿使用的，应当根据受益对象，将每期应付的租金计入相关资产成本或费用，并确认应付职工薪酬，借记“生产成本”“制造费用”“管理费用”等账户，贷记“应付职工薪酬——非货币性福利”账户。

难以认定受益对象的非货币性福利，直接计入管理费用。

【例9-10】甲公司是一家生产电视机产品的企业，现有职工260名，其中一线生产工人230名，总部管理人员30名。2×23年3月，甲公司决定以自己生产的电视机作为福利发放给职工使用，每人一台。该电视机的单位成本为2 000元，单位计税价格为3 000元，适用的增值税税率为13%。

（1）决定发放非货币性福利时，根据有关原始凭证，编制如下会计分录：

借：生产成本　779 700
　　管理费用　101 700
　贷：应付职工薪酬——非货币性福利　881 400

（2）实际发放时，根据有关原始凭证，编制如下会计分录：

借：应付职工薪酬——非货币性福利　881 400
　贷：主营业务收入　780 000
　　　应交税费——应交增值税（销项税额）　101 400
借：主营业务成本　520 000
　贷：库存商品　520 000

【例9-11】乙公司决定为企业的部门经理每人租赁住房1套，并提供轿车1辆免费使用，轿车的月折旧总额为1万元，租赁住房的月租金总额为2万元。

（1）计提轿车折旧时，根据有关原始凭证，编制如下会计分录：

借：管理费用　10 000
　贷：应付职工薪酬——非货币性福利　10 000
借：应付职工薪酬——非货币性福利　10 000
　贷：累计折旧　10 000

（2）确认租金费用时，根据有关原始凭证，编制如下会计分录：

借：管理费用　20 000
　贷：应付职工薪酬——非货币性福利　20 000
借：应付职工薪酬——非货币性福利　20 000
　贷：银行存款　20 000

（三）长期职工薪酬的账务处理

1.离职后福利

【例9-12】甲企业根据所在地政府的规定，按照职工工资总额的16%计提基本养老保险费，缴存当地社会保险经办机构。2×22年7月，甲企业缴存的基本养老保险费，应计入生产成本的金额为76 800元，应计入制造费用的金额为16 800元，应计入管理费用的金额为14 496元，应计入销售费用的金额为2 784元。甲企业应编制如下会计分录：

借：生产成本——基本生产成本　76 800
　　制造费用　16 800
　　管理费用　14 496
　　销售费用　2 784
　贷：应付职工薪酬——设定提存计划——基本养老保险费　110 880

2.辞退福利

企业向职工提供辞退福利的，应当在“企业不能单方面撤回因解除劳动关系或裁减所提供的辞退福利时”和“企业确认涉及支付辞退福利的重组相关的成本或费用时”两者孰早日，确认辞退福利产生的职工薪酬负债，并计入当期损益，借记“管理费用”账户，贷记“应付职工薪酬——辞退福利”账户。

3.其他长期职工福利

企业向职工提供的其他长期职工福利，符合设定提存计划条件的，应当按照设定提存计划的有关规定进行会计处理；符合设定受益计划条件的，应当按照设定受益计划的有关规定进行会计处理。

八、应交税费

（一）应交税费概述

1.应交税费的管理

企业根据税法规定应缴纳的各种税费包括：增值税、消费税、企业所得税、城市维护建设税、资源税、土地增值税、房产税、车船税、城镇土地使用税、教育费附加、印花税、耕地占用税、环境保护税、契税、车辆购置税等。

2.应交税费的确认与计量

企业应设置“应交税费”账户，核算各种税费的应交、缴纳等情况。该账户贷方登记应缴纳的各种税费，借方登记实际缴纳的各种税费；期末余额一般在贷方，反映企业尚未缴纳的税费；期末余额如在借方，反映企业多交或尚未抵扣的税费。该账户按应交税费项目设置明细账户进行明细核算。

企业代扣代交的个人所得税，也通过“应交税费”账户核算，而企业缴纳的印花税、耕地占用税等不需要预计应交数的税金，不通过“应交税费”账户核算。

（二）增值税

1.应交增值税概述

（1）增值税征税范围和纳税义务人。

微课9-1

一分钟了解什么是增值税

增值税是以商品（含应税劳务、应税行为）在流转过程中实现的增值额作为计税依据而征收的一种流转税。按照我国现行增值税制度的规定，在我国境内销售货物、加工修理修配劳务、服务、无形资产和不动产以及进口货物的企业、单位和个人为增值税的纳税人。其中，“服务”是指提供交通运输服务、建筑服务、邮政服务、电信服务、金融服务、现代服务、生活服务。

根据经营规模大小及会计核算水平的健全程度，增值税纳税人分为一般纳税人和小规模纳税人。

一般纳税人是指年应税销售额超过财政部、国家税务总局规定标准的增值税纳税人。小规模纳税人是指年应税销售额未超过规定标准，并且会计核算不健全、不能够提供准确税务资料的增值税纳税人。

（2）增值税的计税方法。

计算增值税的方法分为一般计税方法和简易计税方法。

①增值税的一般计税方法。

增值税的一般计税方法，是先按当期销售额和适用的税率计算出销项税额，然后以该销项税额对当期购进项目支付的税款（即进项税额）进行抵扣，间接算出当期的应纳税额。应纳税额的计算公式为：

应纳税额=当期销项税额-当期进项税额

公式中的“当期销项税额”是指纳税人当期销售货物、加工修理修配劳务、服务、无形资产和不动产时按照销售额和增值税税率计算并收取的增值税税额。其中，销售额是指纳税人销售货物、加工修理修配劳务、服务、无形资产和不动产向购买方收取的全部价款和价外费用，但是不包括收取的销项税额。当期销项税额的计算公式为：

销项税额=销售额×增值税税率

公式中的“当期进项税额”是指纳税人购进货物、加工修理修配劳务、服务、无形资产或者不动产，支付或者负担的增值税税额。下列进项税额准予从销项税额中抵扣：

第一，从销售方取得的增值税专用发票（含机动车销售统一发票，下同）上注明的增值税税额。第二，从海关取得的海关进口增值税专用缴款书上注明的增值税税额。第三，购进农产品，除取得增值税专用发票或者海关进口增值税专用缴款书外，按照农产品收购发票或者销售发票上注明的农产品买价和9%的扣除率计算的进项税额；如用于生产销售或委托加工13%税率货物的农产品，按照农产品收购发票或者销售发票上注明的农产品买价和10%的扣除率计算的进项税额。第四，从境外单位或者个人购进服务、无形资产或者不动产，从税务机关或者扣缴义务人取得的解缴税款的完税凭证上注明的增值税税额。第五，一般纳税人支付的道路通行费，取得的收费公路通行费增值税电子普通发票上注明的增值税税额；桥、闸通行费，凭取得的通行费发票上注明的收费金额和规定的方法计算的可抵扣的增值税进项税额。当期销项税额小于当期进项税额不足抵扣时，其不足部分可以结转下期继续抵扣。

增值税一般纳税人采用的税率分为13%、9%、6%和零税率。

一般纳税人销售货物、劳务、有形动产租赁服务或者进口货物，税率为13%。

一般纳税人销售或者进口粮食等农产品、食用植物油、食用盐、自来水、暖气、冷气、热水、煤气、石油液化气、天然气、二甲醚、沼气、居民用煤炭制品、图书、报纸、杂志、音像制品、电子出版物、饲料、化肥、农药、农机、农膜以及国务院及其有关部门规定的其他货物，税率为9%；提供交通运输、邮政、基础电信、建筑、不动产租赁服务，销售不动产，转让土地使用权，税率为9%。

其他应税行为，税率为6%。

一般纳税人出口货物，税率为零。但是，国务院另有规定的除外。境内单位和个人发生的跨境应税行为税率为零，具体范围由财政部和国家税务总局另行规定。

②增值税的简易计税方法。

增值税的简易计税方法是按照销售额与征收率的乘积计算应纳税额，不得抵扣进项税额。应纳税额的计算公式为：

应纳税额=销售额×征收率

公式中的销售额不包括应纳税额，如果纳税人采用销售额和应纳税额合并定价的方法，应按照公式“销售额=含税销售额÷（1+征收率）”还原为不含税销售额计算。

增值税一般纳税人计算增值税大多采用一般计税方法；小规模纳税人一般采用简易计税方法；一般纳税人发生财政部和国家税务总局规定的特定应税销售行为，也可以选择简易计税方法计税，但是不得抵扣进项税额。采用简易计税方法的增值税征收率为3%，国家另有规定的除外。

2. 账户设置

增值税一般纳税人应当在“应交税费”账户下设置“应交增值税”“未交增值税”“预

交增值税”“待抵扣进项税额”“待认证进项税额”“待转销项税额”“简易计税”“转让金融商品应交增值税”“代扣代交增值税”“增值税留抵税额”等明细账户。

（1）“应交税费——应交增值税”明细账户。该明细账户反映一般纳税人进项税额、销项税额抵减、已交税金、转出未交增值税、减免税款、出口抵减内销产品应纳税额、销项税额、出口退税、进项税额转出、转出多交增值税等情况。该明细账户设置以下专栏：①“进项税额”专栏，记录一般纳税人购进货物、加工修理修配劳务、服务、无形资产或不动产而支付或负担的、准予从当期销项税额中抵扣的增值税税额；②“销项税额抵减”专栏，记录一般纳税人按照现行增值税制度规定因扣减销售额而减少的销项税额；③“已交税金”专栏，记录一般纳税人当月已缴纳的应交增值税税额；④“转出未交增值税”和“转出多交增值税”专栏，分别记录一般纳税人月度终了转出当月应交未交或多交的增值税税额；⑤“减免税款”专栏，记录一般纳税人按现行增值税制度规定准予减免的增值税税额；⑥“出口抵减内销产品应纳税额”专栏，记录实行“免、抵、退”办法的一般纳税人按规定计算的出口货物的进项税抵减内销产品的应纳税额；⑦“销项税额”专栏，记录一般纳税人销售货物、加工修理修配劳务、服务、无形资产或不动产应收取的增值税税额；⑧“出口退税”专栏，记录一般纳税人出口货物、加工修理修配劳务、服务、无形资产按规定退回的增值税税额；⑨“进项税额转出”专栏，记录一般纳税人购进货物、加工修理修配劳务、服务、无形资产或不动产等发生非正常损失以及其他原因而不应从销项税额中抵扣、按规定转出的进项税额。

（2）“应交税费——未交增值税”明细账户。该明细账户反映企业月末累计未交增值税或多交增值税。该明细账户贷方登记转入的当月应交未交增值税，借方登记转入的当月多交或预交的增值税和实际缴纳的以前期间欠缴增值税，该账户借方余额为累计多交增值税，贷方余额为累计未交增值税。

（3）“应交税费——预交增值税”明细账户。该明细账户反映企业转让不动产、提供不动产经营租赁服务、提供建筑服务、采用预收款方式销售自行开发的房地产项目等，以及其他按现行增值税制度规定的应预交的增值税税额。该明细账户借方登记预交的增值税，贷方登记转出的已经发生纳税义务的预交增值税，月末借方余额为尚未发生纳税义务的预交增值税。

（4）“应交税费——待抵扣进项税额”明细账户。该明细账户反映企业已取得增值税扣税凭证并经税务机关认证，按照现行增值税制度规定准予以后期间从销项税额中抵扣的进项税额。该明细账户借方登记支付的待抵扣进项税额，贷方登记转出的可以抵扣的进项税额，月末借方余额为以后期间可以抵扣的进项税额。

（5）“应交税费——待认证进项税额”明细账户。该明细账户反映企业由于未经税务机关认证而不得从当月销项税额中抵扣的进项税额，包括一般纳税人已取得增值税扣税凭证、按照现行增值税制度规定准予从销项税额中抵扣，但尚未经税务机关认证的进项税额；一般纳税人已申请稽核但尚未取得稽核相符结果的海关缴款书进项税额。该账户借方登记支付的待认证进项税额，贷方登记转出的经过认证的进项税额，月末借方余额为尚未认证的进项税额。

（6）“应交税费——待转销项税额”明细账户。该明细账户反映一般纳税人销售货物、加工修理修配劳务、服务、无形资产或不动产，已确认相关收入（或利得）但尚未发生增值税纳税义务而需于以后期间确认为销项税额的增值税税额。该账户贷方登记未来应缴纳的销项税额，借方登记转出的确认的销项税额，月末贷方余额为未来应缴纳的销项税额。

（7）“应交税费——转让金融商品应交增值税”明细账户。该明细账户反映企业转让金融商品发生的增值税税额。该账户贷方登记转让金融商品应缴纳的销项税额，以及月末转入“未交增值税”明细账户的多交增值税，借方登记转让金融商品亏损可以抵扣的增值税税额、本月缴纳的增值税税额以及月末转入“未交增值税”明细账户的未交增值税，月末借方余额为转让金融商品亏损尚未抵扣的增值税税额。

（8）“应交税费——简易计税”明细账户。该明细账户反映一般纳税人采用简易计税方法发生的增值税计提、扣减、预交、缴纳等业务。

（9）“应交税费——代扣代交增值税”明细账户。该明细账户反映企业购进在境内未设经营机构的境外单位或个人在境内的应税行为代扣代缴的增值税。该账户贷方登记代扣的增值税，借方登记代缴的增值税，月末贷方余额为未交的增值税。

小规模纳税人只需在“应交税费”账户下设置“应交增值税”明细账户，不需要设置上述专栏及除“转让金融商品应交增值税”“代扣代交增值税”外的明细账户。

3.一般纳税人的账务处理

（1）取得资产、接受劳务或服务。

①增值税进项税额。

一般纳税人购进货物、加工修理修配劳务、服务、无形资产或者不动产，按应计入相关成本费用或资产的金额，借记“原材料”“在途物资”“材料采购”“库存商品”“固定资产”“在建工程”“管理费用”“销售费用”等账户；按当月已认证的可抵扣增值税税额，借记“应交税费——应交增值税（进项税额）”账户；按应付或实际支付的金额，贷记“银行存款”“应付账款”“应付票据”等账户。

企业购进农产品，除取得增值税专用发票或者海关进口增值税专用缴款书外，按照农产品收购发票或者销售发票上注明的农产品买价和规定的扣除率计算进项税额，借记“应交税费——应交增值税（进项税额）”账户；按农产品买价扣除进项税额后的差额，借记“材料采购”“在途物资”“原材料”“库存商品”等账户；按照应付或实际支付的价款，贷记“应付账款”“应付票据”“银行存款”等账户。

购进货物等发生的退货，应根据税务机关开具的红字增值税专用发票编制相反的会计分录，如原增值税专用发票未认证，应将发票退回并编制相反的会计分录。

【例9-13】甲公司为增值税一般纳税人，适用的增值税税率为13%，原材料按实际成本核算，销售商品价格为不含增值税的公允价格。2×23年6月份发生交易或事项如下：

（1）5日，购入原材料一批，增值税专用发票上注明价款120 000元，增值税税额15 600元，材料尚未到达，全部款项已用银行存款支付。

借：在途物资	120 000	
应交税费——应交增值税（进项税额）	15 600	
贷：银行存款		135 600

（2）10日，收到5日购入的原材料并验收入库，实际成本总额为120 000元。同日，与运输公司结清运输费用，增值税专用发票上注明的运输费用为5 000元，增值税税额为450元，运输费用和增值税税额已用转账支票付讫。

借：原材料　120 000

　贷：在途物资　120 000

借：原材料　5 000

　　应交税费——应交增值税（进项税额）　450

　贷：银行存款　5 450

（3）15日，购入不需要安装设备一台，增值税专用发票上注明价款30 000元，增值税税额3 900元，款项尚未支付。

借：固定资产　30 000

　　应交税费——应交增值税（进项税额）　3 900

　贷：应付账款　33 900

（4）10日，该公司购进一幢简易办公楼作为固定资产核算，并于当月投入使用。取得增值税专用发票并通过认证，增值税专用发票上注明的价款为1 500 000元，增值税税额为135 000元，款项已用银行存款支付。不考虑其他相关因素。

借：固定资产　1 500 000

　　应交税费——应交增值税（进项税额）　135 000

　贷：银行存款　1 635 000

（5）25日，企业管理部门委托外单位修理机器设备，取得对方开具的增值税专用发票上注明修理费用20 000元，增值税税额2 600元，款项已用银行存款支付。

借：管理费用　20 000

　　应交税费——应交增值税（进项税额）　2 600

　贷：银行存款　22 600

（6）25日，购入农产品一批，农产品收购发票上注明买价200 000元，规定的扣除率为9%，货物尚未到达，价款已用银行存款支付。

进项税额=购买价款×扣除率=200 000×9%=18 000（元）

借：在途物资　182 000

　　应交税费——应交增值税（进项税额）　18 000

　贷：银行存款　200 000

②增值税待认证进项税额。

待认证进项税额，是指已经取得增值税专用发票但尚未经过税务机关认证而不得从当期销项税额中抵扣的增值税税额。企业购进货物、加工修理修配劳务、服务、无形资产、不动产及不动产在建工程时，应根据增值税专用发票中货物、加工修理修配劳务、服务、无形资产、不动产以及不动产在建工程的价款，借记“原材料”“库存商品”“固定资产”“工程物资”“在建工程”“无形资产”“管理费用”“销售费用”等账户；根据未经税务机关认证的可抵扣增值税税额，借记“应交税费——待认证进项税额”账户；根据全部价款，贷记“银行存款”等账户。待税务机关认证以后，应根据认证的增值税税额，借记“应交税费——应交增值税（进项税额）”“应交税费——待抵扣进项税额”账户，贷记“应交税费——待认证进项税额”账户。

【例9-14】甲公司2×23年8月份赊购原材料一批，买价200 000元，应交增值税26 000元，原材料已验收入库，已收到增值税专用发票，但尚未经税务机关认证。

根据发生的有关增值税待认证进项税额的业务，编制如下会计分录：

借：原材料 200 000

应交税费——待认证进项税额 26 000

贷：应付账款 226 000

③增值税进项税额转出。

企业已单独确认进项税额的购进货物、加工修理修配劳务或者服务、无形资产或者不动产但事后改变用途（如用于简易计税方法计税项目、免征增值税项目、非增值税应税项目等），或发生非正常损失，原已计入进项税额、待抵扣进项税额或待认证进项税额的，按照现行增值税制度规定不得从销项税额中抵扣。

这里所说的“非正常损失”，根据现行增值税制度规定，是指因管理不善造成货物被盗、丢失、霉烂变质，以及因违反法律法规造成货物或者不动产被依法没收、销毁、拆除的情形。

进项税额转出的账务处理为，借记“待处理财产损溢”“应付职工薪酬”“固定资产”“无形资产”等账户，贷记“应交税费——应交增值税（进项税额转出）”、“应交税费——待抵扣进项税额”或“应交税费——待认证进项税额”账户。属于转作待处理财产损失的进项税额，应与非正常损失的购进货物、在产品或库存商品、固定资产或无形资产的成本一并处理。

【例9-15】乙企业2×23年8月由于管理不善，毁损产成品一批，实际成本为20 000元，相关增值税专用发票上注明的增值税税额为2 600元。乙企业将毁损库存材料作为待处理财产损溢入账。

根据有关原始凭证，编制如下会计分录：

借：待处理财产损溢 22 600

贷：库存商品 20 000

应交税费——应交增值税（进项税额转出） 2 600

【例9-16】乙企业2×23年10月领用一批外购材料用于集体福利，该批原材料的成本为60 000元，增值税专用发票注明的进项税额为7 800元。

借：应付职工薪酬——职工福利费 67 800

贷：原材料 60 000

应交税费——应交增值税（进项税额转出） 7 800

（2）销售商品、提供劳务等业务。

企业销售货物、加工修理修配劳务、服务、无形资产或不动产以后，应根据全部价款，借记“银行存款”“应收账款”“应收票据”等账户，按取得的收益金额，贷记“主营业务收入”“其他业务收入”“固定资产清理”等账户，按现行增值税制度规定计算的销项税额（或采用简易计税方法计算的应纳增值税税额），贷记“应交税费——应交增值税（销项税额）”或“应交税费——简易计税”账户。

企业销售货物等发生销售退回的，应根据税务机关开具的红字增值税专用发票作相反的会计分录。

根据会计准则相关规定确认收入或利得的时点早于按照现行增值税制度确认增值税纳税义务发生时点的，应将相关销项税额记入“应交税费——待转销项税额”账户，待实际发生纳税义务时再转入“应交税费——应交增值税（销项税额）”或“应交税费——简易计税”账户。按照现行增值税制度确认增值税纳税义务发生时点早于根据会计准则相关规定确认收入或利得时点的，应将应纳增值税税额，借记“应收账款”账户，贷记“应交税费——应交增值税（销项税额）”或“应交税费——简易计税”账户。根据会计准则相关规定确认收入或利得时，应按扣除增值税销项税额后的金额确认收入或利得。

【例9-17】甲公司3月份销售甲产品100件，不含税的价款为5 000 000元，适用的增值税税率为13%，增值税销项税额为650 000元，款项收到，并已存入银行；该批产品成本为3 000 000元。

根据有关原始凭证，编制如下会计分录：

借：银行存款　　5 650 000

　贷：主营业务收入　　5 000 000

　　　应交税费——应交增值税（销项税额）　　650 000

借：主营业务成本　　3 000 000

　贷：库存商品　　3 000 000

视同销售行为。企业有些交易和事项按照现行增值税制度的规定，应视同对外销售处理，计算应交增值税。视同销售需要缴纳增值税的事项主要有：企业将自产或委托加工的货物用于集体福利或个人消费、作为投资提供给其他单位或个体工商户、分配给股东或投资者、对外捐赠等。在这些情况下，企业应当根据视同销售的具体内容，按照现行增值税制度规定计算的销项税额（或采用简易计税方法计算的应纳增值税税额），借记“长期股权投资”“应付职工薪酬”“利润分配”“营业外支出”等账户，贷记“应交税费——应交增值税（销项税额）”或“应交税费——简易计税”账户。

【例9-18】甲公司为增值税一般纳税人，本期以自产产品对乙公司投资，双方协议按产品的售价作价。该批产品的成本为200万元，假设售价和计税价格均为220万元。该产品适用的增值税税率为13%。假定该笔交易符合非货币性资产交换准则规定的按公允价值计量的条件，乙公司收到投入的产品作为原材料核算。假定乙公司原材料采用实际成本法进行核算。

（1）根据上述经济业务，甲公司的账务处理如下：

对外投资转出计算的销项税额=220×13%=28.6（万元）

①确认收入时，根据有关原始凭证，编制如下会计分录：

借：长期股权投资　　2 486 000

　贷：主营业务收入　　2 200 000

　　　应交税费——应交增值税（销项税额）　　286 000

②结转成本时，根据有关原始凭证，编制如下会计分录：

借：主营业务成本　　2 000 000

　贷：库存商品　　2 000 000

（2）根据上述经济业务，乙公司的账务处理如下：

收到投资时，视同购进处理，根据有关原始凭证，编制如下会计分录：

借：原材料　　2 200 000

　　应交税费——应交增值税（进项税额）　　286 000

贷：实收资本　2 486 000

【例9-19】甲公司为增值税一般纳税人，以公司生产的产品对外捐赠，该批产品的实际成本为200 000元，市场不含税售价为250 000元，开具的增值税专用发票上注明的增值税税额为32 500元。

借：营业外支出　232 500

贷：库存商品　200 000

应交税费——应交增值税（销项税额）　32 500

（3）缴纳增值税。

企业当月缴纳当月的增值税，通过"应交税费——应交增值税（已交税金）"账户核算；当月缴纳以前各期未交的增值税，通过"应交税费——未交增值税"账户核算，不通过"应交税费——应交增值税（已交税金）"账户核算。

（4）月末转出多交增值税和未交增值税。

月份终了，企业应当将当月应交未交或多交的增值税自"应交增值税"明细账户转入"未交增值税"明细账户。对于当月应交未交的增值税，借记"应交税费——应交增值税（转出未交增值税）"账户，贷记"应交税费——未交增值税"账户；当月多交的增值税，借记"应交税费——未交增值税"账户，贷记"应交税费——应交增值税（转出多交增值税）"账户。经过结转后，月份终了，"应交税费——应交增值税"账户的余额，反映企业尚未抵扣的增值税。

4. 小规模纳税人的账务处理

小规模纳税人应交增值税的核算采用简易计税的方法，即购进货物、应税劳务或服务等，取得增值税专用发票上注明的增值税，一律不予抵扣，均计入购进的货物和接受的劳务或服务的成本；销售货物、应税劳务或服务等时，按照不含税的销售额和规定的增值税征收率计算应缴纳的增值税（即应纳税额），但不得开具增值税专用发票。

一般来说，小规模纳税人采用销售额和应纳税额合并定价的方法并向客户结算款项，销售货物、应税劳务或服务等后，应进行价税分离，确定不含税的销售额。不含税销售额的计算公式为：

不含税销售额=含税销售额÷（1+征收率）

应纳税额=不含税销售额×征收率

小规模纳税人进行账务处理时，只需在"应交税费"账户下设置"应交增值税"明细账户，该明细账户不再设置增值税专栏。"应交税费——应交增值税"账户贷方登记应缴纳的增值税，借方登记已缴纳的增值税；期末贷方余额，反映小规模纳税人尚未缴纳的增值税，期末借方余额，反映小规模纳税人多缴纳的增值税。

小规模纳税人购进货物、应税劳务或服务等，按照应付或实际支付的全部款项（包括支付的增值税税额），借记"材料采购""在途物资""原材料""库存商品"等账户，贷记"应付账款""应付票据""银行存款"等账户；销售货物、应税劳务或服务等，应按全部价款（包括应纳增值税税额），借记"银行存款"等账户，按不含税的销售额，贷记"主营业务收入"等账户，按应交增值税税额，贷记"应交税费——应交增值税"账户。

【例9-20】甲公司为增值税小规模纳税人，本期购入原材料，按照增值税专用发票上记载的原材料价款为100万元，支付的增值税税额为13万元，公司开出承兑的商业汇票，材料已到达并验收入库（材料按实际成本法核算）。该公司本期销售产品，销售价格总额为90万元（含税），假定符合收入确认条件，货款尚未收到。

（1）购进货物时，根据有关原始凭证，编制如下会计分录：

借：原材料 1 130 000

　贷：应付票据 1 130 000

（2）销售货物时，根据有关原始凭证，编制如下会计分录：

不含税价格=90÷（1+3%）=87.3786（万元）

应交增值税=87.3786×3%=2.6214（万元）

借：应收账款 900 000

　贷：主营业务收入 873 786

　　应交税费——应交增值税 26 214

5.差额征税的账务处理

根据财政部和国家税务总局“营改增”相关规定，对于企业发生的某些业务（金融商品转让、经纪代理服务、融资租赁和融资性售后回租业务、一般纳税人提供客运场站服务、纳税人提供旅游服务、选择简易计税方法提供建筑服务等）无法通过抵扣机制避免重复征税的，应采用差额征税方式计算缴纳增值税。

（1）企业按规定相关成本费用允许扣减销售额的账务处理。

按现行增值税制度的规定，企业发生相关成本费用允许扣减销售额的，发生成本费用时，按应付或实际支付的金额，借记“主营业务成本”等账户，贷记“应付账款”“应付票据”“银行存款”等账户。待取得合规增值税扣税凭证且纳税义务发生时，按照允许抵扣的税额，借记“应交税费——应交增值税（销项税额抵减）”或“应交税费——简易计税”账户（小规模纳税人应借记“应交税费——应交增值税”账户），贷记“主营业务成本”等账户。

【例9-21】某旅行社为增值税一般纳税人，应交增值税采用差额征税方式核算。7月份，该旅行社为乙公司提供职工境内旅游服务，向乙公司收取含税价款318 000元，其中增值税18 000元，全部款项已收妥入账。旅行社以银行存款支付其他接团旅游企业的旅游费用和其他单位相关费用共计254 400元，其中，因允许扣减销售额而减少的销项税额14 400元。

（1）确认旅游服务收入：

借：银行存款 318 000

　贷：主营业务收入 300 000

　　应交税费——应交增值税（销项税额） 18 000

（2）支付旅游费用等：

借：主营业务成本 254 400

　贷：银行存款 254 400

（3）根据增值税扣税凭证抵减销项税额，并调整成本：

借：应交税费——应交增值税（销项税额抵减） 14 400

　贷：主营业务成本 14 400

分录（2）、（3）可合并编制如下会计分录：

借：主营业务成本　240 000
　　应交税费——应交增值税（销项税额抵减）　14 400
　贷：银行存款　254 400

（2）企业转让金融商品按规定以盈亏相抵后的余额作为销售额。

按现行增值税制度的规定，企业实际转让金融商品，月末，如产生转让收益，则按应纳税额，借记"投资收益"等账户，贷记"应交税费——转让金融商品应交增值税"账户；如产生转让损失，则按可结转下月抵扣税额，借记"应交税费——转让金融商品应交增值税"账户，贷记"投资收益"等账户。缴纳增值税时，应借记"应交税费——转让金融商品应交增值税"账户，贷记"银行存款"账户。年末，"应交税费——转让金融商品应交增值税"账户如有借方余额，则借记"投资收益"等账户，贷记"应交税费——转让金融商品应交增值税"账户。

6.增值税税控系统专用设备和技术维护费用抵减增值税的账务处理

按现行增值税制度的规定，企业初次购买增值税税控系统专用设备支付的费用以及缴纳的技术维护费允许在增值税应纳税额中全额抵减。

增值税税控系统专用设备，包括增值税防伪税控系统设备（如金税卡、IC卡、读卡器或金税盘和报税盘）、货物运输业增值税专用发票税控系统设备（如税控盘和报税盘）、机动车销售统一发票税控系统和公路、内河货物运输业发票税控系统的设备（如税控盘和传输盘）。

企业初次购入增值税税控系统专用设备，按实际支付或应付的金额，借记"固定资产"账户，贷记"银行存款""应付账款"等账户。按规定抵减的增值税应纳税额，借记"应交税费——应交增值税（减免税款）"账户（小规模纳税人应借记"应交税费——应交增值税"账户），贷记"管理费用"等账户。

企业发生增值税税控系统专用设备技术维护费，应按实际支付或应付的金额，借记"管理费用"账户，贷记"银行存款"等账户。按规定抵减的增值税应纳税额，借记"应交税费——应交增值税（减免税款）"账户（小规模纳税人应借记"应交税费——应交增值税"账户），贷记"管理费用"等账户。

【例9-22】某公司为增值税一般纳税人，初次购买数台增值税税控系统专用设备作为固定资产核算，取得的增值税专用发票上注明的价款为38 000元，增值税税额为4 940元，价款和税款以银行存款支付。

（1）取得设备，支付价款和税款时：

借：固定资产　42 940
　贷：银行存款　42 940

（2）按规定抵减增值税应纳税额时：

借：应交税费——应交增值税（减免税款）　42 940
　贷：管理费用　42 940

小微企业在取得销售收入时，应当按照现行增值税制度的规定计算应交增值税，并确认为应交税费，在达到增值税制度规定的免征增值税条件时，将有关应交增值税转入当期损益。

微课 9-2

消费税小知识

(三）消费税

消费税是指在我国境内生产、委托加工和进口应税消费品的单位和个人，按其流转额缴纳的一种税。消费税有从价定率、从量定额、从价定率和从量定额复合计税（简称“复合计税”）三种征收方法。采取从价定率方法征收的消费税，以不含增值税的销售额为税基，按照税法规定的税率计算。企业的销售收入包含增值税的，应将其换算为不含增值税的销售额。采取从量定额计征的消费税，按税法确定的企业应税消费品的数量和单位应税消费品应缴纳的消费税计算确定。采取复合计税计征的消费税，由以不含增值税的销售额为税基，按照税法规定的税率计算的消费税和根据按税法确定的企业应税消费品的数量和单位应税消费品应缴纳的消费税计算的消费税合计确定。

1. 账户设置

按规定应交的消费税，在“应交税费”账户下设置“应交消费税”明细账户核算。“应交消费税”明细账户的借方发生额，反映实际缴纳的消费税和待扣的消费税，贷方发生额，反映按规定应缴纳的消费税，期末贷方余额，反映尚未缴纳的消费税，期末借方余额，反映多交或待扣的消费税。

2. 销售应税消费品

企业将生产的产品直接对外销售的，对外销售产品应缴纳的消费税，通过“税金及附加”账户核算；企业按规定计算应缴纳的消费税，借记“税金及附加”账户，贷记“应交税费——应交消费税”账户。

【例9-23】甲公司为增值税一般纳税人，本期销售其生产的应纳消费税产品，应纳消费税产品的售价为20万元（不含增值税），产品成本为15万元。该产品适用的增值税税率为13%，消费税税率为10%。产品已经发出，符合收入确认条件；款项尚未收到。

根据这项经济业务，甲公司的账务处理如下：

应向购买者收取的增值税销项税额=200 000×13%=26 000（元）

应交的消费税=200 000×10%=20 000（元）

（1）确认收入时，根据有关原始凭证，编制如下会计分录：

借：应收账款　　226 000

　贷：主营业务收入　　200 000

　　　应交税费——应交增值税（销项税额）　　26 000

（2）计提应交的消费税时，根据有关原始凭证，编制如下会计分录：

借：税金及附加　　20 000

　贷：应交税费——应交消费税　　20 000

（3）结转产品销售成本时，根据有关原始凭证，编制如下会计分录：

借：主营业务成本　　150 000

　贷：库存商品　　150 000

3. 自产自用应税消费品

纳税人自产自用的应税消费品：用于连续生产应税消费品的，不纳税；凡用于其他方面的，如职工福利、捐赠等，视同销售，于移送使用时，按照纳税人生产的同类消费品的销售价格计算纳税，没有同类消费品销售价格的，按照组成计税价格计算纳税。

企业将生产的应税消费品用于在建工程等非生产机构时，按规定应缴纳的消费税，借记“在建工程”等账户，贷记“应交税费——应交消费税”账户。

【例9-24】乙企业在建工程领用自产柴油，成本为50 000元，应纳消费税6 000元。不考虑其他相关税费。

乙企业应编制如下会计分录：

借：在建工程　56 000

　贷：库存商品　50 000

　　应交税费——应交消费税　6 000

【例9-25】丙企业下设的职工食堂享受企业提供的补贴，本月领用自产产品一批，该产品的账面成本为20 000元，市场价格为30 000元，适用的增值税税率为13%、消费税税率为10%。

借：应付职工薪酬——职工福利费　33 900

　贷：主营业务收入　30 000

　　应交税费——应交增值税（销项税额）　3 900

借：主营业务成本　20 000

　贷：库存商品　20 000

同时计算消费税：

借：税金及附加　3 000

　贷：应交税费——应交消费税　3 000

4. 委托加工应税消费品的账务处理

企业如有应交消费税的委托加工物资，一般应由受托方代收代缴消费税。

委托加工应税消费品收回后：直接用于销售的，委托方应将代收代缴的消费税计入委托加工应税消费品的成本，借记“委托加工物资”账户，贷记“应付账款”“银行存款”等账户，待委托加工应税消费品销售时，不需要再缴纳消费税；委托加工的应税消费品收回后用于连续生产应税消费品，按规定准予抵扣的，委托方应按代收代缴的消费税税款，借记“应交税费——应交消费税”账户，贷记“应付账款”“银行存款”等账户，待用委托加工的应税消费品生产出应纳消费税的产品销售时，再缴纳消费税。

【例9-26】甲公司委托外单位加工材料（非金银首饰），原材料价款20万元，加工费用5万元，应交增值税0.65万元，由受托方代收代缴的消费税为0.5万元，材料已经加工完毕验收入库，相关款项已用银行存款支付。假定该公司材料采用实际成本核算。

（1）如果委托方收回加工后的材料用于继续生产应税消费品，委托方的账务处理如下：

①拨付加工原材料时，根据有关原始凭证，编制如下会计分录：

借：委托加工物资　200 000

　贷：原材料　200 000

②支付加工费及增值税时，根据有关原始凭证，编制如下会计分录：

借：委托加工物资　50 000

　　应交税费——应交增值税（进项税额）　6 500

　贷：银行存款　56 500

③支付消费税时，根据有关原始凭证，编制如下会计分录：

借：应交税费——应交消费税　　5 000
　贷：银行存款　　5 000

④收回委托加工物资时，根据有关原始凭证，编制如下会计分录：

借：原材料　　250 000
　贷：委托加工物资　　250 000

（2）如果委托方收回加工后的材料直接用于销售，委托方的账务处理如下：

①拨付加工原材料时，根据有关原始凭证，编制如下会计分录：

借：委托加工物资　　200 000
　贷：原材料　　200 000

②支付加工费及增值税时，根据有关原始凭证，编制如下会计分录：

借：委托加工物资　　50 000
　　应交税费——应交增值税（进项税额）　　6 500
　贷：银行存款　　56 500

③支付消费税时，根据有关原始凭证，编制如下会计分录：

借：委托加工物资　　5 000
　贷：银行存款　　5 000

④收回委托加工物资时，根据有关原始凭证，编制如下会计分录：

借：原材料　　255 000
　贷：委托加工物资　　255 000

（四）应交城市维护建设税与教育费附加

城市维护建设税与教育费附加均为一种附加税。按照现行税法的规定，二者的纳税人为缴纳增值税和消费税的单位和个人，以纳税人实际缴纳的增值税和消费税税额为计税依据，并分别与两项税金同时缴纳。应纳税额的计算公式为：

应纳税额=（实际缴纳的增值税+实际缴纳的消费税）×适用税率

结转应交城市维护建设税与教育费附加时，应借记“税金及附加”账户，贷记“应交税费——应交城市维护建设税”“应交税费——应交教育费附加”账户。实际缴纳城市维护建设税与教育费附加时，借记“应交税费——应交城市维护建设税”“应交税费——应交教育费附加”账户，贷记“银行存款”账户。

【例9-27】2×23年5月，甲企业实际缴纳增值税510 000元、消费税240 000元，适用的城市维护建设税税率为7%、教育费附加率为3%。

（1）计算应交城市维护建设税、教育费附加：

应交城市维护建设税=（510 000+240 000）×7%=52 500（元）

应交教育费附加=（510 000+240 000）×3%=22 500（元）

借：税金及附加　　75 000
　贷：应交税费——应交城市维护建设税　　52 500
　　　　　　　——应交教育费附加　　22 500

（2）用银行存款缴纳城市维护建设税、教育费附加：

借：应交税费——应交城市维护建设税　　52 500
　　　　　　——应交教育费附加　　22 500

贷：银行存款　75 000

（五）其他应交税费

1.资源税

资源税是对我国境内开采矿产品或生产盐的单位和个人征收的税。对外销售应税产品应缴纳的资源税，企业应借记“税金及附加”账户，贷记“应交税费——应交资源税”账户；自产自用的应税产品应缴纳的资源税，企业应借记“生产成本”“制造费用”等账户，贷记“应交税费——应交资源税”账户。

【例9-28】甲企业本期对外销售资源税应税矿产品3 600吨、将自产资源税应税矿产品800吨用于其产品生产，税法规定每吨矿产品应交资源税5元。

（1）计算对外销售应税矿产品应交资源税：

企业对外销售应税矿产品应缴纳的资源税＝3 600×5＝18 000（元）

借：税金及附加　18 000

贷：应交税费——应交资源税　18 000

（2）计算自产自用应税矿产品应交资源税：

企业自产自用应税矿产品应缴纳的资源税＝800×5＝4 000（元）

借：生产成本　4 000

贷：应交税费——应交资源税　4 000

（3）缴纳资源税：

借：应交税费——应交资源税　22 000

贷：银行存款　22 000

2. 土地增值税

土地增值税是对转让国有土地使用权、地上建筑物及其附着物（简称“转让房地产”）并取得增值性收入的单位和个人征收的一种税。

土地增值税按照转让房地产所取得的增值额和规定的税率计算征收。转让房地产的增值额是转让收入减去税法规定扣除项目金额后的余额，其中，转让收入包括货币收入、实物收入和其他收入；扣除项目主要包括取得土地使用权所支付的金额、开发土地的成本及费用、新建房及配套设施的成本及费用、与转让房地产有关的税金、旧房及建筑物的评估价格、财政部确定的其他扣除项目等。土地增值税采用四级超率累进税率，其中最低税率为30%，最高税率为60%。

根据企业对房地产核算的方法不同，企业应交土地增值税的账务处理也有所区别：企业转让的土地使用权连同地上建筑物及其附着物一并在“固定资产”账户核算的，转让时应交的土地增值税，借记“固定资产清理”账户，贷记“应交税费——应交土地增值税”账户；土地使用权在“无形资产”账户核算的，借记“银行存款”“累计摊销”“无形资产减值准备”账户，按应交的土地增值税，贷记“应交税费——应交土地增值税”账户，同时冲销土地使用权的账面价值，贷记“无形资产”账户，按其差额，借记或贷记“资产处置损益”账户；房地产开发经营企业销售房地产应交的土地增值税，借记“税金及附加”账户，贷记“应交税费——应交土地增值税”账户。实际缴纳土地增值税时，借记“应交税费——应交土地增值税”账户，贷记“银行存款”账户。

【例9-29】甲制造业企业对外转让一栋厂房，根据税法规定计算的应交土地增值税为

25 000元。甲企业应编制如下会计分录：

（1）计算应交土地增值税：

借：固定资产清理 25 000

　贷：应交税费——应交土地增值税 25 000

（2）用银行存款缴纳土地增值税：

借：应交税费——应交土地增值税 25 000

　贷：银行存款 25 000

3. 房产税、城镇土地使用税、车船税和印花税

（1）房产税。

房产税是国家对在城市、县城、建制镇和工矿区征收的由产权所有人缴纳的一种税。房产税依照房产原值一次减除10%至30%后的余额计算缴纳。没有房产原值作为依据的，由房产所在地税务机关参考同类房产核定；房产出租的，以房产租金收入为房产税的计税依据。

（2）城镇土地使用税。

城镇土地使用税是国家为了合理利用城镇土地，调节土地级差收入，提高土地使用效益，加强土地管理而开征的一种税，以纳税人实际占用的土地面积为计税依据，依照规定税率计算征收。

（3）车船税。

车船税是以车辆、船舶（简称“车船”）为课征对象，向车船的所有人或者管理人征收的一种税。

企业按规定计算应交的房产税、城镇土地使用税、车船税时，借记“税金及附加”账户，贷记“应交税费——应交房产税（或城镇土地使用税、车船税）”账户；上缴时，借记“应交税费——应交房产税（或城镇土地使用税、车船税）”账户，贷记“银行存款”账户。

【例9-30】某企业按税法规定本期应缴纳房产税160 000元、车船税38 000元、城镇土地使用税45 000元。该企业应编制如下会计分录：

（1）计算应缴纳的上述税金：

借：税金及附加 243 000

　贷：应交税费——应交房产税 160 000

　　　　——应交城镇土地使用税 45 000

　　　　——应交车船税 38 000

（2）用银行存款缴纳上述税金：

借：应交税费——应交房产税 160 000

　　　　——应交城镇土地使用税 45 000

　　　　——应交车船税 38 000

　贷：银行存款 243 000

（4）印花税。

印花税是对经济活动和经济交往中书立、领受、使用的应税经济凭证征收的一种税。因纳税人主要是通过在应税凭证上粘贴印花税票来完成纳税义务，故名印花税。在中华人

民共和国境内书立应税凭证、进行证券交易的单位和个人，为印花税的纳税人，应当依照《中华人民共和国印花税法》（以下简称《印花税法》）的规定缴纳印花税。在中华人民共和国境外书立在境内使用的应税凭证的单位和个人，应当依照《印花税法》的规定缴纳印花税。

应税凭证，是指《印花税法》所附“印花税税目税率表”列明的项目，包括买卖合同、借款合同、融资租赁合同、租赁合同、承揽合同、建设工程合同、运输合同、技术合同、保管合同、仓储合同、财产保险合同；产权转移书据；营业账簿；证券交易等。单位，是指企业、行政单位、事业单位、军事单位、社会团体及其他单位。个人，是指个体工商户和其他个人。如果一份合同或应税凭证由两方或两方以上当事人共同签订，签订合同或应税凭证的各方都是纳税人，应各就其所持合同或应税凭证的计税金额履行纳税义务。

印花税实行比例税率，按照凭证所标明的确定的金额按比例计算应纳税额。

企业缴纳的印花税，不会发生应付未付税款的情况，不需要预计应纳税金额，同时也不存在与税务机关结算或者清算的问题。因此，企业缴纳的印花税不需要通过“应交税费”账户核算。在购买印花税票时，直接借记“税金及附加”账户，贷记“银行存款”账户。

4. 企业所得税

在中华人民共和国境内，企业和其他取得收入的组织（以下统称企业）为企业所得税的纳税人，依照《中华人民共和国企业所得税法》的规定缴纳企业所得税。企业应缴纳的所得税，在“应交税费”账户下设置“应交所得税”明细账户核算；当期应计入损益的所得税，作为一项费用，在净收益前扣除。企业按照一定方法计算，计入损益的所得税，借记“所得税费用”等账户，贷记“应交税费——应交所得税”账户。

九、应付利息

应付利息，是指企业按照合同约定应支付的利息，包括应收存款、分期付息到期还本的长期借款、企业债券等应支付的利息。

企业应设置“应付利息”账户核算应付利息的发生、支付情况。该账户贷方登记按照合同约定计算的应付利息，借方登记实际支付的利息，期末贷方余额反映企业应付未付的利息。该账户一般应按照债权人设置明细账户进行明细核算。

在资产负债表日，应按摊余成本和实际利率计算确定的利息费用，借记“财务费用”“在建工程”“研发支出”等账户，按合同利率计算确定的应付未付利息，贷记“应付利息”账户，按借贷双方之间的差额，借记或贷记“长期借款——利息调整”等账户。合同利率与实际利率差异较小的，也可以采用合同利率计算确定利息费用。实际支付利息时，借记“应付利息”账户，贷记“银行存款”等账户。

【例9-31】甲企业借入5年期到期还本、每年付息的长期借款3 000 000元，合同约定年利率为6%。借款费用未满足资本化条件。不考虑其他因素。甲企业应编制如下有关利息费用的会计分录：

（1）每年计算确认利息费用：

借：财务费用	180 000	
贷：应付利息		180 000

企业每年应支付的利息=3 000 000×6%=180 000（元）

（2）实际支付利息：

借：应付利息 180 000

　贷：银行存款 180 000

十、应付股利

应付股利，是指企业经股东大会或类似机构审议批准分配的现金股利或利润，企业股东大会或类似机构审议批准的利润分配方案、宣告分配的现金股利或利润，在实际支付前形成企业负债。

企业应设置“应付股利”账户核算企业确定或宣告发放但尚未实际支付的现金股利或利润。该账户贷方登记应支付的现金股利或利润，借方登记实际支付的现金股利或利润；期末贷方余额反映企业应付未付的现金股利或利润。该账户应按照投资者设置明细账户进行明细核算。

企业经股东大会或类似机构审议批准的利润分配方案，按应支付的现金股利或利润，借记“利润分配”账户，贷记“应付股利”账户；实际支付现金股利或利润时，借记“应付股利”账户，贷记“银行存款”等账户。

【例9-32】甲有限责任公司有A、B两个股东，其出资分别占注册资本的30%和70%。2×23年度该公司实现净利润6 000 000元，经过股东会批准，决定分配利润4 000 000元。股利已用银行存款支付。甲有限责任公司应编制如下会计分录：

（1）确认应付投资者利润：

A股东应分配的利润=4 000 000×30%=1 200 000（元）

B股东应分配的利润=4 000 000×70%=2 800 000（元）

借：利润分配——应付利润 4 000 000

　贷：应付股利——A股东 1 200 000

　　　　　　——B股东 2 800 000

（2）支付投资者利润：

借：应付股利——A股东 1 200 000

　　　　　——B股东 2 800 000

　贷：银行存款 4 000 000

企业董事会或类似机构通过的利润分配方案中拟分配的现金股利或利润，不应确认负债，但应在附注中披露。

十一、其他应付款

其他应付款，是指企业除短期借款、应付票据、应付账款、预收账款、应付职工薪酬、应付利息、应付股利、应交税费等以外的其他各项偿付期在1年以内的款项，如应付短期租赁固定资产租金、应付低价值资产租赁的租金、应付租入包装物租金、出租或出借包装物向客户收取的押金、存入保证金等。

企业应设置“其他应付款”账户核算其他应付款的增减变动及其结存情况。该账户贷方登记发生的各种应付、暂收款项，借方登记偿还或转销的各种应付、暂收款项；该账户期末贷方余额，反映企业应付未付的其他应付款项。该账户按照其他应付款的项目和对方单位（或个人）设置明细账户进行明细核算。

其他应付款项的数额一般能够直接确定。发生其他应付款时，应借记“管理费用”等账户，贷记“其他应付款”账户；偿付其他应付款时，应借记“其他应付款”账户，贷记“银行存款”等账户。

【例9-33】甲公司在销售产品的过程中，出借给购货企业一批包装物，收到该企业以银行存款支付的押金5 000元。

(1) 收到押金5 000元时，根据有关原始凭证，编制如下会计分录：

借：银行存款　5 000

　贷：其他应付款——存入保证金　5 000

(2) 包装物如期归还，退还押金时，根据有关原始凭证，编制如下会计分录：

借：其他应付款——存入保证金　5 000

　贷：银行存款　5 000

第三节　非流动负债

一、非流动负债概述

非流动负债，又称长期负债，是指偿还期限在1年或者超过1年的一个营业周期以上的债务。非流动负债的主要项目有长期借款、应付债券、长期应付款等。非流动负债主要是企业为筹集长期投资项目所需资金而发生的，如企业为购买大型设备而向银行借入的中长期贷款等。

二、长期借款

长期借款，是指企业从银行或其他金融机构借入的期限在1年以上（不含1年）的借款。企业应设置“长期借款”账户核算长期借款的借入、归还等情况。该账户按照贷款单位和贷款种类设置明细账，分“本金”“应计利息”“利息调整”等进行明细核算。该账户的贷方登记长期借款本息的增加额，借方登记本息的减少额；期末贷方余额反映企业尚未偿还的长期借款。

1.取得长期借款

企业借入各种长期借款时，按实际收到的款项，借记“银行存款”账户，贷记“长期借款——本金”账户；如存在差额，借记“长期借款——利息调整”账户。

2.发生长期借款利息

长期借款利息费用应当在资产负债表日按照实际利率法计算确定，实际利率与合同利率差异较小的，也可以采用合同利率计算确定利息费用。长期借款计算确定的利息费用，应当按以下原则计入有关成本、费用：属于筹建期间的，计入管理费用；属于生产经营期间的，计入财务费用。如果长期借款用于购建固定资产等符合资本化条件的，在资产尚未达到预定可使用状态前，所发生的利息支出应当资本化，计入在建工程等相关资产成本；资产达到预定可使用状态后发生的利息支出，以及按规定不予资本化的利息支出，计入财务费用。长期借款按合同利率计算确定的应付未付利息，如果属于分期付息的，记入“应付利息”账户，如果属于到期一次还本付息的，记入“长期借款——应计利息”账户，借记“在建工程”“制造费用”“财务费用”“研发支出”等账户，贷记“应付利息”或“长期借款——应计利息”账户。

3. 归还长期借款

企业归还长期借款的本金时，应按归还的金额，借记“长期借款——本金”账户，贷记“银行存款”账户：按归还的利息，借记“应付利息”或“长期借款——应计利息”账户，贷记“银行存款”账户。

【例9-34】甲公司2×23年1月1日从银行借入人民币借款400 000元，用于扩建厂房。该笔借款期限3年、年利率为10%、按复利计息、到期一次还本付息。厂房扩建工程于2×24年1月1日达到预定可使用状态。假定资产达到预定可使用状态以前的利息费用全部予以资本化。

（1）2×23年1月1日，借入长期借款时，根据有关原始凭证，编制如下会计分录：

借：银行存款　　400 000

　贷：长期借款——本金　　400 000

（2）2×23年12月31日，计提借款利息时，根据有关原始凭证，编制如下会计分录：

应计利息=400 000×10%=40 000（元）

借：在建工程　　40 000

　贷：长期借款——应计利息　　40 000

（3）2×24年12月31日，计提借款利息时，根据有关原始凭证，编制如下会计分录：

应计利息=（400 000+40 000）×10%=44 000（元）

借：财务费用　　44 000

　贷：长期借款——应计利息　　44 000

（4）2×25年12月31日，计提借款利息时，根据有关原始凭证，编制如下会计分录：

应计利息=（400 000+40 000+44 000）×10%=48 400（元）

借：财务费用　　48 400

　贷：长期借款——应计利息　　48 400

（5）2×26年1月1日，还本付息时，根据有关原始凭证，编制如下会计分录：

借：长期借款——本金　　400 000

　　　　　——应计利息　　132 400

　贷：银行存款　　532 400

三、应付债券

（一）一般公司债券

1. 公司债券的发行

债券

国家债券的取得

企业发行的1年期以上的债券，构成了企业的长期负债。公司债券的发行方式有面值发行、溢价发行、折价发行三种。假设其他条件不变，债券的票面利率高于同期银行存款利率时，可按超过债券票面价值的价格发行，称为溢价发行。溢价是企业以后各期多付利息而事先得到的补偿。如果债券的票面利率低于同期银行存款利率，可按低于债券面值的价格发行，称为折价发行。折价是企业以后各期少付利息而事先付出的代价。如果债券的票面利率与同期银行存款利率相同，可按票面价格发行，称为面值发行。溢价或折价是发行债券企业在债券存续期间内对利息费用的一种调整。

无论是按面值发行，还是溢价发行或折价发行，均按债券面值记入“应付债券”账户，实际收到的款项与面值的差额，记入“利息调整”明细账户。企业发行债券时，按实际收到的款项，借记“银行存款”“库存现金”等账户，按债券票面价值，贷记“应付债券——面值”账户，按实际收到的款项与票面价值之间的差额，贷记或借记“应付债券——利息调整”账户。

2. 利息调整的摊销

利息调整应在债券存续期间内采用实际利率法进行摊销。实际利率法，是指按照应付债券的实际利率计算其摊余成本及各期利息费用的方法。实际利率，是指将应付债券在债券存续期间的未来现金流量，折现为该债券当前账面价值所使用的利率。

在资产负债表日，对于分期付息、一次还本的债券，企业应按应付债券的摊余成本和实际利率计算确定的债券利息费用，借记“在建工程”“制造费用”“财务费用”等账户，按票面利率计算确定的应付未付利息，贷记“应付利息”账户，按其差额，借记或贷记“应付债券——利息调整”账户。

公司债券

【例 9-35】2×22 年 12 月 31 日，甲公司经批准发行 4 年期一次还本、分期付息的公司债券 1 000 万元，债券利息在每年 12 月 31 日支付，票面年利率为 6%。假定债券发行时的市场利率为 3%。甲公司该批债券实际发行价格为 1 100 万元。甲公司采用实际利率法计算利息费用。

（1）2×22 年 12 月 31 日，发行债券时，根据有关原始凭证，编制如下会计分录：

借：银行存款　　11 000 000

　贷：应付债券——面值　　10 000 000

　　　　　　——利息调整　　1 000 000

（2）2×23 年 12 月 31 日，计提利息费用时，根据有关原始凭证，编制如下会计分录：

借：财务费用　　330 000

　　应付债券——利息调整　　270 000

　贷：应付利息　　600 000

借：应付利息　　600 000

　贷：银行存款　　600 000

（3）2×24 年 12 月 31 日，计提利息费用时，根据有关原始凭证，编制如下会计分录：

借：财务费用　　321 900

　　应付债券——利息调整　　278 100

　贷：应付利息　　600 000

借：应付利息　　600 000

　贷：银行存款　　600 000

（4）2×25 年 12 月 31 日，计提利息费用时，根据有关原始凭证，编制如下会计分录：

借：财务费用　　313 557

　　应付债券——利息调整　　286 443

　贷：应付利息　　600 000

借：应付利息　　600 000

　贷：银行存款　　600 000

（5）2×26 年 12 月 31 日，归还债券本金及最后一期利息费用时，根据有关原始凭证，编制如下会计分录：

借：财务费用　　434 543
　　应付债券——利息调整　　165 457
　贷：应付利息　　600 000

借：应付债券——面值　　10 000 000
　　应付利息　　600 000
　贷：银行存款　　10 600 000

对于一次还本付息的债券，应于资产负债表日按摊余成本和实际利率计算确定的债券利息费用，借记“在建工程”“制造费用”“财务费用”等账户，按票面利率计算确定的应付未付利息，贷记“应付债券——应计利息”账户，按其差额，借记或贷记“应付债券——利息调整”账户。

3. 债券的偿还

企业发行的债券通常分为到期一次还本付息或一次还本、分期付息两种。采用一次还本付息方式的，企业应于债券到期支付债券本息时，借记“应付债券——面值”“应付债券——应计利息”账户，贷记“银行存款”账户。采用一次还本、分期付息方式的，在每期支付利息时，借记“应付利息”账户，贷记“银行存款”账户。债券到期偿还本金并支付最后一期利息时，借记“应付债券——面值”“在建工程”“财务费用”“制造费用”等账户，贷记“银行存款”账户，按借贷双方之间的差额，借记或贷记“应付债券——利息调整”账户。

可转换公司债券

（二）可转换公司债券

我国发行可转换公司债券采取记名式无纸化发行方式，债券最短期限为1年，最长期限为6年。企业发行的可转换公司债券在“应付债券”账户下设置“可转换公司债券”明细账户核算。

企业发行的可转换公司债券，应当在初始确认时将其包含的负债成分和权益成分进行分拆，将负债成分确认为应付债券，将权益成分确认为其他权益工具。在进行分拆时，应当先对负债成分的未来现金流量进行折现确定负债成分的初始确认金额，再按发行价格总额扣除负债成分初始确认金额后的金额确定权益成分的初始确认金额。发行可转换公司债券发生的交易费用，应当在负债成分和权益成分之间按照各自的相对公允价值进行分摊。企业应按实际收到的款项，借记“银行存款”等账户，按可转换公司债券包含的负债成分面值，贷记“应付债券——可转换公司债券（面值）”账户，按权益成分的公允价值，贷记“其他权益工具”账户，按借贷双方之间的差额，借记或贷记“应付债券——可转换公司债券（利息调整）”账户。

【例9-36】甲公司经批准于2×22年1月1日按面值发行5年期一次还本付息的可转换公司债券200 000 000元，款项已收存银行，债券票面年利率为6%。债券发行1年后可转换为普通股股票，初始转股价为每股10元（债券持有人若在当期付息前转换股票，应按债券面值与应计利息之和除以转股价，计算转换的股份数），股票面值为每股1元。假定2×23年1月1日债券持有人将持有的可转换公司债券全部转换为普通股股票，甲公司发行可转换公司债券时的债券市场利率为9%，可转换公司债券负债成分的公允价值为176 656 400元。

（1）2×22年1月1日，发行可转换公司债券时，根据有关原始凭证，编制如下会计分录：

可转换公司债券权益成分的公允价值=200 000 000−176 656 400=23 343 600（元）

借：银行存款　200 000 000
　应付债券——可转换公司债券（利息调整）　23 343 600
　贷：应付债券——可转换公司债券（面值）　200 000 000
　　其他权益工具　23 343 600

（2）2×22年12月31日，确认利息费用时，根据有关原始凭证，编制如下会计分录：

借：财务费用　15 899 076
　贷：应付债券——可转换公司债券（应计利息）　12 000 000
　　　　——可转换公司债券（利息调整）　3 899 076

（3）2×23年1月1日，债券持有人行使转换权时，根据有关原始凭证，编制如下会计分录：

转换的股份数=（200 000 000+12 000 000）÷10=21 200 000（股）

借：应付债券——可转换公司债券（面值）　200 000 000
　　　　——可转换公司债券（应计利息）　12 000 000
　其他权益工具　23 343 600
　贷：股本　21 200 000
　　应付债券——可转换公司债券（利息调整）　19 444 524
　　资本公积——股本溢价　194 699 076

四、其他非流动负债

（一）长期应付款

长期应付款，是指企业除长期借款和应付债券以外的其他各种长期应付款项，例如以分期付款方式购入固定资产发生的应付款项。

企业延期付款购买资产，如果延期支付的购买价款超过正常信用条件，实质上具有融资性质的，所购资产的成本应当以延期支付购买价款的现值为基础确定。实际支付的价款确认为长期应付款，实际支付的价款与购买价款的现值之间的差额，应当在信用期间内采用实际利率法进行摊销，计入相关资产成本或当期损益。

企业发生的各项长期应付款项，应当在“长期应付款”账户下，按长期应付款的种类或债权人进行明细核算。

（二）专项应付款

专项应付款，是指企业接受国家拨入的指定为资本性投入的具有专门用途的拨款，如专项用于技术改造、技术研究的款项，以及从其他来源取得的款项。

专项应付款的特点是国家拨入、专款专用，是不需要企业以资产或增加其他负债偿还的非流动负债。

第四节 借款费用

一、借款费用的范围

借款费用是企业因借入资金所付出的代价，包括借款利息、折价或者溢价的摊销、辅助费用以及因外币借款而发生的汇兑差额等。

因借款而发生的利息包括企业向银行或者其他金融机构等借入资金发生的利息，发行公司债券或企业债券发生的利息，以及为购建或者生产符合资本化条件的资产而发生的带息债务所承担的利息等。

因借款而发生的折价或者溢价主要是指发行债券等发生的折价或者溢价。发行债券中的折价或者溢价，其实质是对债券票面利息的调整（即将债券票面利率调整为实际利率），属于借款费用的范畴。例如，XYZ公司发行公司债券，每张公司债券的票面价值为100元，票面年利率为6%，期限4年，而同期市场利率为年利率8%，由于公司债券的票面利率低于市场利率，为成功发行公司债券，XYZ公司采取了折价发行的方式，折价金额在实质上是用于补偿投资者在购入债券后所受到的名义利息上的损失，应当作为以后各期利息费用的调整额。

因借款而发生的辅助费用，是指企业在借款过程中发生的诸如手续费、佣金等费用，这些费用是因借款而发生的，也属于借入资金所付出的代价，是借款费用的构成部分。

因外币借款而发生的汇兑差额，是指由于汇率变动导致市场汇率与账面汇率出现差异，从而对外币借款本金及其利息的记账本位币余额所产生影响的金额。

企业发生的权益性融资费用，不应包括在借款费用中。

【例9-37】某企业发生了借款手续费100 000元，发行公司债券佣金10 000 000元，发行公司股票佣金20 000 000元，借款利息2 000 000元。这些费用是否都属于借款费用范畴?

本例中，借款手续费100 000元、发行公司债券佣金10 000 000元和借款利息2 000 000元均属于借款费用；发行公司股票属于公司权益性融资，所发生的股票佣金应当冲减溢价，不属于借款费用范畴，不应按照《企业会计准则第17号——借款费用》的规定进行会计处理。

二、借款费用的确认

（一）确认原则

借款费用的确认主要解决的是将每期发生的借款费用资本化计入相关资产的成本，还是将有关借款费用费用化计入当期损益的问题。借款费用确认的基本原则是：企业发生的借款费用可直接归属于符合资本化条件的资产购建或者生产的，应当予以资本化，计入相关资产成本；其他借款费用应当在发生时根据其发生额确认为费用，计入当期损益。

符合资本化条件的资产，是指需要经过相当长时间的购建或者生产活动才能达到预定可使用或者可销售状态的固定资产、投资性房地产和存货等资产。建造合同成本、无形资产的开发支出等在符合条件的情况下，也可以认定为符合资本化条件的资产。其中，“相当长时间”应当是指资产的购建或者生产所必需的时间，通常为1年以上

(含1年)。

在实务中，如果由于人为或者故意等非正常因素导致资产的购建或者生产时间相当长，该资产不属于符合资本化条件的资产。购入即可使用的资产，或者购入后需要安装但所需安装时间较短的资产，或者需要建造或生产但建造或生产时间较短的资产，均不属于符合资本化条件的资产。

【例9-38】甲企业向银行借入资金分别用于生产A产品和B产品，其中，A产品的生产时间较短，为1个月；B产品属于大型发电设备，生产周期较长，为1年零3个月。

为存货生产而借入的借款费用在符合资本化条件的情况下应当予以资本化。本例中，由于A产品的生产时间较短，不属于需要经过相当长时间的生产才能达到预定可销售状态的资产，因此为A产品的生产而借入资金所发生的借款费用，不应计入A产品的生产成本，而应当计入当期财务费用。而B产品的生产时间比较长，属于需要经过相当长时间的生产才能达到预定可销售状态的资产，因此为B产品的生产而借入资金所发生的借款费用符合资本化条件，应计入B产品的生产成本。

（二）借款费用应予资本化的借款范围

借款包括专门借款和一般借款。专门借款，是指为购建或者生产符合资本化条件的资产而专门借入的款项。专门借款通常应当有明确的用途，即购建或者生产某项符合资本化条件的资产而专门借入资金，并通常应当具有标明该用途的借款合同。例如，某企业为了建造一条生产线向某银行专门贷款5 000万元，某房地产开发企业为了开发某住宅小区向某银行专门贷款2亿元等，这均属于专门借款，其使用目的明确，而且其使用受到相关合同的限制。一般借款，是指除专门借款之外的借款，相对于专门借款而言，一般借款在借入时通常没有特指用于符合资本化条件的资产的购建或者生产。

借款费用应予资本化的借款范围，既包括专门借款，也包括一般借款。其中，对于一般借款，只有在购建或者生产某项符合资本化条件的资产占用了一般借款时，才应将与该部分一般借款相关的借款费用资本化；否则，所发生的借款费用应当计入当期损益。

（三）借款费用资本化期间的确定

只有发生在资本化期间内的有关借款费用才允许资本化，资本化期间的确定是借款费用确认和计量的重要前提。借款费用资本化期间，是指从借款费用开始资本化时点到停止资本化时点的期间，但不包括借款费用暂停资本化的期间。

1. 借款费用开始资本化的时点

借款费用允许开始资本化必须同时满足三个条件，即资产支出已经发生、借款费用已经发生、为使资产达到预定可使用或者可销售状态所必要的购建或者生产活动已经开始。

（1）资产支出已经发生的判断。

资产支出包括以支付现金、转移非现金资产和承担带息债务形式所发生的支出。

①支付现金，是指用货币资金支付符合资本化条件的资产的购建或者生产支出。

②转移非现金资产，是指企业将自己的非现金资产直接用于符合资本化条件的资产的购建或者生产。

例如，某企业将自己生产的产品，包括水泥、钢材等，用于符合资本化条件的资产的建造或者生产，该企业同时还用自己生产的产品换取其他企业的工程物资，用于符合资本化条件的资产的建造或者生产，这些产品的成本均属于资产支出。

③承担带息债务，是指企业为了购建或者生产符合资本化条件的资产而承担的带息应付款项。企业以赊购方式购买物资所产生的债务可能带息，也可能不带息。如果企业赊购这些物资承担的是不带息债务，就不应当将购买价款计入资产支出，因为该债务在偿付前不需要承担利息，也没有占用借款资金。企业只有等到实际偿付债务，发生了资源流出时，才能将其作为资产支出。如果企业赊购物资承担的是带息债务，企业要为这笔债务付出代价，支付利息，与企业向银行借入款项用以支付资产支出在性质上是一致的。企业为购建或者生产符合资本化条件的资产而承担的带息债务应当作为资产支出，当该带息债务发生时，视同资产支出已经发生。

（2）借款费用已经发生的判断。

借款费用已经发生，是指企业已经发生了因购建或者生产符合资本化条件的资产而专门借入款项的借款费用，或者占用了一般借款的借款费用。

（3）为使资产达到预定可使用或者可销售状态所必要的购建或者生产活动已经开始的判断。

为使资产达到预定可使用或者可销售状态所必要的购建或者生产活动已经开始，是指符合资本化条件的资产的实体建造或者生产工作已经开始，如主体设备的安装、厂房的实际开工建造等。它不包括仅仅持有资产但没有发生为改变资产形态而进行的实质上的建造或者生产活动。

企业只有在上述三个条件同时满足的情况下，有关借款费用才可以开始资本化；只要其中一个条件没有满足，借款费用就不能资本化，而应计入当期损益。

【例9-39】某企业专门借入款项建造符合资本化条件的固定资产，相关借款费用已经发生，同时固定资产的实体建造工作也已开始，但为固定资产建造所需物资等都是赊购或者客户垫付的（且所形成的负债均为不带息负债），发生的相关薪酬等费用也尚未形成现金流出。

在这种情况下，固定资产建造本身并没有占用借款资金，没有发生资产支出，该事项只满足借款费用开始资本化的第二个和第三个条件，但是没有满足第一个条件，因此所发生的借款费用不应予以资本化。

【例9-40】某企业为了建造一项符合资本化条件的固定资产，使用自有资金购置了工程物资，该固定资产已经开始动工兴建，但专门借款资金尚未到位，也没有占用一般借款资金。

在这种情况下，企业尽管满足了借款费用开始资本化的第一个和第三个条件，但是不符合借款费用开始资本化的第二个条件，因此不允许开始借款费用的资本化。

【例9-41】某企业为了建造某一项符合资本化条件的厂房，已经使用银行存款购置了水泥、钢材等，发生了资产支出，相关借款也已开始计息，但是厂房因各种原因迟迟未能开工兴建。

在这种情况下，企业尽管符合了借款费用开始资本化的第一个和第二个条件，但不符合借款费用开始资本化的第三个条件，因此所发生的借款费用不允许资本化。

2. 借款费用暂停资本化的时点

符合资本化条件的资产在购建或者生产过程中发生非正常中断且中断时间连续超过3个月的，应当暂停借款费用的资本化。中断的原因必须是非正常中断，属于正常中断的，相关借款费用仍可资本化。在实务中，企业应当遵循实质重于形式等原则来判断借款费用暂停资本化的时点，如果相关资产购建或者生产的中断时间较长而且满足其他规定条件的，相关借款费用应当暂停资本化。

非正常中断，通常是由于企业管理决策上的原因或者其他不可预见的原因等所导致的中断。例如，企业与施工方发生了质量纠纷，或者工程、生产用料没有及时供应，或者资金周转发生了困难，或者施工、生产发生了安全事故，或者发生了与资产购建、生产有关的劳动纠纷等，导致资产购建或者生产活动发生中断，均属于非正常中断。

【例9-42】某企业于2×23年1月1日利用专门借款开工兴建一幢厂房，支出已经发生，因此借款费用从当日起开始资本化。工程预计于2×24年3月完工。2×23年5月15日，由于工程施工发生了安全事故，工程中断，直到9月10日才复工。

该中断属于非正常中断，因此上述专门借款在5月15日至9月10日之间所发生的借款费用不应资本化，而应作为财务费用计入当期损益。

正常中断通常仅限于购建或者生产符合资本化条件的资产达到预定可使用或者可销售状态所必要的程序，或者事先可预见的不可抗力因素导致的中断。例如，某些工程建造到一定阶段必须暂停下来进行质量或者安全检查，检查通过后才可继续下阶段的建造工作，这类中断是在施工前可以预见的，而且是工程建造必须经过的程序，属于正常中断。某些地区的工程在建造过程中，由可预见的不可抗力因素（如雨季或冰冻季节等）导致施工出现停顿，也属于正常中断。

【例9-43】某企业在北方某地建造某工程期间，遇上冰冻季节（通常为6个月），工程施工因此中断，待冰冻季节过后方能继续施工。

由于该地区在施工期间出现较长时间的冰冻为正常情况，由此导致的施工中断是可预见的不可抗力因素导致的中断，属于正常中断。在正常中断期间所发生的借款费用可以继续资本化，计入相关资产的成本。

3. 借款费用停止资本化的时点

购建或者生产符合资本化条件的资产达到预定可使用或者可销售状态时，借款费用应当停止资本化。在符合资本化条件的资产达到预定可使用或者可销售状态之后所发生的借款费用，应当在发生时按其发生额确认费用，计入当期损益。

资产达到预定可使用或者可销售状态，是指所购建或者生产的符合资本化条件的资产已经达到建造方、购买方或者企业自身等预先设计、计划或者合同约定的可以使用或者可以销售的状态。企业在确定借款费用停止资本化的时点时需要运用职业判断，应当遵循实质重于形式原则，针对具体情况，依据经济实质判断所购建或者生产的符合资本化条件的资产达到预定可使用或者可销售状态的时点，具体可从以下三个方面进行判断：

（1）符合资本化条件的资产的实体建造（包括安装）或者生产活动已经全部完成或者实质上已经完成。

（2）所购建或者生产的符合资本化条件的资产与设计要求、合同规定或者生产要求相符或者基本相符，即使有极个别与设计、合同或者生产要求不相符的地方，也不影响其正常使用或者销售。

（3）继续发生在所购建或生产的符合资本化条件的资产上的支出金额很少或者几乎不再发生。

购建或者生产符合资本化条件的资产需要试生产或者试运行的，在试生产结果表明资产能够正常生产出合格产品，或者试运行结果表明资产能够正常运转或者营业时，应当认为该资产已经达到预定可使用或者可销售状态。

【例9-44】某企业借入一笔款项，于2×22年2月1日采用出包方式开工兴建一幢厂房。2×23年10月10日工程全部完工，达到合同要求。10月30日工程验收合格，11月15日办理工程竣工结算，11月20日完成全部资产移交手续，12月1日厂房正式投入使用。

本例中，企业应当将2×23年10月10日确定为工程达到预定可使用状态的时点，作为借款费用停止资本化的时点。后续的工程验收日、竣工结算日、资产移交日和投入使用日均不应作为借款费用停止资本化的时点，否则会导致资产价值和利润的高估。

如果所购建或者生产的符合资本化条件的资产分别建造、完工，企业也应当遵循实质重于形式原则，区分不同情况，界定借款费用停止资本化的时点。

如果所购建或者生产的符合资本化条件的资产的各部分分别完工，且每部分在其他部分继续建造或者生产过程中可供使用或者可对外销售，且为使该部分资产达到预定可使用或可销售状态所必要的购建或者生产活动实质上已经完成的，应当停止与该部分资产相关的借款费用的资本化，因为该部分资产已经达到了预定可使用或者可销售状态。

如果企业购建或者生产的资产的各部分分别完工，但必须等到整体完工后才可使用或者可对外销售，应当在该资产整体完工时停止借款费用的资本化。在这种情况下，即使各部分资产已经完工，也不能够认为该部分资产已经达到了预定可使用或者可销售状态，企业只能在所购建固定资产整体完工时，才能认为资产已经达到了预定可使用或者可销售状态，借款费用方可停止资本化。

【例9-45】某企业在建设某一涉及数项工程的钢铁冶炼项目时，每个单项工程都是根据各道冶炼工序设计建造的，只有在每项工程都建造完毕后，整个冶炼项目才能正式运转，达到生产和设计要求。因此，每一个单项工程完工后不应认为资产已经达到了预定可使用状态，企业只有等到整个冶炼项目全部完工，达到预定可使用状态时，才能停止借款费用的资本化。

三、借款费用的计量

（一）借款利息资本化金额的确定

在借款费用资本化期间内，每一会计期间的利息（包括折价或溢价的摊销，下同）的资本化金额，应当按照下列原则确定：

（1）为购建或者生产符合资本化条件的资产而借入专门借款的，应当以专门借款当期实际发生的利息费用减去将尚未动用的借款资金存入银行取得的利息收入或进行暂时性投资取得的投资收益后的金额，确定专门借款应予资本化的利息余额。

（2）为购建或者生产符合资本化条件的资产而占用了一般借款的，企业应当根据预计资产支出超过专门借款部分的资产支出加权平均数乘以所占用一般借款的资本化率，计算确定一般借款应予资本化的利息金额。资本化率应当根据一般借款加权平均利率计算确定，即企业占用一般借款购建或者生产符合资本化条件的资产时，一般借款的借款费用的资本化金额的确定应当与资产支出相挂钩。有关计算公式如下：

$$\text{一般借款利息费用资本化金额}=\text{累计资产支出超过专门借款部分的资产支出加权平均数}\times\text{所占用一般借款的资本化率}$$

$$\text{所占用一般借款的资本化率}=\text{所占用一般借款加权平均利率}\times\text{所占用一般借款当期实际发生的利息之和}\div\text{所占用一般借款本金加权平均数}$$

（3）每一会计期间的利息资本化金额不应当超过当期相关借款实际发生的利息金额。

【例9-46】甲公司于2×22年1月1日正式动工兴建一幢厂房，工期预计为1年零6个月。工程采用出包方式，分别于2×22年1月1日、2×22年7月1日和2×23年1月1日支付工程进度款。

甲公司为建造厂房于2×22年1月1日专门借款30 000 000元，借款期限为3年，年利率为5%。另外，在2×22年7月1日又专门借款60 000 000元，借款期限为5年，年利率为6%。借款利息按年支付（如无特别说明，本例题中名义利率与实际利率相同）。

甲公司将闲置借款资金用于固定收益债券短期投资，该短期投资月收益率为0.5%。厂房于2×23年6月30日完工，达到预定可使用状态。甲公司为建造该厂房所支出的金额见表9-1。

表9-1　**甲公司为建造该厂房所支出的金额**　单位：元

日期	每期资产支出金额	累计资产支出金额	闲置借款资金用于短期投资金额
2×22年1月1日	15 000 000	15 000 000	15 000 000
2×22年7月1日	35 000 000	50 000 000	40 000 000
2×23年1月1日	35 000 000	85 000 000	5 000 000
总计	85 000 000	—	—

由于甲公司使用了专门借款建造厂房，而且厂房建造支出没有超过专门借款金额，因此公司2×22年、2×23年建造厂房应予资本化的利息金额计算如下：

（1）确定借款费用资本化期间为2×22年1月1日至2×23年6月30日。

（2）计算在资本化期间内专门借款实际发生的利息金额。

2×22年专门借款发生的利息金额=30 000 000×5%+60 000 000×6%×6÷12=3 300 000（元）

2×23年1月1日至6月30日专门借款发生的利息金额=30 000 000×5%×6÷12+60 000 000×6%×6÷12=2 550 000（元）

（3）计算在资本化期间内利用闲置的专门借款资金进行短期投资的收益。

2×22年短期投资收益=15 000 000×0.5%×6+40 000 000×0.5%×6=1 650 000（元）

2×23年1月1日至6月30日短期投资收益=5 000 000×0.5%×6=150 000（元）

（4）在资本化期间内，专门借款利息费用的资本化金额，应当以其实际发生的利息费用减去将闲置的借款资金进行短期投资取得的投资收益后的金额确定。

2×22年利息资本化金额=3 300 000−1 650 000=1 650 000（元）

2×23年利息资本化金额=2 550 000−150 000=2 400 000（元）

（5）甲公司的有关账务处理。

①2×22年12月31日，支付利息时，根据有关原始凭证，编制如下会计分录：

借：在建工程——厂房　1 650 000

　　应收利息（或银行存款）　1 650 000

　贷：应付利息　3 300 000

②2×23年6月30日，支付利息时，根据有关原始凭证，编制如下会计分录：

借：在建工程——厂房　2 400 000

　　应收利息（或银行存款）　150 000

　贷：应付利息　2 550 000

【例9-47】接【例9-46】，假定甲公司建造厂房没有占用专门借款，占用的都是一般借款。甲公司为建造厂房占用的一般借款有两笔，具体如下：

（1）向某银行长期贷款2 000万元，期限为2×21年12月1日至2×24年12月1日，年利率为6%，按年支付利息。

（2）发行公司债券1亿元，于2×21年1月1日发行，期限为5年，年利率为8%，按年支付利息。

假定这两笔一般借款除了用于厂房建设外，没有用于其他符合资本化条件的资产的购建或者生产活动。

鉴于甲公司建造厂房没有占用专门借款，而是占用了一般借款，因此甲公司应当首先计算所占用一般借款的加权平均利率作为资本化率，然后计算建造厂房的累计资产支出加权平均数，将其与资本化率相乘，计算求得当期应予资本化的借款利息金额。假定全年按360天计算。

（1）计算所占用一般借款资本化率。

一般借款资本化率（年）=（20 000 000×6%+100 000 000×8%）÷（20 000 000+100 000 000）×100%
=7.67%

（2）计算累计资产支出加权平均数。

2×22年累计资产支出加权平均数=15 000 000×360÷360+35 000 000×180 ÷360=32 500 000（元）

2×23年累计资产支出加权平均数=85 000 000×180 ÷360=42 500 000（元）

（3）计算每期利息资本化金额。

2×22年为建造厂房的利息资本化金额=32 500 000×7.67%=2 492 750（元）

2×22年实际发生的一般借款利息费用=20 000 000×6%+100 000 000×8%=9 200 000（元）

2×23年为建造厂房的利息资本化金额=42 500 000×7.67%=3 259 750（元）

2×23年1月1日至6月30日实际发生的一般借款利息费用=20 000 000×6%×180÷360+100 000 000×8%×180÷360=4 600 000（元）

上述计算的利息资本化金额没有超过两笔一般借款实际发生的利息费用，可以资本化。

（4）根据上述计算结果，甲公司的有关账务处理如下：

①2×22年12月31日，支付利息时，根据有关原始凭证，编制如下会计分录：

借：在建工程——厂房　2 492 750

　　财务费用　6 707 250

　贷：应付利息　9 200 000

②2×23年6月30日，支付利息时，根据有关原始凭证，编制如下会计分录：

借：在建工程——厂房　　3 259 750
　　财务费用　　1 340 250
　贷：应付利息　　4 600 000

【例9-48】接【例9-46】、【例9-47】，假定甲公司为建造厂房于2×22年1月1日专门借款30 000 000元，借款期限为3年，年利率为5%。除此之外，没有其他专门借款。在厂房建造过程中占用的一般借款仍为两笔。

在这种情况下，公司应当首先计算专门借款利息的资本化金额，然后计算所占用一般借款利息的资本化金额。

（1）计算专门借款利息资本化金额。

2×22年专门借款利息资本化金额=30 000 000×5%-15 000 000×0.5%×6=1 050 000（元）

2×23年专门借款利息资本化金额=30 000 000×5%×180 ÷360=750 000（元）

（2）计算一般借款资本化金额。

在建造厂房过程中，自2×22年7月1日起已经有20 000 000元占用了一般借款。另外，2×23年1月1日支出的35 000 000元也占用了一般借款。计算这两笔资产支出的加权平均数如下：

2×22年占用了一般借款的资产支出加权平均数=20 000 000×180÷360=10 000 000（元）

由于一般借款利息资本化率与【例9-47】相同，即7.67%，因此：

2×22年应予资本化的一般借款利息金额=10 000 000×7.67%=767 000（元）

2×23年占用了一般借款的资产支出加权平均数=（20 000 000+35 000 000）× 180÷360
=27 500 000（元）

2×23年应予资本化的一般借款利息金额=27 500 000×7.67%=2 109 250（元）

（3）根据上述计算结果，公司建造厂房应予资本化的利息金额。

2×22年利息资本化金额=1 050 000+767 000=1 817 000（元）

2×23年利息资本化金额=750 000+2 109 250=2 859 250（元）

（4）根据上述计算结果，甲公司的有关账务处理如下：

① 2×22年12月31日，支付利息时，根据有关原始凭证，编制如下会计分录：

借：在建工程——厂房　　1 817 000
　　财务费用　　8 433 000
　　应收利息（或银行存款）　　450 000
　贷：应付利息　　10 700 000

注：2×22年实际发生的借款利息=30 000 000×5%+20 000 000×6%+100 000 000×8%=10 700 000（元）

② 2×23年6月30日，支付利息时，根据有关原始凭证，编制如下会计分录：

借：在建工程——厂房　　2 859 250
　　财务费用　　2 490 750
　贷：应付利息　　5 350 000

注：2×23年1月1日至6月30日实际发生的借款利息=10 700 000÷2=5 350 00（元）

【例9-49】甲公司拟在厂区内建造一幢厂房，有关资料如下：

（1）2×22年1月1日向银行专门借款60 000 000元，期限为3年，年利率为6%，每年1月1日付息。

（2）除专门借款外，公司只有一笔其他借款，为公司于2×21年12月1日借入的长期借款72 000 000元，期限为5年，年利率为8%，每年12月1日付息，假设甲公司在2×22年和2×23年年底均未支付当年利息。

（3）由于审批、办手续等原因，厂房于2×22年4月1日才开始动工兴建，当日支付工程款24 000 000元。工程建设期间的支出情况见表9-2。

表9-2　　**工程建设期间的支出情况**　　单位：元

日期	每期资产支出金额	累计资产支出金额	闲置借款资金用于短期投资金额
2×22年4月1日	24 000 000	24 000 000	36 000 000
2×22年6月1日	12 000 000	36 000 000	24 000 000
2×22年7月1日	36 000 000	72 000 000	占用一般借款
2×23年1月1日	12 000 000	84 000 000	
2×23年4月1日	6 000 000	90 000 000	
2×23年7月1日	6 000 000	96 000 000	
总计	96 000 000	—	—

工程于2×23年9月30日完工，达到预定可使用状态。其中，由于施工质量问题，工程于2×22年9月1日至12月31日停工4个月。

（4）专门借款中未支出部分全部存入银行，假定月利率为0.25%。假定全年按照360天计算，每月按照30天计算。

根据上述资料，有关利息资本化金额的计算和账务处理如下：

（1）计算2×22年、2×23年全年发生的专门借款和一般借款利息费用。

2×22年专门借款发生的利息金额=60 000 000×6%=3 600 000（元）

2×22年一般借款发生的利息金额=72 000 000×8%=5 760 000（元）

2×23年专门借款发生的利息金额=60 000 000×6%=3 600 000（元）

2×23年一般借款发生的利息金额=72 000 000×8%=5 760 000（元）

（2）在本例中，尽管专门借款于2×22年1月1日借入，但是厂房建设于4月1日开工。因此，借款利息费用自4月1日起才符合开始资本化的条件，计入在建工程成本。同时，由于厂房建设在2×22年9月1日至12月31日期间发生非正常中断4个月，该期间发生的利息费用应当暂停资本化，计入当期损益。

（3）计算2×22年借款利息资本化金额和应计入当期损益金额，并进行账务处理。

①计算2×22年专门借款应予资本化的利息金额：

2×22年1—3月和9—12月专门借款发生的利息费用=60 000 000×6%× 210÷360=2 100 000（元）

2×22年专门借款转存入行取得的利息收入=60 000 000×0.25%×3+36 000 000×0.25%×2+24 000 000×0.25%×1

=690 000（元）

其中，专门借款在资本化期间内取得的利息收入=36 000 000×0.25%×2+24 000 000×0.25%×1=240 000（元）

2×22年应予资本化的专门借款利息金额=3 600 000-2 100 000-240 000=1 260 000（元）

2×22年应当计入当期损益（财务费用）的专门借款利息金额（减利息收入）=3 600 000-1 260 000- 690 000=1 650 000（元）

②计算2×22年一般借款应予资本化的利息金额：

2×22年一般借款资金的资产支出加权平均数=（24 000 000+12 000 000+36 000 000−60 000 000）×60÷360

=2 000 000（元）

2×22年一般借款应予资本化的利息金额=2 000 000×8%=160 000（元）

公司在2×22年应当计入当期损益的一般借款利息金额=5 760 000−160 000=5 600 000（元）

③计算2×22年应予资本化和应当计入当期损益的借款利息金额：

2×22年应予资本化的借款利息金额=1 260 000+160 000=1 420 000（元）

2×22年应当计入当期损益的借款利息金额=1 650 000+5 600 000=7 250 000（元）

④2×22年的有关会计分录：

借：在建工程——厂房	1 420 000	
财务费用	7 250 000	
应收利息（或银行存款）	690 000	
贷：应付利息		9 360 000

（4）计算2×23年借款利息资本化金额和应计入当期损益金额，并进行账务处理。

①计算2×23年专门借款应予资本化的利息金额：

2×23年专门借款应予资本化的利息金额=60 000 000×6%×270÷360=2 700 000（元）

2×23年专门借款应当计入当期损益的利息金额=3 600 000−2 700 000=900 000（元）

②计算2×23年一般借款应予资本化的利息金额：

2×23年占用了一般借款资金的资产支出加权平均数=24 000 000×270÷360+6 000 000×180÷360+6 000 000×90÷360

=22 500 000（元）

2×23年一般借款应予资本化的利息金额=22 500 000×8%=1 800 000（元）

2×23年一般借款应当计入当期损益的利息金额=5 760 000−1 800 000=3 960 000（元）

③计算2×23年应予资本化和应当计入当期损益的借款利息金额：

2×23年应予资本化的借款利息金额=2 700 000+1 800 000=4 500 000（元）

2×23年应当计入当期损益的借款利息金额=900 000+3 960 000=4 860 000（元）

④2×23年的有关会计分录：

借：在建工程——厂房	4 500 000	
财务费用	4 860 000	
贷：应付利息		9 360 000

（二）借款辅助费用资本化金额的确定

辅助费用是企业为了安排借款而发生的必要费用，包括借款手续费（如发行债券手续费）、佣金等。如果企业不发生这些费用，就无法取得借款。因此，辅助费用是企业借入款项所付出的一种代价，是借款费用的有机组成部分。

对于企业发生的专门借款辅助费用，在所购建或者生产的符合资本化条件的资产达到预定可使用或者可销售状态之前发生的，应当在发生时根据其发生额予以资本化；在所购建或者生产的符合资本化条件的资产达到预定可使用或者可销售状态之后所发生的，应当在发生时根据其发生额确认为费用，计入当期损益。上述资本化或计入当期损益的辅助费用的发生额，是指根据《企业会计准则第22号——金融工具确认和计量》，按照实际利率法所确定的金融负债交易费用对每期利息费用的调整额。借款实际利率与合同利率差异较小的，也可以采用合同利率计算确定利息费用。一般借款发生的辅助费用，也应当按照上述原则确定其发生额。考虑到借款辅助费用与金融负债交易费用是一致的，其会计处理相同。

根据《企业会计准则第22号——金融工具确认和计量》的规定，除以公允价值计量且其变动计入当期损益的金融负债之外，其他金融负债相关的交易费用应当计入金融负债的初始确认金额。为购建或者生产符合资本化条件的资产的专门借款或者一般借款，通常都属于除以公允价值计量且其变动计入当期损益的金融负债之外的其他金融负债。对于这些金融负债所发生的辅助费用需要计入借款的初始确认金额，即抵减相关借款的初始确认金额，从而影响以后各期实际利息的计算。换句话说，由于辅助费用的发生将导致相关借款实际利率的上升，从而需要对各期利息费用做相应调整，在确定借款辅助费用资本化金额时可以结合借款利息资本化金额一并计算。

【思政讲堂】

依法纳税，是每个公民应尽的义务！

党的二十大报告提到：加大税收、社会保障、转移支付等的调节力度。完善个人所得税制度，规范收入分配秩序，规范财富积累机制，保护合法收入，调节过高收入，取缔非法收入。引导、支持有意愿有能力的企业、社会组织和个人积极参与公益慈善事业。

2021年12月，浙江省杭州市税务部门经税收大数据分析发现网络主播黄某涉嫌偷逃税款，在相关税务机关协作配合下，依法对其开展了全面深入的税务检查。

经查，黄某在2019年至2020年期间，通过隐匿个人收入、虚构业务转换收入性质虚假申报等方式偷逃税款6.43亿元，其他少缴税款0.6亿元。国家税务总局杭州市税务局稽查局依据《中华人民共和国个人所得税法》《中华人民共和国税收征收管理法》《中华人民共和国行政处罚法》等相关法律法规规定，按照《浙江省税务行政处罚裁量基准》，对黄某追缴税款、加收滞纳金并处罚款，共计13.41亿元。

税收是国家存在发展的经济基础，依法纳税是我们每一个公民应尽的责任与义务。偷税漏税不仅影响国家的财政收入、财富分配，甚至威胁国家的经济安全，同时也给违法者个人及企业带来严重的经济损失。我们应当践行"社会主义核心价值观"中的法治理念，树立"偷税抗税违法，纳税协税光荣"的观念，培养家国情怀和担当意识，做一个自觉纳税的遵纪守法的好公民。

资料来源：百度百科．薇娅逃税案［EB/OL］．（2023-05-29）．https：//baike.baidu.com/item/%E8%96%87%E5%A8%85%E9%80%83%E7%A8%8E%E6%A1%88/59551306？fr=aladdin.

【复习思考】

1.简述流动负债和非流动负债的区别。

2.职工薪酬包括哪些内容？

3.简述公司债券的三种发行方式。

4.商业汇票按承兑人不同分为哪几类？

【练习题】

1. 某企业借入6个月的银行借款600 000元，年利率为6%，按月预提利息，到期一次还本付息。

要求：作出相关的会计分录。

2. 某企业向银行借入一笔借款800 000元，用于建造厂房。建设期内该项借款发生利息支出80 000元，另在厂房投入使用后的2年还款期内又发生利息支出共计140 000元。

要求：作出相关的会计分录。

3. 甲企业为增值税一般纳税人，适用的增值税税率为13%，消费税税率为10%，库存材料按照实际成本核算，销售收入（或计税价格）均不含应向购买者收取的增值税税额。

该企业2×23年3月份发生以下经济业务：

（1）发出原材料用于加工委托加工物资，发出原材料的实际成本为190万元，本月以银行存款支付加工费用50万元，加工费的增值税为6.5万元，支付受托加工企业代扣代缴的消费税5万元。收回委托加工的原材料用于本企业生产应缴消费税产品。

（2）委托加工的原材料收回后直接用于对外销售，其他条件同（1）。

要求：根据上述资料，编制该企业有关经济业务的会计分录（为简化核算不考虑城市维护建设税和教育费附加）。"应交税费"账户要求写出明细账户。

4. 甲公司为增值税一般纳税人，适用的增值税税率为13%，材料采用实际成本进行日常核算。该公司2×23年4月30日"应交税费——应交增值税"账户借方余额为0.5万元，该借方余额均可用下月的销项税额抵扣。5月份发生以下涉及增值税的经济业务：

（1）购买原材料一批，增值税专用发票上注明价款为60万元，应交增值税7.8万元，公司已开出承兑的商业汇票。该原材料已验收入库。

（2）用原材料对外投资，双方协议按成本作价。该批原材料的成本和计税价格均为41万元，应交增值税5.33万元。

（3）销售产品一批，销售价格为20万元（不含增值税），实际成本为16万元，提货单和增值税专用发票已交购货企业，货款尚未收到。该销售符合收入确认条件。

（4）在建工程领用原材料一批，该批原材料实际成本为30万元。

（5）月末盘亏原材料一批，该批原材料的实际成本为10万元，增值税进项税额为1.3万元。

（6）用银行存款缴纳本月增值税1万元。

（7）月末将本月应交未交增值税转入未交增值税明细账户。

要求：

（1）编制上述经济业务相关的会计分录。

（2）计算甲公司5月份发生的销项税额、应交增值税税额和应交未交的增值税税额。（"应交税费"账户要求写出明细账户）

5. 华远公司于2×22年1月1日动工兴建办公楼，工程采用出包方式，每半年支付一次工程进度款。工程于2×23年6月30日完工，达到预计可使用状态。

华远公司建造工程资产支出如下：

（1）2×22年1月1日，支出3 000万元。

（2）2×22年7月1日，支出5 000万元，累计支出8 000万元。

（3）2×23年1月1日，支出3 000万元，累计支出1.1亿元。

华远公司为建造办公楼于2×22年1月1日专门借款4 000万元，借款期限为3年，年利率为8%，按年支付利息。除此之外，无其他专门借款。

办公楼的建造还占用两笔一般借款（2×22年度这两笔一般借款都涉及占用）：

（1）从A银行取得长期借款4 000万元，期限为2×21年12月1日至2×24年12月1日，年利率为6%，按年支付利息。

（2）发行公司债券2亿元，发行日为2×21年1月1日，期限为5年，年利率为8%，按年支付利息。

闲置专门借款资金用于固定收益债券临时性投资，假定暂时性投资月收益率为0.5%。假定全年按360天计。

要求：

（1）计算2×22年和2×23年专门借款利息资本化金额。

（2）计算2×22年和2×23年一般借款利息资本化金额。

（3）计算2×22年和2×23年利息资本化金额。

（4）编制2×22年和2×23年与利息资本化有关的会计分录。

第十章

所有者权益

学习目标

知识目标： 通过本章的学习，要求了解所有者权益的分类，所有者权益的特征；掌握实收资本（或股本）增加的途径、其他综合收益核算的内容、留存收益核算的内容、盈余公积的作用、利润分配的顺序。

技能目标： 通过本章的学习，要求掌握实收资本增加的会计核算、资本公积的会计核算、提取盈余公积的会计核算、盈余公积转增资本的会计核算、利润分配的会计核算。

企业的组织形式对资产、负债的会计处理并无重大影响，但涉及所有者权益的会计处理却不大一样。企业分为公司制企业和非公司制企业，本章主要介绍公司制企业中的有限责任公司和股份有限公司所有者权益的核算。

公司注册

第一节 所有者权益概述

一、所有者权益的含义

所有者权益，是指企业资产扣除负债后，由所有者享有的剩余权益，公司的所有者权益又称股东权益。

二、所有者权益的特征（与负债相比较）

（1）所有者权益不存在确定的偿还日期。债权人享有的权益具有明确的时限和偿还金额，一旦企业偿还了负债，债权人的权益随即消失。

（2）所有者对资产的要求权在顺序上置于债权人之后。所有者权益在数额上为资产减去负债后的剩余金额。企业在发生清算时，债权人的权益优先得到清偿，所有者对资产的要求权在顺序上置于债权人之后，只有在所有债权人的权益得到清偿后，剩余的权益才归所有者所有。

（3）所有者凭借其所有者权益，有权决定企业的经营方针，有权请求分得企业的利润。债权人只有要求偿还其债权的权利，无权行使上述决策，也无权分得企业的利润。

三、所有者权益的来源和构成

所有者权益的来源和构成如图10-1所示。

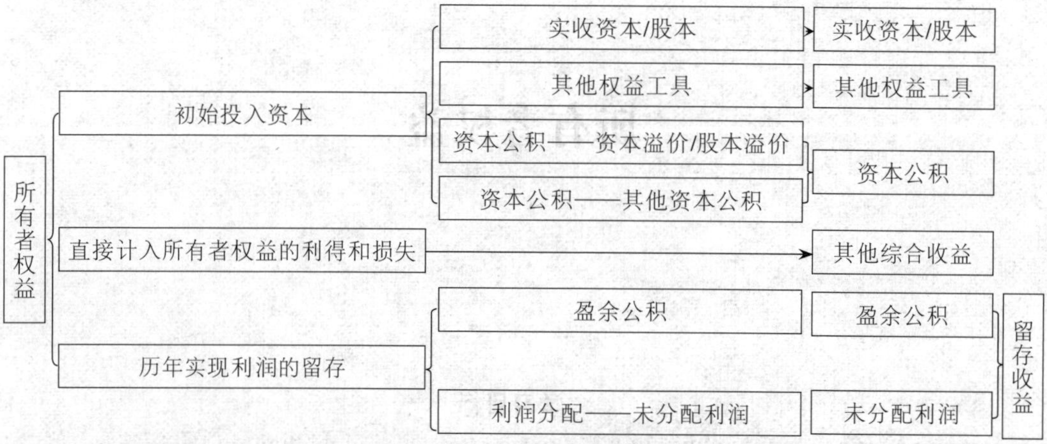

图10-1　所有者权益的来源和构成

第二节　实收资本（或股本）

一、投资者投入资本的基本内容

（一）概念

微课10-1

什么是全面注册制？

投资者投入资本是指所有者在企业注册资本的范围内实际投入的资本，是出资人作为资本实际投入企业的资金数额，进一步划分为实收资本和资本公积。

企业在收到投资者实际投入资本时，构成法定注册资本的部分形成企业的实收资本，超过按照投资比例计算的部分作为资本溢价。

企业设立时最低注册资本额的要求，企业注册资本为在市场监督管理部门登记的资本总额。根据这一规定，公司设立时，公司的实收资本即注册资本。

股份有限公司中，实收资本称为股本。股本为公司的注册资本，它是股份有限公司的股票面值之和（我国上市公司每张股票面值为1元）。

另外，公司初始设立时，注册资本等于实收资本。随着公司的经营，如新的投资者加入、原投资者退出，以及转增资本等，均会引起实收资本的增减变动。《中华人民共和国公司法》规定，实收资本增减变动超过注册资本20%的，应向原登记机关申请变更登记。

投资者投入资本按照投资主体可以分为国家投入资本、法人投入资本、个人投入资本、外商投入资本。

（二）特点

实收资本是投资者投入资本形成法定资本的价值，所有者向企业投入的资本，在一般情况下无须偿还，可以长期使用。实收资本的构成比例，即投资者的出资比例或股东的股份比例，通常是确定所有者在企业所有者权益中所占的份额和参与企业财务经营决策的基础，也是企业进行利润分配或股利分配的依据，同时还是企业清算时确定所有者对净资产的要求权的依据。

（三）账户设置

企业应当设置“实收资本”账户，核算企业接受投资者投入的实收资本，股份有限公司应将该账户改为“股本”。投资者可以用现金投资，也可以用现金以外的其他有形资产投资，符合国家规定比例的，还可以用无形资产投资。企业收到投资时，一般应进行以下会计处理：收到投资者投入的现金，应在实际收到或者存入企业开户银行时，按实际收到的金额，借记“银行存款”账户，以实物资产投资的，应在办理实物产权转移手续时，借记有关资产账户，以无形资产投资的，应按照合同、协议或企业章程规定移交有关凭证时，借记“无形资产”账户，按投入资本在注册资本或股本中所占份额，贷记“实收资本”或“股本”账户，按其差额，贷记“资本公积——资本溢价”或“资本公积——股本溢价”等账户。

（四）投入方式

按照公司法的规定，有限责任公司的股东可以用货币出资，也可以用实物、知识产权、土地使用权等可以用货币估价并可以依法转让的非货币财产作价出资，但是，法律、行政法规规定不得作为出资的财产除外。

二、实收资本或股本的账务处理

（一）接受投资

1.接受现金资产投资

（1）股份有限公司以外的企业接受现金资产投资。

股份有限公司以外的企业接受现金资产投资时，应以实际收到的金额或存入企业开户银行的金额，借记“银行存款”等账户，按投资合同或协议约定的投资者在企业注册资本中所占份额的部分，贷记“实收资本”账户，企业实际收到或存入开户银行的金额超过投资者在企业注册资本中所占份额的部分，贷记“资本公积——资本溢价”账户。

【例10-1】甲、乙、丙共同出资设立ABC有限责任公司，公司注册资本为30 000 000元，甲、乙、丙持股比例分别为50%、30%和20%。2×23年1月5日，ABC有限责任公司如期收到各投资者一次性缴足的款项。

根据有关原始凭证，编制如下会计分录：

借：银行存款	30 000 000	
贷：实收资本——甲		15 000 000
——乙		9 000 000
——丙		6 000 000

（2）股份有限公司接受现金资产投资。

股份有限公司发行股票时，既可以按面值发行股票，也可以溢价发行（我国目前不允许折价发行）。股份有限公司在核定的股本总额及核定的股份总额的范围内发行股票时，应在实际收到现金资产时进行会计处理。股份有限公司发行股票收到现金资产时，借记“银行存款”等账户，按每股股票面值和发行股份总数的乘积计算的金额，贷记“股本”账户，实际收到的金额与该股本之间的差额，贷记“资本公积——股本溢价”账户。

股份有限公司发行股票发生的手续费、佣金等交易费用，应从溢价中抵扣，冲减资本公积（股本溢价）。

【例 10-2】甲公司发行普通股20 000 000股，每股面值为1元，发行价格为6元。股款120 000 000元已经全部收到。

根据有关原始凭证，编制如下会计分录：

计入股本的金额=20 000 000×1=20 000 000（元）

计入资本公积的金额=（6-1）×20 000 000=100 000 000（元）

借：银行存款　　120 000 000

　贷：股本　　20 000 000

　　资本公积——股本溢价　　100 000 000

2.接受非现金资产投资

（1）接受投入固定资产。

【例 10-3】甲有限责任公司于设立时收到乙公司作为资本投入的不需要安装的机器设备一台，合同约定该机器设备的价值为2 000 000元，增值税进项税额为260 000元（由投资方支付税款，并提供或开具增值税专用发票）。经约定，甲有限责任公司接受乙公司的投入资本为2 260 000元，全部作为实收资本。合同约定的固定资产价值与公允价值相符，不考虑其他因素。甲有限责任公司应编制如下会计分录：

借：固定资产　　2 000 000

　应交税费——应交增值税（进项税额）　　260 000

　贷：实收资本——乙公司　　2 260 000

（2）接受投入材料物资。

【例 10-4】乙有限责任公司于设立时收到B公司作为资本投入的原材料一批，该批原材料投资合同或协议约定价值（不含可抵扣的增值税进项税额部分）为100 000元，增值税进项税额为13 000元（由投资方支付税款，并提供或开具增值税专用发票）。合同约定的价值与公允价值相符，不考虑其他因素。乙有限责任公司对原材料按实际成本进行日常核算。乙有限责任公司应编制如下会计分录：

借：原材料　　100 000

　应交税费——应交增值税（进项税额）　　13 000

　贷：实收资本——B公司　　113 000

（3）接受投入无形资产。

【例 10-5】丙有限责任公司于设立时收到A公司作为资本投入的非专利技术一项，投资合同约定的价值为60 000元，增值税进项税额为3 600元（由投资方支付税款，并提供或开具增值税专用发票）；同时收到B公司作为资本投入的土地使用权一项，投资合同约定的价值为80 000元，增值税进项税额为7 200元（由投资方支付税款，并提供或开具增值税专用发票）。合同约定的资产价值与公允价值相符，不考虑其他因素。丙有限责任公司应编制如下会计分录：

借：无形资产——非专利技术　　60 000

　　　　——土地使用权　　80 000

　应交税费——应交增值税（进项税额）　　10 800

　贷：实收资本——A公司　　63 600

　　　　　——B公司　　87 200

（二）实收资本（或股本）的增加

一般企业增加资本主要有三个途径：接受投资者追加投资、资本公积转增资本和盈余公积转增资本。

企业按规定接受投资者追加投资时，其核算方法与投资者初次投入时相同。资本公积转为实收资本或者股本时，借记“资本公积——资本溢价”或“资本公积——股本溢价”账户，贷记“实收资本”或“股本”账户。将盈余公积转为实收资本时，借记“盈余公积”账户，贷记“实收资本”或“股本”账户。

需要注意的是，由于资本公积和盈余公积均属于所有者权益，用其转增资本时，如果是独资企业比较简单，直接结转即可。如果是股份有限公司或有限责任公司应该按照原投资者各自出资比例相应增加各投资者的出资额。

1.接受投资者追加投资

【例10-6】甲、乙、丙三人共同投资设立了A有限责任公司，原注册资本为400 000元，分别出资50 000元、200 000元和150 000元。为扩大经营规模，经批准，A公司注册资本扩大为500 000元，甲、乙、丙按照原出资比例分别追加投资12 500元、50 000元和37 500元。A公司如期收到甲、乙、丙追加的现金投资，应编制如下会计分录：

借：银行存款	100 000	
贷：实收资本——甲		12 500
——乙		50 000
——丙		37 500

2.资本公积转增资本

【例10-7】承【例10-6】因扩大经营规模需要，经批准，A公司按原出资比例将资本公积100 000元转增资本。

借：资本公积	100 000	
贷：实收资本——甲		12 500
——乙		50 000
——丙		37 500

3.盈余公积转增资本

【例10-8】承【例10-6】因扩大经营规模需要，经批准，A公司按原出资比例将盈余公积100 000元转增资本。

借：盈余公积	100 000	
贷：实收资本——甲		12 500
——乙		50 000
——丙		37 500

4.其他情况

（1）股份有限公司发放股票股利。

股份有限公司采用发放股票股利实现增资的，应在办理增资手续后，借记“利润分配——转作股本的股利”账户，贷记“股本”账户。

（2）可转换公司债券持有人行使转换权利。

可转换公司债券持有人行使转换权利，将其持有的债券转换为股票，按可转换公司债券的余额，借记“应付债券——可转换公司债券（面值、利息调整）”账户，按其权益成分的金额，借记“资本公积——其他资本公积”账户，按股票面值和转换的股数计算的股票面值总额，贷记“股本”账户，按其差额，贷记“资本公积”账户。

（3）企业将重组债务转为资本。

企业将重组债务转为资本的，应按重组债务的账面余额，借记“应付账款”等账户，按债权人因放弃债权而享有本企业股份的面值总额，贷记“实收资本”或“股本”账户，按股份的公允价值总额与相应的实收资本或股本之间的差额，贷记或借记“资本公积——资本溢价”或“资本公积——股本溢价”账户，按其差额，贷记“营业外收入——债务重组利得”账户。

（三）实收资本（或股本）的减少

企业实收资本（或股本）减少的原因大体有三种：一是资本过剩；二是企业发生重大亏损而需要减少实收资本；三是因企业发展需要而调节资本结构。

有限责任公司和一般企业发还投资的会计处理比较简单，按法定程序报经批准减少注册资本的，借记“实收资本”账户，贷记“银行存款”等账户。

股份有限公司由于采用的是发行股票的方式筹集股本，发还股款时，则要回购发行的股票，发行股票的价格与股票面值可能不同，回购股票的价格也可能与发行价格不同，会计处理较为复杂。股份有限公司因减少注册资本而回购本公司股份的，应按实际支付的金额，借记“库存股”账户，贷记“银行存款”等账户。注销库存股时，应按股票面值和注销股数计算的股票面值总额，借记“股本”账户，按注销库存股的账面余额，贷记“库存股”账户，按其差额，冲减股票发行时原计入资本公积的溢价部分，借记“资本公积——股本溢价”账户，回购价格超过上述冲减“股本”及“资本公积——股本溢价”账户的部分，应依次借记“盈余公积”“利润分配——未分配利润”等账户；如回购价格低于回购股份所对应的股本，所注销库存股的账面余额与所冲减股本的差额作为增加股本溢价处理，按回购股份所对应的股本面值，借记“股本”账户，按注销库存股的账面余额，贷记“库存股”账户，按其差额，贷记“资本公积——股本溢价”账户。

【例10-9】甲股份有限公司（以下简称“甲公司”）截至2×22年12月31日共发行股票3 000万股，股票面值为1元，资本公积（股本溢价）600万元，盈余公积400万元。经股东大会批准，甲公司以现金回购本公司股票300万股并注销。假定甲公司按照每股4元回购股票，不考虑其他因素。

根据有关原始凭证，编制如下会计分录：

库存股的成本=300×4=1 200（万元）

借：库存股	12 000 000	
贷：银行存款		12 000 000
借：股本	3 000 000	
资本公积——股本溢价	6 000 000	
盈余公积	3 000 000	
贷：库存股		12 000 000

【例10-10】接【例10-9】，假定甲公司以每股0.9元回购股票，其他条件不变。

根据有关原始凭证，编制如下会计分录：

库存股的成本=300×0.9=270（万元）

借：库存股 2 700 000

　贷：银行存款 2 700 000

借：股本 3 000 000

　贷：库存股 2 700 000

　　资本公积——股本溢价 300 000

由于甲公司以低于面值的价格回购股票，股本与库存股成本的差额30万元应作增加资本公积处理。

第三节 其他权益工具

一、其他权益工具的概念

其他权益工具是企业发行的除普通股以外的按照准则规定归类为权益工具的各种金融工具，如优先股、永续债等。企业应根据所签订金融工具的合同条款及其所反映的经济实质而非仅以法律形式，结合金融资产、金融负债和权益工具的定义，在初始确认时将该金融工具或其组成部分分类为金融资产、金融负债或权益工具。

优先股是指依照《中华人民共和国公司法》（以下简称《公司法》），在一般规定的普通种类股份之外，另行规定的其他种类股份，其股份持有人优先于普通股股东分配公司利润和剩余财产，但参与公司决策管理等权利受到限制。优先股每股票面金额为100元。其特点有：

（1）优先股的股东对公司资产、利润分配等享有优先权，其风险较小。

（2）对公司的经营没有参与权，优先股股东不能退股，只能通过优先股的赎回条款被公司赎回。

永续债是指没有到期日的债券，一般由主权国家、大型企业发行，持有人不能要求清偿本金，但可以按期取得利息。永续债的特点主要体现在高票息、长久期、附加赎回条款并伴随利率调整条款。

符合负债条件的优先股、永续债，应当分类为金融负债。

二、其他权益工具的账务处理

其他权益工具账务处理的基本原则：对于归类为权益工具的金融工具，无论其名称中是否包含“债”，其利息支出或股利分配都应当作为发行企业的利润分配处理，其回购、注销等作为权益的变动处理；对于归类为金融负债的金融工具，无论其名称中是否包含“股”，其利息支出或股利分配原则上按照借款费用进行处理，其回购或赎回产生的利得或损失等计入当期损益。

企业（发行方）发行金融工具，其发生的手续费、佣金等交易费用，如分类为债务工具且以摊余成本计量，应当计入所发行工具的初始计量金额；如分类为权益工具，应当从权益（其他权益工具）中扣除。

为加强对其他权益工具的核算和监督，企业应当设置所有者权益类“其他权益工具”账户，核算企业发行的除普通股以外的归类为权益工具的各种金融工具，并按发行其他权益工具的种类设置“优先股”“永续债”明细账户进行明细核算。企业按规定发行其他权益工具时，应按照实际收到的金额（发行价扣除发生的手续费、佣金等交易费用），借记“银行存款”等账户，贷记“其他权益工具”账户；在存续期间分派股利的，作为利润分配处理，应根据经批准的股利分配方案，按应分配给金融工具持有者的股利金额，借记“利润分配——应付优先股股利（或应付永续债股利）”账户，贷记“应付股利——优先股股利（或应付永续债股利）”等账户；企业按规定赎回其他权益工具时，借记“库存股——其他权益工具”账户，贷记“银行存款”等账户；注销时，借记“其他权益工具”账户，贷记“库存股——其他权益工具”账户。

第四节　资本公积

一、资本公积概述

资本公积，是指企业收到投资者的超出其在企业注册资本（或股本）中所占份额的投资，以及其他资本公积等。

（一）资本公积的内容

资本公积包括资本（或股本）溢价和其他资本公积。

资本（或股本）溢价包括有限责任公司的资本溢价和股份有限公司的股本溢价两部分。资本溢价是企业投资者投入的资金超过其在注册资本中所占份额的部分。股本溢价是股份有限公司发行股票实际收到的款额超过其股票面值总额的部分。

与实收资本（或股本）不同，资本公积不直接反映企业所有者在企业的基本产权关系，不作为企业持续经营期间进行利润或股利分配的依据。

（二）资本公积的用途

资本公积主要用于转增资本（或股本），按照公司法的规定，法定公积金（资本公积和盈余公积）转为资本时，所留存的该项公积金不得少于转增前企业注册资本的25%。

企业按规定程序增资时，应按转增前的实收资本（或股本）的结构或比例，将转增的金额记入“实收资本”（或“股本”）账户下各个所有者的明细分类账。

（三）资本公积的特点

（1）资本公积主要产生于企业投资人的投资和捐赠人的捐入。作为一种来自企业外部的非借入资本，资本公积与实收资本统称为“投入资本”。

（2）资本公积作为实收资本以外的投入资本，显然具有“准资本”特征。企业增资扩股时资本公积可以转增资本。

（3）资本公积与留存收益都由全体所有者享有，但与留存收益不同的是，资本公积不是企业收益的积累。

二、资本公积的确认和计量

（一）资本（或股本）溢价

1.资本溢价

除股份有限公司外的其他类型的企业，在企业创立时，投资者认缴的出资额与注册资本一致，一般不会产生资本溢价。但在企业重组或有新的投资者加入时，常常会出现资本溢价。因为在企业进行正常生产经营后，其资本利润率通常要高于企业初创阶段，另外，企业有内部积累，新投资者加入企业后，对这些积累将来也要分享，所以新加入的投资者往往要付出大于原投资者的出资额，才能取得与原投资者相同的出资比例。投资者多缴的部分计入资本溢价。

【例10-11】A有限责任公司由两位投资者投资200 000元设立，每人各出资100 000元。一年后，为扩大经营规模，经批准，A有限责任公司注册资本增加到300 000元，并引入第三位投资者加入。按照投资协议，新投资者需缴入现金110 000元，同时享有该公司1/3的股份。A有限责任公司已收到该现金投资。假定不考虑其他因素。A有限责任公司应编制如下会计分录：

借：银行存款　110 000
　贷：实收资本　100 000
　　资本公积——资本溢价　10 000

2.股本溢价

股份有限公司是以发行股票的方式筹集股本的，股票是企业签发的证明股东按其所持股份享有权利和承担义务的书面证明。股票按照股东享有的权利不同可分为普通股和优先股。由于股东按其所持企业股份享有权利和承担义务，为了反映和便于计算各股东所持股份占企业全部股本的比例，企业的股本总额应按股票的面值与股份总数的乘积计算。国家规定，实收股本总额应与注册资本相等。因此，为提供企业股本总额及其构成及注册资本等信息，在采用与股票面值相同的价格发行股票的情况下，企业发行股票取得的收入，应全部记入“股本”账户；在采用溢价发行股票的情况下，企业发行股票取得的收入，相当于股票面值的部分记入“股本”账户，超出股票面值的溢价收入记入“资本公积——股本溢价”账户。

优先股

发行股票相关的手续费、佣金等交易费用，如果是溢价发行股票的，应从溢价中抵扣，冲减资本公积（股本溢价）；无溢价发行股票或溢价金额不足以抵扣的，应将不足抵扣的部分冲减盈余公积，盈余公积不足抵扣的，冲减未分配利润。

【例10-12】甲公司委托B证券公司代理发行普通股4 000 000股，每股面值1元，按每股1.2元的价格发行。公司与受托单位约定，按发行收入的3%收取手续费，从发行收入中扣除。假如收到的股款已存入银行。

根据有关原始凭证，编制如下会计分录：

公司收到受托发行单位交来的现金=4 000 000×1.2×（1-3%）=4 656 000（元）

应计入资本公积的金额=溢价收入-发行手续费

=4 000 000×（1.2-1）-4 000 000×1.2×3%=656 000（元）

借：银行存款　4 656 000
　贷：股本　4 000 000
　　资本公积——股本溢价　656 000

（二）其他资本公积

其他资本公积涉及的情况相对比较复杂，下面简单介绍三种。

（1）企业的长期股权投资采用权益法核算时，因被投资单位除净损益、其他综合收益以及利润分配以外的所有者权益的其他变动（主要包括被投资单位接受其他股东的资本性投入、被投资单位发行可分离交易的可转债中包含的权益成分、以权益结算的股份支付、其他股东对被投资单位增资导致投资方持股比例变动等），投资企业按应享有份额而增加或减少的资本公积，直接计入投资方所有者权益（资本公积——其他资本公积）。在处置长期股权投资时，应转销与该笔投资相关的其他资本公积。

【例 10-13】C 有限责任公司于 2×22 年 1 月 1 日向 F 公司投资 8 000 000 元，拥有该公司 20% 的股份，并对该公司有重大影响，对 F 公司长期股权投资采用权益法核算。2×22 年 12 月 31 日，F 公司除净损益、其他综合收益和利润分配之外的所有者权益增加了 1 000 000 元。假定除此以外，F 公司的所有者权益没有变化，C 有限责任公司的持股比例没有变化，F 公司资产的账面价值与公允价值一致，不考虑其他因素。C 有限责任公司应编制如下会计分录：

C有限责任公司对F公司投资增加的资本公积=1 000 000×20%=200 000（元）

借：长期股权投资——F公司　　200 000

　贷：资本公积——其他资本公积　　200 000

（2）以权益结算的股份支付换取职工或其他方提供服务的，应按照确定的金额，将当期取得的服务计入相关资产成本或当期费用，同时增加资本公积（其他资本公积）。根据国家有关规定企业实行股权激励的，如果在等待期内取消了授予的权益工具，企业应在进行权益工具加速行权处理时，将剩余等待期内应确认的金额计入当期损益，并同时确认资本公积（其他资本公积）。

（3）企业集团（由母公司和其全部子公司构成）内发生的股份支付交易，如结算企业为接受服务企业的投资者，应当按照授予日权益工具的公允价值或应承担负债的公允价值确认为对接受服务企业的长期股权投资，同时确认资本公积（其他资本公积）或负债。

（三）资本公积转增资本的会计处理

经股东大会或类似机构决议，用资本公积转增资本时，应冲减资本公积，同时按照转增前的实收资本（或股本）的结构或比例，将转增的金额记入“实收资本”或“股本”账户下各所有者的明细分类账。

第五节　其他综合收益

其他综合收益，是指企业根据其他会计准则规定未在当期损益中确认的各项利得和损失。包括以后会计期间不能重分类进损益的其他综合收益和以后会计期间满足规定条件时将重分类进损益的其他综合收益两类。

微课 10-2

什么是其他综合收益?

一、以后会计期间不能重分类进损益的其他综合收益

以后会计期间不能重分类进损益的其他综合收益，主要包括：

（1）重新计量设定受益计划净负债或净资产变动导致的变动。

（2）按权益法核算因被投资单位重新计量设定受益计划净负债或净资产变动导致的权益变动，投资企业按持股比例计算确认的该部分其他综合收益项目。

（3）在初始确认时，企业可以将非交易性权益工具指定为以公允价值计量且其变动计入其他综合收益的金融资产，该指定后不得撤销。

二、以后会计期间满足规定条件时将重分类进损益的其他综合收益

以后会计期间满足规定条件时将重分类进损益的其他综合收益，主要包括：

(1) 符合金融工具准则的规定，同时符合以下两个条件的金融资产应当以公允价值计量且其变动计入其他综合收益：①企业管理该金融资产的业务模式既以收取合同现金流量为目标又以出售该金融资产为目标；②该金融资产的合同条款规定，在特定日期产生的现金流量，仅为对本金和以未偿付本金金额为基础的利息的支付。当该类金融资产终止确认时，之前计入其他综合收益的累计利得或损失应当从其他综合收益中转出，计入当期损益。

(2) 按照金融工具准则的规定，将以公允价值计量且其变动计入其他综合收益的债务工具投资重分类为以摊余成本计量的金融资产的，或重分类为以公允价值计量且其变动计入当期损益的金融资产的，按规定可以将原计入其他综合收益的利得或损失转入当期损益。

(3) 采用权益法核算的长期股权投资，按照被投资单位实现其他综合收益以及持股比例计算应分享或分担的金额，调整长期股权投资的账面价值，同时增加或减少其他综合收益，应借记（或贷记）“长期股权投资——其他综合收益”账户，贷记（或借记）“其他综合收益”账户，待该项股权投资处置时，将原计入其他综合收益的金额转入当期损益。

(4) 自用房地产或存货转换为采用公允价值模式计量的投资性房地产，转换日的公允价值大于原账面价值的，其差额作为其他综合收益核算。处置该项投资性房地产时，原计入其他综合收益的部分应当转入当期损益。

第六节　留存收益

留存收益是股东权益的一个重要部分，由企业历年剩余的净收益积累而成。留存收益由盈余公积和未分配利润两部分构成。

一、盈余公积

(一) 盈余公积的形成

盈余公积，是指从企业净利润中提取的积累资金，包括法定盈余公积和任意盈余公积。

企业利润分配程序

1. 法定盈余公积

法定盈余公积，是指企业按照法律规定从净利润中提取的积累资金。我国公司法规定，公司制企业的法定盈余公积按照净利润的10%提取。按照规定，企业计提的法定盈余公积达到注册资本的50%时，可以不再计提；超过注册资本25%的部分，可以用于转增资本。

值得注意的是，如果以前年度未分配利润有盈余（即年初未分配利润余额为正数），在计算提取法定盈余公积的基数时，不应包括企业年初未分配利润；如果以前年度有未弥补的亏损（即年初未分配利润余额为负数），应先弥补以前年度亏损，再提取盈余公积。

2. 任意盈余公积

企业在计提了法定盈余公积之后，还可以根据企业需求，计提任意盈余公积。任意盈余公积的计提比例由企业自行确定。

计提盈余公积时，借记“利润分配——提取法定（或任意）盈余公积”账户，贷记“盈余公积——法定（或任意）盈余公积”账户。

（二）盈余公积的用途

由企业自行决定提取的法定盈余公积和任意盈余公积主要有以下用途：

1. 弥补亏损

企业发生亏损，应由企业自行弥补。弥补亏损的渠道有三个：一是用以后年度税前利润弥补。按照规定，企业发生亏损可以用以后年度实现的税前利润进行弥补，但弥补期限不得超过5年。二是用以后年度税后利润弥补。超过了税收规定的税前利润弥补期限，未弥补的以前年度亏损可用所得税后利润弥补。三是用盈余公积弥补。按规定用税后利润弥补的亏损，若数额较大，经董事会提议，股东大会批准，也可用盈余公积弥补。

2. 增加资本（或股本）

为了满足企业扩大再生产对资本增加的需求，经企业决策机构决议，盈余公积可按规定转增资本（或股本）。在转增资本（或股本）时：一是要先办理增资手续；二是要按原投资者的投资比例结转，以保证转增后原有的投资比例不变，股份有限公司可采用发放新股或增加每股面值的方法增加股本；三是法定盈余公积转增股本时，转增后留存的盈余公积不少于注册资本的25%。

3. 分配股利

企业无可供分配的利润，原则上不得分配股利。但在特殊情况下，当企业累积的盈余公积比较多时，为了维护企业的形象，给投资者以合理的回报，经股东大会特别决议，可用盈余公积分派股利。但若企业有未弥补的亏损，应先弥补亏损，用盈余公积分配股利的股利率不得过高，一般不得超过股票面值的6%，且分配股利后，法定盈余公积不得低于注册资本的25%。

（三）盈余公积的会计处理

企业应设置“盈余公积”账户，对盈余公积的提取、使用及结存情况进行核算和监督。该账户性质属于所有者权益类，贷方登记按规定提取的盈余公积数额，借方登记已使用的盈余公积，余额在贷方，反映企业提取的盈余公积结存额。在总账下应设置“法定盈余公积”“任意盈余公积”明细账户，进行明细分类核算。

1. 盈余公积增加的核算

公司制企业应按规定的比例从净利润中提取盈余公积，提取时应借记“利润分配”账户，贷记“盈余公积”账户。

【例10-14】甲公司2×23年度实现净利润5 000 000元，董事会提出的利润分配方案为按10%提取法定盈余公积，按20%提取任意盈余公积。

根据有关原始凭证，编制如下会计分录：

借：利润分配——提取法定盈余公积	500 000	
——提取任意盈余公积	1 000 000	
贷：盈余公积——法定盈余公积		500 000
——任意盈余公积		1 000 000

2. 盈余公积使用或减少的核算

（1）转增资本。

一般企业经批准用盈余公积转增资本时，应按照实际转增的金额，借记“盈余公积”账户，贷记“实收资本”或“股本”账户。股份有限公司经股东大会决议，用盈余公积派送新股转增资本时，应借记“盈余公积”账户，贷记“股本”账户。如果两者之间有差额，应贷记“资本公积——股本溢价”账户。

【例10-15】因扩大经营规模需要，经股东大会批准，甲股份有限公司将盈余公积400 000元转增股本。假定不考虑其他因素。甲股份有限公司应编制如下会计分录：

借：盈余公积　　400 000

　贷：股本　　400 000

（2）弥补亏损。

企业在用盈余公积弥补亏损时，应借记“盈余公积”账户，贷记“利润分配——盈余公积补亏”账户。

【例10-16】经股东大会批准，乙股份有限公司用以前年度提取的盈余公积弥补当年亏损，当年弥补亏损的金额为600 000元。假定不考虑其他因素。乙股份有限公司应编制如下会计分录：

借：盈余公积　　600 000

　贷：利润分配——盈余公积补亏　　600 000

（3）发放现金股利或利润。

企业在用盈余公积分配现金股利或利润时，应借记“盈余公积”账户，贷记“应付股利”等账户。

【例10-17】丙股份有限公司2×22年12月31日股本为50 000 000元（每股面值1元），可供投资者分配的利润为6 000 000元，盈余公积为20 000 000元。2×23年3月20日，股东大会批准了2×22年度利润分配方案，按每10股2元发放现金股利。丙股份有限公司共需要分派10 000 000元现金股利，其中动用可供投资者分配的利润6 000 000元、盈余公积4 000 000元。假定不考虑其他因素。丙股份有限公司应编制如下会计分录：

（1）发放现金股利时：

借：利润分配——应付现金股利　　6 000 000

　　盈余公积　　4 000 000

　贷：应付股利　　10 000 000

（2）支付股利时：

借：应付股利　　10 000 000

　贷：银行存款　　10 000 000

二、未分配利润

（一）未分配利润的概念

未分配利润是指企业实现的净利润经过弥补亏损、提取盈余公积和向投资者分配利润后留存在企业的、历年结存的利润。相对于所有者权益的其他部分来说，企业对未分配利润的使用有较大的自主权。

上述过程中的利润分配，是指企业根据国家有关规定和企业章程、投资者协议等，对企业当年可供分配的利润所进行的分配。利润分配以可供分配利润为基础，按以下顺序进行：（1）提取法定盈余公积；（2）提取任意盈余公积；（3）向投资者分配利润。其中，可供分配利润的计算公式如下：

可供分配利润=当年实现的净利润（或净亏损）+年初未分配利润（或-年初未弥补亏损）+其他转入

（二）未分配利润的会计处理

在会计处理上，企业应设置“利润分配——未分配利润”明细账户对未分配利润进行核算，反映企业利润的分配（或亏损的弥补）和历年分配（或弥补）后的未分配利润（或未弥补亏损）。“利润分配”账户应设置“提取法定盈余公积”“提取任意盈余公积”“应付现金股利或利润”“盈余公积补亏”“未分配利润”等明细账户进行明细核算。

年度终了，企业应将“本年利润”账户中的净利润或净亏损转入“利润分配——未分配利润”账户，同时需要结转利润分配账户所属其他明细账户余额至“利润分配——未分配利润”账户，借记“利润分配——未分配利润”账户，贷记“利润分配——提取法定盈余公积”“利润分配——提取任意盈余公积”“利润分配——应付现金股利”“利润分配——转作股本的股利”等账户。经上述结转，“利润分配——未分配利润”账户的余额如果在贷方，则为未分配利润；如果在借方，则为未弥补亏损。

【例 10-18】甲公司 2×23 年年初的未分配利润为 600 000 元，本年实现净利润 5 000 000元，按 10% 提取法定盈余公积，按 20% 提取任意盈余公积，向投资者发放现金股利 800 000元。

（1）结转本年实现的净利润：

借：本年利润	5 000 000	
贷：利润分配——未分配利润		5 000 000

（2）提取法定盈余公积、宣告发放现金股利：

借：利润分配——提取法定盈余公积	500 000	
——提取任意盈余公积	1 000 000	
——应付现金股利	800 000	
贷：盈余公积		1 500 000
应付股利		800 000

（3）将“利润分配”账户所属其他明细账户余额结转至“未分配利润”明细账户：

借：利润分配——未分配利润	2 300 000	
贷：利润分配——提取法定盈余公积		500 000
——提取任意盈余公积		1 000 000
——应付现金股利		800 000

该公司的年末未分配利润=600 000+5 000 000−500 000−1 000 000−800 000=3 300 000（元）

【思政讲堂】

全面实行股票发行注册制改革正式启动

党的十九届五中全会提出，全面实行股票发行注册制。党的二十大报告提出，健全资本市场功能，提高直接融资比重。以习近平同志为核心的党中央高度重视股票发行注册制改革。2023年初，党中央、国务院批准了《全面实行股票发行注册制总体实施方案》。

一、当前全面实行股票发行注册制的主要考虑因素

全面实行股票发行注册制，是贯彻落实党的二十大精神、全面深化资本市场改革的重大举措。2018年11月5日，习近平总书记宣布在上海证券交易所设立科创板并试点注

册制，标志着注册制改革进入启动实施阶段。此后，科创板、创业板、北交所试点注册制相继平稳落地，为全面实行股票发行注册制奠定了基础。总的看，经过4年来的试点，市场各方对注册制的基本架构、制度规则总体认同，向全市场推广的条件已经具备、水到渠成。全面实行股票发行注册制的主要任务是解决制度安排的完善定型和推广问题。通过这次改革，注册制的制度安排将得到优化和统一，覆盖各类公开发行股票行为。

二、注册制与核准制的实质区别

注册制改革当然不是仅仅把审核主体从证监会搬到了证券交易所，实质上是对政府与市场关系的调整，通过充分贯彻以信息披露为核心的理念，使发行上市全过程更加规范、透明、可预期。一是大幅优化发行上市条件。改革后，仅保留了企业公开发行股票必要的资格条件、合规条件，将核准制下的实质性门槛尽可能转化为信息披露要求，审核部门不再对企业的投资价值作出判断。二是切实把好信息披露质量关。审核工作主要通过问询来进行，督促发行人真实、准确、完整披露信息。同时，综合运用多要素校验、现场督导、现场检查、投诉举报核查、监管执法等多种方式，压实发行人的信息披露第一责任、中介机构的“看门人”责任。三是坚持开门搞审核。审核注册的标准、程序、内容、过程、结果全部向社会公开，公权力运行全程透明、严格制衡，接受社会监督，与核准制有根本的区别。

三、这次改革在完善以信息披露为核心的注册制安排方面的优化措施

审核注册机制是注册制改革的重点内容。总的思路是，保持交易所审核、证监会注册的基本架构不变，进一步明晰交易所和证监会的职责分工，提高审核注册的效率和可预期性。优化主要包括三个方面：优化注册程序；统一注册制度；完善监督制衡机制。通过这次改革，多层次资本市场体系将更加清晰，基本覆盖不同行业、不同类型、不同成长阶段的企业。

资料来源：中国政府网．全面实行股票发行注册制改革正式启动——访中国证监会有关负责人［EB/OL］．（2023-02-02）．http：//www.gov.cn/zhengce/2023-02/02/content_5739696.htm.

【复习思考】

1.简述企业的组织形式及特征。

2.简述投入资本的主要法律规定。

3.何谓资本公积？其构成内容如何？

4.试述留存收益的构成内容。

5.简述股利的分配形式及特征。

6.企业减少实收资本的原因有哪些？

【练习题】

1.某公司原注册资本400万元，A投资者希望加入，为了占有该公司注册资本10%的份额。投入10万元现金和一台机器，该机器双方确认的价值为45万元，该公司原投资者同意接纳A投资者加入，加入后注册资本为500万元，将现金收存银行，并已对机器验收。

要求：根据上述资料，编制该公司接受追加投资的会计分录。

2. 甲公司2×23年1月1日发行在外的普通股为11 600万股，每股面值1元，资本公积（股本溢价）6 000万元，盈余公积900万元。2×23年度，甲公司发生下列相关业务：经股东大会批准，以现金回购本公司发行的股票1 600万股。回购时，每股股票回购价为5元。回购后，企业将库存股注销。

要求：编制甲公司股票回购业务的会计分录。

第十一章

费用与成本

学习目标

知识目标： 通过本章的学习，要求了解费用和成本的定义；理解费用、成本、支出的关系；掌握生产成本的归集，营业成本、税金及附加、期间费用核算的内容。

技能目标： 通过本章的学习，要求能够掌握生产成本归集的账务处理；掌握营业成本、税金及附加、期间费用相关的账务处理。

第一节 费用与成本概述

一、费用的概念

1. 费用的定义

费用，是指企业在日常生产经营活动中发生的、会导致所有者权益减少的、与向所有者分配利润无关的经济利益的总流出。费用具有以下特征：

（1）费用是企业在日常生产经营活动中发生的。

（2）费用与向所有者分配利润无关。

（3）费用会导致经济利益的流出，即会直接导致资产的减少或者负债的增加。

（4）费用最终会导致所有者权益的减少。

2. 费用的确认条件

费用只有在经济利益很可能流出从而导致企业资产减少或者负债增加，且经济利益的流出能够可靠计量时才能予以确认。

符合费用定义和费用确认条件的项目，应当列入利润表。

二、费用与资产、成本和损失的关系

费用有狭义和广义之分。广义的费用，是指企业各种日常活动发生的所有耗费，狭义

的费用，是指与本期营业收入相配比的那部分耗费。费用应按照权责发生制和配比原则确认，凡应属于本期发生的费用，不论其款项是否支付，均应确认为本期费用；反之，不属于本期发生的费用，即使其款项已在本期支付，也不应确认为本期费用。

在确认费用时，首先应当划分生产费用与非生产费用的界限。生产费用，是指与企业日常生产经营活动有关的费用，如生产产品所发生的原材料费用、人工费用等；非生产费用，是指不属于生产费用的费用，如用于购建固定资产所发生的费用，不属于生产费用。其次，应当分清生产费用与产品成本的界限。生产费用与一定的期间相联系，而与生产的产品无关；产品成本与一定品种和数量的产品相联系，而不论发生在哪一期。最后，应当分清生产费用与期间费用的界限。生产费用应当计入产品成本；而期间费用直接计入当期损益。

在确认费用时，对于确认为期间费用的费用，必须进一步划分为管理费用、销售费用和财务费用。对于确认为生产费用的费用，必须根据该费用发生的实际情况分不同的费用性质将其确认为不同产品所负担的费用；对于几种产品共同发生的费用，必须按受益原则，采用一定方法和程序将其分配计入相关产品的生产成本。有关费用、资产、成本、损失之间的关系区分如下：

1. 费用与资产

资产从本质上讲是一种经济资源，并且能给企业带来未来的经济利益。企业为了得到经济利益，通常要发生费用。费用是为取得某项资产而耗费的另一项资产，即费用与资产是相互转化的。

2. 费用与成本

两者都是支付或耗费的各项资产，但是严格来讲，成本并不等于费用。费用是相对于收入而言的，当这些支出和耗费与当期收入相匹配时，即计入当期损益时，才成为当期费用。无论生产费用还是期间费用都与一定的期间相联系，而成本与一定的成本计算对象相联系，当期的成本不一定是当期的费用。

3. 费用与损失

从广义上讲，费用包括了损失。损失和费用一样都是经济利益的减少，都会导致所有者权益减少，但从狭义上讲，费用是相对收入而言的，是在日常活动中发生的，收入与费用存在着配比关系；而损失与利得是相对应的，但两者不存在配比关系，也不是在企业日常活动中发生的。

三、费用的分类

费用按经济用途分为生产费用和期间费用，按不同依据又可进行不同的划分。

1. 生产费用按经济内容分类

生产过程中发生的生产费用，按其经济内容分类，可划归为三大类：劳动对象方面的费用、劳动手段方面的费用和活劳动方面的费用。

在这一划分基础上，将生产费用划分为以下若干要素费用：材料费用、燃料费用、外购动力费用、工资费用、职工福利费、折旧费、其他生产费用。

2. 生产费用按经济用途分类

生产费用按经济用途划分，一般包括：直接材料、直接人工、燃料及动力、制造费用等。

3. 生产费用按计入产品成本的方法分类

直接费用：可分清哪种产品耗用，可直接计入该种产品成本的生产费用。

间接费用：为几种产品共同耗用，不能直接计入某种产品成本，需要先归集再按照一定标准分配的生产费用。

期间费用控制一般原则

4. 期间费用按经济用途分类

期间费用按经济用途划分，可分为销售费用、管理费用、财务费用。

四、费用的确认与计量

（一）费用确认的原则

费用的实质是资产的耗费，但并不是所有的资产耗费都是费用。因此，就需明确什么样的资产耗费应确认为费用。由于发生费用的目的是取得收入，那么费用的确认就应当与收入确认相联系，因此确认费用应遵循划分收益性支出与资本性支出原则、权责发生制原则和配比原则。

1. 划分收益性支出与资本性支出原则

按照划分收益性支出与资本性支出原则，某项支出的效益涉及几个会计年度（或几个营业周期），该项支出应予以资本化，不能作为当期的费用。如果某项支出，在一个会计期间内确认为费用，这一原则为费用的确认给定了一个时间上的总体界限。正确地区分收益性支出与资本性支出，保证了正确计量资产的价值和正确计算各期的产品成本、期间费用及损益。

2. 权责发生制原则

划分收益性支出与资本性支出原则，只是为费用的确认作出时间上的大致区分，而权责发生制原则则规定了具体在什么时点上确认费用。《企业会计制度》规定，凡是当期已经发生或应当负担的费用，不论款项是否收付，都应作为当期的费用；凡是不属于当期的费用，即使款项已在当期支付，也不应当作为当期的费用。

3. 配比原则

按照配比原则，为产生当期收入所发生的费用，应当确认为当期的费用。配比原则的基本含义是，当收入已经实现时，某些资产（如物料用品）已被消耗，或已被出售（如商品），以及劳务已经提供（如专设的销售部门人员提供的劳务），已被耗用的这些资产和劳务的成本，应当在确认有关收入的期间予以确认。如果收入要到未来期间实现，相应的费用应递延分配于未来的实际受益期间。因此，费用的确认，要根据费用与收入的相关程度，确定哪些资产耗费或负债的增加应从本期收入中扣减。

（二）费用确认的标准

根据上述费用确认原则，在确认费用时，一般应遵循以下三个标准：

1. 按费用与收入的直接联系（或称因果关系）加以确认

凡是与本期收入有直接因果关系的耗费，就应当确认为该期间的费用。这种因果关系具体表现在以下两个方面：一是经济性质上的因果性，即应予以确认的费用与期间收入项目具有必然的因果关系，不同收入的取得是由于发生了不同的费用；二是时间上的一致性，即应予以确认的费用与某项收入同时或结合起来加以确认，这一过程也就是收入与费用配比的过程。例如，如果企业销售出去的商品是直接与所产生的营业收入相联系的，那么该项销售商品的成本就可以随同本期实现的销售收入而作为该期的费用；如果企业采用分期收款方式销售商品，应按合同约定的收款日期分期确认收入，在这种情况下，按商品全部销售成本与全部销售收入的比率，计算出本期应结转的营业成本，并与本期所确认的营业收入相配比。

2. 直接作为当期费用确认

在企业中，有些支出不能提供明确的未来经济利益，并且对这些支出加以分摊也没有意义，这时这些费用就应采用这一标准，直接作为当期费用予以确认。例如，固定资产日常修理费等。这些费用虽然与跨期收入有联系，但由于不确定性因素，往往不能肯定地预计其收益所涉及的期间，因而直接列作当期的费用。

3. 按系统、合理的分摊方式确认

如果费用的经济效益有望在若干个会计期间发生，并且只能大致和间接地确定其与收益的联系，该项费用就应当按照合理的分配程序，在利润表中确认为一项费用。例如，固定资产的折旧和无形资产的摊销都属于这种情况。一般地，我们将这类费用称为折旧或摊销。

（三）费用的计量

费用是通过所使用或所耗用的商品或劳务的价值来计量的，通常的费用计量标准是实际成本。《企业会计制度》规定，企业在生产经营过程中所发生的其他各项费用，应当以实际发生数计入成本、费用。

费用是资产的一种转化形式。有些资产将会使几个会计期间受益，在通过系统、合理的分摊而形成费用时，是以其资产取得成本的实际数进行计量的。例如，固定资产的折旧要按固定资产原始价值和规定使用年限来计算。无形资产的摊销、长期待摊费用的摊销也都属于这种情况。有些费用可以立即确认，这时可以按其实际发生额进行计量。

总之，企业应按实际成本来计量费用，不得以估计成本或计划成本代替实际成本。

第二节 生产成本

一、生产成本概述

（一）定义

生产成本，是指企业进行工业性生产，包括生产各种产品（如产成品、自制半成品等）、自制材料、自制工具、自制设备和提供劳务等发生的各项直接生产费用和间接生产费用的总和。

（二）生产成本和费用的关系

1. 成本是对象化的费用

生产成本是相对于一定的产品而言所发生的费用，是按照产品品种等成本计算对象对当期发生的费用进行归集所形成的。在按照费用的经济用途分类中，企业一定期间发生的直接费用和间接费用的总和构成一定期间产品的生产成本。

2. 成本与费用是相互转化的

企业在一定期间发生的直接费用按照成本计算对象进行归集；间接费用则通过分配计入各成本计算对象，使本期发生的费用予以对象化，转化成成本。

（三）生产成本的内容

企业的产品成本项目可以根据企业的具体情况自行设定，一般包括直接材料、燃料及动力、直接人工和制造费用等。

1. 直接材料

直接材料，是指构成产品实体的原料、主要材料以及有助于产品形成的辅助材料、设备配件、外购半成品的消耗。

微课 11-1

生产成本和制造费用的区别

2. 燃料及动力

燃料及动力，是指直接用于产品生产的外购和自制的燃料及动力。

3. 直接人工

直接人工，是指直接参加生产的工人工资及按生产工人工资和规定比例计提的职工福利费、住房公积金、工会经费、职工教育经费等。

4. 制造费用

制造费用，是指直接用于产品生产，但不便于直接计入产品成本，因而没有专设成本项目的费用，以及间接用于产品生产的各项费用，如生产单位管理人员的职工薪酬、生产单位固定资产的折旧费和修理费、物料消耗、办公费、水电费、保险费、劳动保护费等费用项目。

二、生产成本账户设置及其账务处理

微课 11-2

生产成本小知识

（一）账户设置

企业应设置“生产成本”“制造费用”账户。“生产成本”账户核算企业进行工业性生产发生的各项生产成本，包括生产各种产品（如产成品、自制半成品等）、自制材料、自制工具、自制设备等的成本。本账户可按“基本生产成本”和“辅助生产成本”进行明细核算。基本生产成本应当分别按照基本生产车间和成本核算对象（如产品的品种、类别、订单、批别、生产阶段等）设置明细账（或成本计算单，下同），并按照规定的成本项目设置专栏。

“制造费用”账户用来核算生产车间管理人员的职工薪酬、折旧费、修理费、办公费、水电费、物料消耗、劳动保护费、租赁费、保险费、季节性和修理期间的停工损失等。

企业应将生产经营过程中发生的各种耗费，按其耗用情况直接或分配计入各有关成本类账户。对基本生产车间发生的直接材料和直接人工等费用，记入“生产成本——基本生产成本”账户，对于基本生产车间发生的间接费用通过“制造费用”账户核算。对辅助生产车间发生的费用，通过“生产成本——辅助生产成本”账户核算。

各辅助生产车间在计算出各自的劳务成本后，按提供劳务量的情况分配计入各有关成本费用账户。如果辅助生产车间也单独核算本身发生的制造费用，月末还应先将这些制造费用分配计入辅助生产成本。

（二）账务处理

（1）企业发生的各项直接生产成本，借记“生产成本——基本生产成本（或辅助生产成本）”账户，贷记“原材料”“库存现金”“银行存款”“应付职工薪酬”等账户。

（2）各生产车间应负担的制造费用，借记“生产成本——基本生产成本（或辅助生产成本）”账户，贷记“制造费用”账户。

（3）辅助生产车间为基本生产车间、企业管理部门和其他部门提供的劳务和产品，期（月）末按照一定的分配标准分配给各受益对象，借记“生产成本——基本生产成本”“管理费用”“销售费用”“其他业务成本”“在建工程”等账户，贷记“生产成本——辅助生产成本”账户。

（4）期末，按照一定的方法，将按产品归集的累计费用在已完工产品和在产品之间进行分配，计算出完工产品和期末在产品的实际成本。然后，将完工产品负担的生产费用从“生产成本”账户转入“库存商品”账户，借记“库存商品”等账户，贷记“生产成本——基本生产成本”账户。

（5）“生产成本”账户期末为借方余额，反映企业尚未加工完成的在产品成本。

三、生产成本的归集和分配

（一）材料费用的归集和分配

产品生产中消耗的各种材料物资的货币表现就是材料费用。在一般情况下，材料费用包括产品生产中消耗的原料、主要材料、辅助材料和外购半成品等。材料费用的归集和分配，是由财会部门在月份终了时，将当月发生应计入成本的全部领料单、限额领料单、退料单等各种原始凭证，按产品和用途进行归集，编制“发出材料汇总表”。对直接用于制造产品的材料费用，能够直接计入的，直接计入该产品成本计算单中“直接材料”项下。只有在几种产品合用一种材料时，才采用适当方法，分配计入该产品成本计算单中“直接材料”项下。在实际工作中，常用的分配方法是按各种产品的材料定额耗用量的比例，或按各种产品的重量比例分配。归集和分配之后，根据分配的结果编制“发出材料汇总表”，据此登记有关明细账和产品成本计算单。

【例11-1】某企业本月发生材料费用见表11-1。

表11-1　　**发出材料汇总表**

2×22年12月31日　　单位：元

项目	车间	原材料	低值易耗品	合计
生产成本	一车间：甲产品	20 000		20 000
	乙产品	15 000		15 000
	二车间：甲产品	10 000		10 000
	乙产品	12 000		12 000
	机修车间	2 500	300	2 800
	小计	59 500	300	59 800
制造费用	一车间	1 000	7 500	8 500
	二车间	1 500	3 000	4 500
	小计	2 500	10 500	13 000
管理成本	厂部	200	450	650
	合计	62 200	11 250	73 450

（1）根据有关原始凭证，编制领用原材料的会计分录：

借：生产成本——基本生产成本（甲产品）	30 000	
——基本生产成本（乙产品）	27 000	
——辅助生产成本	2 500	
制造费用	2 500	
管理费用	200	
贷：原材料		62 200

（2）根据有关原始凭证，编制领用低值易耗品的会计分录：

借：制造费用	10 500	
生产成本——辅助生产成本	300	
管理费用	450	
贷：低值易耗品		11 250

（二）工资费用的归集和分配

1. 职工薪酬的构成内容

职工薪酬，是指企业为获得职工提供的服务或解除劳动关系而给予的各种形式的报酬或补偿。职工薪酬包括短期薪酬、离职后福利、辞退福利、其他长期职工福利等。

2. 职工薪酬的确认和计量

职工薪酬作为企业的一项负债，除因解除与职工的劳动关系给予的补偿外，应根据职工提供服务的受益对象分别进行处理。

（1）应由生产产品、提供劳务负担的职工薪酬，计入产品成本或劳务成本。

生产产品、提供劳务中的直接生产人员和直接提供劳务人员发生的职工薪酬，应计入生产成本，借记“生产成本”账户，贷记“应付职工薪酬”账户。

（2）应由在建工程负担的职工薪酬，计入固定生产成本。

自行建造固定资产过程中发生的职工薪酬，应计入固定资产成本，借记“在建工程”账户，贷记“应付职工薪酬”账户。

（3）应由无形资产负担的职工薪酬，计入无形资产成本。

企业自行研发无形资产过程中发生的职工薪酬，要区分情况进行处理：在研究阶段发生的职工薪酬不能计入无形资产成本；在开发阶段发生的职工薪酬应当计入无形资产成本，借记“研发支出——资本化支出”账户，贷记“应付职工薪酬”账户。

（4）除以上三项外的职工薪酬，如公司管理人员、董事会和监事会成员等人员的职工薪酬，难以确定受益对象的，均应当在发生时确认为当期损益。当支出发生时，借记“管理费用”账户，贷记“应付职工薪酬”账户。

3. 工资费用的分配

企业的工资费用应按其发生的地点和用途进行分配。企业工资费用的归集和分配，是根据工资结算凭证和工时统计记录，通过编制“工资结算汇总表”和“工资费用分配表”进行的。

【例 11-2】某企业的工资结算汇总表见表 11-2。

表11-2 **工资结算汇总表**

2×22年12月 单位：元

车间、部门		应发工资					扣款				实发工资
		标准工资	奖金	交通补助	住房补贴	应发工资	五险	住房公积金	个人所得税	小计	
一车间	生产工人	67 280	2 780	1 650	1 200	72 910	2 100	1 201	890	4 191	68 719
	管理人员	13 000	780	—	—	13 780	890	1 202	680	2 772	11 008
二车间	生产工人	74 860	7 140	1 560	1 420	84 980	2 207	1 203	901	4 311	80 669
	管理人员	14 505	670	—	—	15 175	1 001	1 204	687	2 892	12 283
供电车间		14 300	1 100	260	—	15 660	990	1 205	666	2 861	12 799
锅铲车间		15 040	1 510	480	360	17 390	780	1 206	701	2 687	14 703
企业管理部门		24 800	1 480	620	7 000	33 900	2 100	1 207	1 200	4 507	29 393
合计		223 785	15 460	4 570	9 980	253 795	10 068	8 428	5 725	24 221	229 574

对于生产车间直接从事产品生产工人的工资，能直接计入各种产品成本的，应根据“工资结算汇总表”直接记入基本生产成本明细账和产品成本计算单，并借记“生产成本——工资”账户。对于车间管理人员的工资和企业管理部门的工资，应分别记入有关的费用明细账，并分别记入“制造费用”“管理费用”账户。固定资产建造等工程人员的工资，应记入“在建工程”账户。现举例说明如下：

根据表11-2分配工资费用时，编制如下会计分录：

借：生产成本——基本生产成本 157 890
　　　　　　——辅助生产成本 33 050
　　制造费用 28 955
　　管理费用 33 900
　贷：应付职工薪酬 253 795

（三）制造费用的归集和分配

制造费用是企业为组织和管理生产所发生的各项费用，主要包括：企业各个生产单位、车间为组织和管理生产所发生的生产单位管理人员工资、职工福利费；生产单位房屋建筑物及机器设备等的折旧费、物料消耗、低值易耗品、水电费、办公费、劳动保护费、季节性及修理期间的停工损失以及其他制造费用。

这些费用是管理和组织生产而发生的间接费用，不是生产产品的直接费用，所以这些费用在发生时，不能直接计入产品成本，需要通过“制造费用”账户进行归集，然后分配计入各种产品成本。在实际工作中，企业应设置制造费用明细账，按费用项目归集这些费用。由于制造费用属于间接费用，因此要采用适当的方法在产品之间进行分配。在生产一种产品的情况下，制造费用可以直接计入该种产品成本；在生产多种产品的情况下，就需要在不同产品之间进行分配，常用的分配方法有生产工时比例法、生产工人工资比例法、预算分配率法。

为了正确反映制造费用的发生和分配，控制费用预算的执行情况，企业应将发生的制造费用记入“制造费用”账户，并建立制造费用明细账，按不同车间、部门和费用项目进行明细核算。

“制造费用”账户属于集合分配账户，借方登记制造费用的发生数，贷方登记制造费用的分配数。在一般情况下，期末应将全部费用分配出去，不留余额。制造费用是各种产品共同发生的一般费用，需要采用一定标准分配计入各种产品成本。在分配时，应从该账户的贷方转入“生产成本”账户的借方。如果车间除加工制造工业产品外，还制造一些自制材料、自制设备和自制工具，应按各自负担的数额分配转入“原材料”“在建工程”“低值易耗品”等账户的借方。

【例11-3】某企业本月发生各种制造费用如下：

（1）计提本月车间使用的固定资产折旧，共计40 000元。根据有关原始凭证，编制如下会计分录：

借：制造费用　40 000
　贷：累计折旧　40 000

（2）车间领用一般性消耗材料，其实际成本为5 000元。根据有关原始凭证，编制如下会计分录：

借：制造费用　5 000
　贷：原材料　5 000

（3）应付本月固定资产租金4 000元，以银行存款支付。根据有关原始凭证，编制如下会计分录：

借：制造费用　4 000
　贷：银行存款　4 000

（4）以现金100元购买车间办公用纸。根据有关原始凭证，编制如下会计分录：

借：制造费用　100
　贷：库存现金　100

（5）车间办事员王某报销差旅费1 500元，预借款为2 000元。根据有关原始凭证，编制如下会计分录：

借：制造费用　1 500
　　库存现金　500
　贷：其他应收款　2 000

（6）应付车间管理人员工资6 000元。根据有关原始凭证，编制如下会计分录：

借：制造费用　6 000
　贷：应付职工薪酬　6 000

（7）甲车间领用活扳手，价值12 000元（该厂低值易耗品采用分次冲销法，分两次摊销）。根据有关原始凭证，编制如下会计分录：

借：周转材料——低值易耗品——在用　12 000
　贷：周转材料——低值易耗品——在库　12 000

借：制造费用　6 000
　贷：周转材料——低值易耗品——摊销　6 000

（8）甲车间支付本月设备租金3 000元，以银行存款支付。根据有关原始凭证，编制如下会计分录：

借：制造费用　　3 000

　贷：银行存款　　3 000

（9）分配本期制造费用，总计65 600元，其中甲产品负担36 400元，乙产品负担29 200元。根据有关原始凭证，编制如下会计分录：

借：生产成本——基本生产成本（甲产品）　　36 400

　　　　　——基本生产成本（乙产品）　　29 200

　贷：制造费用　　65 600

（四）辅助生产费用的归集和分配

辅助生产主要是为基本生产服务的，生产的产品和劳务，大部分都被生产车间和管理部门所消耗，可以分为以下两类：

（1）只生产一种产品或劳务的辅助生产，如供电、供水、运输等。

（2）生产多种产品或劳务的辅助生产，如工具、模型、机修等。

辅助生产的类型不同，其费用分配、转出的程序也不一样。生产多种产品的辅助生产车间，如工具、模型等车间，它所发生的费用，应在产品完工入库后，从辅助生产账户和明细账中转出，计入原材料或低值易耗品，有关车间或部门领用时，再从“原材料”或“低值易耗品”账户转入“生产成本”或“管理费用”等账户。只生产单一品种如供电、供水等产品或劳务的辅助生产车间所发生的费用，应在月末汇总后，按各受益车间或部门耗用劳务的数量，选择适当的分配方法，进行分配后，从“生产成本——辅助生产成本”账户和明细账中转出，记入有关账户。分配单一产品或劳务费用的方法有：直接分配法、一次交互分配法、计划成本分配法、代数分配法和顺序分配法等。

第三节　费　用

费用包括企业日常活动所发生的经济利益的总流出，主要指企业为取得营业收入进行产品销售等营业活动所发生的营业成本、税金及附加和期间费用。企业为生产产品、提供劳务等发生的可归属于产品成本、劳务成本等的费用，应当在确认销售商品收入、提供劳务收入等时，将已销售商品、已提供劳务的成本确认为营业成本（包括主营业务成本和其他业务成本）。期间费用包括销售费用、管理费用和财务费用。

一、营业成本

营业成本是指企业为生产产品、提供服务等发生的可归属于产品成本、服务成本等的费用，应当在确认销售商品收入、提供服务收入等时，将已销售商品、已提供服务的成本等计入当期损益。营业成本包括主营业务成本和其他业务成本。

（一）主营业务成本

主营业务成本是指企业销售商品、提供服务等经常性活动所发生的成本。企业一般在确认销售商品、提供服务等主营业务收入时，或在月末，将已销售商品、已提供服务的成本转入主营业务成本。企业应当设置“主营业务成本”账户，用于核算企业因销售商品、提供服务等日常活动而发生的实际成本，该账户按主营业务的种类进行明细核算。企业结转已销售商品或提供服务的成本时，借记“主营业务成本”账户，贷记“库存商品”“合同履约成本”等账户。期末，将主营业务成本的余额转入本年利润，借记“本年利润”账户，贷记“主营业务成本”账户，结转后，“主营业务成本”账户无余额。

【例11-4】2×23年5月20日，甲公司向乙公司销售一批产品，开具的增值税专用发票上注明的价款为200 000元，增值税税额为26 000元；甲公司已收到乙公司支付的款项226 000元，并将提货单送交乙公司；该批产品成本为190 000元。该项销售业务属于某一时点履行的履约义务。甲公司应编制如下会计分录：

（1）销售实现时：

借：银行存款　226 000

　贷：主营业务收入　200 000

　　应交税费——应交增值税（销项税额）　26 000

借：主营业务成本　190 000

　贷：库存商品　190 000

（2）期末，将主营业务成本结转至本年利润时：

借：本年利润　190 000

　贷：主营业务成本　190 000

【例11-5】2×23年5月10日，某公司销售甲产品100件，单价1 000元，单位成本800元，开具的增值税专用发票上注明的价款为100 000元，增值税税额为13 000元，购货方尚未付款，该项销售业务属于某一时点履行的履约义务。7月25日，因产品质量问题购货方退货，并开具增值税专用发票（红字）。假定不考虑其他因素，该公司应编制如下会计分录：

（1）销售产品时：

借：应收账款　113 000

　贷：主营业务收入　100 000

　　应交税费——应交增值税（销项税额）　13 000

借：主营业务成本　80 000

　贷：库存商品——甲产品　80 000

（2）销售退回时：

借：主营业务收入　100 000

　应交税费——应交增值税（销项税额）　13 000

　贷：应收账款　113 000

借：库存商品——甲产品　80 000

　贷：主营业务成本　80 000

【例11-6】2×23年8月末，某公司计算已销售的甲、乙、丙三种产品的实际成本分别为10 000元、20 000元和25 000元。该公司月末结转已销甲、乙、丙产品的成本时，应编制如下会计分录：

借：主营业务成本　55 000

　贷：库存商品——甲产品　10 000

　　　　　　——乙产品　20 000

　　　　　　——丙产品　25 000

（二）其他业务成本

其他业务成本是指企业确认的除主营业务活动以外的其他日常经营活动所发生的支出。其他业务成本包括销售材料的成本、出租固定资产的折旧额、出租无形资产的摊销额、出租包装物的成本或摊销额等。采用成本模式计量投资性房地产的，所计提的折旧额或摊销额，也构成其他业务成本。

企业应当设置“其他业务成本”账户，核算企业确认的除主营业务活动以外的其他日常经营活动所发生的支出。“其他业务成本”账户按其他业务成本的种类进行明细核算。企业发生的其他业务成本，借记“其他业务成本”账户，贷记“原材料”“周转材料”“累计折旧”“累计摊销”“应付职工薪酬”“银行存款”等账户。期末，企业应将“其他业务成本”账户余额转入“本年利润”账户，结转后“其他业务成本”账户无余额。

【例11-7】2×23年5月10日，某公司销售一批原材料，开具的增值税专用发票上注明的价款为10 000元，增值税税额为1 300元，款项已由银行收妥。该批原材料的实际成本为7 000元。该项销售业务属于某一时点履行的履约义务。该公司应编制如下会计分录：

（1）销售实现时：

借：银行存款　　11 300

　贷：其他业务收入　　10 000

　　　应交税费——应交增值税（销项税额）　　1 300

借：其他业务成本　　7 000

　贷：原材料　　7 000

（2）期末，将其他业务成本结转至本年利润时：

借：本年利润　　7 000

　贷：其他业务成本　　7 000

【例11-8】2×23年1月5日，甲公司将自行开发完成的非专利技术出租给一家公司，该非专利技术成本为240 000元，双方约定的租赁期限为10年，甲公司每月应摊销2 000元（240 000÷10÷12）。甲公司每月摊销非专利技术成本时，应编制如下会计分录：

借：其他业务成本　　2 000

　贷：累计摊销　　2 000

【例11-9】2×23年11月22日，某公司因销售商品领用单独计价的包装物的实际成本为40 000元，开具的增值税专用发票上注明的价款为100 000元，增值税税额为13 000元，款项已存入银行。销售商品领用单独计价包装物属于销售商品和包装物两项履约义务，且属于某一时点履行的履约义务。该公司确认商品销售收入的同时应编制如下会计分录：

（1）出售包装物时：

借：银行存款　　113 000

　贷：其他业务收入　　100 000

　　　应交税费——应交增值税（销项税额）　　13 000

（2）结转出售包装物成本时：

借：其他业务成本　　40 000

　贷：周转材料——包装物　　40 000

（3）期末，将其他业务成本结转至本年利润时：

借：本年利润　40 000

　贷：其他业务成本　40 000

二、税金及附加

税金及附加是指企业经营活动应负担的相关税费，包括消费税、城市维护建设税、教育费附加、资源税、环境保护税、土地增值税、房产税、城镇土地使用税、车船税、印花税等。

企业应当设置“税金及附加”账户，核算企业经营活动发生的消费税、城市维护建设税、教育费附加、资源税、房产税、城镇土地使用税、车船税、环境保护税、印花税等相关税费。其中，按规定计算确定的与经营活动相关的消费税、城市维护建设税、资源税、教育费附加、房产税、城镇土地使用税、车船税、环境保护税等税费，企业应借记“税金及附加”账户，贷记“应交税费”账户。期末，应将“税金及附加”账户余额转入“本年利润”账户，结转后，“税金及附加”账户无余额。企业缴纳的印花税，不会发生应付未付税款的情况，不需要预计应纳税金额，同时也不存在与税务机关结算或者清算的问题。因此，企业缴纳的印花税不通过“应交税费”账户核算，于购买印花税票时，直接借记“税金及附加”账户，贷记“银行存款”账户。

【例11-10】2×23年8月1日，某公司取得应纳消费税的销售商品收入3 000 000元，该商品适用的消费税税率为25%。该公司应编制如下会计分录：

（1）计算确认应交消费税税额时：

消费税税额=3 000 000×25%=750 000（元）

借：税金及附加　750 000

　贷：应交税费——应交消费税　750 000

（2）实际缴纳消费税时：

借：应交税费——应交消费税　750 000

　贷：银行存款　750 000

【例11-11】2×23年9月，某公司当月实际缴纳的增值税为450 000元、消费税为150 000元。该公司适用的城市维护建设税税率为7%，教育费附加征收率为3%。该公司应编制与城市维护建设税、教育费附加有关的会计分录如下：

（1）计算确认应交城市维护建设税和教育费附加时：

城市维护建设税=（450 000+150 000）×7%=42 000（元）

教育费附加=（450 000+150 000）×3%=18 000（元）

借：税金及附加　60 000

　贷：应交税费——应交城市维护建设税　42 000

　　　　　　——应交教育费附加　18 000

（2）实际缴纳城市维护建设税和教育费附加时：

借：应交税费——应交城市维护建设税　42 000

　　　　　——应交教育费附加　18 000

　贷：银行存款　60 000

【例11-12】2×23年12月，某公司一幢房产的原值为2 000 000元，已知房产税税率为

1.2%，当地规定的房产税扣除比例为30%。该公司应编制如下会计分录：

（1）计算应交房产税税额时：

2 000 000×（1–30%）×1.2%=16 800（元）

借：税金及附加　　16 800

　贷：应交税费——应交房产税　　16 800

（2）实际缴纳房产税时：

借：应交税费——应交房产税　　16 800

　贷：银行存款　　16 800

【例11–13】2×23年12月，某公司按规定当月实际应交车船税24 000元，应交城镇土地使用税50 000元。该公司应编制如下会计分录：

（1）计算应缴纳的车船税、城镇土地使用税税额时：

借：税金及附加　　74 000

　贷：应交税费——应交车船税　　24 000

　　　　　　——应交城镇土地使用税　　50 000

（2）实际缴纳车船税、城镇土地使用税时：

借：应交税费——应交车船税　　24 000

　　　　——应交城镇土地使用税　　50 000

　贷：银行存款　　74 000

三、期间费用

期间费用是指企业日常活动发生的不能计入特定核算对象的成本，而应计入发生当期损益的费用。

期间费用是企业日常活动中所发生的经济利益的流出，通常不计入特定的成本核算对象。期间费用是企业为组织和管理整个经营活动所发生的费用，与可以确定特定成本核算对象的材料采购、产成品生产等没有直接关系，因而期间费用不计入有关核算对象的成本，而是直接计入当期损益。

期间费用包含以下两种情况：一是企业发生的不符合或者不再符合资产确认条件的支出，应当在发生时确认为费用，计入当期损益。二是企业发生的交易或者事项导致其承担了一项负债，而又不确认为一项资产的，应当在发生时确认为费用计入当期损益。

管理费用控制

管理费用的内容

（一）管理费用

1. 管理费用的定义及内容

管理费用，是指企业为组织和管理企业生产经营所发生的费用，包括企业在筹建期间发生的开办费、董事会和行政管理部门在企业的经营管理中发生的或者应由企业统一负担的公司经费（包括行政管理部门职工工资及福利费、物料消耗、低值易耗品摊销、办公费和差旅费等）、工会经费、董事会费（包括董事会成员津贴、会议费和差旅费等）、聘请中介机构费、咨询费（含顾问费）、诉讼费、业务招待费、技术转让费、研究费用以及企业生产车间（部门）和行政管理部门等发生的固定资产修理费用等。

企业发生的管理费用通过“管理费用”账户核算，并按费用项目设置明细账进行明细核算。期末，“管理费用”账户的发生额结转至“本年利润”账户后无余额。

2. 管理费用的账务处理

【例11-14】2×23年4月10日，某公司为拓展产品销售市场发生业务招待住宿费50 000元，取得的增值税专用发票上注明的增值税税额为3 000元，已用银行存款支付全部款项。该公司应编制如下会计分录：

借：管理费用——业务招待费　50 000
　　应交税费——应交增值税（进项税额）　3 000
　贷：银行存款　53 000

【例11-15】公司行政部2×23年4月共发生费用179 000元，其中：行政人员薪酬150 000元，行政人员差旅费21 000元（假定报销人员均未预借差旅费，以银行存款支付），其他办公费、水电费8 000元（均用银行存款支付）。假设不考虑增值税等因素，该公司应编制如下会计分录：

借：管理费用　179 000
　贷：应付职工薪酬　150 000
　　　银行存款　29 000

【例11-16】2×23年4月30日，某公司计提管理部门固定资产折旧50 000元，摊销公司管理部门用无形资产成本80 000元。该公司应编制如下会计分录：

借：管理费用　130 000
　贷：累计折旧　50 000
　　　累计摊销　80 000

【例11-17】某公司2×23年4月30日将"管理费用"账户余额359 000元结转至"本年利润"账户。该公司应编制如下会计分录：

借：本年利润　359 000
　贷：管理费用　359 000

（二）财务费用

1. 财务费用的定义及内容

财务费用，是指企业为筹集生产经营所需资金等而发生的筹资费用，包括利息支出（减利息收入）、汇兑损益以及相关的手续费等。

销售费用和财务费用控制

企业发生的财务费用通过"财务费用"账户核算，并按费用项目设置明细账进行明细核算。期末，"财务费用"账户的发生额结转至"本年利润"账户后无余额。

2. 财务费用的账务处理

【例11-18】甲公司于2×23年12月1日向银行借入生产经营用短期借款360 000元，期限6个月，年利率5%，该借款本金到期后一次归还，利息分月预提，按季支付。该公司应编制如下会计分录：

每月末，预提当月应计利息：360 000×5%÷12=1 500（元）

借：财务费用——利息支出　1 500
　贷：应付利息　1 500

【例11-19】甲公司于2×23年12月30日用银行存款支付本月应负担的短期借款利息25 440元。该公司应编制如下会计分录：

借：财务费用——利息支出　　25 440
　贷：银行存款　　25 440

【例 11-20】2×23 年 12 月 30 日，甲公司在办理银行业务时支付手续费 4 000 元（假定不考虑增值税）。该公司应编制如下会计分录：

借：财务费用　　4 000
　贷：银行存款　　4 000

【例 11-21】2×23 年 12 月 31 日，甲公司将“财务费用”账户余额 30 940 元结转至“本年利润”账户。该公司应编制如下会计分录：

借：本年利润　　30 940
　贷：财务费用　　30 940

（三）销售费用

销售费用明细科目

1. 销售费用的定义及内容

销售费用，是指企业在销售商品和材料、提供劳务或服务的过程中发生的各种费用，包括企业在销售商品过程中发生的保险费、包装费、展览费和广告费、商品维修费、预计产品质量保证损失、运输费、装卸费等，以及为销售本企业商品而专设的销售机构（包括销售网点、售后服务网点等）的职工薪酬、业务费、折旧费、固定资产修理费用等。

企业发生的销售费用通过“销售费用”账户核算，并中按费用项目设置明细账进行明细核算。期末，“销售费用”账户的发生额结转至“本年利润”账户后无余额。

2. 销售费用的账务处理

【例 11-22】某公司为增值税一般纳税人，于 2×23 年 6 月 1 日为宣传新产品发生广告费，取得的增值税专用发票上注明的价款为 100 000 元，增值税税额为 6 000 元，价税款项用银行存款支付。该公司应编制如下会计分录：

借：销售费用——广告费　　100 000
　　应交税费——应交增值税（进项税额）　　6 000
　贷：银行存款　　106 000

【例 11-23】某公司为增值税一般纳税人，于 2×23 年 6 月 12 日为销售一批产品发生运输费用，取得的增值税专用发票上注明的运输费为 7 000 元，增值税税额为 630 元，取得的增值税普通发票上注明的装卸费价税合计为 3 000 元，上述款项均用银行存款支付。该公司应编制如下会计分录：

借：销售费用　　10 000
　　应交税费——应交增值税（进项税额）　　630
　贷：银行存款　　10 630

【例 11-24】某公司为增值税一般纳税人，于 2×23 年 6 月 15 日用银行存款支付产品保险费合计 10 600 元，取得的增值税专用发票上注明的保险费为 10 000 元，增值税税额为 600 元。该公司应编制如下会计分录：

借：销售费用——保险费　　10 000
　　应交税费——应交增值税（进项税额）　　600
　贷：银行存款　　10 600

【例 11-25】某公司销售部 2×23 年 6 月共发生费用 220 000 元，其中：销售人员薪酬 100 000 元，销售部专用办公设备和房屋的折旧费 50 000 元，业务费 70 000 元（用银行存款支付）。假设不考虑其他因素，该公司应编制如下会计分录：

借：销售费用　220 000

　贷：应付职工薪酬　100 000

　　　累计折旧　50 000

　　　银行存款　70 000

【例 11-26】某公司 2×23 年 6 月 30 日将“销售费用”账户余额 340 000 元结转至“本年利润”账户。该公司应编制如下会计分录：

借：本年利润　340 000

　贷：销售费用　340 000

【思政讲堂】

多措并举助力企业减负前行

在浙江，借助数字化改革推出“一指减负”应用，2022 年以来已覆盖企业 41.1 万家，惠及市场主体 5 368 万次，累计助力企业减负 3 389 亿元。

真招实招频出，助力减负纾困。在第十一届全国减轻企业负担政策宣传周期间，国务院减轻企业负担部际联席会议办公室有关负责人表示：“今年以来，面对复杂多变的内外部环境，一系列惠企减负政策举措密集出台，帮助市场主体渡难关、复元气、促发展，取得积极成效。”

用好减税降费“连环招”，助力企业纾困发展。加快实施增值税留抵退税、缓缴部分行政事业性收费和保证金、推动金融机构进一步向实体经济合理让利。2022 年以来，各部门持续强化政策联动，加快释放政策红利。截至 2022 年 11 月 10 日，全国累计新增减税降费及退税缓税缓费超 3.7 万亿元，企业贷款加权平均利率进一步降低，达到改革开放 40 多年来最低水平；中小企业宽带和专线平均资费在 2021 年同比分别下降 33.4% 和 14.8% 的基础上 2022 年进一步降低 10%。

打好违规收费“组合拳”，缓解企业资金压力。聚焦交通物流、水电气暖、地方财经、金融、行业协会商会等重点领域，相关部门开展涉企违规收费专项整治行动，通过建立完善问题清单台账和督办制度、施行实地联合检查、开展防范和化解拖欠中小企业账款专项行动等方式，推动解决违规收费问题，更好缓解企业资金压力。

苦练优化环境“基本功”，激发市场主体活力。推进更多服务事项网上办理、制定完善物流保通保畅措施、规范市场监督管理行政处罚裁量权。2022 年以来，各主管部门持续深化“放管服”改革，为市场主体提供更多便利，降低制度性交易成本。在各方面共同努力下，我国营商环境持续改善，企业活力进一步显现，目前全国市场主体数量超过 1.6 亿户。

政策给力，企业获益。根据中国中小企业发展促进中心对近 8 000 家工业企业负担情况调查评估，九成以上企业对政府采取的减轻企业负担、优化营商环境措施表示满意，认为相关举措为应对超预期因素冲击，帮扶企业渡难关、复元气发挥重要作用。超七成企业反映税费负担适度或减轻。九成以上的企业表示治理“乱收费、乱摊派”等相关问题成效比较明显。98% 的企业反映没有遇到过涉企违规收费，或相关问题有所减轻。94% 的企业反映知晓各项惠企相关政策。超过90%的企业对工商注册登记信息变更和开办企业等政策优化感到满意。

资料来源：韩鑫. 多措并举助力企业减负前行［EB/OL］.（2022-12-21）. https：//m.gmw.cn/baijia/2022-12/21/1303230204.html.

【复习思考】

1. 简述费用、支出、成本三者的区别与联系。

2. 产品成本项目包括哪些内容？

3. 制造企业为了进行产品成本核算，应如何设置生产成本账户？

4. 期间费用包括哪些内容？

【练习题】

一、单项选择题

1. 以下关于费用的说法中，错误的是（　　）。

A. 形成于日常活动中　　B. 会导致所有者权益增加

C. 与向所有者分配利润无关　　D. 是经济利益的总流出

2. 下列会计处理中，应计入主营业务成本的是（　　）。

A. 出租无形资产的摊销额　　B. 出租固定资产的折旧额

C. 工业企业销售自产商品所发生的成本　　D. 投资性房地产每月计提的折旧

3. 2×23年某生产企业销售商品一批，售价1 000万元（不含增值税），成本为700万元；销售原材料一批，售价500万元（不含增值税），成本为250万元；出租固定资产的折旧额为20万元。该企业应确认的主营业务成本为（　　）万元。

A. 1 200　　B. 700　　C. 500　　D. 250

4. 企业针对行政管理部门打印机的修理费应计入（　　）。

A. 销售费用　　B. 管理费用

C. 主营业务成本　　D. 其他业务成本

5. 2×23年甲公司支付销售人员工资10万元，计提专设销售机构使用房屋折旧1万元，支付业务招待费5万元，支付行政部门发生的固定资产修理费用4.5万元，计提固定资产减值准备2.5万元，计提车间固定资产折旧3万元。甲公司该年应确认的期间费用为（　　）万元。

A. 26　　B. 20.5　　C. 14.5　　D. 16

二、多项选择题

1. 以下选项中，属于成本费用的有（　　）。

A. 主营业务成本　　B. 其他业务成本　　C. 税金及附加　　D. 营业外支出

2. 以下关于营业成本的表述中，错误的有（　　）。

A. 营业成本是非日常活动形成的

B. 营业成本是由主营业务成本和其他业务成本组成的

C. 营业成本会导致利润总额减少

D. 企业在确认销售商品收入时，应将已销售商品的成本计入营业外支出

3.以下选项中，应计入主营业务成本的有（　　）。

A.暴雨导致商品毁损的成本　B.非流动资产处置损失

C.工业企业销售自产产品的成本　D.服务企业提供劳务所发生的成本

4.以下选项中，应计入税金及附加的有（　　）。

A.商品销售的销项税额　B.出售固定资产的增值税

C.出售消费品的消费税　D.城市维护建设税

5.以下各项中，应计入产品成本的有（　　）。

A.直接材料成本　B.直接人工成本

C.生产车间发生的固定资产修理费用　D.销售机构相关的固定资产修理费用

6.以下选项中应在利润表“财务费用”项目下列示的有（　　）。

A.汇兑损益　B.手续费

C.售后网点的职工薪酬　D.利息支出

7.下列选项中，应计入管理费用的有（　　）。

A.诉讼费　B.聘请中介机构费

C.城镇土地使用税　D.车船税

8.下列关于管理费用的说法中，正确的有（　　）。

A.商品流通企业管理费用不多的，可不设“管理费用”账户

B.管理费用属于期间费用

C.管理费用是指企业为组织和管理企业生产经营发生的各种费用

D.企业生产车间的固定资产修理费用属于管理费用

9.以下关于财务费用的表述中，正确的有（　　）。

A.企业外贸交易时发生的汇兑损益计入财务费用

B.财务费用是指企业为筹集生产经营所需资金而发生的筹资费用

C.企业应通过“财务费用”账户核算财务费用的发生和结转情况

D.“财务费用”账户借方登记发生的各项财务费用，贷方登记期末转入“本年利润”账户的财务费用

第十二章

收入与利润

学习目标

知识目标： 通过本章的学习，要求了解收入和利润的概念；掌握收入的分类、收入的确认与计量，以及利润结转与分配的会计处理。

技能目标： 通过本章的学习，要求能进行企业收入、利润、利润分配业务的核算，会计算营业利润、利润总额、净利润和应分配的利润；能编制收入、利润、利润分配等业务相关原始凭证、记账凭证；能根据有关资料登记有关总账、明细账。

第一节 收 入

一、收入的概念及特征

（一）收入的概念

收入是指企业在日常活动中形成的、会导致所有者权益增加的、与所有者投入资本无关的经济利益的总流入。其中，日常活动是指企业为完成其经营目标所从事的经常性活动以及与之相关的其他活动。工业企业制造并销售产品、商品流通企业销售商品、咨询公司提供咨询服务、软件公司为客户开发软件、安装公司提供安装服务、建筑企业提供建造服务等，均属于企业的日常活动。企业按照本章确认收入的方式应当反映其向客户转让商品（或提供服务，以下简称“转让商品”）的模式，收入的金额应当反映企业因转让这些商品（或服务，以下简称“商品”）而预期有权收取的对价金额。

2017年7月5日，财政部修订发布了《企业会计准则第14号——收入》（以下简称“新收入准则”），这是我国企业会计准则体系修订完善、保持与国际财务报告准则持续全面趋同的重要成果。自2018年1月1日起，在境内外同时上市的企业以及境外上市并采用国际财务报告准则或企业会计准则编制财务报表的企业，开始执行新收入准则；自2020

年1月1日起，其他境内上市企业开始执行；自2021年1月1日起，执行企业会计准则的非上市企业开始执行。

（二）收入的特征

根据收入的定义，收入具有以下几方面的特征：

1. 收入是企业在日常活动中形成的

日常活动是指企业为完成其经营目标所从事的经常性活动以及与之相关的活动。例如，工业企业制造并销售产品、商业企业销售商品、保险公司签发保单、咨询公司提供咨询服务、软件企业为客户开发软件、安装公司提供安装服务、商业银行对外贷款、租赁公司出租资产等，均属于企业的日常活动。明确界定日常活动是为了将收入与利得相区分，因为企业非日常活动所形成的经济利益的流入不能确认为收入，而应当计入利得。

2. 收入是与所有者投入资本无关的经济利益的总流入

收入应当会导致经济利益的流入，从而导致资产的增加。例如，企业销售商品，应当收到现金或者在未来有权收到现金，才表明该交易符合收入的定义。但是在实务中，经济利益的流入有时是所有者投入资本的增加所导致的，所有者投入资本的增加不应当确认为收入，应当将其直接确认为所有者权益。

3. 收入会导致所有者权益的增加

与收入相关的经济利益的流入应当会导致所有者权益的增加，不会导致所有者权益增加的经济利益的流入不符合收入的定义，不应确认为收入。例如，企业向银行借入款项，尽管也导致了企业经济利益的流入，但该流入并不导致所有者权益的增加，反而使企业承担了一项现时义务。企业对于因借入款项所导致的经济利益的增加，不应将其确认为收入，而应当确认为一项负债。

二、收入的分类

按照企业从事日常活动在企业的重要性，可将收入分为主营业务收入、其他业务收入等。

1. 主营业务收入

主营业务收入，是指企业为完成其经营目标从事的经常性活动实现的收入。如工业企业制造并销售产品、商业企业销售商品、保险公司签发保单、咨询公司提供咨询服务、软件开发企业为客户开发软件、安装公司提供安装服务、商业银行对外贷款、租赁公司出租资产等实现的收入。这些活动形成的经济利益的总流入构成收入，属于企业的主营业务收入。主营业务收入经常发生，并在收入中占有较大的比重。

微课12-1

营业外收入与其他业务收入的区别

2. 其他业务收入

其他业务收入，是指企业通过除主要经营业务以外的其他经营活动实现的收入。例如，工业企业对外出售不需用的原材料、对外转让无形资产使用权等。这些活动形成的经济利益的总流入也构成收入，属于企业的其他业务收入。

三、收入的确认与计量

收入的确认和计量大致分为五步：第一步，识别与客户订立的合同；第二步，识别合同中的单项履约义务；第三步，确定交易价格；第四步，将交易价格分摊至各单项履约义务；第五步，履行各单项履约义务时确认收入。其中，第一步、第二步和第五步主要与收入的确认有关，第三步和第四步主要与收入的计量有关。

（一）识别与客户订立的合同

合同，是指双方或多方之间订立有法律约束力的权利义务的协议，包括书面形式、口头形式以及其他可验证的形式（如隐含于商业惯例或企业以往的习惯做法中等）。

1.收入确认的原则

企业应当在履行了合同中的履约义务，即在客户取得相关商品控制权时确认收入。取得相关商品控制权，是指能够主导该商品的使用并从中获得几乎全部的经济利益，也包括有能力阻止其他方主导该商品的使用并从中获得经济利益。取得商品控制权包括以下三个要素：

一是能力，即客户必须拥有现时权利，能够主导该商品的使用并从中获得几乎全部经济利益。如果客户只能在未来的某一期间主导该商品的使用并从中获益，则表明其尚未取得该商品的控制权。

二是主导该商品的使用。客户有能力主导该商品的使用，是指客户有权使用该商品，或者能够允许或阻止其他方使用该商品。

三是能够获得几乎全部的经济利益。商品的经济利益，是指该商品的潜在现金流量，既包括现金流入的增加，也包括现金流出的减少。

2.收入确认的前提条件

企业与客户之间的合同同时满足下列条件的，企业应当在客户取得相关商品控制权时确认收入：（1）合同各方已批准该合同并承诺将履行各自义务；（2）该合同明确了合同各方与所转让的商品（或提供的服务，以下简称转让的商品）相关的权利和义务；（3）该合同有明确的与所转让的商品相关的支付条款；（4）该合同具有商业实质，即履行该合同将改变企业未来现金流量的风险、时间分布或金额；（5）企业因向客户转让商品而有权取得的对价很可能收回。

【例12-1】甲房地产开发公司与乙公司签订合同，向其销售一栋建筑物，合同价款为100万元。该建筑物的成本为60万元，乙公司在合同开始日即取得了该建筑物的控制权。根据合同约定，乙公司在合同开始日支付了5%的保证金5万元，并就剩余95%的价款与甲公司签订了不附追索权的长期融资协议，如果乙公司违约，甲公司可重新拥有该建筑物，即使收回的建筑物不能涵盖所欠款项的总额，甲公司也不能向乙公司索取进一步的赔偿。乙公司计划在该建筑物内开设一家餐馆。在该建筑物所在的地区，餐饮行业面临激烈的竞争，但乙公司缺乏餐饮行业的经营经验。

分析：本例中，乙公司计划以该餐馆产生的收益偿还甲公司的欠款，除此之外并无其他的经济来源，乙公司也未对该笔欠款设定任何担保。如果乙公司违约，甲公司虽然可重新拥有该建筑物，但即使收回的建筑物不能涵盖所欠款项的总额，甲公司也不能向乙公司索取进一步的赔偿。因此，甲公司对乙公司还款的能力和意图存在疑虑，认为该合同不满足合同价款很可能收回的条件。甲公司应当将收到的5万元确认为一项负债。

对于不能同时满足上述收入确认的五个条件的合同，企业只有在不再负有向客户转让商品的剩余义务（例如，合同已完成或取消），且已向客户收取的对价（包括全部或部分对价）无须退回时，才能将已收取的对价确认为收入；否则，应当将已收取的对价作为负债进行会计处理。

3.合同变更

合同变更是指经合同各方同意对原合同范围或价格（或两者）作出的变更。企业应当区分下列三种情形对合同变更分别进行会计处理：

（1）合同变更部分作为单独合同进行会计处理的情形。合同变更增加了可明确区分的商品及合同价款，且新增合同价款反映了新增商品单独售价的，应当将该合同变更作为一份单独的合同进行会计处理。

【例12-2】A公司与B公司签订合同约定每件商品的价格为50元，销售数量为200件，产品在4个月内转移给客户，分批交付。当A公司向客户转移了100件产品后，双方对原合同进行了修改，B公司要求额外增加50件产品，额外50件产品的单价按修改合同时的市场价格每件45元确定。要求：判断合同变更的部分符合哪种情形。

分析：根据上述条件判断该合同变更符合合同变更部分作为单独合同进行会计处理的情形。增加的50件产品的合同价格改为45元/件，新的售价与原合同售价是明确区分的，即额外产品与原产品是可明确区分的，因此符合第一种情形，即该公司对原合同的200件产品确认每件产品收入为50元，而对新合同的50件产品确认每件产品收入为45元。

（2）合同变更作为原合同终止及新合同订立进行会计处理的情形。合同变更不属于上述第（1）种情形，且在合同变更日已转让商品与未转让商品之间可明确区分的，应当视为原合同终止，同时，将原合同未履约部分与合同变更部分合并为新合同进行会计处理。新合同的交易价格应当为下列两项金额之和：一是原合同交易价格中尚未确认为收入的部分（包括已从客户收取的金额）；二是合同变更中客户已承诺的对价金额。

【例12-3】A公司与客户签订合同，每周为客户的办公楼提供保洁服务，合同期限为3年，客户每年向A公司支付服务费10万元（假定该价格反映了合同开始日该项服务的单独售价）。在第二年年末，合同双方对合同进行了变更，将第三年的服务费调整为8万元（假定该价格反映了合同变更日该项服务的单独售价），同时以20万元的价格将合同期限延长3年（假定该价格不反映合同变更日该3年服务的单独售价），即每年的服务费为6.67万元，于每年年初支付。上述价格均不包含增值税。

分析：本例中，在合同开始日，A公司认为其每周为客户提供的保洁服务是可明确区分的，但由于A公司向客户转让的是一系列实质相同且转让模式相同的、可明确区分的服务，因此将其作为单项履约义务（见后文所述）。在合同开始的前两年，即合同变更之前，A公司每年确认收入10万元。在合同变更日，由于新增的3年保洁服务的价格不能反映该服务在合同变更时的单独售价，因此，该合同变更不能作为单独的合同进行会计处理，由于在剩余合同期间需提供的服务与已提供的服务是可明确区分的，A公司应当将该合同变更作为原合同终止，同时，将原合同中未履约的部分与合同变更合并为一份新合同进行会计处理。该新合同的合同期限为4年，对价为28万元，即原合同下尚未确认收入的对价8万元与新增的3年服务相应的对价20万元之和，新合同中A公司每年确认的收入为7万元（28÷4）。

（3）合同变更部分作为原合同的组成部分进行会计处理的情形。合同变更不属于上述第（1）种情形，且在合同变更日已转让商品与未转让商品之间不可明确区分的，应当将该合同变更部分作为原合同的组成部分，在合同变更日重新计算履约进度，并调整当期收入和相应成本等。

【例12-4】2×23年1月15日，乙建筑公司和客户签订了一项总金额为1 000万元的固定造价合同，在客户自有土地上建造一幢办公楼，预计合同总成本为700万元。假定该建造服务属于在某一时段内履行的履约义务，并根据累计发生的合同成本占合同预计总成本的比例确定履约进度。

截至2×23年年末，乙公司累计已发生成本420万元，履约进度为60%（420÷700）。因此，乙公司在2×23年确认收入600万元（1 000×60%）。2×24年年初，合同双方同意更改该办公楼屋顶的设计，合同价格和预计总成本因此而分别增加200万元和120万元。

分析：在本例中，由于合同变更后拟提供的剩余服务与在合同变更日或之前已提供的服务不可明确区分（即该合同仍为单项履约义务），因此，乙公司应当将合同变更作为原合同的组成部分进行会计处理。合同变更后的交易价格为1 200万元（1 000+200），乙公司重新估计的履约进度为51.2%（420÷（700+120）），乙公司在合同变更日应额外确认收入14.4万元（51.2%×1 200-600）。

（二）识别合同中的单项履约义务

合同开始日，企业应当对合同进行评估，识别该合同包含的各单项履约义务，并确定各单项履约义务是在某一时段内履行，还是在某一时点履行，然后，在履行了各单项履约义务时分别确认收入。履约义务，是指合同中企业向客户转让可明确区分商品的承诺。企业应当将下列向客户转让商品的承诺作为单项履约义务。

1. 企业向客户转让可明确区分商品（或者商品或服务的组合）的承诺

一是客户能够从该商品本身或者从该商品与其他易于获得的资源一起使用中受益，即该商品能够明确区分；二是企业向客户转让该商品的承诺与合同中其他承诺可单独区分，即转让该商品的承诺在合同中是可明确区分的。

2. 企业向客户转让一系列实质相同且转让模式相同的、可明确区分商品的承诺

企业应当将实质相同且转让模式相同的一系列商品作为单项履约义务，即使这些商品可明确区分。其中，转让模式相同，是指每一项可明确区分商品均满足在某一时段内履行履约义务的条件，且采用相同方法确定其履约进度。例如，每天为客户提供保洁服务的长期劳务合同等。

企业为履行合同而应开展的初始活动，通常不构成履约义务，除非该活动向客户转让了承诺的商品。例如，某俱乐部为注册会员建立档案，该活动并未向会员转让承诺的商品，因此不构成单项履约义务。

（三）确定交易价格

交易价格，是指企业因向客户转让商品而预期有权收取的对价金额。企业代第三方收取的款项以及企业预期将退还给客户的款项，应当作为负债进行会计处理，不计入交易价格。企业应当根据合同条款，并结合其以往的习惯做法确定交易价格。

1. 可变对价

企业与客户的合同中约定的对价金额可能会因折扣、价格折让、返利、退款、奖励积分、激励措施、业绩奖金、索赔等因素而变化。此外，根据一项或多项或有事项的发生而收取不同对价金额的合同，也属于可变对价的情形。合同中存在可变对价的，企业应当对计入交易价格的可变对价进行估计。

（1）可变对价最佳估计数的确定。企业应当按照期望值或最可能发生金额确定可变对

价的最佳估计数。

按照各种可能发生的对价金额及相关概率计算确定的金额。如果企业拥有大量具有类似特征的合同，并估计可能产生多个结果时，通常按照期望值估计可变对价金额。

一系列可能发生的对价金额中最可能发生的单一金额，即合同最可能产生的单一结果。当合同仅有两个可能结果时，通常按照最可能发生金额估计可变对价金额。

（2）计入交易价格的可变对价金额的限制。企业按照期望值或最可能发生金额确定可变对价金额之后，计入交易价格的可变对价金额还应该满足限制条件，即包含可变对价的交易价格，应当不超过在相关不确定性消除时，累计已确认的收入极可能不会发生重大转回的金额。

企业在评估是否极可能不会发生重大转回时，应当同时考虑收入转回的可能性及其比重。其中，"极可能"发生的概率应远高于"很可能（即可能性超过50%）"，但不要求达到"基本确定（即可能性超过95%）"，其目的是避免因为一些不确定性因素的发生导致之前已经确认的收入发生转回。

将可变对价计入交易价格的限制条件不适用于企业向客户授予知识产权许可并约定按客户实际销售或使用情况收取特许权使用费的情况。

每一个资产负债表日，企业应当重新估计应计入交易价格的可变对价金额，包括重新评估将估计的可变对价计入交易价格是否受到限制，以如实反映报告期末存在的情况以及报告期内发生的情况变化。

【例12-5】2×23年1月1日，甲公司签订合同，为一只股票型基金提供资产管理服务，合同期限为3年。甲公司所能获得的报酬包括两部分：一是每季度按照季度末该基金净值的1%收取管理费，该管理费不会因基金净值的后续变化而调整或被要求退回；二是该基金在3年内的累计回报如果超过10%，则甲公司可以获得超额回报部分的20%作为业绩奖励。2×23年12月31日，该基金的净值为50 000万元。假定不考虑相关税费的影响。

分析：本例中，甲公司在该项合同中收取的管理费和业绩奖励均为可变对价，其金额极易受到股票价格波动的影响，这是在甲公司影响范围之外的，虽然甲公司过往有类似合同的经验，但是该经验在确定未来市场表现方面并不具有预测价值。因此，在合同开始日，甲公司无法对其能够收取的管理费和业绩奖励进行估计，不满足累计已确认的收入金额极可能不会发生重大转回的条件。

2×23年12月31日，甲公司重新估计该合同的交易价格时，影响该季度管理费收入金额的不确定性已经消除，甲公司确认管理费收入500万元（50 000×1%）。甲公司未确认业绩奖励收入，这是因为，该业绩奖励仍然会受到基金未来累计回报的影响，有关将可变对价计入交易价格的限制条件仍然没有得到满足。甲公司应当在后续的每一个资产负债表日估计业绩奖励是否满足上述条件，以确定其收入金额。

2.合同中存在重大融资成分

合同中存在重大融资成分的，企业应当按照假定客户在取得商品控制权时即以现金支付的应付金额确定交易价格。该交易价格与合同对价之间的差额，应当在合同期间内采用实际利率法摊销。

合同中存在重大融资成分的具体处理办法

合同开始日，企业预计客户取得商品控制权与客户支付价款间隔不超过一年的，可以不考虑合同中存在的重大融资成分。

【例12-6】甲公司向乙公司销售并交付一批货物，合同规定在未来3年内需要每年向甲公司支付100万元。该商品现价为260万元，则甲公司应当按客户在取得商品控制权时的现价确定交易价格，应当确认收入260万元。中间的差价40万元应当在合同期间内采用实际利率法摊销，并计入财务费用。

3.非现金对价

客户支付非现金对价的，企业应当按照非现金对价的公允价值确定交易价格。非现金对价的公允价值不能合理估计的，企业应当参照其承诺向客户转让商品的单独售价间接确定交易价格。非现金对价的公允价值因对价形式以外的原因而发生变动的，应当作为可变对价进行会计处理。

4.应付客户对价

企业应付客户（或向客户购买本企业商品的第三方，下同）对价的，应当将该应付对价冲减交易价格，并在确认相关收入与支付（或承诺支付）客户对价二者孰晚的时点冲减当期收入，但应付客户对价是为了向客户取得其他可明确区分商品的除外。

企业应付客户对价是为了向客户取得其他可明确区分商品的，应当采用与本企业其他采购相一致的方式确认所购买的商品。企业应付客户对价超过向客户取得可明确区分商品公允价值的，超过金额应当冲减交易价格。向客户取得的可明确区分商品公允价值不能合理估计的，企业应当将应付客户对价全额冲减交易价格。

【例12-7】A公司向B公司销售一批货物，交易价格为10万元，A公司当月确认收入。次月B公司购入货物后向C公司销售，交易价格为12万元。C公司取得货物发现商品有瑕疵，不符合规定标准，要求B公司折让3万元，B公司与A公司协商，要求A公司承担商品折让损失2万元，A公司同意支付2万元，则A公司应当冲减当期收入2万元。

【例12-8】在【例12-7】中如果B公司是提供广告服务的一方，要求A公司以5万元的价格购买3万元的广告服务，则A公司应当冲减当期收入2万元，同时确认广告费支出3万元。

市场调整法、成本加成法、余值法

（四）将交易价格分摊至各单项履约义务

当合同中包含两项或多项履约义务时，为了使企业分摊至每一单项履约义务的交易价格能够反映其因向客户转让已承诺的相关商品（或提供已承诺的相关服务）而预期有权收取的对价金额，企业应当在合同开始日，按照各单项履约义务所承诺商品的单独售价的相对比例，将交易价格分摊至各单项履约义务。

单独售价，是指企业向客户单独销售商品的价格。单独售价无法直接观察的，企业应当综合考虑其能够合理取得的全部相关信息，采用市场调整法、成本加成法、余值法等方法合理估计单独售价。

【例12-9】2×23年3月1日，甲公司与客户签订合同，向其销售A、B两项商品，A商品的单独售价为6 000元，B商品的单独售价为24 000元，合同价款为25 000元。合同约定，A商品于合同开始日交付，B商品在一个月之后交付，只有当两项商品全部交付之后，甲公司才有权收取25 000元的合同对价。假定A商品和B商品分别构成单项履约义务，其控制权在交付时转移给客户。上述价格均不包含增值税，且假定不考虑相关税费的影响。

分析：本例中，分摊至A商品的合同价款为5 000元（（6 000÷（6 000+24 000）×25 000），分摊至B商品的合同价款为20 000元（（24 000÷（6 000+24 000）×25 000）。

（五）履行每一单项履约义务时确认收入

企业应当在履行了合同中的履约义务，即客户取得相关商品控制权时确认收入。企业应当根据实际情况，首先判断履约义务是否满足在某一时段内履行的条件，如不满足，则该履约义务属于在某一时点履行的履约义务。对于在某一时段内履行的履约义务，企业应当选取恰当的方法来确定履约进度；对于在某一时点履行的履约义务，企业应当综合分析控制权转移的迹象，判断其转移时点。

1. 在某一时段内履行的履约义务的收入确认条件

满足下列条件之一的，属于在某一时段内履行的履约义务，相关收入应当在该履约义务履行的期间内确认：

（1）客户在企业履约的同时即取得并消耗企业履约所带来的经济利益。即在履约过程中是持续地向客户转移该服务的控制权。企业在进行判断时，可以假定在企业履约的过程中更换为其他企业继续履行剩余履约义务。如果其他企业实质上无须重新执行本企业累计至今已经完成的工作，则表明客户在企业履约的同时即取得并消耗了企业履约所带来的经济利益。

（2）客户能够控制企业履约过程中在建的商品。企业在履约过程中在建的商品包括在产品、在建工程、尚未完成的研发项目、正在进行的服务等，如果客户在企业创建该商品的过程中就能够控制这些商品，应当认为企业提供该商品的履约义务属于在某一时段内履行的履约义务。

（3）企业履约过程中所产出的商品具有不可替代用途，且该企业在整个合同期间内有权就累计至今已完成的履约部分收取款项。

【例12-10】甲公司是一家造船企业，与乙公司签订了一份船舶建造合同，按照乙公司的具体要求设计和建造船舶。甲公司在自己的厂区内完成该船舶的建造，乙公司无法控制在建过程中的船舶。甲公司如果想把该船舶出售给其他客户，需要发生重大的改造成本。双方约定，如果乙公司单方面解约，乙公司需向甲公司支付相当于合同总价30%的违约金，且建造中的船舶归甲公司所有。假定该合同仅包含一项履约义务，即设计和建造船舶。

分析：本例中，船舶是按照乙公司的具体要求进行设计和建造的，甲公司需要发生重大的改造成本将该船舶改造之后才能将其出售给其他客户，因此，该船舶具有不可替代用途。然而，如果乙公司单方面解约，仅需向甲公司支付相当于合同总价30%的违约金，表明甲公司无法在整个合同期间内都有权就累计至今已完成的履约部分收取能够补偿其已发生成本和合理利润的款项。因此，甲公司为乙公司设计和建造船舶不属于在某一时段内履行的履约义务。

2. 在某一时段内履行的履约义务的收入确认方法

对于在某一时段内履行的履约义务，企业应当在该段时间内按照履约进度确认收入，履约进度不能合理确定的除外。企业应当采用恰当的方法确定履约进度，以使其如实反映企业向客户转让商品的履约情况。企业应当考虑商品的性质，采用产出法或投入法确定恰当的履约进度，并且在确定履约进度时，应当扣除那些控制权尚未转移给客户的商品和服务。

（1）产出法。产出法主要是根据已转移给客户的商品对于客户的价值确定履约进度，主要包括按照实际测量的完工进度、评估已实现的结果、已达到的里程碑、时间进度、已完工或交付的产品等确定履约进度的方法。企业在评估是否采用产出法确定履约进度时，应当考虑所选择的产出指标是否能够如实地反映向客户转移商品的进度。

【例12-11】甲公司与客户签订合同，为该客户拥有的一条铁路更换100根铁轨，合同价格为10万元（不含税）。截至2×23年12月31日，甲公司共更换铁轨60根，剩余部分预计在2×24年3月31日之前完成。该合同仅包含一项履约义务，且该履约义务满足在某一时段内履行的条件。假定不考虑其他情况。

分析：本例中，甲公司提供的更换铁轨的服务属于在某一时段内履行的履约义务，甲公司按照已完成的工作量确定履约进度。因此，截至2×23年12月31日，该合同的履约进度为60%（60÷100），甲公司应确认的收入为6万元（10×60%）。

（2）投入法。投入法主要是根据企业履行履约义务的投入确定履约进度，主要包括以投入的材料数量、花费的人工工时或机器工时、发生的成本和时间进度等投入指标确定履约进度。当企业从事的工作或发生的投入是在整个履约期间内平均发生时，按照直线法确认收入是合适的。由于企业的投入与向客户转移商品的控制权之间未必存在直接的对应关系，因此，企业在采用投入法时，应当扣除那些虽然已经发生但是未导致向客户转移商品的投入。

在实务中，企业通常按照累计实际发生的成本占预计总成本的比例（即成本法）确定履约进度，累计实际发生的成本包括企业向客户转移商品过程中所发生的直接成本和间接成本，如直接人工、直接材料、分包成本以及其他与合同相关的成本。

【例12-12】甲公司为增值税一般纳税人，装修服务适用的增值税税率为9%。2×23年12月1日，甲公司与乙公司签订一项为期3个月的装修合同，合同约定的装修价款为500 000元，增值税税额为45 000元，装修费用每月末按完工进度支付。2×23年12月31日，经专业测量师测量后，确定该项劳务的完工程度为25%；乙公司按完工进度支付价款及相应的增值税。截至2×23年12月31日，甲公司为完成该合同累计发生劳务成本100 000元（假定均为装修人员薪酬），估计还将发生劳务成本300 000元。

假定该业务属于甲公司的主营业务，全部由其自行完成。该装修服务构成单项履约义务，并属于在某一时段内履行的履约义务。甲公司按照实际测量的完工进度确定履约进度。甲公司应编制如下会计分录：

（1）实际发生劳务成本100 000元：

借：合同履约成本	100 000	
贷：应付职工薪酬		100 000

（2）2×23年12月31日，确认劳务收入并结转劳务成本：

2×23年12月31日确认的劳务收入=500 000×25%－0=125 000（元）

借：银行存款	136 250	
贷：主营业务收入		125 000
应交税费——应交增值税（销项税额）		11 250
借：主营业务成本	100 000	
贷：合同履约成本		100 000

2×24年1月31日，经专业测量师测量后，确定该项劳务的完工程度为70%；乙公司按完工进度支付价款，同时支付对应的增值税。2×24年1月，甲公司为完成该合同发生劳务成本180 000元（假定均为装修人员薪酬），为完成该合同估计还将发生劳务成本120 000元。甲公司应编制如下会计分录：

（1）实际发生劳务成本180 000元：

借：合同履约成本　180 000

　贷：应付职工薪酬　180 000

（2）2×24年1月31日，确认劳务收入并结转劳务成本：

2×24年1月31日确认的劳务收入=500 000×70%-125 000=225 000（元）

借：银行存款　245 250

　贷：主营业务收入　225 000

　　应交税费——应交增值税（销项税额）　20 250

借：主营业务成本　180 000

　贷：合同履约成本　180 000

2×24年2月28日，装修完工；乙公司验收合格，按完工进度支付价款，同时支付对应的增值税。2×24年2月，甲公司为完成该合同发生劳务成本120 000元（假定均为装修人员薪酬）。甲公司应编制如下会计分录：

（1）实际发生劳务成本120 000元：

借：合同履约成本　120 000

　贷：应付职工薪酬　120 000

（2）2×24年2月28日，确认劳务收入并结转劳务成本：

2×24年2月28日确认的劳务收入=500 000-125 000-225 000=150 000（元）

借：银行存款　163 500

　贷：主营业务收入　150 000

　　应交税费——应交增值税（销项税额）　13 500

借：主营业务成本　120 000

　贷：合同履约成本　120 000

【例12-13】甲公司经营一家健身俱乐部。2×23年7月1日，某客户与甲公司签订合同成为甲公司的会员，并向甲公司支付会员费3 600元（不含税），可在未来的12个月内在该俱乐部健身，且没有次数限制。该业务适用的增值税税率为6%。

本例中，客户在会籍期间可随时来俱乐部健身，且没有次数限制，客户已使用俱乐部健身的次数不会影响其未来继续使用的次数，甲公司在该合同下的履约义务是承诺随时准备在客户需要时为其提供健身服务，因此，该履约义务属于在某一时段内履行的履约义务，并且该履约义务在会员的会籍期间内随时间的流逝而被履行。因此，甲公司按照直线法确认收入，每月应当确认的收入为300元（3 600÷12）。

甲公司应编制如下会计分录：

（1）2×23年7月1日，收到会员费时：

借：银行存款　3 600

　贷：合同负债　3 600

本例中，客户签订合同时支付了合同对价，可在未来的12个月内在该俱乐部进行健身消费，且没有次数限制。企业在向客户转让商品之前已经产生一项负债，即合同负债。

（2）2×23年7月31日，确认收入并开具增值税专用发票时：

借：合同负债　　300
　　银行存款　　18
　贷：主营业务收入　　300
　　　应交税费——应交增值税（销项税额）　　18

2×23年8月至2×24年6月，每月确认收入的会计分录同上。

当履约进度不能合理确定时，企业已经发生的成本预计能够得到补偿的，应当按照已经发生的成本金额确认收入，直到履约进度能够合理确定为止。

3. 在某一时点履行的履约义务

当一项履约义务不属于在某一时段内履行的履约义务时，应当属于在某一时点履行的履约义务。对于在某一时点履行的履约义务，企业应当在客户取得相关商品控制权的时点确认收入。

四、关于合同成本

（一）合同履约成本

企业为履行合同可能会发生各种成本，企业在确认收入的同时应当对这些成本进行分析，属于存货、固定资产、无形资产等规范范围的，应当按照相关章节进行会计处理；不属于其他章节规范范围且同时满足下列条件的，应当作为合同履约成本确认为一项资产：

（1）该成本与一份当前或预期取得的合同直接相关，包括：直接人工（如支付给直接为客户提供所承诺服务的人员的薪酬等）；直接材料（如为履行合同耗用的原材料、辅助材料、构配件、零件、半成品的成本和周转材料的摊销及租赁费用等）；制造费用或类似费用（如与组织和管理生产、施工、服务等活动发生的费用，包括劳动保护费、折旧费及修理费、物料消耗、取暖费、水电费等）；明确由客户承担的成本以及仅因该合同而发生的其他成本（如支付给分包商的成本、机械使用费、设计和技术援助费用、施工现场二次搬运费、生产工具和用具使用费、检验试验费、工程定位复测费、工程点交费用、场地清理费等）。

（2）该成本增加了企业未来用于履行（或持续履行）履约义务的资源。

（3）该成本预期能够收回。

企业应当在下列支出发生时，将其计入当期损益：一是管理费用，除非这些费用明确由客户承担。二是非正常消耗的直接材料、直接人工和制造费用（或类似费用），这些支出为履行合同发生，但未反映在合同价格中。三是与履约义务中已履行（包括已全部履行或部分履行）部分相关的支出，即该支出与企业过去的履约活动相关。四是无法在尚未履行的与已履行（或已部分履行）的履约义务之间区分的相关支出。

企业发生合同履约成本时，借记“合同履约成本”账户，贷记“银行存款”“应付职工薪酬”“原材料”等账户；对合同履约成本进行摊销时，借记“主营业务成本”“其他业务成本”等账户，贷记“合同履约成本”账户。涉及增值税的，还应进行相应的处理。

【例12-14】甲公司经营一家酒店，该酒店是甲公司的自有资产。2×23年12月甲公司计提与酒店经营直接相关的酒店、客房以及客房内的设备家具等折旧120 000元、酒店土地使用权摊销65 000元。经计算，当月确认房费、餐饮等服务含税收入424 000元，全部存入银行。

本例中，甲公司经营酒店主要是通过提供客房服务赚取收入，而客房服务的提供直接依赖于酒店物业（包含土地）以及家具等相关资产，这些资产折旧和摊销属于甲公司为履行与客户的合同而发生的合同履约成本。已确认的合同履约成本在收入确认时予以摊销，计入营业成本。甲公司应编制如下会计分录：

（1）确认资产的折旧、摊销：

借：合同履约成本　185 000

　贷：累计折旧　120 000

　　累计摊销　65 000

（2）2×23年12月，确认酒店服务收入并摊销合同履约成本：

借：银行存款　424 000

　贷：主营业务收入　400 000

　　应交税费——应交增值税（销项税额）　24 000

借：主营业务成本　185 000

　贷：合同履约成本　185 000

（二）合同取得成本

企业为取得合同发生的增量成本预期能够收回的，应当作为合同取得成本确认为一项资产。增量成本，是指企业不取得合同就不会发生的成本，例如销售佣金等。为简化实务操作，该资产摊销期限不超过一年的，可以在发生时计入当期损益。企业采用该简化处理方法的，应当对所有类似合同一致采用。企业为取得合同发生的、除预期能够收回的增量成本之外的其他支出，例如无论是否取得合同均会发生的差旅费、投标费、为准备投标资料发生的相关费用等，应当在发生时计入当期损益，除非这些支出明确由客户承担。

【例12-15】甲公司是一家咨询公司，通过竞标赢得一个服务期为5年的客户，该客户每年末支付含税咨询费1 908 000元。为取得与该客户的合同，甲公司聘请外部律师进行尽职调查支付相关费用15 000元，为投标而发生差旅费10 000元，支付销售人员佣金50 000元。甲公司预期这些支出未来均能够收回。此外，甲公司根据其年度销售目标、整体盈利情况及个人业绩等，向销售部门经理支付年度奖金10 000元。

本例中，甲公司因签订与该客户的合同而向销售人员支付的佣金属于取得合同发生的增量成本，应当将其作为合同取得成本确认为一项资产；甲公司聘请外部律师进行尽职调查发生的支出、为投标发生的差旅费以及向销售部门经理支付的年度奖金（不能直接归属于可识别的合同）不属于增量成本，应当于发生时直接计入当期损益。甲公司应编制如下会计分录：

（1）支付相关费用：

借：合同取得成本　50 000

　　管理费用　25 000

　　销售费用　10 000

　贷：银行存款　85 000

（2）每月确认服务收入，摊销销售佣金：

服务收入=1 908 000÷（1+6%）÷12=150 000（元）

销售佣金摊销额=50 000÷5÷12=833.33（元）

借：应收账款　　159 000

　　销售费用　　833.33

　贷：合同取得成本　　833.33

　　　主营业务收入　　150 000

　　　应交税费——应交增值税（销项税额）　　9 000

（三）与合同履约成本和合同取得成本有关资产的摊销和减值

1. 摊销

对于确认为资产的合同履约成本和合同取得成本，企业应当采用与该资产相关的商品收入确认相同的基础（即在履约义务履行的时点或按照履约义务的履约进度）进行摊销，计入当期损益。

在确定与合同履约成本和合同取得成本有关的资产的摊销期限和方式时，如果该资产与一份预期将要取得的合同（如续约后的合同）相关，则在确定相关摊销期限和方式时，应当考虑该预期将要取得的合同的影响。但是，对于合同取得成本而言，如果合同续约时，企业仍需要支付与取得原合同相当的佣金，这表明取得原合同时支付的佣金与预期将要取得的合同无关，该佣金只能在原合同的期限内进行摊销。

2. 减值

合同履约成本和合同取得成本的账面价值高于下列两项的差额的，超出部分应当计提减值准备，并确认为资产减值损失：（1）企业因转让与该资产相关的商品预期能够取得的剩余对价；（2）为转让该相关商品估计将要发生的成本。估计将要发生的成本主要包括直接人工、直接材料、制造费用（或类似费用）、明确由客户承担的成本以及仅因该合同而发生的其他成本（例如，支付给分包商的成本）等。以前期间减值的因素之后发生变化，使得前款（1）减（2）的差额高于该资产账面价值的，应当转回原已计提的资产减值准备，并计入当期损益，但转回后的资产账面价值不应超过假定不计提减值准备情况下该资产在转回日的账面价值。

在确定合同履约成本和合同取得成本的减值损失时，企业应当首先确定其他资产减值损失，然后按照本节的要求确定合同履约成本和合同取得成本的减值损失。企业按照金融资产减值的规定测试相关资产组的减值情况时，应当将按照上述规定确定上述资产减值后的新账面价值计入相关资产组的账面价值。

五、特定交易的会计处理

（一）附有销售退回条款的销售

对于附有销售退回条款的销售，企业应当在客户取得相关商品控制权时，按照因向客户转让商品而预期有权收取的对价金额（即不包含预期因销售退回将退还的金额）确认收入，按照预期因销售退回将退还的金额确认负债；同时，按照预期将退回商品转让时的账面价值，扣除收回该商品预计发生的成本（包括退回商品的价值减损）后的余额，确认为一项资产，按照所转让商品转让时的账面价值，扣除上述资产成本的净额结转成本。

每一个资产负债表日，企业应当重新估计未来销售退回情况，如有变化，应当作为会计估计变更进行会计处理。

（二）附有质量保证条款的销售

对于附有质量保证条款的销售，企业应当评估该质量保证是否在向客户保证所销售商品符合既定标准之外提供了一项单独的服务。企业提供额外服务的，应当作为单项履约义务进行会计处理；否则，质量保证责任应当按照或有事项的要求进行会计处理。

如果该质量保证条款是在向客户保证所售商品符合既定标准，则称之为“保证性质保”（如企业向客户提供的“三包”服务），否则，为“服务性质保”（如企业向客户提供的延保服务）。

在评估质量保证是否在向客户保证所销售商品符合既定标准之外提供了一项单独的服务时，企业应当考虑该质量保证是否为法定要求、质量保证期限以及企业承诺履行任务的性质等因素：

（1）客户能够选择单独购买质量保证的，该质量保证构成单项履约义务。

（2）法定要求通常是为了保护客户避免其购买瑕疵或缺陷商品的风险，而并非为客户提供一项单独的质量保证服务。

（3）质量保证期限越长，越有可能是单项履约义务。

（4）如果企业必须履行某些特定的任务以保证所转让的商品符合既定标准（例如企业负责运输被客户退回的瑕疵商品），则这些特定的任务可能不构成单项履约义务。

（三）主要责任人和代理人

1. 判断原则。企业应当根据其在向客户转让商品前是否拥有对该商品的控制权，来判断其从事交易时的身份是主要责任人还是代理人。企业在向客户转让商品前能够控制该商品的，该企业为主要责任人，应当按照已收或应收对价总额确认收入；否则，该企业为代理人，应当按照预期有权收取的佣金或手续费的金额确认收入，该金额应当按照已收或应收对价总额扣除应支付给其他相关方的价款后的净额，或者按照既定的佣金金额或比例等确定。

2. 当存在第三方参与企业向客户提供商品时，企业向客户转让特定商品之前能够控制该商品，从而应当作为主要责任人的情形包括（满足其中一个情形即可）：

（1）企业自该第三方取得商品或其他资产控制权后，再转让给客户。此时，企业应当考虑该权利是仅在转让给客户时才产生，还是在转让给客户之前就已经存在，且企业一直能够主导其使用，如果该权利在转让给客户之前并不存在，表明企业实质上并不能在该权利转让给客户之前控制该权利。

（2）企业能够主导该第三方代表本企业向客户提供服务，说明企业在相关服务提供给客户之前能够控制该相关服务。

（3）企业自该第三方取得商品控制权后，通过提供重大的服务将该商品与其他商品整合成合同约定的某组合产出转让给客户，此时，企业承诺提供的特定商品就是合同约定的组合产出，企业应首先获得为生产该组合产出所需要的投入的控制权，然后才能够将这些投入加工整合为合同约定的组合产出。

3. 在实务中，企业在判断其在向客户转让特定商品之前是否已经拥有对该商品的控制权时，不应仅局限于合同的法律形式，而应当综合考虑所有相关事实和情况进行判断，这些事实和情况包括：

（1）企业承担向客户转让商品的主要责任，即验收风险。

企业在判断其是否承担向客户转让商品的主要责任时，应当从客户的角度进行评估，即客户认为哪一方承担了主要责任，例如客户认为谁对商品的质量或性能负责、谁负责提供售后服务、谁负责解决客户投诉等。

（2）企业在转让商品之前或之后承担了该商品的存货风险。

其中，存货风险主要是指存货可能发生减值、毁损或灭失等形成的损失。例如，如果企业在与客户订立合同之前已经购买或者承诺将自行购买特定商品，这可能表明企业在将该特定商品转让给客户之前，承担了该特定商品的存货风险，企业有能力主导特定商品的使用并从中取得几乎全部的经济利益；又如，在附有销售退回条款的销售中，企业将商品销售给客户之后，客户有权要求向该企业退货，这可能表明企业在转让商品之后仍然承担了该商品的存货风险。

（3）企业有权自主决定所交易商品的价格，即价格风险。

企业有权决定客户为取得特定商品所需支付的价格，可能表明企业有能力主导有关商品的使用并从中获得几乎全部的经济利益。

（四）附有客户额外购买选择权的销售

对于附有客户额外购买选择权的销售，企业应当分析判断该选择权是否向客户提供了一项实质性权利。

企业提供实质性权利的，应当作为单项履约义务，将交易价格分摊至该履约义务，于客户未来行使购买选择权取得相关商品控制权时或该选择权失效时确认相应的收入。客户额外购买选择权的单独售价无法直接观察的，企业应当综合考虑客户行使和不行使该选择权所能获得的折扣、客户行使该选择权的概率等全部相关信息予以合理估计。

额外购买选择权的情况包括销售激励、客户奖励积分、未来购买商品的折扣券以及合同续约选择权等。对于附有客户额外购买选择权的销售，企业应当评估该选择权是否向客户提供了一项重大权利。如果客户只有在订立了一项合同的前提下才取得了额外购买选择权，并且客户行使该选择权购买额外商品时，能够享受到超过该地区或该市场中其他同类客户所能够享有的折扣，则通常认为该选择权向客户提供了一项重大权利。该选择权向客户提供了重大权利的，应当作为单项履约义务。在考虑授予客户的该项权利是否重大时，应根据其金额和性质综合进行判断。

通常情况下，赋予客户额外购买商品选择权且其销售价格反映了这些商品单独售价的，不应当被视为向该客户提供了一项重大权利。

（五）授予知识产权许可

企业向客户授予的知识产权，常见的包括软件和技术、影视和音乐等的版权、特许经营权以及专利权、商标权和其他版权等。企业向客户授予知识产权许可的，应当按照要求评估该知识产权许可是否构成单项履约义务。

1.对于不构成单项履约义务的，企业应当将该知识产权许可和其他商品一起作为一项履约义务进行会计处理。

2.对于构成单项履约义务的，应当进一步确定其是在某一时段内履行还是在某一时点履行，同时满足下列条件时，应当作为在某一时段内履行的履约义务确认相关收入；否则，应当作为在某一时点履行的履约义务确认相关收入。

（1）合同要求或客户能够合理预期企业将从事对该项知识产权有重大影响的活动。

（2）该活动对客户将产生有利或不利影响。

（3）该活动不会导致向客户转让商品。

3.按客户实际销售或使用情况收取特许权使用费的，应当在下列两项孰晚的时点确认收入：

（1）客户后续销售或使用行为实际发生；

（2）企业履行相关履约义务。

这是估计可变对价的例外规定。企业在使用该例外规定时，应当对特许权使用费整体采用该规定，而不应当将特许权使用费进行分拆。如果与授予知识产权许可相关的对价同时包含固定金额和按客户实际销售或使用情况收取的变动金额两部分，则只有后者能采用该例外规定，而前者应当在相关履约义务履行的时点或期间内确认收入。对于不适用该例外规定的特许权使用费，应当按照估计可变对价的一般原则进行处理。

（六）售后回购

对于企业的售后回购业务，修订后的收入准则根据回购价格与原售价的关系，将其细分为租赁交易和融资交易；同时对于企业负有应客户要求回购商品义务的，企业应当根据客户是否具有行使该要求权的重大经济动因这一经济实质，辨别是将其作为租赁交易或融资交易处理，还是将其作为附有销售退回条款的销售交易。

1.企业应当作为租赁交易或融资交易进行相应的会计处理。

企业因存在与客户的远期安排而负有回购义务或企业享有回购权利的，表明客户在销售时点并未取得相关商品控制权，企业应当作为租赁交易或融资交易进行相应的会计处理。其中：

（1）回购价格低于原售价的，应当视为租赁交易，按照《企业会计准则第21号——租赁》的相关规定进行会计处理；

（2）回购价格不低于原售价的，应当视为融资交易，在收到客户款项时确认金融负债，并将该款项和回购价格的差额在回购期间内确认为利息费用等。

2.企业负有应客户要求回购商品义务的，应当在合同开始日评估客户是否具有行使该要求权的重大经济动因。客户具有行使该要求权重大经济动因的（即客户行使该要求权的可能性很大），企业应当将售后回购作为租赁交易或融资交易，按照第1种情形的规定进行会计处理；否则，企业应当将其作为附有销售退回条款的销售交易进行会计处理。

（七）客户未行使的权利

企业向客户预收销售商品款项的，应当首先将该款项确认为负债，待履行了相关履约义务时再转为收入。当企业预收款项无需退回，且客户可能会放弃其全部或部分合同权利时，例如放弃储值卡的使用等，企业预期将有权获得与客户所放弃的合同权利相关的金额的，应当按照客户行使合同权利的模式按比例将上述金额确认为收入；否则，企业只有在客户要求其履行剩余履约义务的可能性极低时，才能将上述负债的相关余额转为收入。

（八）无需退回的初始费

企业在合同开始（或接近合同开始）日向客户收取的无需退回的初始费（如俱乐部的入会费等）应当计入交易价格。

该初始费与向客户转让已承诺的商品相关，并且该商品构成单项履约义务的，企业应当在转让该商品时，按照分摊至该商品的交易价格确认收入；该初始费与向客户转让已承诺的商品相关，但该商品不构成单项履约义务的，企业应当在包含该商品的单项履约义务履行时，按照分摊至该单项履约义务的交易价格确认收入；该初始费与向客户转让已承诺的商品不相关的，该初始费应当作为未来将转让商品的预收款，在未来转让该商品时确认为收入。

企业收取了无需退回的初始费且为履行合同应开展初始活动，但这些活动本身并没有向客户转让已承诺的商品的，例如，企业为履行会员健身合同开展了一些行政管理性质的准备工作，该初始费与未来将转让的已承诺商品相关，应当在未来转让该商品时确认为收入，企业在确定履约进度时不应考虑这些初始活动；企业为该初始活动发生的支出应当按照合同成本部分的要求确认为一项资产或计入当期损益。

第二节 利润及其分配

一、利润的概念及形成

（一）利润的概念

企业作为独立的经济实体，应当以自己的经营收入抵补其成本费用，并且实现盈利。企业盈利的大小在很大程度上反映了企业生产经营的经济效益，表明企业在每一个会计期间的最终经营成果。

利润是指企业在一定会计期间的经营成果。利润包括收入减去费用后的净额、直接计入当期利润的利得和损失等。

直接计入当期的利得和损失，是指应当计入当期损益、会导致所有者权益发生增减变动的、与所有者投入资本或者向所有者分配利润无关的利得或者损失。

（二）利润的形成

1. 营业利润的形成

营业利润=营业收入-营业成本-税金及附加-销售费用-管理费用-研发费用-财务费用-资产减值损失-信用减值损失+其他收益+投资收益（-投资损失）+公允价值变动收益（-公允价值变动损失）+资产处置收益（-资产处置损失）

其中，营业收入是指企业经营业务所确定的收入总额，包括主营业务收入和其他业务收入。营业成本是指企业经营业务所发生的实际成本总额，包括主营业务成本和其他业务成本。资产减值损失是指企业计提各项资产减值准备所形成的损失。其他收益是指企业计入其他收益的政府补助。投资收益（或损失）是指企业以各种方式对外投资所取得的收益（或发生的损失）。公允价值变动收益（或损失）是指企业交易性金融资产等公允价值变动形成的应计入当期损益的利得（或损失）。资产处置收益（或损失）是指企业出售划分为持有待售的非流动资产（金融工具、长期股权投资和投资性房地产除外）或处置组（子公司和业务除外）时确认的处置利得（或损失），以及处置未划分为持有待售的固定资产、在建工程、生产性生物资产及无形资产而产生的处置利得（或损失）。

2. 利润总额的形成

利润总额=营业利润+营业外收入-营业外支出

其中，营业外收入（或支出）是指企业发生的与日常活动无直接关系的各项利得（或损失）。

3. 净利润的形成

微课 12-1

轻松秒懂净利润

净利润=利润总额-所得税费用

其中，所得税费用是指企业确认的应从当期利润总额中扣除的所得税费用。

（三）营业外收支的处理

营业外收支是指企业发生的与日常活动无直接关系的各项收支。营业外收支虽然与企业生产经营活动没有多大的关系，但从企业主体来考虑，同样带来收入或形成企业的支出，也是增加或减少利润的因素，对企业的利润总额及净利润产生较大的影响。

1. 营业外收入

微课 12-2

债务重组

营业外收入是反映企业发生的营业利润以外的收益，主要包括债务重组利得、盘盈利得、捐赠利得等。该项目应根据“营业外收入”账户的发生额分析填列。

债务重组利得，是指重组债务的账面价值超过清偿债务的现金、非现金资产的公允价值、所转股份的公允价值，或者重组后债务账面价值之间的差额。

盘盈利得，是指企业对于现金等清查盘点中盘盈的现金等，报经批准后计入营业外收入的金额。

捐赠利得，是指企业接受捐赠产生的利得。

企业应当通过“营业外收入”账户核算营业外收入的取得和结转情况。该账户可按营业外收入项目进行明细核算。期末，应将该账户的发生额转入“本年利润”账户，结转后该账户无余额。

2. 营业外支出

营业外支出是指企业发生的与日常活动无直接关系的各项损失，主要包括债务重组损失、公益性捐赠支出、非常损失、盘亏损失、非流动资产毁损报废损失。

债务重组损失，是指重组债权的账面余额与受让资产的公允价值、所转股份的公允价值，或者重组后债权的账面价值之间的差额。

公益性捐赠支出，是指企业对外进行公益性捐赠发生的支出。

非常损失，是指企业对于因客观因素（如自然灾害等）造成的损失，在扣除保险公司赔偿后计入营业外支出的净损失。

企业应通过“营业外支出”账户核算营业外支出的发生及结转情况。该账户可按营业外支出项目进行明细核算。期末，应将该账户发生额转入“本年利润”账户，结转后该账户无余额。

需要注意的是，营业外收入和营业外支出应当分别核算。在具体核算时，不得以营业外支出直接冲减营业外收入，也不得以营业外收入冲减营业外支出，即企业在进行会计核算时，应当区分营业外收入和营业外支出进行核算。

二、利润的分配

（一）利润分配的程序

根据《公司法》等有关法律法规的规定，企业当年实现的净利润，一般应当按照如下顺序进行分配：

1. 提取法定盈余公积

公司制企业的法定盈余公积按照税后利润的10%提取（非公司制企业也可按照超过10%的比例提取），在计算提取法定盈余公积的基数时，不应包括企业年初未分配利润。公司法定盈余公积累计额为公司注册资本的50%以上时，可以不再提取法定盈余公积。

公司的法定盈余公积不足以弥补以前年度亏损的，在提取法定盈余公积之前，应当先用当年利润弥补亏损。

2. 提取任意盈余公积

公司从税后利润中提取法定盈余公积后，经股东会或者股东大会决议，还可以从税后利润中提取任意盈余公积。非公司制企业经类似权力机构批准，也可提取任意盈余公积。

3. 向投资者分配利润或股利

公司弥补亏损和提取盈余公积后所余税后利润，有限责任公司股东按照实缴的出资比例分取红利，但是，全体股东约定不按照出资比例分取红利的除外；股份有限公司按照股东持有的股份比例分配，但股份有限公司章程规定不按持股比例分配的除外。股东会、股东大会或者董事会违反规定，在公司弥补亏损和提取法定盈余公积之前向股东分配利润的，股东必须将违反规定分配的利润退还公司。公司持有的本公司股份不得分配利润。

（二）盈余公积

盈余公积是指企业按照规定从净利润中提取的各种积累资金。公司制企业的盈余公积分为法定盈余公积和任意盈余公积。两者的区别就在于其各自计提的依据不同。前者以国家的法律或行政规章为依据提取；后者则由企业自行决定提取。

1. 盈余公积的用途

企业提取盈余公积主要可以用于以下几个方面：

（1）弥补亏损。企业发生亏损时，应由企业自行弥补。弥补亏损的渠道主要有三条：一是用以后年度税前利润弥补。按照现行制度规定，企业发生亏损时，可以用以后5年内实现的税前利润弥补，即税前利润弥补亏损的期间为5年。二是用以后年度税后利润弥补。企业发生的亏损经过5年未弥补足额的，尚未弥补的亏损应用所得税后的利润弥补。三是以盈余公积弥补亏损。企业以提取的盈余公积弥补亏损时，应当由公司董事会提议，并经股东大会批准。

（2）转增资本。企业将盈余公积转增资本时，必须经股东大会决议批准。在实际将盈余公积转增资本时，要按股东原有持股比例结转。

企业提取的盈余公积，无论是用于弥补亏损，还是用于转增资本，只不过是在企业所有者权益内部作结构上的调整，比如企业以盈余公积弥补亏损时，实际是减少盈余公积留存的数额，以此抵补未弥补亏损的数额，并不引起企业所有者权益总额的变动；企业以盈余公积转增资本时，也只是减少盈余公积结存的数额，但同时增加企业实收资本或股本的数额，也并不引起所有者权益总额的变动。

（3）扩大企业生产经营。盈余公积的用途，并不是指其实际占用形态，提取盈余公积也并不是单独将这部分资金从企业资金周转过程中抽出。企业盈余公积的结存数，实际只表现为企业所有者权益的组成部分，表明企业生产经营资金的一个来源而已。其形成的资金可能表现为一定的货币资金，也可能表现为一定的实物资产，如存货和固定资产等随同企业的其他来源所形成的资金进行循环周转，用于企业的生产经营。

2. 盈余公积的账务处理

（1）账户设置。

为反映盈余公积的形成及使用情况，企业应设置“盈余公积”账户。企业应当分别设置“法定盈余公积”“任意盈余公积”明细账户进行明细核算。

（2）盈余公积计提的账务处理。

企业提取盈余公积时，借记“利润分配——提取法定盈余公积”“利润分配——提取任意盈余公积”账户，贷记“盈余公积——法定盈余公积”“盈余公积——任意盈余公积”账户。

（3）盈余公积使用的账务处理。

企业用盈余公积弥补亏损或转增资本时，借记“盈余公积”账户，贷记“利润分配——盈余公积补亏”“实收资本”（或“股本”）账户。经股东大会决议，用盈余公积派送新股，按派送新股计算的金额，借记“盈余公积”账户，按股票面值和派送新股总数计算的股票面值总额，贷记“股本”账户。

（三）未分配利润

1. 分配股利（利润）的账务处理

经股东大会或类似机构决议，分配给股东或投资者的现金股利或利润，借记“利润分配——应付现金股利（或利润）”账户，贷记“应付股利”账户。经股东大会或类似机构决议，分配给股东的股票股利，应在办理增资手续后，借记“利润分配——转作股本的股利”账户，贷记“股本”账户。

2. 期末结转的账务处理

企业期末结转利润时，应将各损益类账户的发生额转入“本年利润”账户，结平各损益类账户。结转后，“本年利润”账户的贷方余额为当期实现的净利润，借方余额为当期发生的净亏损。年度终了，应将本年收入和支出相抵后结出的本年实现的净利润或净亏损，转入“利润分配——未分配利润”账户。同时，将“利润分配”账户所属的其他明细账户的余额，转入“未分配利润”明细账户。结转后，“未分配利润”明细账户的贷方余额，就是未分配利润的金额；如出现借方余额，则表示未弥补亏损的金额。“利润分配”账户所属的其他明细账户应无余额。

3. 弥补亏损的账务处理

企业在生产经营过程中既有可能发生盈利，也有可能出现亏损。企业在当年发生亏损的情况下，与实现利润的情况相同，应当将本年发生的亏损自“本年利润”账户转入“利润分配——未分配利润”账户，借记“利润分配——未分配利润”账户，贷记“本年利润”账户，结转后“利润分配”账户的借方余额，即为未弥补亏损的数额。然后通过“利润分配”账户核算有关亏损的弥补情况。

由于未弥补亏损形成的时间长短不同等原因，以前年度未弥补亏损有的可以以当年实现的税前利润弥补，有的则须用税后利润弥补。以当年实现的利润弥补以前年度结转的未弥补亏损，不需要进行专门的账务处理。企业应将当年实现的利润自“本年利润”账户转入“利润分配——未分配利润”账户的贷方，其贷方发生额与“利润分配——未分配利润”账户的借方余额自然抵补。无论是以税前利润还是以税后利润弥补亏损，其会计处理方法均相同。但是，两者在计算缴纳所得税时的处理是不同的。在以税前利润弥补亏损的情况下，其弥补的数额可以抵减当期应纳税所得额，而以税后利润弥补的数额，则不能作为纳税所得扣除处理。

【例12-16】甲公司的股本为100 000 000元，每股面值为1元。2×23年年初未分配利润为贷方余额80 000 000元，2×23年实现净利润50 000 000元。

假定甲公司按照2×23年实现净利润的10%提取法定盈余公积，按照5%提取任意盈余公积，并于2×24年3月1日宣告向股东按每股0.2元派发现金股利，于3月15日以银行存款支付了全部现金股利。3月16日，甲公司宣告按每10股送3股的比例派发股票股利，并于3月26日办理完新增股权登记和相关增资手续。甲公司的账务处理如下：

（1）2×23年年度终了时，甲公司结转本年实现的净利润：

借：本年利润　　50 000 000

　贷：利润分配——未分配利润　　50 000 000

（2）提取法定盈余公积和任意盈余公积：

借：利润分配——提取法定盈余公积　　5 000 000

　　　　　　——提取任意盈余公积　　2 500 000

　贷：盈余公积——法定盈余公积　　5 000 000

　　　　　　　——任意盈余公积　　2 500 000

（3）宣告发放现金股利：

100 000 000×0.2=20 000 000（元）

借：利润分配——应付现金股利　　20 000 000

　贷：应付股利　　20 000 000

2×23年3月15日，实际发放现金股利：

借：应付股利　　20 000 000

　贷：银行存款　　20 000 000

（4）发放股票股利：

100 000 000×1×30%=30 000 000（元）

借：利润分配——转作股本的股利　　30 000 000

　贷：股本　　30 000 000

（5）结转“利润分配”账户的明细账户：

借：利润分配——未分配利润　　57 500 000

　贷：利润分配——提取法定盈余公积　　5 000 000

　　　　　　　——提取任意盈余公积　　2 500 000

　　　　　　　——应付现金股利　　20 000 000

　　　　　　　——转作股本的股利　　30 000 000

甲公司2×23年年底“利润分配——未分配利润”账户的余额为：

80 000 000+50 000 000-7 500 000-20 000 000-30 000 000=72 500 000（元）

即该账户贷方余额为72 500 000元，反映企业的累计未分配利润为72 500 000元。

第三节　所得税

一、企业所得税概述

（一）企业所得税相关概念

1. 企业所得税

企业所得税是指对在中华人民共和国境内，企业和其他取得收入的组织（以下统称企业）就其来源于中国境内、境外的所得所征收的税。

2. 税前会计利润与应纳税所得额

税前会计利润是根据会计规范确定的、企业某一会计时期内利润表中减除所得税费用之前的利润总额。

应纳税所得额是根据税收法规计算的应纳税所得额，企业某一时期的应交所得税就是根据应纳税所得额与当期现行税率计算确定的。

应纳税所得额=税前会计利润+纳税调整增加额-纳税调整减少额

纳税调整增加额，主要指税法规定的扣除项目中，企业已计入当期费用但超过税法规定扣除标准的金额。

纳税调整减少额，主要包括按税法规定允许弥补的亏损和准予免税的项目。

3. 所得税会计和所得税费用

所得税费用

所得税会计是研究处理会计收益和应税收益差异的会计理论和方法，是税务会计的一个分支，是反映企业所得税的确认、计量和报告的一整套会计原理、程序和方法。它诞生于西方的会计学领域，最早出现于20世纪初的美国。1953年，美国会计师协会宣布采用应付税款法，这开启了所得税会计的历史进程。从那以后至今，所得税会计核算方法已经历了递延法、利润表债务法、资产负债表债务法，经长期研究和实践已发展得较为成熟。我国所得税会计还处于起步发展阶段。

所得税会计的关键在于确定资产、负债的计税基础。在确定资产、负债的计税基础时，应严格遵循税收法规中对于资产的税务处理以及可税前扣除的费用等的规定进行。

所得税费用是指应在会计税前利润中扣除的所得税费用，包括当期所得税费用和递延所得税费用。我国现行企业会计准则规定，所得税费用的确认应采用资产负债表债务法，既要确认当期所得税费用，也要确认递延所得税费用。

（二）计税基础

1. 资产的计税基础

计税基础是一项资产或负债据以计税的基础。资产的计税基础，是指企业收回资产账面价值的过程中，计算应纳税所得额时按照税法规定可以自应税经济利益中抵扣的金额，即某一项资产在未来期间计税时按照税法规定可以税前扣除的金额。

资产在初始确认时，其计税基础一般为取得成本，即企业为取得某项资产支付的成本在未来期间准予税前扣除。在资产持续持有的过程中，其计税基础是指资产的取得成本减去以前期间按照税法规定已经税前扣除的金额后的余额。如固定资产、无形资产等非流动资产在某一资产负债表日的计税基础是指其成本扣除按照税法规定已在以前期间税前扣除的累计折旧额或累计摊销额后的金额。

2. 负债的计税基础

负债的计税基础，是指负债的账面价值减去未来期间计算应纳税所得额时按照税法规定可予抵扣的金额。负债的确认与偿还一般不会影响企业的损益，也不会影响其应纳税所得额，未来期间计算应纳税所得额时按照税法规定可予抵扣的金额为零，此时其计税基础即为账面价值。但是，在某些情况下，负债的确认可能会影响企业的损益，进而影响不同期间的应纳税所得额，使得其计税基础与账面价值之间产生差额，如按照会计规定确认的某些预计负债。

（三）暂时性差异

暂时性差异是指资产、负债的账面价值与其计税基础不同产生的差额。因资产、负债的账面价值与其计税基础不同，产生了在未来收回资产或清偿负债的期间内，应纳税所得额增加或减少并导致未来期间应交所得税增加或减少的情况，形成企业的资产和负债，在有关暂时性差异发生当期，符合确认条件的情况下，应当确认相关的递延所得税负债或递延所得税资产。

根据暂时性差异对未来期间应纳税所得额的影响，可将其分为应纳税暂时性差异和可抵扣暂时性差异。

除因资产、负债的账面价值与其计税基础不同产生的暂时性差异以外，按照税法规定可以结转以后年度的未弥补亏损和税款抵减，也视同可抵扣暂时性差异处理。

1. 应纳税暂时性差异

应纳税暂时性差异是指在确定未来收回资产或清偿负债期间的应纳税所得额时，将导致产生应税金额的暂时性差异，即在未来期间不考虑该事项影响的应纳税所得额的基础上，由于该暂时性差异的转回会进一步增加转回期间的应纳税所得额和应交所得税金额，在其产生当期应当确认相关的递延所得税负债。

例如，一项资产的账面价值为500万元，其计税基础为375万元，两者之间的差额会造成未来期间应纳税所得额和应交所得税的增加，在其产生当期，应确认相关的递延所得税负债。

2. 可抵扣暂时性差异

可抵扣暂时性差异是指在确定未来收回资产或清偿负债期间的应纳税所得额时，将导致产生可抵扣金额的暂时性差异。该差异在未来期间转回时会减少转回期间的应纳税所得额，减少未来期间的应交所得税。在可抵扣暂时性差异产生当期，符合确认条件时，应当确认相关的递延所得税资产。

例如，一项资产的账面价值为500万元，计税基础为650万元，则企业在未来期间就该项资产可以在其自身取得经济利益的基础上多扣除150万元，未来期间应纳税所得额会减少，应交所得税也会减少，形成可抵扣暂时性差异。

（四）当期所得税和递延所得税

1. 当期所得税

当期所得税是指企业按照税法规定计算确定的针对当期发生的交易和事项，应上缴给税务部门的所得税金额，即当期应交所得税。

2. 递延所得税

递延所得税是指按照所得税准则当期应予确认的递延所得税资产和递延所得税负债金额，即递延所得税资产及递延所得税负债当期发生额的综合结果，但不包括计入所有者权益的交易或事项的所得税影响。用公式表示即为：

$$递延所得税=\left(\frac{递延所得税负债}{的期末余额}-\frac{递延所得税负债}{的期初余额}\right)-\left(\frac{递延所得税资产}{的期末余额}-\frac{递延所得税资产}{的期初余额}\right)$$

递延所得税包括递延所得税负债和递延所得税资产。递延所得税资产是指按照可抵扣暂时性差异和现行税率计算确定的资产，其性质属于预付的税款，在未来期间抵扣应纳税款。递延所得税负债是指按照应纳税暂时性差异和现行税率计算确定的资产，其性质属于应付的税款，在未来期间转为应纳税款。

二、资产负债表债务法

（一）资产负债表债务法的概念

资产负债表债务法体现“资产负债观”，是以估计转销年度的所得税税率为依据，计算递延所得税款的一种所得税会计处理方法。该方法要求企业从资产负债表出发，通过比较资产负债表上列示的资产、负债按照企业会计准则规定确定的账面价值与按照税法规定确定的计税基础，对于两者之间的差异区分应纳税暂时性差异与可抵扣暂时性差异，确认相关的递延所得税负债与递延所得税资产，并在此基础上确定每一会计期间利润表中的所得税费用。

（二）资产负债表债务法的核算内容

1. 确定每项资产或负债的计税基础。

2. 依据该资产或负债的账面金额与计税基础之间的差额，确定暂时性差异。

3. 用暂时性差异乘以适用税率得到递延所得税资产和递延所得税负债的期末余额。

4. 本期发生或转回的递延所得税资产和递延所得税负债（所得税影响金额）应是其期末、期初余额的差额，即：

$$\frac{递延所得税}{资产}=\frac{发生的可抵扣暂时性差异}{的所得税影响金额}-\frac{已转回的可抵扣暂时性差异}{的所得税影响金额}\pm调整金额$$

$$\frac{递延所得税}{负债}=\frac{发生的应纳税暂时性差异}{的所得税影响金额}-\frac{已转回的应纳税暂时性差异}{的所得税影响金额}\pm调整金额$$

5. 确定所得税费用

$$\frac{当期所得税}{费用}=\frac{当期应纳}{所得税税额}+\left(\frac{期末递延}{所得税负债}-\frac{期初递延}{所得税负债}\right)-\left(\frac{期末递延}{所得税资产}-\frac{期初递延}{所得税资产}\right)$$

$$=\frac{当期应纳}{所得税税额}+\frac{递延所得税}{净负债}-\frac{递延所得税}{净资产}$$

三、所得税费用的核算

（一）企业所得税费用的账户设置

根据《企业会计准则第18号——所得税》的规定，企业对所得税进行会计处理时，应设置如下账户：

（1）“应交税费——应交所得税”账户，用于核算企业应交未交所得税。

（2）“所得税费用”账户，用于核算企业计入当期损益的所得税费用。

(3)"递延所得税负债"账户，用于核算企业递延所得税负债的发生及转回。该账户属于负债类账户，余额在贷方。本期发生的递延所得税负债记在该账户的贷方，本期转回的递延所得税负债记在该账户的借方。

(4)"递延所得税资产"账户，用于核算企业递延所得税资产的发生及转回。该账户属于资产类账户，余额在借方。本期发生的递延所得税资产记在该账户的借方，本期转回的递延所得税资产记在该账户的贷方。

(二) 企业所得税费用的主要账务处理

1. 当期所得税费用的主要账务处理

资产负债表日，企业按照税法规定计算确定的当期应交所得税，借记"所得税费用——当期所得税费用"账户，贷记"应交税费——应交所得税"账户。

2. 递延所得税负债的主要账务处理

资产负债表日，企业确认的递延所得税负债的应有余额大于其账面余额的，应按其差额确认所得税费用，借记"所得税费用——递延所得税费用"账户，贷记"递延所得税负债"账户。资产负债表日，递延所得税负债的应有余额小于其账面余额的，编制相反的会计分录。

3. 递延所得税资产的主要账务处理

资产负债表日，企业确认的递延所得税资产的应有余额大于其账面余额的，应按其差额确认，借记"递延所得税资产"账户，贷记"所得税费用——递延所得税费用"账户。资产负债表日，递延所得税资产的应有余额小于其账面余额的，编制相反的会计分录。

【例12-17】甲公司2×23年实现税前收入2 000万元（其中包括产品销售收入1 800万元、购买国库券利息收入100万元）；发生各项成本费用共计1 000万元，其中包括：工资总额200万元（其中，超标的工资费用为28万元）、业务招待费100万元（其中，超支业务招待费为91万元）；发生税收滞纳金10万元；提取固定资产减值准备100万元。另外，甲公司适用的所得税税率为20%。要求：计算该公司当年应纳的企业所得税税额。

甲公司2×23年应纳税所得额=2 000−100−1 000+（28+91+10+100）=1 129（万元）

甲公司2×23年应纳所得税税额=1 129×20%=225.8（万元）

【例12-18】甲公司2×22年12月31日购入不需要安装的设备一台，购入成本为80 000元，预计使用5年，预计净残值为0。公司采用直线法计提折旧，因符合税法规定的税收优惠政策，允许采用双倍余额递减法计提折旧。假设税法规定的使用年限及净残值与会计规定相同，年末未对该项设备计提减值准备。该公司适用的所得税税率为25%。要求：计算2×23年年末固定资产的账面价值和计税基础；计算2×23年暂时性差异及其对所得税的影响额；编制2×23年相关会计分录。

（1）固定资产2×23年年末账面价值=80 000−80 000÷5=64 000（元）

固定资产2×23年年末计税基础=80 000−80 000×40%=48 000（元）

（2）2×23年暂时性差异=64 000−48 000=16 000（元）

暂时性差异的所得税影响额（或递延所得税负债）=16 000×25%=4 000（元）

（3）2×23年所得税相关会计分录如下：

借：所得税费用	4 000	
贷：递延所得税负债		4 000

【思政讲堂】

民生之源：收入

收入是民生之源，收入分配事关老百姓切身利益和积极性的发挥，事关我国社会稳定和经济发展。

党的二十大报告提出，要完善分配制度，坚持按劳分配为主体、多种分配方式并存，坚持多劳多得，鼓励勤劳致富，促进机会公平，增加低收入者收入，扩大中等收入群体，规范收入分配秩序，规范财富积累机制。这意味着在加快居民的财产积累过程中，更要注意规范资本市场、金融市场、投资市场，倡导在规范机制下引导人民用自己的双手创造幸福生活。

本章的内容是收入和利润，对于企业来讲，增加收入、提升利润有两个途径，开源和节流，企业一方面要努力运营，不断增加收入，另一方面要注意节约开支，降低成本。对于我们大学生现阶段而言，一方面，努力学好文化和专业知识即为增强自己的资本，为将来创造幸福生活打下基础；另一方面，勤俭节约也是我们修身立业的法宝。首先，大学生应适度消费、理性消费。要增强对各种不良消费观的辨别力，进行理性消费，要在进行自我教育的同时，用合理的消费观念去引导自己的消费行为。其次，大学生应积极投身实践，提高创业能力。认真学好文化和专业知识，有效运用所学知识和技能，用智力换资本，通过成功创业促进经济发展，实现人生价值。艰苦奋斗、勤俭节约，是我们中华民族的传统美德，是一种民族精神，我们应谨记。

【复习思考】

1.收入的概念是什么？

2.收入确认和计量的步骤是什么？

3.企业利润分配的程序包括哪些？

4.企业盈余公积的用途有哪些？

【练习题】

1.甲公司签订一项电梯销售合同，根据合同规定甲公司负责生产设备并提供安装服务；安装服务是指将电梯各种零件组装起来，使其成为一个可单独运行的整体，安装过程需要根据现场条件对设备进行重大调整，电梯无法在未安装的情况下运行；甲公司将电梯与安装服务一并报价，国内市场上的其他电梯厂商也可以提供安装服务。电梯安装完毕后提供维修服务，维修服务在市场上有明确的市价，由客户购买甲公司提供服务。

要求：甲公司向乙公司销售电梯、负责安装并提供售后服务，该合同有几个履约义务？

2.A公司委托B公司销售商品100件，商品已经发出，每件成本为50元。合同约定B公司应按每件80元对外销售，A公司按合同售价的8%向B公司支付手续费。本年B公司对外实际销售80件，开出的增值税专用发票上注明的销售价款为6 400元，增值税税额为832元，款项已经收到。A公司收到B公司开具的代销清单时，向B公司开具一张相同金额的增值税专用发票。A公司和B公司均为增值税一般纳税人，销售商品适用的增值税税率均为13%。假定A公司发出商品时纳税义务尚未发生，不考虑其他因素。

要求：编制A公司相关会计分录。

第十三章

财务会计报告

学习目标

知识目标： 通过本章的学习，要求能够明确财务报表的构成、分类，掌握财务报表列报的基本要求；熟练掌握资产负债表、利润表及现金流量表各项目的填列方法；了解所有者权益变动表的内容、结构及各项目的填列方法；了解财务报表附注的意义及内容。

技能目标： 通过本章的学习，要求能够根据岗位工作案例，编制资产负债表、利润表及现金流量表。

第一节 财务会计报告概述

一、财务报表列报活动概要

（一）财务报告的定义

财务报告包括财务报表和其他应当在财务报告中披露的相关信息和资料。

（二）财务报表的构成和分类

财务报表是对企业财务状况、经营成果和现金流量的结构性表述。财务报表至少应当包括下列组成部分：（1）资产负债表；（2）利润表；（3）现金流量表；（4）所有者权益（或股东权益，下同）变动表；（5）附注。

财务报表可以按照不同的标准进行分类：

1. 按编报期间的不同分类

按编报期间的不同，财务报表可以分为中期财务报表和年度财务报表。中期财务报表是以短于一个完整会计年度的报告期间为基础编制的财务报表，包括月报、季报和半年报。中期财务报表至少应当包括资产负债表、利润表、现金流量表和附注。其中，中期资产负债表、利润表、现金流量表应当是完整报表，其格式和内容应当与年度财务报表相一致。与年度财务报表相比，中期财务报表中的附注披露可适当简略。

2.按编报主体的不同分类

按编报主体的不同，财务报表可以分为个别财务报表和合并财务报表。个别财务报表是由企业在自身会计核算基础上对账簿记录进行加工而编制的财务报表，它主要用来反映企业自身的财务状况、经营成果和现金流量情况。合并财务报表是以母公司和子公司组成的企业集团为会计主体，根据母公司和所属子公司的财务报表，由母公司编制的综合反映企业集团财务状况、经营成果和现金流量的财务报表。

母公司与子公司

（三）财务报表列报的基本要求

1. 编报基础

根据《企业会计准则第30号——财务报表列报》的规定，企业应当以持续经营为基础，根据实际发生的交易和事项，按照《企业会计准则——基本准则》和其他各项具体准则的规定进行确认和计量，在此基础上编制财务报表。企业不应以附注披露代替确认和计量。以持续经营为基础编制财务报表不再合理的，企业应当采用其他基础编制财务报表，并在附注中披露这一事实。

2. 列报一致性

财务报表项目的列报应当在各个会计期间保持一致，不得随意变更，但下列情况除外：

（1）会计准则要求改变财务报表项目的列报。

（2）企业经营业务的性质发生重大变化或对企业经营影响较大的交易或事项发生后，变更财务报表项目的列报能够提供更可靠、更相关的会计信息。

性质或功能不同的项目，应当在财务报表中单独列报，但不具有重要性的项目除外。性质或功能类似的项目，其所属类别具有重要性的，应当按其类别在财务报表中单独列报。

重要性，是指在合理预期下，财务报表某项目的省略或错报会影响使用者据此作出经济决策的，该项目具有重要性。重要性应当根据企业所处的具体环境，从项目的性质和金额两方面予以判断，且对各项目重要性的判断标准一经确定，不得随意变更。

3. 列报金额

财务报表中的资产项目和负债项目的金额、收入项目和费用项目的金额、直接计入当期利润的利得项目和损失项目的金额不得相互抵销，即不得以净额列报，但其他会计准则另有规定的除外。

以下三种情况不属于抵销，可以以净额列示：

（1）一组类似交易形成的利得和损失应当以净额列示，但具有重要性的除外。

（2）资产或负债项目按扣除备抵项目后的净额列示，不属于抵销。

（3）非日常活动产生的损益，以收入扣减费用后的净额列示，不属于抵销。非日常活动产生的利得和损失，以同一交易形成的收益扣减相关费用后的净额列示更能反映交易实质的，不属于抵销。

4. 列报项目的可比性

当期财务报表的列报，至少应当提供所有列报项目上一可比会计期间的比较数据，以及与理解当期财务报表相关的说明，但其他会计准则另有规定的除外。

5. 列报项目变更

财务报表的列报项目发生变更的，应当对可比期间的数据按照当期的列报要求进行调整，并在附注中披露调整的原因和性质，以及调整的各项目金额。对可比数据进行调整不切实可行的，应当在附注中披露不能调整的原因。不切实可行，是指企业在作出所有合理努力后仍然无法采用某项规定。

6. 列报内容

企业应当在财务报表的显著位置至少披露下列各项：编报企业的名称；资产负债表日或财务报表涵盖的会计期间；人民币金额单位；财务报表是合并财务报表的，应当予以标明。

7. 列报期间

企业至少应当按年编制财务报表。年度财务报表涵盖的期间短于一年的，应当披露年度财务报表的涵盖期间，以及短于一年的原因以及报表数据不具可比性的事实。对外提供中期财务报告的，还应遵循《企业会计准则第32号——中期财务报告》的规定。

企业月度财务报表应于月度终了后6日内对外提供；季度财务报表应于季度终了后15日内对外提供；半年度中期财务报表应于年度中期结束后60日内对外提供；年度财务报表应于年度终了后4个月内对外提供。

二、财务报表列报涉及的相关岗位以及岗位工作流程

（1）期末，各主管会计根据《企业会计制度》、企业会计准则、《会计基础工作规范》等规定按照权责发生制的要求对有关账项进行调整。

（2）各有关部门按照相关规定，全面清查资产、核实债务，确保账实相符。

（3）各主管会计根据《会计基础工作规范》对总账和明细账账户余额进行认真、仔细的核对，做到账证相符、账账相符。

（4）财务报表编制人员根据公司总账、明细账余额等资料，按照财务报表列报的基本要求编制公司的财务报表，若有下属单位，还应根据有关规定编制合并财务报表。

（5）财务主管审核财务报表的真实性、准确性，判断是否需要对特殊事项进行补充说明。

（6）将财务报表报请有关领导审批，签字确认后，打印、复印财务报表，按照规定装订、加盖相关印章，并归档保管。

（7）财务部门按规定将财务报表报送有关领导及相关单位（市场监管、税务、银行等），以供相关单位和人员使用。

第二节 资产负债表

一、资产负债表概述

（一）资产负债表的概念

资产负债表是反映企业在某一特定日期财务状况的会计报表。它反映企业在某一特定日期所拥有或控制的经济资源、所承担的现时义务和所有者对净资产的要求权。

（二）资产负债表的作用

资产负债表能够提供资产、负债和所有者权益的全貌，有着极其重要的作用，主要表现在：

（1）资产负债表可以提供企业某一特定日期的资产总额及其结构，表明企业拥有或控制的资源及其分布情况，该报表是分析企业生产经营能力的重要资料。

（2）资产负债表可以提供企业某一特定日期的负债总额及其结构，表明企业未来需要用多少资产或劳务清偿债务以及清偿时间。

（3）资产负债表可以反映所有者所拥有的权益，据以判断资本保值、增值的情况以及对负债的保障程度。

（4）资产负债表可以提供企业进行财务分析的基本资料，通过资产负债表可以计算流动比率、速动比率等，以了解企业的变现能力、偿债能力和资金周转能力，有助于报表使用者作出经济决策。

（三）资产负债表的内容

1.资产

资产，反映由过去的交易、事项形成并由企业在某一特定日期所拥有或控制的、预期会给企业带来经济利益的资源。资产应当按照流动资产和非流动资产两大类别在资产负债表中列示，在流动资产和非流动资产类别下进一步按性质分项列示。

满足下列条件之一的资产应当划分为流动资产：①预计在一个正常营业周期中变现、出售或耗用；②主要为交易目的而持有；③预计在资产负债表日起一年内（含一年）变现；④自资产负债表日起一年内，交换其他资产或清偿负债的能力不受限制的现金或现金等价物。资产负债表中列示的流动资产项目通常包括：货币资金、交易性金融资产、应收票据、应收账款、预付款项、其他应收款、存货、持有待售资产和一年内到期的非流动资产等。

非流动资产是指流动资产以外的资产。资产负债表中列示的非流动资产项目通常包括：债权投资、长期应收款、长期股权投资、固定资产、在建工程、无形资产、开发支出、长期待摊费用以及其他非流动资产等。

2.负债

负债，反映在某一特定日期企业所承担的、预期会导致经济利益流出企业的现时义务。负债应当按照流动负债和非流动负债在资产负债表中列示，在流动负债和非流动负债类别下再进一步按性质分项列示。

满足下列条件之一的负债应当划分为流动负债：①预计在一个正常营业周期内清偿；②主要为交易目的而持有；③自资产负债表日起一年内（含一年）到期应予以清偿；④企业无权自主地将清偿义务推迟至资产负债表日后一年以上。资产负债表中列示的流动负债项目通常包括：短期借款、交易性金融负债、应付票据、应付账款、预收款项、应付职工薪酬、应交税费、其他应付款、持有待售负债和一年内到期的非流动负债等。

非流动负债是指流动负债以外的负债。非流动负债项目通常包括：长期借款、应付债券和其他非流动负债等。

3.所有者权益

所有者权益，是企业资产扣除负债后的剩余权益，反映企业在某一特定日期股东（或投资者）拥有的净资产的总额，它一般按照实收资本（或股本，下同）、其他权益工具、资本公积、其他综合收益、盈余公积和未分配利润分项列示。

二、资产负债表的结构

我国企业的资产负债表采用账户式结构，报表分为左右两方，左方列示资产各项目，大体按资产的流动性大小排列，流动性大的资产如“货币资金”“交易性金融资产”等排在前面，流动性小的资产如“长期股权投资”“固定资产”等排在后面。右方列示负债和所有者权益各项目，一般按要求清偿时间的先后顺序排列，“短期借款”“交易性金融负债”“应付票据”“应付账款”等需要在一年以内或者长于一年的一个正常营业周期内偿还的流动负债排在前面，“长期借款”等在一年以上才需偿还的非流动负债排在中间，在企业清算之前不需要偿还的所有者权益项目排在后面。左右两方平衡，即资产总计等于负债和所有者权益总计，其平衡基础为会计恒等式“资产=负债+所有者权益”。

我国一般企业资产负债表的格式见表13-1。

表13-1　　**资产负债表**　　会企01表

编制单位：　　年　月　日　　单位：元

资　产	期末余额	上年年末余额	负债和所有者权益（或股东权益）	期末余额	上年年末余额
流动资产：			流动负债：		
货币资金			短期借款		
交易性金融资产			交易性金融负债		
衍生金融资产			衍生金融负债		
应收票据			应付票据		
应收账款			应付账款		
应收款项融资			预收款项		
预付款项			合同负债		
其他应收款			应付职工薪酬		
存货			应交税费		
合同资产			其他应付款		
持有待售资产			持有待售负债		
一年内到期的非流动资产			一年内到期的非流动负债		
其他流动资产			其他流动负债		
流动资产合计			流动负债合计		
非流动资产：			非流动负债：		
债权投资			长期借款		
其他债权投资			应付债券		
长期应收款			其中：优先股		
长期股权投资			永续债		

续表

资　产	期末余额	上年年末余额	负债和所有者权益（或股东权益）	期末余额	上年年末余额
其他权益工具投资			租赁负债		
其他非流动金融资产			长期应付款		
投资性房地产			预计负债		
固定资产			递延收益		
在建工程			递延所得税负债		
生产性生物资产			其他非流动负债		
油气资产			非流动负债合计		
使用权资产			负债合计		
无形资产			所有者权益（或股东权益）：		
开发支出			实收资本（或股本）		
商誉			其他权益工具		
长期待摊费用			其中：优先股		
递延所得税资产			永续债		
其他非流动资产			资本公积		
非流动资产合计			减：库存股		
			其他综合收益		
			专项储备		
			盈余公积		
			未分配利润		
			所有者权益（或股东权益）合计		
资产总计			负债和所有者权益（或股东权益）总计		

三、资产负债表的编制

（一）上年年末余额栏的填列方法

资产负债表"上年年末余额"栏内各项数字，应根据上年年末资产负债表"期末余额"栏内所列数字填列。如果上年度资产负债表规定的各个项目的名称和内容同本年度不一致，应对上年年末资产负债表各项目名称和数字按照本年度的规定和内容进行调整，填入表中的"上年年末余额"栏内。

（二）期末余额栏的填列方法

资产负债表"期末余额"是指相关项目某一资产负债表日的金额，即月末、季末、半年末或年末的金额。"期末余额"一般应根据资产、负债和所有者权益类账户的期末余额填列。主要包括以下几种填列方法：

1. 根据总账账户余额填列

（1）根据总账账户的余额直接填列。

如"短期借款""应交税费""实收资本（或股本）""库存股""资本公积""其他综合收益""盈余公积"等项目，应根据总账账户的余额直接填列。

（2）根据多个总账账户的期末余额计算填列。

如"货币资金"项目，需要根据"库存现金""银行存款""其他货币资金"三个总账账户的期末余额的合计数填列。

2. 根据明细账账户余额计算填列

如"应付账款"项目，需根据"应付账款""预付账款"账户所属的相关明细账户的期末贷方余额计算填列。

3. 根据总账账户和明细账账户余额分析计算填列

如"长期借款"项目，需要根据"长期借款"总账账户余额扣除"长期借款"账户所属明细账户中将在一年内到期，且企业不能自主地将清偿义务展期的长期借款后的净额计算填列，即：长期借款=长期借款总账账户余额-长期借款所属明细账户中将在一年内到期且企业不能自主地将清偿义务展期的长期借款金额。

4. 根据有关账户余额减去其备抵账户余额后的净额填列

如资产负债表中的"应收账款"项目，应根据"应收账款"账户的期末余额，减去"坏账准备"账户中相关坏账准备期末余额后的金额填列；"长期股权投资"项目，应当根据"长期股权投资"账户的期末余额减去"长期股权投资减值准备"账户余额后的净额填列；"固定资产"项目，应根据"固定资产"账户的期末余额，减去"累计折旧"和"固定资产减值准备"账户的期末余额后的金额，以及"固定资产清理"账户的期末余额填列；"无形资产"项目，应当根据"无形资产"账户的期末余额，减去"累计摊销""无形资产减值准备"账户的期末余额后的净额填列。

5. 综合运用上述填列方法分析计算填列

如资产负债表中的"存货"项目，需要根据"原材料""库存商品""委托加工物资""周转材料""材料采购""在途物资""发出商品""材料成本差异"等总账账户期末余额的分析汇总数，减去"受托代销商品款""存货跌价准备"账户期末余额后的净额填列。

（三）资产负债表项目的填列说明

资产负债表中资产、负债和所有者权益主要项目的填列说明如下：

1. 资产项目的填列说明

（1）"货币资金"项目，反映企业库存现金、银行结算户存款、外埠存款、银行汇票存款、银行本票存款、信用卡存款、信用证保证金存款等的合计数。本项目应根据"库存现金""银行存款""其他货币资金"账户期末余额的合计数填列。

（2）"交易性金融资产"项目，反映企业持有的以公允价值计量且其变动计入当期损益的为交易目的所持有的债券投资、股票投资、基金投资、权证投资金融资产。本项目应根据"交易性金融资产"账户的期末余额填列。

（3）"应收票据"项目，反映资产负债表日以摊余成本计量的、企业因销售商品或提供服务等收到的商业汇票，包括银行承兑汇票和商业承兑汇票。本项目应根据"应收票据"账户的期末余额，减去"坏账准备"账户中相关坏账准备期末余额后的金额分析填列。

（4）“应收账款”项目，反映资产负债表日以摊余成本计量的、企业因销售商品或提供服务等经营活动应收取的款项。本项目应根据“应收账款”“预收账款”所属明细账户的借方余额，减去“坏账准备”账户中相关坏账准备期末余额后的金额分析填列。

（5）“应收款项融资”项目，反映资产负债表日以公允价值计量且其变动计入其他综合收益的应收票据和应收账款等。

（6）“预付款项”项目，反映企业预付给供应单位的款项。本项目应根据“预付账款”和“应付账款”账户所属各明细账户的期末借方余额合计数，减去相应坏账准备后的余额填列。如果“预付账款”账户所属有关明细账户期末有贷方余额，应在“应付账款”项目内填列。

（7）“其他应收款”项目，应根据“应收利息”“应收股利”“其他应收款”账户的期末余额合计数，减去“坏账准备”账户中相关坏账准备期末余额后的金额填列。

（8）“存货”项目，反映企业期末在库、在途和在加工中的各项存货的可变现净值，包括各种原材料、商品、在产品、半成品、发出商品、包装物、低值易耗品、委托代销商品和受托代销商品等。本项目应根据“材料采购”“原材料”“低值易耗品”“库存商品”“周转材料”“委托加工物资”“生产成本”等账户的期末余额合计数，减去“存货跌价准备”账户期末余额后的金额填列。材料采用计划成本核算的，还应按加或减材料成本差异后的金额填列。

（9）“合同资产”项目，反映企业按照《企业会计准则第14号——收入》（2018）的相关规定，根据本企业履行履约义务与客户付款之间的关系在资产负债表中列示的合同资产。“合同资产”项目应根据“合同资产”账户的相关明细账户期末余额分析填列，同一合同下的合同资产和合同负债应当以净额列示，其中净额为借方余额的，应当根据其流动性在“合同资产”或“其他非流动资产”项目中填列，已计提减值准备的，还应以减去“合同资产减值准备”账户中相关的期末余额后的金额填列；其中净额为贷方余额的，应当根据其流动性在“合同负债”或“其他非流动负债”项目中填列。

（10）“持有待售资产”项目，反映资产负债表日划分为持有待售类别的非流动资产及划分为持有待售类别的处置组中的流动资产和非流动资产的期末账面价值。本项目应根据“持有待售资产”账户的期末余额，减去“持有待售资产减值准备”账户的期末余额后的金额填列。

（11）“一年内到期的非流动资产”项目，反映企业非流动资产中将于一年内到期的部分。本项目应根据有关非流动资产的明细账户余额分析填列。

（12）“其他流动资产”项目，反映企业除以上流动资产项目外的其他流动资产。本项目应根据有关账户的期末余额填列。

（13）“债权投资”项目，反映资产负债表日企业以摊余成本计量的长期债权投资的期末账面价值。本项目应根据“债权投资”账户的相关明细账户期末余额，减去“债权投资减值准备”账户中相关减值准备的期末余额后的金额分析填列。自资产负债表日起一年内到期的长期债权投资的期末账面价值，在“一年内到期的非流动资产”项目反映。企业购入的以摊余成本计量的一年内到期的债权投资的期末账面价值，在“其他流动资产”项目反映。

（14）“其他债权投资”项目，反映资产负债表日企业分类为以公允价值计量且其变动计入其他综合收益的长期债权投资的期末账面价值。本项目应根据“其他债权投资”账户的相关明细账户的期末余额分析填列。自资产负债表日起一年内到期的长期债权投资的期末账面价值，在“一年内到期的非流动资产”项目反映。企业购入的以公允价值计量且其变动计入其他综合收益的一年内到期的债权投资的期末账面价值，在“其他流动资产”项目反映。

（15）“长期应收款”项目，反映企业采用递延方式具有融资性质的销售商品和提供劳务等产生的长期应收款项。本项目应根据“长期应收款”账户期末余额减去“未实现融资收益”账户期末余额和“坏账准备”账户所属相关明细账户期末余额后的金额填列。

（16）“长期股权投资”项目，反映企业持有的对子公司、联营企业和合营企业的长期股权投资。本项目应根据“长期股权投资”账户的期末余额减去“长期股权投资减值准备”账户期末余额后的金额填列。

（17）“其他权益工具投资”项目，反映资产负债表日企业指定为以公允价值计量且其变动计入其他综合收益的非交易性权益工具投资的期末账面价值。本项目应根据“其他权益工具投资”账户的期末余额填列。

（18）“投资性房地产”项目，反映企业持有的投资性房地产。企业采用成本模式计量投资性房地产的，本项目应根据“投资性房地产”账户期末余额，减去“投资性房地产累计折旧（摊销）”和“投资性房地产减值准备”账户期末余额后的金额填列；企业采用公允价值模式计量投资性房地产的，本项目应根据“投资性房地产”账户期末余额填列。

（19）“固定资产”项目，反映资产负债表日企业固定资产的期末账面价值和企业尚未清理完毕的固定资产清理净损益。本项目应根据“固定资产”账户的期末余额，减去“累计折旧”和“固定资产减值准备”账户的期末余额后的金额，以及“固定资产清理”账户的期末余额填列。

（20）“在建工程”项目，反映资产负债表日企业尚未达到预定可使用状态的在建工程的期末账面价值和企业为在建工程准备的各种物资的期末账面价值。本项目应根据“在建工程”账户的期末余额，减去“在建工程减值准备”账户的期末余额后的金额，以及“工程物资”账户的期末余额，减去“工程物资减值准备”账户的期末余额后的金额填列。

（21）“生产性生物资产”项目，反映企业持有的生产性生物资产。本项目应根据“生产性生物资产”账户的期末余额，减去“生产性生物资产累计折旧”和“生产性生物资产减值准备”账户期末余额后的金额填列。

（22）“油气资产”项目，反映企业持有的矿区权益和油气井及相关设施的原价减去累计折耗和累计减值准备后的净额。本项目应根据“油气资产”账户期末余额，减去“累计折耗”账户期末余额和相应减值准备后的金额填列。

（23）“使用权资产”项目，反映资产负债表日承租人企业持有的使用权资产的期末账面价值。本项目应根据“使用权资产”账户的期末余额，减去“使用权资产累计折旧”和“使用权资产减值准备”账户的期末余额后的金额填列。

（24）“无形资产”项目，反映企业持有的各项无形资产的净值。本项目应根据“无形资产”账户期末余额，减去“累计摊销”和“无形资产减值准备”账户期末余额后的金额填列。

（25）“开发支出”项目，反映企业开发无形资产过程中能够资本化形成无形资产成本的支出部分。本项目应根据“开发支出”账户所属的“资本化支出”明细账户期末余额填列。

（26）“商誉”项目，反映企业合并中形成的商誉的价值。本项目应根据“商誉”账户的期末余额，减去相应的减值准备后的金额填列。

（27）“长期待摊费用”项目，反映企业已经发生但应由本期和以后各期负担的，分摊期限在一年以上（不含一年）的各项费用。长期待摊费用中在一年内（含一年）摊销的部分，应在“一年内到期的非流动资产”项目填列。本项目应根据“长期待摊费用”账户的期末余额减去将于一年内（含一年）摊销的数额后的金额填列。

（28）“递延所得税资产”项目，反映企业确认的可抵扣暂时性差异产生的递延所得税资产。本项目应根据“递延所得税资产”账户的期末余额填列。

（29）“其他非流动资产”项目，反映企业除长期股权投资、固定资产、在建工程、无形资产等以外的其他非流动资产。本项目应根据有关账户的期末余额填列。

2. 负债项目的填列说明

（1）“短期借款”项目，反映企业向银行或其他金融机构等借入的期限在一年期以下（含一年）的各种借款。本项目应根据“短期借款”账户的期末余额填列。

（2）“交易性金融负债”项目，反映企业资产负债表日承担的交易性金融负债，以及企业持有的直接指定为以公允价值计量且其变动计入当期损益的金融负债的期末账面价值。本项目应根据“交易性金融负债”账户的相关明细账户期末余额填列。

（3）“应付票据”项目，反映资产负债表日以摊余成本计量的，企业因购买材料、商品和接受服务等开出、承兑的商业汇票，包括银行承兑汇票和商业承兑汇票。本项目应根据“应付票据”账户的期末余额填列。

（4）“应付账款”项目，反映资产负债表日以摊余成本计量的，企业因购买材料、商品和接受服务等经营活动应支付的款项。本项目应根据“应付账款”和“预付账款”账户所属的相关明细账户的期末贷方余额合计数填列。

（5）“预收款项”项目，反映企业按照购货合同规定预收的款项。本项目应根据“预收账款”和“应收账款”账户所属各明细账户的期末贷方余额合计数填列。

（6）“合同负债”项目，反映企业按照《企业会计准则第14号——收入》（2018）的相关规定，根据本企业履行履约义务与客户付款之间的关系在资产负债表中列示的合同负债。本项目应根据“合同负债”账户的相关明细账户期末余额分析填列。

（7）“应付职工薪酬”项目，反映企业根据有关规定应付给职工的各种薪酬，外商投资企业按规定从净利润中提取的职工奖励及福利基金，也在本项目列示。本项目应根据“应付职工薪酬”账户的期末贷方余额填列，如“应付职工薪酬”账户期末为借方余额，以“-”号填列。

（8）“应交税费”项目，反映企业按照税法等规定计算应缴纳的各种税费，包括增值税、消费税、所得税、资源税、土地增值税、城市维护建设税、房产税、城镇土地使用税、车船税、教育费附加等，企业代扣代缴的个人所得税等也通过本项目列示。本项目应根据“应交税费”账户的期末余额填列。

（9）“其他应付款”项目，应根据“应付利息”“应付股利”“其他应付款”账户的期末余额合计数填列。

（10）“持有待售负债”项目，反映资产负债表日处置组中与划分为持有待售类别的资产直接相关的负债的期末账面价值。本项目应根据“持有待售负债”账户的期末余额填列。

（11）“一年内到期的非流动负债”项目，反映企业非流动负债中将于资产负债表日后一年内（含一年）到期部分的金额，如将于一年内偿还的长期借款。本项目应根据有关账户的期末余额填列。

（12）“其他流动负债”项目，反映企业除短期借款、交易性金融负债、应付票据、应付账款、应付职工薪酬、应交税费等流动负债以外的其他流动负债。本项目应根据有关账户的期末余额填列。

（13）“长期借款”项目，反映企业向银行或其他金融机构借入的期限在一年期以上（不含一年）的各项借款。本项目应根据“长期借款”账户的期末余额填列。

（14）“应付债券”项目，反映企业为筹集长期资金而发行的债券本金和利息。本项目根据“应付债券”账户的期末余额填列。

（15）“租赁负债”项目，反映资产负债表日承租人企业尚未支付的租赁付款额的期末账面价值。本项目应根据“租赁负债”账户的期末余额填列。自资产负债表日起一年内到期应予以清偿的租赁负债的期末账面价值，在“一年内到期的非流动负债”项目反映。

（16）“长期应付款”项目，反映资产负债表日企业除长期借款和应付债券以外的其他各种长期应付款项的期末账面价值。本项目应根据“长期应付款”账户的期末余额，减去相关“未确认融资费用”账户期末余额后的金额，以及“专项应付款”账户的期末余额填列。

（17）“预计负债”项目，反映企业确认的对外提供担保、未决诉讼、产品质量保证、重组义务、亏损性合同等预计负债。本项目应根据“预计负债”账户期末余额填列。

（18）“递延收益”项目，反映尚待确认的收入或收益。本项目核算包括企业根据政府补助准则确认的应在以后期间计入当期损益的政府补助金额。本项目应根据“递延收益”账户的期末余额填列。本项目中摊销期限只剩一年或不足一年的，或预计在一年内（含一年）进行摊销的部分，不得归类为流动负债，仍在本项目中填列，不转入“一年内到期的非流动负债”项目。

（19）“递延所得税负债”项目，反映企业确认的应纳税暂时性差异产生的递延所得税负债。本项目应根据“递延所得税负债”账户的期末余额填列。

（20）“其他非流动负债”项目，反映企业除长期借款、应付债券等负债以外的其他非流动负债。本项目应根据有关账户的期末余额减去将于一年内（含一年）到期偿还数额后的余额填列。非流动负债各项目中将于一年内（含一年）到期的非流动负债，应在“一年内到期的非流动负债”项目内单独反映。

3. 所有者权益项目的填列说明

（1）“实收资本（或股本）”项目，反映企业接受投资者投入的实收资本（或股本）总额。本项目应根据“实收资本（或股本）”账户的期末余额填列。

（2）“其他权益工具”项目，反映企业发行的除普通股以外的归类为权益工具的各种金融工具。本项目应根据“其他权益工具”账户的期末余额填列。

（3）“资本公积”项目，反映企业资本公积的期末余额。本项目应根据“资本公积”账户的期末余额填列。

(4)“库存股”项目，反映企业持有尚未转让或注销的本公司股份金额。本项目应根据“库存股”账户的期末余额填列。

(5)“其他综合收益”项目，反映企业根据其他会计准则的规定未在当期损益中确认的各项利得和损失。本项目应根据“其他综合收益”账户的期末余额填列。

(6)“专项储备”项目，反映高危行业企业按国家规定提取的安全生产费的期末账面价值。本项目应根据“专项储备”账户的期末余额填列。

(7)“盈余公积”项目，反映企业盈余公积的期末余额。本项目应根据“盈余公积”账户的期末余额填列。

(8)“未分配利润”项目，反映企业尚未分配的利润。本项目应根据“本年利润”和“利润分配”账户的余额计算填列，未弥补的亏损在本项目内以“-”号填列。

【例13-1】甲有限责任公司(以下简称甲公司)和A、B公司均为增值税一般纳税工业企业，其有关资料如下：

(1)甲公司销售的产品、材料均为应纳增值税货物，适用的增值税税率为13%，产品、材料的销售价格中均不含增值税。

(2)甲公司材料和产品均按实际成本核算，其销售成本随着销售同时结转。

(3)A公司为甲公司的联营企业，甲公司对A公司的投资占A公司有表决权资本的25%，甲公司对A公司的投资按权益法核算。

(4)甲公司2×23年1月1日有关科目余额见表13-2。

表13-2　**甲公司2×23年1月1日有关科目余额**　单位：元

科目名称	借方余额	科目名称	贷方余额
库存现金	600	短期借款	510 000
银行存款	410 000	应付票据	40 000
应收票据	240 000	应付账款	170 000
应收账款	200 000	应付职工薪酬	4 000
坏账准备	-1 000	应交税费	13 000
其他应收款	300	长期借款	1 270 000
原材料	360 000	实收资本	2 010 000
周转材料	20 000	盈余公积	119 000
库存商品	70 000	利润分配——未分配利润	8 700
长期股权投资——A公司	600 000		
固定资产	2 800 000		
累计折旧	-560 000		
无形资产	4 800		
合计	4 144 700	合计	4 144 700

（5）甲公司2×23年度发生如下经济业务：

① 销售给A公司一批产品，销售价格40 000元，产品成本32 000元。产品已经发出，开出增值税专用发票，款项尚未收到（除增值税以外，不考虑其他税费）。

② 购入原材料一批，增值税专用发票上注明的增值税税额为39 000元，原材料实际成本为300 000元。材料已经到达，并验收入库。企业开出商业承兑汇票。

③ 对外销售一批原材料，销售价格26 000元，材料实际成本18 000元。销售材料已经发出，开出增值税专用发票。款项已经收到，并存入银行（除增值税以外，不考虑其他税费）。

④ 按应收账款年末余额的5‰计提坏账准备。

⑤ 摊销无形资产价值1 000元；计提管理用固定资产折旧8 774元。

⑥ 实现净利润6 000元。

要求：

（1）编制甲公司2×23年经济业务的有关会计分录。

（2）编制甲公司2×23年12月31日有关科目余额表。

（3）编制甲公司2×23年12月31日资产负债表。

分析：（1）甲公司2×23年经济业务有关会计分录如下：

①借：应收账款——A公司　45 200
　　贷：主营业务收入　40 000
　　　　应交税费——应交增值税（销项税额）　5 200
借：主营业务成本　32 000
　贷：库存商品　32 000

②借：原材料　300 000
　　应交税费——应交增值税（进项税额）　39 000
　　贷：应付票据——商业承兑汇票　339 000

③借：银行存款　29 380
　　贷：其他业务收入　26 000
　　　　应交税费——应交增值税（销项税额）　3 380
借：其他业务成本　18 000
　贷：原材料　18 000

④应计提坏账准备=（200 000+45 200）×5‰-1 000=226（元）
借：信用减值损失　226
　贷：坏账准备　226

⑤借：管理费用　1 000
　　贷：累计摊销　1 000
借：管理费用　8 774
　　贷：累计折旧　8 774

⑥借：本年利润　6 000
　　贷：利润分配——未分配利润　6 000

（2）甲公司2×23年12月31日有关科目余额见表13-3。

表13-3 **甲公司2×23年12月31日有关科目余额** 单位：元

科目名称	借方余额	科目名称	贷方余额
库存现金	600	短期借款	510 000
银行存款	439 380	应付票据	379 000
应收票据	240 000	应付账款	170 000
应收账款	245 200	应付职工薪酬	4 000
坏账准备	−1 226	应交税费	−17 420
其他应收款	300	长期借款	1 270 000
原材料	642 000	实收资本	2 010 000
周转材料	20 000	盈余公积	119 000
库存商品	38 000	利润分配——未分配利润	14 700
长期股权投资——A公司	600 000		
固定资产	2 800 000		
累计折旧	−568 774		
无形资产	4 800		
累计摊销	−1 000		
合计	4 459 280	合计	4 459 280

（3）甲公司2×23年12月31日资产负债表见表13-4（年初余额略）。

表13-4 **资产负债表** 会企01表

编制单位：甲公司 2×23年12月31日 单位：元

资　产	期末余额	负债和所有者权益	期末余额
流动资产：		流动负债：	
货币资金	439 980	短期借款	510 000
应收票据	240 000	应付票据	379 000
应收账款	243 974	应付账款	170 000
其他应收款	300	应付职工薪酬	4 000
存货	700 000	应交税费	−17 420
流动资产合计	1 624 254	流动负债合计	1 045 580
非流动资产：		非流动负债：	
长期股权投资——A公司	600 000	长期借款	1 270 000
固定资产	2 231 226	非流动负债合计	1 270 000
无形资产	3 800	负债合计	2 315 580
非流动资产合计	2 835 026	所有者权益：	
		实收资本	2 010 000
		盈余公积	119 000
		未分配利润	14 700
		所有者权益合计	2 143 700
资产总计	4 459 280	负债和所有者权益总计	4 459 280

第三节　利润表

一、利润表概述

（一）利润表的概念

利润表是反映企业在一定会计期间的经营成果的会计报表。利润表把一定期间的收入与同一会计期间的费用进行配比，以计算出企业一定时期的净利润（或净亏损）。

（二）利润表的作用

利润表的列报必须充分反映企业经营业绩的主要来源和构成，有助于信息使用者判断净利润的质量及其风险，预测净利润的持续性，从而作出正确的决策。具体表现在：

（1）利润表可以反映企业一定会计期间的收益实现情况，如实现的营业收入有多少、实现的投资收益有多少、实现的营业外收入有多少等。

（2）利润表可以反映一定会计期间损耗的发生情况，如耗费的营业成本有多少，销售费用、管理费用、财务费用各有多少，营业外支出有多少等。

（3）利润表可以反映企业生产经营活动的成果，即净利润的实现情况，据以判断资本保值、增值情况等。

（4）利润表可以反映企业不同时期的比较数字（本月数、本年累计数、上年数），便于财务报告使用者分析判断企业未来利润的发展趋势和获利能力，作出正确的经营决策。

（三）利润表的内容

（1）构成营业利润的各项要素：营业收入、营业成本、税金及附加、销售费用、管理费用、研发费用、财务费用、资产减值损失、其他收益、投资收益（或投资损失）、公允价值变动收益（或公允价值变动损失）、资产处置收益（或资产处置损失）。

（2）构成利润总额（或亏损总额）的各项要素：营业利润、营业外收入、营业外支出。

（3）构成净利润（或净亏损）的各项要素：利润总额（或亏损总额）、所得税费用。

（4）构成每股收益的各项要素：基本每股收益、稀释每股收益。

二、利润表的结构

我国企业利润表采用的是多步、报告式结构，即通过对当期的收益、损耗项目按性质加以归类，按利润形成的环节列示一些中间性利润指标，分步计算当期净损益。

我国一般企业利润表的格式见表13-5。

表13-5　**利润表**　会企02表

编制单位：　年　月　单位：元

项　目	本期金额	上期金额
一、营业收入		
减：营业成本		
税金及附加		
销售费用		

续表

项　目	本期金额	上期金额
管理费用		
研发费用		
财务费用		
其中：利息费用		
利息收入		
加：其他收益		
投资收益（损失以“-”号填列）		
其中：对联营企业和合营企业的投资收益		
以摊余成本计量的金融资产终止确认收益（损失以“-”号填列）		
净敞口套期收益（损失以“-”号填列）		
公允价值变动收益（损失以“-”号填列）		
信用减值损失（损失以“-”号填列）		
资产减值损失（损失以“-”号填列）		
资产处置收益（损失以“-”号填列）		
二、营业利润（亏损以“-”号填列）		
加：营业外收入		
减：营业外支出		
三、利润总额（亏损总额以“-”号填列）		
减：所得税费用		
四、净利润（净亏损以“-”号填列）		
（一）持续经营净利润（净亏损以“-”号填列）		
（二）终止经营净利润（净亏损以“-”号填列）		
五、其他综合收益的税后净额		
（一）不能重分类进损益的其他综合收益		
1.重新计量设定受益计划变动额		
2.权益法下不能转损益的其他综合收益		
3.其他权益工具投资公允价值变动		
4.企业自身信用风险公允价值变动		

续表

项　目	本期金额	上期金额
……		
（二）将重分类进损益的其他综合收益		
1.权益法下可转损益的其他综合收益		
2.其他债权投资公允价值变动		
3.金融资产重分类计入其他综合收益的金额		
4.其他债权投资信用减值准备		
5.现金流量套期		
6.外币财务报表折算差额		
……		
六、综合收益总额		
七、每股收益：		
（一）基本每股收益		
（二）稀释每股收益		

三、利润表的填列方法

（一）“上期金额”栏的填列方法

利润表“上期金额”栏内各项数字，应根据上年该期利润表“本期金额”栏内所列数字填列。如果上年该期利润表规定的各个项目的名称和内容同本期不一致，应对上年该期利润表各项目名称和内容按照本期的规定进行调整，填入利润表中的“上期金额”栏内。

（二）“本期金额”栏的填列方法

利润表“本期金额”栏内各项数字除“基本每股收益”和“稀释每股收益”项目外，一般应根据损益类账户的发生额分析填列。

利润表中本期金额栏的填列方法如下：

（1）“营业收入”项目，反映企业经营主要业务和其他业务所确认的收入总额。本项目应根据“主营业务收入”和“其他业务收入”账户的发生额分析填列。企业一般应当以“主营业务收入”和“其他业务收入”总账账户的贷方发生额之和，作为利润表中“营业收入”项目的金额。当年发生销售退回的，应以冲减销售退回主营业务收入后的金额，填入“营业收入”项目。

（2）“营业成本”项目，反映企业经营主要业务和其他业务所发生的成本总额。本项目应根据“主营业务成本”和“其他业务成本”账户的发生额分析填列。企业一般应当以“主营业务成本”和“其他业务成本”总账账户的借方发生额之和，作为利润表中“营业成本”项目的金额。当年发生销售退回的，应加上销售退回商品成本后的金额，填入“营业成本”项目。

(3)“税金及附加”项目，反映企业经营业务应负担的消费税、城市维护建设税、资源税、土地增值税、教育费附加、房产税、城镇土地使用税等。本项目应根据“税金及附加”账户的发生额分析填列。

(4)“销售费用”项目，反映企业在销售商品过程中发生的包装费、广告费等费用和为销售本企业商品而专设的销售机构的职工薪酬、业务费等经营费用。本项目应根据“销售费用”账户的发生额分析填列。

(5)“管理费用”项目，反映企业为组织和管理生产经营发生的管理费用。本项目应根据“管理费用”账户的发生额分析填列。

(6)“研发费用”项目，反映企业进行研究与开发过程中发生的费用化支出。本项目应根据“管理费用”账户下的“研发费用”明细账户的发生额分析填列。

(7)“财务费用”项目，反映企业筹集生产经营所需资金等而发生的筹资费用。本项目应根据“财务费用”账户的发生额分析填列。其中：“利息费用”项目反映企业为筹集生产经营所需资金等而发生的应予费用化的利息支出，应根据“财务费用”账户的相关明细账户的发生额分析填列。“利息收入”项目反映企业确认的利息收入，应根据“财务费用”账户相关明细账户的发生额分析填列。

(8)“其他收益”项目，反映企业计入其他收益的政府补助。与企业日常活动相关的政府补助计入其他收益或冲减相关成本费用。

(9)“投资收益”项目，反映企业以各种方式对外投资所取得的收益。本项目应根据“投资收益”账户的发生额分析填列。如为（借方）投资损失，本项目以“-”号填列。

(10)“净敞口套期收益”项目，反映净敞口套期下被套期项目累计公允价值变动转入当期损益的金额或现金流量套期储备转入当期损益的金额。本项目应根据“净敞口套期损益”账户的发生额分析填列；如为套期损失，本项目以“-”号填列。

(11)“公允价值变动收益”项目，反映企业应当计入当期损益的资产或负债公允价值变动收益。本项目应根据“公允价值变动损益”账户的发生额分析填列，企业应当以“公允价值变动损益”总账账户贷方发生额减去借方发生额后的余额，作为利润表中“公允价值变动收益”项目的金额。相减后如为负数，表示（借方）净损失，本项目以“-”号填列。

(12)“信用减值损失”项目，反映企业按照《企业会计准则第22号——金融工具确认和计量》(2018)的要求计提的各项金融工具信用减值准备所确认的信用损失。本项目应根据“信用减值损失”账户的发生额分析填列。

(13)“资产减值损失”项目，反映企业有关资产发生的减值损失。本项目应根据“资产减值损失”账户的发生额分析填列。

(14)“资产处置收益”项目，反映企业出售划分为持有待售的非流动资产（金融工具、长期股权投资和投资性房地产除外）或处置组（子公司和业务除外）时确认的处置利得或损失，以及处置未划分为持有待售的固定资产、在建工程、生产性生物资产及无形资产而产生的处置利得或损失。债务重组中因处置非流动资产产生的利得或损失和非货币性资产交换中换出非流动资产产生的利得或损失也包括在本项目内。本项目应根据“资产处置损益”账户的发生额分析填列；如为处置损失，本项目以“-”号填列。

(15)“营业利润”项目，反映企业实现的营业利润；如为亏损，本项目以“-”号填列。

(16)“营业外收入”项目，反映企业发生的除营业利润以外的收益，主要包括债务重组利得、与企业日常活动无关的政府补助、盘盈利得、捐赠利得（企业接受股东或股东的子公司直接或间接的捐赠，经济实质属于股东对企业的资本性投入的除外）等。本项目应根据“营业外收入”账户的发生额分析填列。

(17)“营业外支出”项目，反映企业发生的除营业利润以外的支出，主要包括债务重组损失、公益性捐赠支出、非常损失、盘亏损失、非流动资产毁损报废损失等。本项目应根据“营业外支出”账户的发生额分析填列。

(18)“利润总额”项目，反映企业实现的利润；如为亏损，本项目以“-”号填列。

(19)“所得税费用”项目，反映企业应从当期利润总额中扣除的所得税费用。本项目应根据“所得税费用”账户的发生额分析填列。

(20)“净利润”项目，反映企业实现的净利润；如为亏损，本项目以“-”号填列。持续经营净利润和终止经营净利润，分别反映净利润中与持续经营相关的净利润和与终止经营相关的净利润；如为净亏损，本项目以“-”号填列。这两个项目应按照《企业会计准则第42号——持有待售的非流动资产、处置组和终止经营》的相关规定分别列报。

(21)“其他综合收益的税后净额”项目，反映企业根据企业会计准则规定未在损益中确认的各项利得和损失扣除所得税影响后的净额。

(22)“综合收益总额”项目，反映企业在某一会计期间除与所有者以其所有者身份进行的交易之外的其他交易或事项所引起的所有者权益变动。

“综合收益总额”项目反映净利润和其他综合收益的税后净额的合计金额。

(23)“每股收益”项目，包括基本每股收益和稀释每股收益两项指标，反映普通股或潜在普通股已公开交易的企业，以及正处在公开发行普通股或潜在普通股过程中的企业的每股收益信息。

【例13-2】乙股份有限公司（以下简称乙公司）为增值税一般纳税企业，适用的增值税税率为13%，适用的所得税税率为25%，采用债务法核算所得税，不考虑其他相关税费，商品销售价格中均不含增值税税额，商品销售成本按发生的经济业务逐项结转。销售商品及提供劳务均为主营业务，资产销售（出售）均为正常的商业交易，采用公允的交易价格结算，除特别指明外，所售资产均未计提减值准备。

乙公司2×23年12月发生的经济业务及相关资料如下：

(1) 12月1日，向A公司销售商品一批，增值税专用发票上注明的销售价格为100万元，增值税税额为13万元。提货单和增值税专用发票已交A公司，款项尚未收取，该批商品的实际成本为75万元。

(2) 12月3日，收到B公司来函，要求对当年11月5日所购商品在销售价格上给予5%的折让（乙公司在该批商品售出时，已确认销售收入200万元，但款项尚未收取）。经核查，该批商品存在外观质量问题，乙公司同意了B公司提出的折让要求。当日，收到B公司交来的税务机关开具的索取折让证明单，并开具红字增值税专用发票。

(3) 12月10日，收到A公司支付的货款，并存入银行。

(4) 12月15日，与C公司签订一项专利技术使用权转让合同。合同规定：C公司有偿使用乙公司的该项专利技术，使用期为2年，一次性支付使用费100万元，乙公司在合同签订日提供该专利技术资料，不提供后续服务，与该项交易有关的手续已办妥，从C公司收取的使用费已存入银行。

（5）12月20日，与F公司签订协议销售商品一批，销售价格为800万元，根据协议，协议签订日预收价款400万元，余款于2×24年1月31日交货时付清。当日，收到F公司预付的款项，并存入银行。

（6）12月21日，取得罚款收入32万元，并存入银行。

（7）除上述经济业务外，登记本月发生的其他经济业务形成的有关账户发生额，见表13-6。

表13-6　**有关账户发生额**　单位：万元

账户名称	借方发生额	贷方发生额
其他业务成本	20	
销售费用	15	
管理费用	12.2	
财务费用	10.3	
税金及附加	6.5	
投资收益		14.2
资产处置损益	12.2（处置非流动资产损失）	
营业外收入		8

乙公司应对上述有关经济业务进行如下相关账务处理（金额单位：万元）：

（1）借：应收账款——A公司　113

　　贷：主营业务收入　100

　　　　应交税费——应交增值税（销项税额）　13

借：主营业务成本　75

　贷：库存商品　75

（2）借：主营业务收入　10

　　　　应交税费——应交增值税（销项税额）　1.3

　　贷：应收账款——B公司　11.3

（3）借：银行存款　113

　　贷：应收账款——A公司　113

（4）借：银行存款　100

　　贷：其他业务收入　100

（5）借：银行存款　400

　　贷：预收账款——F公司　400

（6）借：银行存款　32

　　贷：营业外收入　32

编制乙公司2×23年12月份的利润表，见表13-7。

表13-7　　**利润表**　　会企02表

2×23年12月　　单位：万元

项　目	本期金额
一、营业收入	190
减：营业成本	95
税金及附加	6.5
销售费用	15
管理费用	12.2
研发费用	
财务费用	10.3
其中：利息费用	
利息收入	
资产减值损失	
加：其他收益	
投资收益（损失以"-"号填列）	14.2
其中：对联营企业和合营企业的投资收益	
公允价值变动收益（损失以"-"号填列）	
资产处置收益（损失以"-"号填列）	-12.2
二、营业利润（亏损以"-"号填列）	53
加：营业外收入	40
减：营业外支出	
三、利润总额（亏损总额以"-"号填列）	93
减：所得税费用	23.25
四、净利润（净亏损以"-"号填列）	69.75

第四节 现金流量表

一、现金流量表概述

(一）现金流量表的概念

现金流量表是反映企业在一定会计期间现金和现金等价物流入和流出的报表。其中，现金是指企业库存现金以及可以随时用于支付的存款，包括库存现金、银行存款和其他货币资金（如外埠存款、银行汇票存款、银行本票存款等）等。不能随时用于支付的存款不属于现金。现金等价物是指企业持有的期限短、流动性强、易于转换为已知金额现金、价值变动风险很小的投资。期限短，一般是指从购买日起三个月内到期。现金等价物通常包括三个月内到期的短期债券等。权益性投资变现的金额通常不确定，因而不属于现金等价物。企业应当根据具体情况，确定现金等价物的范围，一经确定不得随意变更。

现金流量是指一定会计期间内企业现金和现金等价物的流入和流出。企业从银行提取现金、用现金购买短期到期的国库券等现金和现金等价物之间的转换不属于现金流量。

(二）现金流量表的作用

(1）现金流量表有助于评价企业的支付能力、偿债能力和周转能力。

(2）现金流量表有助于预测企业未来的现金流量。

(3）现金流量表有助于分析企业收益质量及影响现金净流量的因素。

(三）现金流量表的内容

1. 经营活动产生的现金流量

经营活动，是指企业投资活动和筹资活动以外的所有交易和事项。经营活动产生的现金流量主要包括销售商品或提供劳务、购买商品或接受劳务、收到的税费返还、经营性租赁、支付工资、支付广告费、缴纳税款等流入和流出的现金和现金等价物。

2. 投资活动产生的现金流量

投资活动，是指企业长期资产的购建和不包括在现金等价物范围内的投资及其处置活动。投资活动产生的现金流量主要包括取得和收回投资、购建和处置固定资产、购买和处置无形资产、处置子公司及其他营业单位等流入和流出的现金和现金等价物。

3. 筹资活动产生的现金流量

筹资活动，是指导致企业资本及负债规模和构成发生变化的活动。筹资活动产生的现金流量主要包括吸收投资、发行股票、分配利润、取得和偿还银行借款、发行和偿还债券等流入和流出的现金和现金等价物。偿还应付账款、应付票据等应付款项属于经营活动，不属于筹资活动。

二、现金流量表的结构

我国企业现金流量表采用报告式结构，分类反映经营活动产生的现金流量、投资活动产生的现金流量和筹资活动产生的现金流量，最后汇总反映企业在某一会计期间现金及现金等价物的净增加额。

我国一般企业现金流量表的格式见表13-8。

表13-8　　**现金流量表**　　会企03表

编制单位：　　年　月　　单位：元

项　目	本期金额	上期金额
一、经营活动产生的现金流量		
销售商品、提供劳务收到的现金		
收到的税费返还		
收到其他与经营活动有关的现金		
经营活动现金流入小计		
购买商品、接受劳务支付的现金		
支付给职工以及为职工支付的现金		
支付的各项税费		
支付其他与经营活动有关的现金		
经营活动现金流出小计		
经营活动产生的现金流量净额		
二、投资活动产生的现金流量		
收回投资收到的现金		
取得投资收益收到的现金		
处置固定资产、无形资产和其他长期资产收回的现金净额		
处置子公司及其他营业单位收到的现金净额		
收到其他与投资活动有关的现金		
投资活动现金流入小计		
购建固定资产、无形资产和其他长期资产支付的现金		
投资支付的现金		
取得子公司及其他营业单位支付的现金净额		
支付其他与投资活动有关的现金		
投资活动现金流出小计		
投资活动产生的现金流量净额		
三、筹资活动产生的现金流量		
吸收投资收到的现金		
取得借款收到的现金		
收到其他与筹资活动有关的现金		
筹资活动现金流入小计		
偿还债务支付的现金		
分配股利、利润或偿付利息支付的现金		
支付其他与筹资活动有关的现金		
筹资活动现金流出小计		
筹资活动产生的现金流量净额		
四、汇率变动对现金及现金等价物的影响		
五、现金及现金等价物净增加额		
加：期初现金及现金等价物余额		
六、期末现金及现金等价物余额		

现金流量表的补充资料见表13-9。

表13-9　现金流量表补充资料

补充资料	本期金额	上期金额
1.将净利润调节为经营活动现金流量：		
净利润		
加：资产减值准备		
固定资产折旧、油气资产折耗、生产性生物资产折旧		
无形资产摊销		
长期待摊费用摊销		
处置固定资产、无形资产和其他长期资产的损失（收益以“-”号填列）		
固定资产报废损失（收益以“-”号填列）		
公允价值变动损失（收益以“-”号填列）		
财务费用（收益以“-”号填列）		
投资损失（收益以“-”号填列）		
递延所得税资产减少（增加以“-”号填列）		
递延所得税负债增加（减少以“-”号填列）		
存货的减少（增加以“-”号填列）		
经营性应收项目的减少（增加以“-”号填列）		
经营性应付项目的增加（减少以“-”号填列）		
其他		
经营活动产生的现金流量净额		
2.不涉及现金收支的重大投资和筹资活动：		
债务转为资本		
一年内到期的可转换公司债券		
3.现金及现金等价物净变动情况：		
现金的期末余额		
减：现金的期初余额		
加：现金等价物的期末余额		
减：现金等价物的期初余额		
现金及现金等价物净增加额		

三、现金流量表的填列方法

(一)"经营活动产生的现金流量"项目

根据《企业会计准则第31号——现金流量表》的规定，企业应当采用直接法列示经营活动产生的现金流量。

直接法，是指通过现金收入和现金支出的主要类别列示经营活动的现金流量。

1. "销售商品、提供劳务收到的现金"

本项目反映企业销售商品、提供劳务实际收到的现金（含销售收入和应向购买者收取的增值税税额），包括本期销售商品、提供劳务收到的现金，以及前期销售和前期提供劳务本期收到的现金和本期预收的账款，扣除本期退回本期销售的商品和前期销售本期退回的商品支付的现金。企业销售材料和代购代销业务收到的现金，也在本项目反映。

本项目通常可以采用以下公式计算分析填列：

销售商品、提供劳务收到的现金 = 当期销售商品、提供劳务收到的现金 + 当期收回前期的应收账款和应收票据 + 当期预收款项 − 当期销售退回支付的现金 + 当期收回的前期核销的坏账损失

在具体应用时，可以"当期销售商品、提供劳务产生的营业收入和增值税销项税额"为基础，结合"应收账款""应收票据""预收账款"等账户的变动额进行调整。

2. "收到的税费返还"

本项目反映企业收到返还的各种税费，如收到的增值税、消费税、所得税、教育费附加的返还等。

3. "收到其他与经营活动有关的现金"

本项目反映企业除了上述各项目外，所收到的其他与经营活动有关的现金，如收到的罚款、流动资产损失中由个人赔偿的现金、经营租赁租金等。

4. "购买商品、接受劳务支付的现金"

本项目反映企业购买商品、接受劳务支付的现金（包括增值税进项税额），包括本期购入商品、接受劳务支付的现金，以及本期支付前期购入商品、接受劳务的未付款项和本期预付款项。本期发生的购货退回收到的现金应从本项目中扣除。

本项目通常可以采用以下公式计算分析填列：

购买商品、接受劳务支付的现金 = 当期购买商品、接受劳务支付的现金 + 当期支付前期的应付账款 + 当期支付前期的应付票据 + 当期的预付款项 − 当期因购货退回收到的现金

在具体运用时，可以"当期销售成本和增值税进项税额"为基础，结合存货期初、期末余额的变动额，以及"应付账款""应付票据""预付账款"等账户的变动额进行调整。

5. "支付给职工以及为职工支付的现金"

本项目反映企业实际支付给职工以及为职工支付的现金，包括本期实际支付给职工的工资、奖金、各项津贴和补贴等，以及为职工支付的其他费用，不包括支付给离退休人员的各项费用和支付给在建工程人员的工资等。企业支付给离退休人员的各项费用，包括支付的统筹退休金以及未参加统筹的退休人员的费用，在"支付其他与经营活动有关的现金"项目反映；支付给在建工程人员的工资等，在"购建固定资产、无形资产和其他长期资产支付的现金"项目反映。

6. “支付的各项税费”

本项目反映企业按规定支付的各项税费，但不包括实际支付的计入固定资产价值的耕地占用税，也不包括本期退回的增值税、所得税，本期退回的增值税、所得税在“收到的税费返还”项目反映。

7. “支付其他与经营活动有关的现金”

本项目反映企业除上述各项目外，所支付的其他与经营活动有关的现金，如经营租赁支付的租金、罚款支出、业务招待费支出、保险费支出等。

(二)“投资活动产生的现金流量”项目

1. “收回投资收到的现金”

本项目反映企业出售、转让或到期收回除现金等价物以外的交易性金融资产、其他债权投资、长期股权投资（除处置子公司及其他营业单位）以及收回债权投资本金而收到的现金，包括转让收益，但不包括收到的现金股利和利息。

2. “取得投资收益收到的现金”

本项目反映企业因各种对外投资而收到的现金股利、利润、利息等，但不包括收到的属于购买时实际支付的价款中包含的已宣告派发但尚未发放的现金股利或已到付息期但尚未支付的利息等，收到的这些现金应在投资活动产生的现金流量的“收到其他与投资活动有关的现金”项目反映。

3. “处置固定资产、无形资产和其他长期资产收回的现金净额”

本项目反映企业处置固定资产、无形资产和其他长期资产所取得的现金，扣除为处置这些资产而支付的有关费用后的净额。由于自然灾害所造成的固定资产等长期资产损失而收到的保险赔偿收入，也在本项目反映。

4. “处置子公司及其他营业单位收到的现金净额”

本项目反映企业处置子公司及其他营业单位收到的现金，减去相关税费以后的净额。

5. “收到其他与投资活动有关的现金”

本项目反映企业除上述各项目外，收到的其他与投资活动有关的现金。

6. “购建固定资产、无形资产和其他长期资产支付的现金”

本项目反映企业购买、建造固定资产，取得无形资产和其他长期资产所支付的现金，通过负债方式（如借款、租赁等）购建长期资产而支付的利息、租赁费用等应在筹资活动部分的“支付其他与筹资活动有关的现金”项目中反映，而不在此项目中反映。

7. “投资支付的现金”

本项目反映企业进行各种性质的对外投资支付的现金，包括企业取得的除现金等价物以外的交易性金融资产投资、债权投资、长期股权投资、其他债权投资支付的现金，但不包括购买股票和债券时实际支付的价款中包含的已宣告派发但尚未发放的现金股利或已到付息期但尚未支付的利息等，这些现金支出应在投资活动产生的现金流量的“支付其他与投资活动有关的现金”项目反映。

8. “取得子公司及其他营业单位支付的现金净额”

本项目反映企业取得子公司及其他营业单位支付的现金。

9. “支付其他与投资活动有关的现金”

本项目反映企业除上述各项目外，支付的其他与投资活动有关的现金。如购买股票和债券时，支付的买价中所包含的已宣告发放但尚未领取的现金股利或已到付息期但尚未领取的利息等。

(三)“筹资活动产生的现金流量”项目

1. “吸收投资收到的现金”

本项目反映企业实际收到的投资者投入的现金，包括企业以发行股票、债券等方式筹集资金实际收到的款项，减去直接支付的佣金、手续费、宣传费、咨询费、印刷费等发行费用后的净额。

2. “取得借款收到的现金”

本项目反映企业举借各种短期、长期借款实际收到的现金。

3. “收到其他与筹资活动有关的现金”

本项目反映企业除上述各项目外，收到的其他与筹资活动有关的现金。

4. “偿还债务支付的现金”

本项目反映企业偿还债务本金支付的现金，包括偿还金融企业的借款本金、偿还债券本金等。企业以现金支付的借款利息和债券利息在“分配股利、利润或偿付利息支付的现金”项目反映，不包括在本项目内。

5. “分配股利、利润和偿付利息支付的现金”

本项目反映企业实际支付的现金股利、支付给其他投资单位的利润或用现金支付的借款利息、债券利息等。

6. “支付其他与筹资活动有关的现金”

该项目反映企业除上述各项目外，支付的其他与筹资活动有关的现金，如为发行股票、债券等而支付的审计、咨询等费用。

(四)“汇率变动对现金及现金等价物的影响”项目

本项目反映企业外币现金流量及境外子公司的现金流量折算为记账本位币时，所采用的现金流量发生日的汇率或按照系统合理的方法确定的、与现金流量发生日即期汇率近似的汇率折算的记账本位币金额与“现金及现金等价物净增加额”项目中外币现金净增加额按资产负债表日的即期汇率折算的记账本位币之间的差额。

(五)“现金及现金等价物净增加额”项目

本项目反映企业本期现金及现金等价物期末比期初净增加（减少）的金额。

(六)“期末现金及现金等价物余额”项目

本项目反映期末现金及现金等价物的余额。

【例13-3】丙公司为增值税一般纳税人，适用的增值税税率为13%。2×23年有关资料如下：

(1) 资产负债表有关账户年初、年末余额和部分账户发生额见表13-10。

(2) 利润表有关账户本年发生额见表13-11。

(3) 其他有关资料如下：

交易性金融资产均为非现金等价物；出售交易性金融资产已收到现金；应收、应付款项均以现金结算；应收账款变动额中含有本期计提的坏账准备100万元。不考虑该企业本年度发生的其他交易和事项。

表13-10　**资产负债表有关账户余额**　单位：万元

账户名称	年初余额	本年增加	本年减少	年末余额
应收账款	3 510			5 850
应收票据	585			351
交易性金融资产	300		100（出售）	200
应收股利	20	30		10
存货	2 500			2 400
长期股权投资	500	200（以固定资产投资）		700
应付账款	1 755			2 340
应交税费				
应交增值税	250		306（已交） 476（进项税额）	180
应交所得税	30	100		40
短期借款	600	400		700

表13-11　**利润表有关账户发生额**　单位：万元

账户名称	借方发生额	贷方发生额
主营业务收入		5 000
主营业务成本	3 000	
投资收益：		
现金股利		10
出售交易性金融资产		20

根据以上资料，编制丙公司2×23年度的现金流量表，见表13-12。

有关分析计算过程如下：

（1）销售商品、提供劳务收到的现金=（5 000+5 000×13%）+（3 510−5 850）+（585−351）−100
=3 444（万元）

（2）购买商品、接受劳务支付的现金=（3 000+476）+（2 400−2 500）+（1 755−2 340）
=2 791（万元）

（3）支付的各项税费=306+（30+100−40）=396（万元）

（4）收回投资收到的现金=20+100=120（万元）

（5）取得投资收益收到的现金=20+30−10=40（万元）

（6）取得借款收到的现金=400万元

（7）偿还债务支付的现金=300万元

表13-12　　**现金流量表**　　会企03 表

编制单位：丙公司　　2×23年度　　单位：元

项　目	本期金额	上期金额（略）
一、经营活动产生的现金流量		
销售商品、提供劳务收到的现金	34 440 000	
收到的税费返还	0	
收到其他与经营活动有关的现金	0	
经营活动现金流入小计	34 440 000	
购买商品、接受劳务支付的现金	27 910 000	
支付给职工以及为职工支付的现金	0	
支付的各项税费	3 960 000	
支付其他与经营活动有关的现金	0	
经营活动现金流出小计	31 870 000	
经营活动产生的现金流量净额	2 570 000	
二、投资活动产生的现金流量		
收回投资收到的现金	1 200 000	
取得投资收益收到的现金	400 000	
处置固定资产、无形资产和其他长期资产收回的现金净额	0	
处置子公司及其他营业单位收到的现金净额	0	
收到其他与投资活动有关的现金	0	
投资活动现金流入小计	1 600 000	
购建固定资产、无形资产和其他长期资产支付的现金	0	
投资支付的现金	0	
取得子公司及其他营业单位支付的现金净额	0	
支付其他与投资活动有关的现金	0	
投资活动现金流出小计	0	
投资活动产生的现金流量净额	1 600 000	
三、筹资活动产生的现金流量		
吸收投资收到的现金	0	
取得借款收到的现金	4 000 000	
收到其他与筹资活动有关的现金	0	
筹资活动现金流入小计	4 000 000	
偿还债务支付的现金	3 000 000	
分配股利、利润或偿付利息支付的现金	0	
支付其他与筹资活动有关的现金	0	
筹资活动现金流出小计	3 000 000	
筹资活动产生的现金流量净额	1 000 000	
四、汇率变动对现金及现金等价物的影响	0	
五、现金及现金等价物净增加额	5 170 000	
加：期初现金及现金等价物余额	0	
六、期末现金及现金等价物余额	5 170 000	

第五节　所有者权益变动表

一、所有者权益变动表概述

（一）所有者权益变动表的内容

所有者权益变动表是反映构成所有者权益的各组成部分当期的增减变动的报表。根据《企业会计准则第30号——财务报表列报》的规定，所有者权益变动表应当反映构成所有者权益的各组成部分当期的增减变动情况。综合收益和与所有者（或股东，下同）的资本交易导致的所有者权益的变动，应当分别列示。

与所有者的资本交易，是指企业与所有者以其所有者身份进行的、导致企业所有者权益变动的交易。

所有者权益变动表至少应当单独列示反映下列信息的项目：

（1）综合收益总额，在合并所有者权益变动表中还应单独列示归属于母公司所有者的综合收益总额和归属于少数股东的综合收益总额；

（2）会计政策变更和前期差错更正的累积影响金额；

（3）所有者投入资本和向所有者分配利润等；

（4）按照规定提取的盈余公积；

（5）所有者权益各组成部分的期初和期末余额及其调节情况。

（二）所有者权益变动表的结构

1. 以矩阵的形式列报

为了清楚地表明构成所有者权益的各组成部分当期的增减变动情况，所有者权益变动表应当以矩阵的形式列示：一方面，列示导致所有者权益变动的交易或事项，改变了以往仅仅按照所有者权益的各组成部分反映所有者权益变动情况，而是从所有者权益变动的来源对一定时期所有者权益变动情况进行全面反映；另一方面，按照所有者权益各组成部分（包括实收资本、其他权益工具、资本公积、库存股、其他综合收益、盈余公积和未分配利润）及其总额列示交易或事项对所有者权益的影响。

2. 列示所有者权益变动的比较信息

根据财务报表列报准则的规定，企业需要提供比较所有者权益变动表，因此，所有者权益变动表还将项目再分为“本年金额”和“上年金额”两栏分别填列。

我国一般企业所有者权益变动表的格式见表13-13。

二、所有者权益变动表的填列方法

（一）所有者权益变动表各项目的列报说明

1. “上年年末余额”项目

“上年年末余额”项目，反映企业上年资产负债表中实收资本（或股本）、资本公积、库存股、其他综合收益、盈余公积、未分配利润等项目的上年年末余额。

2. “会计政策变更”和“前期差错更正”项目

“会计政策变更”和“前期差错更正”项目，分别反映企业采用追溯调整法处理的会计政策变更的累积影响金额和采用追溯重述法处理的会计差错更正的累积影响金额。

表13-13 **所有者权益变动表** 会企04表

编制单位： 年度 单位：元

项目	本年金额											上年金额										
	实收资本（或股本）	其他权益工具			资本公积	减：库存股	其他综合收益	专项储备	盈余公积	未分配利润	所有者权益合计	实收资本（或股本）	其他权益工具			资本公积	减：库存股	其他综合收益	专项储备	盈余公积	未分配利润	所有者权益合计
		优先股	永续债	其他									优先股	永续债	其他							
一、上年年末余额																						
加：会计政策变更																						
前期差错更正																						
其他																						
二、本年年初余额																						
三、本年增减变动金额（减少以“-”号填列）																						
（一）综合收益总额																						
（二）所有者投入和减少资本																						
1.所有者投入的普通股																						
2.其他权益工具持有者投入资本																						
3.股份支付计入所有者权益的金额																						
4.其他																						
（三）利润分配																						
1.提取盈余公积																						
2.对所有者（或股东）的分配																						
3.其他																						
（四）所有者权益内部结转																						
1.资本公积转增资本（或股本）																						
2.盈余公积转增资本（或股本）																						
3.盈余公积弥补亏损																						
4.设定受益计划变动额结转留存收益																						
5.其他综合收益结转留存收益																						
6.其他																						
四、本年年末余额																						

3.“本年增减变动金额”项目

(1)“综合收益总额”项目。

本项目反映企业在某一期间除与所有者以其所有者身份进行的交易之外的其他交易或事项所引起的所有者权益变动，其金额为净利润和其他综合收益扣除所得税影响后的净额相加后的合计金额。

(2)“所有者投入和减少资本”项目。

本项目反映企业当年所有者投入的资本和减少的资本。

①“所有者投入的普通股”项目，反映企业接受投资形成的资本（或股本）和资本溢价或股本溢价，并对应列在“实收资本”和“资本公积”栏。

②“其他权益工具持有者投入资本”项目，反映企业接受其他权益工具持有者投入形成的实收资本（或股本）和资本公积，本项目应根据“实收资本”“资本公积”等账户的发生额分析填列。

③“股份支付计入所有者权益的金额”项目，反映企业处于等待期中的权益结算的股份支付当年计入资本公积的金额，并对应列在“资本公积”栏。

(3)“利润分配”项目。

本项目反映企业当年对所有者（或股东）分配的利润（或股利）金额和按照规定提取的盈余公积金额，并对应列在“未分配利润”和“盈余公积”栏。

①“提取盈余公积”项目，反映企业按照规定提取的盈余公积金额。

②“对所有者（或股东）的分配”项目，反映对所有者（或股东）分配的利润（或股利）金额。

(4)“所有者权益内部结转”项目。

本项目反映不影响当年所有者权益总额的所有者权益各组成部分之间当年的增减变动，包括资本公积转增资本（或股本）、盈余公积转增资本（或股本）、盈余公积弥补亏损等的金额。

①“资本公积转增资本（或股本）”项目，反映企业当年资本公积转增资本（或股本）的金额。

②“盈余公积转增资本（或股本）”项目，反映企业当年盈余公积转增资本（或股本）的金额。

③“盈余公积弥补亏损”项目，反映企业当年盈余公积弥补亏损的金额。

④“设定受益计划变动额结转留存收益”项目，主要反映重新计量设定受益计划净负债或者净资产的变动计入其他综合收益，在原设定受益计划终止时应当在权益范围内将原计入其他综合收益的部分全部结转至未分配利润。本项目应根据“其他综合收益”账户的相关明细账户的发生额分析填列。

⑤“其他综合收益结转留存收益”项目，主要反映：一是，企业指定为以公允价值计量且其变动计入其他综合收益的非交易性权益工具投资终止确认时，之前计入其他综合收益的累计利得或损失从其他综合收益中转入留存收益的金额；二是，企业指定为以公允价值计量且其变动计入当期损益的金融负债终止确认时，之前由企业自身信用风险变动引起而计入其他综合收益的累计利得或损失从其他综合收益中转入留存收益的金额等。本项目应根据“其他综合收益”账户的相关明细账户的发生额分析填列。

（二）上年金额栏的列报方法

所有者权益变动表“上年金额”栏内各项数字，应根据上年度所有者权益变动表“本年金额”栏内所列数字填列。如果上年度所有者权益变动表规定的各个项目的名称和内容同本年度不一致，应对上年度所有者权益变动表各项目的名称和数字按本年度的规定进行调整，填入所有者权益变动表“上年金额”栏内。

（三）本年金额栏的列报方法

所有者权益变动表“本年金额”栏内各项数字一般应根据“实收资本（或股本）”“其他权益工具”“资本公积”“盈余公积”“利润分配”“库存股”“以前年度损益调整”等账户的发生额分析填列。

第六节　财务报表附注

一、财务报表附注概述

（一）财务报表附注的概念和作用

附注是对在资产负债表、利润表、现金流量表和所有者权益变动表等报表中列示项目的文字描述或明细资料，以及对未能在这些报表中列示项目的说明等。

通过附注与资产负债表、利润表、现金流量表和所有者权益变动表等报表中列示的项目相互参照关系，以及对未能在报表中列示项目的说明，可以使报表使用者全面了解企业的财务状况、经营成果和现金流量。

（二）财务报表附注披露的基本要求

(1) 附注披露的信息应是定量、定性信息的结合，从而能从量和质两个角度对企业的经济事项完整地进行反映，也才能满足信息使用者的决策需求。

(2) 附注应当按照一定的结构进行系统合理的排列和分类，有顺序地披露信息。由于附注的内容繁多，因此更应按逻辑顺序排列，分类披露，条理清晰，具有一定的组织结构，以便于使用者理解和掌握，也更好地实现财务报表的可比性。

(3) 附注相关信息应当与资产负债表、利润表、现金流量表和所有者权益变动表等报表中列示的项目相互参照，以有助于使用者联系相关联的信息，并由此从整体上更好地理解财务报表。

（三）财务报表附注的形式

在会计实务中，财务报表附注可采用旁注、附表和底注等形式。

1. 旁注

旁注是指在财务报表的有关项目旁直接用括号加注说明。旁注是最简单的报表注释方法，如果报表上有关项目的名称或金额受到限制或需简要补充时，可以直接用括号加注说明。为了保持报表项目的简明扼要、清晰明了，旁注适用个别只需要简单补充的信息项目。

2. 附表

附表指为了保持财务报表的简明易懂而另行编制一些反映其构成项目及年度内的增减来源与金额的表格。附表反映的内容，有些已直接包括在脚注之内，有些则附在报表和脚注之后，作为财务报表的一个单独组成部分。必须注意的是，附表与补充报表的含义并不相同。附表所反映的是财务报表中某一项目的明细信息，而补充报表则往往反映一些附加的信息或按不同基础编制的信息。最常见的补充报表是揭示物价变动对企业财务状况和经营成果影响的附表。

3. 底注

底注也称脚注，是指财务报表后面用一定文字和数字所作的补充说明。一般而言，每一种报表都可以有底注，其篇幅大小随各种报表的复杂程度而定。底注的主要作用是揭示那些不便于列入报表正文的有关信息。但是，底注作为财务报表的组成部分，仅是对报表正文的补充，它不能取代或更正报表正文中的正常分类、计价和描述。凡列入财务报表正文部分的信息项目都必须符合会计要素的定义和一系列确认与计量的标准。财务报表正文主要是以表格形式描述有关企业财务状况与经营绩效的定量信息，这一特征使报表正文所能包含的信息受到限制；而底注则比较灵活，它可提供有关报表编制基础等方面的定性信息、报表项目的性质、比报表正文更为详细的信息、一些相对次要的信息，这些信息对理解和使用报表信息是十分有益的。由于这一优点，底注在财务报表中已发挥越来越重要的作用。

二、财务报表附注披露的内容

根据《企业会计准则第30号——财务报表列报》的规定，财务报表附注应当按照下列顺序披露附注内容：

1. 企业的基本情况

（1）企业注册地、组织形式和总部地址。

（2）企业的业务性质和主要经营活动。

（3）母公司以及集团最终母公司的名称。

（4）财务报告的批准报出者和财务报告批准报出日。

微课13-1

如何读懂企业财务报告?

2. 财务报表的编制基础

财务报表的编制基础包括：会计年度、记账本位币、会计计量所运用的计量基础、现金和现金等价物的构成。

3. 遵循企业会计准则的声明

企业应当明确说明编制的财务报表符合企业会计准则的要求，真实、完整地反映了企业的财务状况、经营成果和现金流量等有关信息。

4. 重要会计政策和会计估计

企业应当披露采用的重要会计政策和会计估计，并结合企业的具体实际披露其重要会计政策的确定依据和财务报表项目的计量基础，以及会计估计中所采用的关键假设和不确定因素。

5. 会计政策和会计估计变更以及差错更正的说明

企业应当按照《企业会计准则第28号——会计政策、会计估计变更和差错更正》及其应用指南的规定，披露会计政策和会计估计变更以及差错更正的有关情况。

6. 报表重要项目的说明

企业对报表重要项目的说明，应当按照资产负债表、利润表、现金流量表、所有者权益变动表及其报表项目列示的顺序，采用文字和数字描述相结合的方式进行披露。报表重要项目的明细金额合计，应当与报表项目金额相衔接。

关联方关系认定

7.或有和承诺事项、资产负债表日后非调整事项、关联方关系及其交易等需要说明的事项

8.有助于财务报表使用者评价企业管理资本的目标、政策及程序的信息

9.其他需要披露的说明

【思政讲堂】

数字经济对会计的影响

党的二十大报告强调，要“加快发展数字经济，促进数字经济和实体经济深度融合”。发展数字经济是把握新一轮科技革命和产业变革新机遇的战略选择，推动数字经济和实体经济融合发展是推动我国经济高质量发展的重要方面。

数字经济的发展给会计带来了极大的冲击和挑战，大数据、人工智能、移动互联网、云计算、物联网、区块链等新技术的突飞猛进，推动会计产生变革。

从财务会计报告方面看，财务报告的目的是给信息使用者提供决策有用的相关信息，而目前的财务报告只能提供过去的财务信息，没有对未来财务数据的精准预测。随着新技术的快速发展，会计信息的内容和信息含量将发生巨大变化。首先，会计信息从及时性转向实时性。大数据技术使财务信息可以实时、随时传递，智能财务系统能够给出任何时点的财务报告，会计内容将会更加丰富。其次，会计信息的可比性增强。新技术使未来财务报表可以更好地反映账面价值和计税基础之间的差异、历史成本和公允价值之间的差异等，会计信息将更具价值。最后，会计信息的格式趋于个性化。新技术增强报表格式的扩展性，如分拆以及重新整合等功能，有利于满足信息使用者的个性化需求。

微课 13-2

人工智能对会计的影响

伴随着新技术的发展，会计将不再是原来传统的核算型、程序型任务，重心将逐步转变为管理流程化、战略决策规划等非程序型任务，未来的会计将以业务管理会计、数据管理会计、价值管理会计、战略管理会计等多种复合形式存在。但技术不会完全替代会计人员，会计人员和机器将“和谐共处”，机器有机器的速度，会计人员有自己的独立思考和感知能力，不存在替代的问题，而是彼此成就。“会计人员+机器”的模式将为企业、为社会创造更大的价值。

新的经济形态下，会计人员仍扮演着重要角色。所以，会计人员仍要保持忠诚于自己所承担的会计事业，捍卫操守为会计奉献终身；诚恳善待与自己会计工作有关或无关的人们；热诚勤勉地做好会计工作，精益求精，追求卓越；树立会计信誉，坚决不做假账，取信于众，取信于社会。

【复习思考】

1.什么是财务报表？财务报表一般应当包括哪些组成部分？

2.资产负债表中的“应收账款”项目的计算公式是什么？

3.资产负债表中的“存货”项目的计算公式是什么？

4.什么是现金？什么是现金等价物？

【练习题】

甲公司2×23年年末部分账户余额见表13-14。

表13-14　　**甲公司2×23年年末部分账户余额表**　　单位：元

账户名称	期末余额	账户名称	期末余额
库存现金	3 600	发出商品	6 300
银行存款	900 000	生产成本	30 000
其他货币资金	100 000	委托加工物资	500
应收账款（总账）	9 000	材料成本差异（贷方余额）	5 000
——A公司（明细账借方余额）	8 000		
——B公司（明细账借方余额）	2 000		
——C公司（明细账贷方余额）	1 000		
预付账款（总账）	40 000	债权投资	300 000
——E公司（明细账借方余额）	60 000	其中：一年内到期的投资	20 000
——F公司（明细账贷方余额）	20 000		
坏账准备（贷方余额）	800	应付账款（总账）	2 000
——应收账款	800	——M公司（明细账贷方余额）	7 000
		——N公司（明细账借方余额）	5 000
原材料	180 000	应交税费（借方余额）	340
委托加工物资	50 000	预收账款（总账）	6 000
		——U公司（明细账贷方余额）	7 000
		——V公司（明细账借方余额）	4 000
		——W公司（明细账贷方余额）	3 000
周转材料	1 000	长期借款	300 000
		其中：一年内到期的借款	100 000
库存商品	50 000	利润分配（借方余额）	400
材料采购	6 000		

要求：根据上述资料在表13-15中填列甲公司资产负债表有关项目的金额。

表13-15　　**资产负债表部分项目金额计算表**

资产负债表项目	计算过程
货币资金	
应收票据	
应收账款	
预收款项	
预付款项	
存货	
一年内到期的非流动资产	
应交税费	
一年内到期的非流动负债	
长期借款	
未分配利润	

第十四章

资产负债表日后事项

学习目标

知识目标： 通过本章的学习，要求掌握资产负债表日后事项涵盖的期间；掌握资产负债表日后调整事项和非调整事项的概念及区别。

技能目标： 通过本章的学习，要求掌握资产负债表日后调整事项的会计处理；掌握资产负债表日后非调整事项的会计处理。

第一节 资产负债表日后事项概述

一、资产负债表日后事项的概念

资产负债表日后事项，是指资产负债表日至财务报告批准报出日之间发生的有利或不利事项。

（一）资产负债表日

资产负债表日是指会计年度末和会计中期期末。中期是指短于一个完整的会计年度的报告期间，包括半年度、季度和月度等。按照《中华人民共和国会计法》的规定，我国会计年度采用公历年度，即1月1日至12月31日。因此，年度资产负债表日是指每年的12月31日，中期资产负债表日是指各会计中期期末。

（二）财务报告批准报出日

财务报告批准报出日是指董事会或类似机构批准财务报告报出的日期，通常是指对财务报告的内容负有法律责任的单位或个人批准财务报告对外公布的日期。

《公司法》规定，公司制企业的董事会有权批准对外公布财务报告，因此，公司制企业的财务报告批准报出日是指董事会批准财务报告报出的日期，而不是股东大会审议批准的日期，也不是注册会计师出具审计报告的日期。对于非公司制企业，财务报告批准报出日是指经理（厂长）会议或类似机构批准财务报告报出的日期。

（三）资产负债表日后事项包括有利事项和不利事项

资产负债表日后事项包括有利事项和不利事项，对于资产负债表日后有利或不利事项的处理原则相同。资产负债表日后事项，如果属于调整事项，对有利和不利的调整事项均应进行处理，并调整报告年度或报告中期的财务报表；如果属于非调整事项，对有利和不利的非调整事项均应在年度报告或中期报告的附注中进行披露。

（四）资产负债表日后事项不是在这个特定期间内发生的全部事项

资产负债表日后事项不是在这个特定期间内发生的全部事项，而是与资产负债表日存在状况有关的事项，或虽然与资产负债表日存在状况无关，但对企业财务状况具有重大影响的事项。

二、资产负债表日后事项涵盖的期间

资产负债表日后事项涵盖的期间是自资产负债表日次日起至财务报告批准报出日止的一段时间。具体而言，资产负债表日后事项涵盖的期间包括：

（1）报告期下一期间的第一天至董事会或类似机构批准财务报告对外公布的日期，即以董事会或类似机构批准财务报告对外公布的日期为截止日期。

资产负债表日后事项涵盖的期间

（2）财务报告批准报出以后、实际报出之前又发生与资产负债表日后事项有关的事项，并由此影响财务报告对外公布日期的，应以董事会或类似机构再次批准财务报告对外公布的日期为截止日期。

如果公司管理层由此修改了财务报告，注册会计师应当根据具体情况实施必要的审计程序，并针对修改后的财务报表重新出具审计报告。新的审计报告日期不应早于董事会或类似机构批准修改后的财务报告对外公布的日期。

【例14-1】甲上市公司2×22年的年度财务报告于2×23年3月20日编制完成，注册会计师完成年度财务报表审计工作并签署审计报告的日期为2×23年4月15日，董事会批准财务报告对外公布的日期为2×23年4月17日，财务报告实际对外公布的日期为2×23年4月21日，股东大会召开日期为2×23年5月12日。

根据资产负债表日后事项涵盖期间的规定，甲上市公司2×22年度财务报告资产负债表日后事项涵盖的期间为2×23年1月1日至4月17日（财务报告批准报出日）。如果在2×23年4月17—21日之间发生了重大事项，需要调整财务报表相关项目的数字或需要在财务报表附注中披露，假设经调整或说明后的财务报告再经董事会批准报出的日期为2×23年4月26日，实际报出的日期为2×23年4月29日，则资产负债表日后事项涵盖的期间为2×23年1月1日至4月26日。

三、资产负债表日后事项的内容

资产负债表日后事项包括资产负债表日后调整事项（以下简称“调整事项”）和资产负债表日后非调整事项（以下简称“非调整事项”）。

（一）调整事项

资产负债表日后调整事项，是指对资产负债表日已经存在的情况提供了新的或进一步证据的事项。

资产负债表日后调整和非调整事项

如果资产负债表日及所属会计期间已经存在某种情况，但当时并不知道其存在或者不能知道确切结果，资产负债表日后发生的事项能够证实该情况的存在或者确切结果，则该事项属于资产负债表日后调整事项。即资产负债表日后事项对资产负债表日的情况提供了进一步的证据，证据表明的情况与原来的估计和判断不完全一致，则需要对原来的会计处理进行调整。调整事项的特点是：（1）在资产负债表日已经存在，资产负债表日后得以证实的事项；（2）对按资产负债表日存在状况编制的财务报告产生重大影响的事项。

企业发生的资产负债表日后调整事项，通常包括下列各项：（1）资产负债表日后诉讼案件结案，法院判决证实了企业在资产负债表日已经存在现时义务，需要调整原先确认的与该诉讼案件相关的预计负债，或确认一项新负债；（2）资产负债表日后取得确凿证据，表明某项资产在资产负债表日发生了减值或者需要调整该项资产原先确认的减值金额；（3）资产负债表日后进一步确定了资产负债表日前购入资产的成本或售出资产的收入；（4）资产负债表日后发现了财务报告舞弊或差错。

【例14-2】甲公司因产品质量问题被客户起诉。2×22年12月31日人民法院尚未判决，考虑到客户胜诉要求甲公司赔偿的可能性较大，甲公司为此确认了3 000 000元的预计负债。2×23年2月25日，在甲公司2×22年度财务报告批准对外报出之前，人民法院判决客户胜诉，要求甲公司支付赔偿款6 000 000元。

在本例中，甲公司在2×22年12月31日结账时已经知道客户胜诉的可能性较大，但不知道人民法院判决的确切结果，因此确认了3 000 000元的预计负债。2×23年2月25日人民法院判决结果为甲公司预计负债的存在提供了进一步的证据。此时，按照2×22年12月31日存在状况编制的财务报告所提供的信息已不能真实反映甲公司的实际情况，应据此对财务报告相关项目的数字进行调整。

值得注意的是，在确定存货可变现净值时，应当以资产负债表日取得最可靠的证据估计的售价为基础并考虑持有存货的目的，资产负债表日至财务报告批准报出日之间存货售价发生波动的，如有确凿证据表明其对资产负债表日存货已经存在的情况提供了新的或进一步的证据，应当作为调整事项进行处理；否则，应当作为非调整事项。

（二）非调整事项

资产负债表日后非调整事项，是指表明资产负债表日后发生的情况的事项。资产负债表日后非调整事项虽然不影响资产负债表日存在的情况，但不加以说明将会影响财务报告使用者作出正确估计和决策。

企业发生的资产负债表日后非调整事项，通常包括下列各项：（1）资产负债表日后发生重大诉讼、仲裁、承诺；（2）资产负债表日后资产价格、税收政策、外汇汇率发生重大变化；（3）资产负债表日后因自然灾害导致资产发生重大损失；（4）资产负债表日后发行股票和债券以及其他巨额举债；（5）资产负债表日后资本公积转增资本；（6）资产负债表日后发生巨额亏损；（7）资产负债表日后发生企业合并或处置子公司；（8）资产负债表日后，企业利润分配方案中拟分配的以及经审议批准宣告发放的股利或利润。

【例14-3】甲公司2×22年度财务报告于2×23年3月20日经董事会批准对外公布。2×23年2月25日，甲公司与乙银行签订了8 000 000元的贷款合同，用于生产设备的购置，贷款期限自2×23年3月1日起至2×24年12月31日止。

在本例中，2×23年2月25日，在公司2×22年度财务报告尚未批准对外公布前，甲公司发生了向银行贷款的事项，该事项发生在资产负债表日后事项所涵盖的期间内。该事项在2×22年12月31日尚未发生，与资产负债表日存在的状况无关，不影响资产负债表日甲公司的财务报表数字。但是，该事项属于重要事项，会影响甲公司以后期间的财务状况和经营成果，因此，需要在附注中予以披露。

（三）调整事项与非调整事项的区别

资产负债表日后发生的某一事项究竟是调整事项还是非调整事项，取决于该事项表明的情况在资产负债表日或资产负债表日以前是否已经存在。若该情况在资产负债表日或之前已经存在，则属于调整事项；反之，则属于非调整事项。

【例14-4】甲公司2×22年11月向乙公司出售一批原材料，货款为30 000 000元，根据销售合同，乙公司应在收到原材料后3个月内付款。至2×22年12月31日，乙公司尚未付款。假定甲公司在编制2×22年度财务报告时有两种情况：（1）2×22年12月31日甲公司根据掌握的资料判断，乙公司有可能破产清算，估计该应收账款将有30%无法收回，故按30%的比例计提坏账准备；2×23年1月10日，甲公司收到通知，乙公司已被宣告破产清算，甲公司估计有70%的应收账款无法收回。（2）2×22年12月31日乙公司的财务状况良好，甲公司预计应收账款可按时收回；2×23年1月10日，乙公司遭受重大雪灾，导致甲公司60%的应收账款无法收回。2×23年3月10日，甲公司的财务报告经批准对外公布。

微课14-1

资产负债表日后事项

在本例中：（1）导致甲公司应收账款无法收回的事实是乙公司财务状况恶化，该事实在资产负债表日已经存在，乙公司被宣告破产清算只是证实了资产负债表日乙公司财务状况恶化的情况，因此，乙公司破产清算导致甲公司应收账款无法收回的事项属于调整事项。（2）导致甲公司应收账款损失的因素是雪灾，不可预计，应收账款发生损失这一事实在资产负债表日以后才发生，因此乙公司遭受雪灾导致甲公司应收账款发生坏账的事项属于非调整事项。

第二节　资产负债表日后调整事项

一、资产负债表日后调整事项的处理原则

企业发生的资产负债表日后调整事项，应当调整资产负债表日的财务报表。对于年度财务报告而言，由于资产负债表日后事项发生在报告年度的次年，报告年度的有关账目已经结转，特别是损益类科目在结账后已无余额。因此，资产负债表日后发生的调整事项，应具体区别以下情况进行处理：

（1）涉及损益的事项，通过“以前年度损益调整”账户核算。调整增加以前年度利润或调整减少以前年度亏损的事项，记入“以前年度损益调整”账户的贷方；调整减少以前年度利润或调整增加以前年度亏损的事项，记入“以前年度损益调整”账户的借方。

涉及损益的调整事项，如果发生在资产负债表日所属年度（即报告年度）所得税汇算清缴前，应调整报告年度应纳税所得额、应纳所得税税额；由于以前年度损益调整增加的所得税费用，记入“以前年度损益调整”账户的借方，同时贷记“应交税费——应交所得税”等账户；由于以前年度损益调整减少的所得税费用，记入“以前年度损益调整”账户的贷方，同时借记“应交税费——应交所得税”等账户。调整完成后，将“以前年度损益调整”账户的贷方或借方余额，转入“利润分配——未分配利润”账户。

涉及损益的调整事项，发生在报告年度所得税汇算清缴后的，应调整本年度（即报告

年度的次年）应纳所得税税额。

（2）涉及利润分配调整的事项，直接在“利润分配——未分配利润”账户核算。

（3）不涉及损益及利润分配的事项，调整相关账户。

（4）通过上述账务处理后，还应同时调整财务报表相关项目的数字，包括：

① 资产负债表日编制的财务报表相关项目的期末数或本年发生数；

② 当期编制的财务报表相关项目的期初数或上年数；

③ 上述调整如果涉及报表附注内容的，还应当作出相应调整。

二、资产负债表日后调整事项的具体会计处理方法

资产负债表日后调整事项总结

为简化处理，如无特别说明，本章所有的例子均假定如下：财务报告批准报出日是次年3月31日，所得税税率为25%，按净利润的10%提取法定盈余公积，提取法定盈余公积后不再作其他分配；调整事项按税法规定均可调整应缴纳的所得税；涉及递延所得税资产的，均假定未来期间很可能取得用来抵扣暂时性差异的应纳税所得额；不考虑报表附注中有关现金流量表项目的数字。

1.资产负债表日后诉讼案件结案，人民法院判决证实了企业在资产负债表日已经存在现时义务，需要调整原先确认的与该诉讼案件相关的预计负债，或确认一项新负债。

这一事项是指导致诉讼的事项在资产负债表日已经发生，但尚不具备确认负债的条件而未确认，资产负债表日后至财务报告批准报出日之间获得了新的或进一步的证据（如人民法院判决结果），表明符合负债的确认条件，因此应在财务报告中确认为一项新负债；或者在资产负债表日已确认某项负债，但在资产负债表日至财务报告批准报出日之间获得新的或进一步的证据，表明需要对已经确认的金额进行调整。

【例14-5】甲公司与乙公司签订一项销售合同，约定甲公司应在2×22年8月向乙公司交付A产品3 000件。由于甲公司未按照合同发货，致使乙公司遭受重大经济损失。2×22年11月，乙公司将甲公司告上法庭，要求甲公司赔偿9 000 000元。2×22年12月31日人民法院尚未判决，甲公司对该诉讼事项确认预计负债6 000 000元，乙公司未确认应收赔偿款。2×23年2月8日，经人民法院判决甲公司应赔偿乙公司8 000 000元，甲、乙双方均服从判决。判决当日，甲公司向乙公司支付赔偿款8 000 000元。甲、乙两公司2×22年所得税汇算清缴均在2×23年3月10日完成（假定该项预计负债产生的损失不允许在预计时税前抵扣，只有在损失实际发生时才允许税前抵扣）。

在本例中，人民法院2×23年2月8日的判决证实了甲、乙两公司在资产负债表日（即2×22年12月31日）分别存在现实赔偿义务和获赔权利，因此两公司都应将“人民法院判决”这一事项作为调整事项进行处理。甲公司和乙公司2×22年所得税汇算清缴均在2×23年3月10日完成，因此，应根据人民法院判决结果调整报告年度应纳税所得额和应纳所得税税额。

甲公司的账务处理如下：

（1）记录支付的赔偿款。

借：以前年度损益调整——营业外支出	2 000 000	
贷：其他应付款——乙公司		2 000 000
借：预计负债——未决诉讼	6 000 000	

贷：其他应付款——乙公司　6 000 000

借：其他应付款——乙公司　8 000 000

贷：银行存款　8 000 000

注：资产负债表日后事项如涉及现金收支项目，均不调整报告年度资产负债表的货币资金项目和现金流量表各项目数字。本例中，虽然已经支付了赔偿款，但在调整会计报表相关数字时，只需调整上述第一笔和第二笔分录，第三笔分录作为2×23年的会计事项处理。

（2）调整递延所得税资产。

借：以前年度损益调整——所得税费用（6 000 000×25%）　1 500 000

贷：递延所得税资产　1 500 000

2×22年年末因确认预计负债6 000 000元时已确认相应的递延所得税资产，资产负债表日后事项发生后递延所得税资产不复存在，应予转回。

（3）调整应交所得税。

借：应交税费——应交所得税（8 000 000×25%）　2 000 000

贷：以前年度损益调整——所得税费用　2 000 000

（4）将“以前年度损益调整”账户余额转入未分配利润。

借：利润分配——未分配利润　1 500 000

贷：以前年度损益调整——本年利润　1 500 000

（5）因净利润减少，调减盈余公积。

借：盈余公积——提取法定盈余公积（1 500 000×10%）　150 000

贷：利润分配——未分配利润　150 000

（6）调整报告年度财务报表相关项目的数字（财务报表略）。

①资产负债表项目的调整。

调减递延所得税资产1 500 000元，调减应交税费2 000 000元；调增其他应付款8 000 000元，调减预计负债6 000 000元；调减盈余公积150 000元，调减未分配利润1 350 000元。

②利润表项目的调整。

调增营业外支出2 000 000元，调减所得税费用500 000元，调减净利润1 500 000元。

③所有者权益变动表项目的调整。

调减净利润1 500 000元，其中提取盈余公积项目中盈余公积一栏调减150 000元，未分利润调减1 350 000元。

乙公司的账务处理如下：

（1）记录收到的赔款。

借：其他应收款——甲公司　8 000 000

贷：以前年度损益调整——营业外收入　8 000 000

借：银行存款　8 000 000

贷：其他应收款——甲公司　8 000 000

注：资产负债表日后事项如涉及现金收支项目，均不调整报告年度资产负债表的货币资金项目和现金流量表各项目数字。本例中，虽然已经收到了赔偿款，但在调整会计报表相关数字时，只需调整上述第一笔分录，第二笔分录作为2×23年的会计事项处理。

（2）调整应交所得税。

借：以前年度损益调整——所得税费用（8 000 000×25%） 2 000 000

贷：应交税费——应交所得税 2 000 000

（3）将“以前年度损益调整”账户余额转入未分配利润。

借：以前年度损益调整——本年利润 6 000 000

贷：利润分配——未分配利润 6 000 000

（4）因净利润增加，补提盈余公积。

借：利润分配——未分配利润 600 000

贷：盈余公积——提取法定盈余公积（6 000 000×10%） 600 000

（5）调整报告年度财务报表相关项目的数字（财务报表略）。

①资产负债表项目的调整。

调增其他应收款8 000 000元；调增应交税费2 000 000元；调增盈余公积600 000元，调增未分配利润5 400 000元。

②利润表项目的调整。

调增营业外收入8 000 000元，调增所得税费用2 000 000元，调增净利润6 000 000元。

③所有者权益变动表项目的调整。

调增净利润6 000 000元，其中提取盈余公积项目中盈余公积一栏调增600 000元，未分配利润一栏调增5 400 000元。

2.资产负债表日后取得确凿证据，表明某项资产在资产负债表日发生了减值或者需要调整该项资产原先确认的减值金额。

这一事项是指在资产负债表日，根据当时的资料判断某项资产可能发生了损失或减值，但没有最后确定是否会发生，因而按照当时的最佳估计金额反映在财务报表中；但在资产负债表日至财务报告批准报出日之间，所取得的确凿证据能证明该事实成立，即某项资产已经发生了损失或减值，则应对资产负债表日所作的估计予以修正。

【例14-6】甲公司2×22年6月销售给乙公司一批物资，货款为2 000 000元（含增值税）。乙公司于7月份收到所购物资并验收入库。按合同规定，乙公司应于收到所购物资后3个月内付款。乙公司由于财务状况不佳，到2×22年12月31日仍未向甲公司付款。甲公司于2×22年12月31日已为该项应收账款计提坏账准备100 000元。2×22年12月31日资产负债表上“应收账款”项目的金额为1 900 000元。甲公司于2×23年2月3日（所得税汇算清缴前）收到人民法院的通知，乙公司已宣告破产清算，无力偿还所欠部分货款。甲公司预计可收回应收账款的60%。

在本例中，甲公司在收到人民法院的通知后，首先可判断该事项属于资产负债表日后调整事项。甲公司已对应收乙公司账款计提了100 000元的坏账准备，按照新的证据应计提的坏账准备为800 000元（2 000 000×40%），差额700 000元应当调整2×22年度财务报表相关项目的数字。

甲公司的账务处理如下：

（1）补提坏账准备。

应补提的坏账准备=2 000 000×40%-100 000=700 000（元）

借：以前年度损益调整——资产减值损失　700 000
　贷：坏账准备　700 000

（2）调整递延所得税资产。

借：递延所得税资产　175 000
　贷：以前年度损益调整——所得税费用　175 000

（3）将“以前年度损益调整”账户的余额转入未分配利润。

借：利润分配——未分配利润　525 000
　贷：以前年度损益调整——本年利润　525 000

（4）因净利润减少，调减盈余公积。

借：盈余公积——提取法定盈余公积　52 500
　贷：利润分配——未分配利润　52 500

（5）调整报告年度财务报表相关项目的数字（财务报表略）。

①资产负债表项目的调整。

调减应收账款700 000元，调增递延所得税资产175 000元；调减盈余公积52 500元，调减未分配利润472 500元。

②利润表项目的调整。

调增资产减值损失700 000元，调减所得税费用175 000元，调减净利润525 000元。

③所有者权益变动表项目的调整。

调减净利润525 000元，其中提取盈余公积项目中盈余公积一栏调减52 500元，未分配利润一栏调减472 500元。

3.资产负债表日后进一步确定了资产负债表日前购入资产的成本或售出资产的收入。

这类调整事项包括两方面的内容：（1）若资产负债表日前购入的资产已经按暂估金额等入账，资产负债表日后获得证据，可以进一步确定该资产的成本，则应该对已入账的资产成本进行调整。例如，购建固定资产已经达到预定可使用状态，但尚未办理竣工决算，企业已办理暂估入账；资产负债表日后办理决算，此时应根据竣工决算的金额调整暂估入账的固定资产的成本等。（2）企业在报告年度已根据收入确认条件确认资产销售收入，但资产负债表日后获得关于资产收入的进一步证据，如发生销售退回、销售折让等，此时也应调整财务报表相关项目的金额。需要说明的是，资产负债表日后发生的销售退回，既包括报告年度或报告中期销售的商品在资产负债表日后发生的销售退回，也包括以前期间销售的商品在资产负债表日后发生的销售退回。

资产负债表所属期间或以前期间所售商品在资产负债表日后退回的，应作为资产负债表日后调整事项处理。发生于资产负债表日后至财务报告批准报出日之间的销售退回事项，可能发生于年度所得税汇算清缴之前，也可能发生于年度所得税汇算清缴之后，其会计处理分别为：

（1）涉及报告年度所属期间的销售退回发生于报告年度所得税汇算清缴之前，应调整报告年度利润表的收入、成本等，并相应调整报告年度的应纳税所得额以及报告年度应缴纳的所得税等。

【例14-7】甲公司2×22年10月25日销售一批商品给乙公司，取得收入2 400 000元（不含增值税），并结转成本2 000 000元。2×22年12月31日，该笔货款尚未收到，甲公司未对该应收账款计提坏账准备。2×23年2月8日，由于产品质量问题，本批货物被全部退回。甲公司于2×23年2月20日完成2×22年所得税汇算清缴。甲公司适用的增值税税率为13%。

在本例中，销售退回业务发生在资产负债表日后事项涵盖期间内，属于资产负债表日后调整事项。由于销售退回发生在甲公司报告年度所得税汇算清缴之前，因此在所得税汇算清缴时，应扣除该部分销售退回所实现的应纳税所得额。

甲公司的账务处理如下：

（1）调整销售收入。

借：以前年度损益调整——主营业务收入　　2 400 000
　　应交税费——应交增值税（销项税额）　　312 000
　贷：应收账款——乙公司　　2 712 000

（2）调整销售成本。

借：库存商品　　2 000 000
　贷：以前年度损益调整——主营业务成本　　2 000 000

（3）调整应缴纳的所得税。

借：应交税费——应交所得税（（2 400 000−2 000 000）×25%）　　100 000
　贷：以前年度损益调整——所得税费用　　100 000

（4）将“以前年度损益调整”账户的余额转入未分配利润。

借：利润分配——未分配利润　　300 000
　贷：以前年度损益调整——本年利润　　300 000

（5）因净利润减少，调减盈余公积。

借：盈余公积——提取法定盈余公积（300 000×10%）　　30 000
　贷：利润分配——未分配利润　　30 000

（6）调整报告年度财务报表相关项目的数字（财务报表略）。

①资产负债表项目的调整。

调减应收账款2 712 000元，调增存货2 000 000元；调减应交税费412 000元，调减盈余公积30 000元，调减未分配利润270 000元。

②利润表项目的调整。

调减营业收入2 400 000元，调减营业成本2 000 000元，调减所得税费用100 000元，调减净利润300 000元。

③所有者权益变动表项目的调整。

调减净利润300 000元，其中提取盈余公积项目中盈余公积一栏调减30 000元，未分配利润一栏调减270 000元。

微课 14-2

财务报表舞弊分析

（2）涉及报告年度所属期间的销售退回发生于报告年度所得税汇算清缴之后，应调整报告年度会计报表的收入、成本等，但按照税法的规定，在此期间的销售退回所涉及的应交所得税，应作为本年度的纳税调整事项。

4.资产负债表日后发现了财务报表舞弊或差错。这一事项是指资产负债表日至财务报告批准报出日之间发生的属于资产负债表期间或以前期间存在的财务报表舞弊或差错。这种舞弊或差错应当作为资产负债表日后调整事项，调整报告年度的年度财务报告或中期财务报告相关项目的数字。具体会计处理可以参见本书第十七章的相关内容。

第三节　资产负债表日后非调整事项

一、资产负债表日后非调整事项的处理原则

资产负债表日后发生的非调整事项，是表明资产负债表日后发生的情况的事项，与资产负债表日存在的状况无关，不应当调整资产负债表日的财务报表。但有的非调整事项由于事项重大，对财务报告使用者具有重大影响，如不加以说明，将不利于财务报告使用者作出正确估计和决策，因此，应在附注中加以披露。

二、资产负债表日后非调整事项的具体会计处理方法

对于资产负债表日后发生的非调整事项，应当在报表附注中披露每项重要的资产负债表日后非调整事项的性质、内容，及其对财务状况和经营成果的影响。无法作出估计的，应当说明原因。资产负债表日后非调整事项的主要例子有：

资产负债表日后非调整事项的处理及举例

（一）资产负债表日后发生重大诉讼、仲裁、承诺

资产负债表日后发生的重大诉讼等事项，对企业影响较大，为防止误导投资者及其他财务报告使用者，应当在财务报表附注中予以披露。

【例 14-8】甲公司是房地产的销售代理商，在买卖双方同意房地产的销售条款时确认佣金收入，佣金由卖方支付。2×22 年，甲公司同意替乙公司的房地产寻找买主。2×22 年 12 月 10 日，甲公司找到一位有意向的买主丁公司，丁公司在对该房地产实地观察后，与乙公司在 2×22 年 12 月 30 日签订了购买该房地产的合同，乙公司随即向甲公司支付了销售佣金。但在 2×23 年 1 月 20 日，当乙公司催促丁公司履行合同时，丁公司称其在获得银行贷款方面有困难，资金不足，拒绝履行合同。2×23 年 2 月，乙公司通过法律手段起诉丁公司。2×23 年 3 月 1 日，丁公司同意向乙公司赔偿 2 000 000 元现金以使其撤回法律诉讼。假设该赔偿额对乙公司和丁公司均存在较大影响。

在本例中，乙公司提起诉讼是在 2×23 年才发生的，在 2×22 年资产负债表日（2×22 年 12 月 31 日）并不存在。但由于资产负债表日后发生的重大诉讼、仲裁、承诺等事项影响较大，应在财务报表附注中进行相关披露，即乙公司和丁公司均应在 2×22 年度财务报表附注中披露诉讼事项的信息。

（二）资产负债表日后资产价格、税收政策、外汇汇率发生重大变化

资产负债表日后发生的资产价格、税收政策和外汇汇率的重大变化，虽然不会影响资产负债表日财务报表相关项目的数字，但对企业资产负债表日后的财务状况和经营成果有重大影响，应当在财务报表附注中予以披露。

【例 14-9】甲公司 2×22 年 9 月采用租赁方式从英国购入某大型生产线，租赁合同规定，该大型生产线的租赁期为 10 年，年租金为 300 000 英镑。甲公司在编制 2×22 年度财务报表时已按 2×22 年 12 月 31 日的即期汇率对相关使用权资产和租赁负债进行了折算（假设 2×22 年 12 月 31 日的汇率为 1 英镑=9.69 元人民币）。假设国家规定从 2×23 年 1 月起调整人民币对英镑的汇率，人民币对英镑的汇率发生重大变化。

在本例中，甲公司在资产负债表日（2×22年12月31日）已经按规定的汇率对有关账户进行调整，因此，无论资产负债表日后汇率如何变化，均不影响资产负债表日的财务状况和经营成果。但是，如果资产负债表日后外汇汇率发生重大变化，甲公司应对由此产生的影响在财务报表附注中进行披露。

（三）资产负债表日后因自然灾害导致资产发生重大损失

自然灾害导致资产发生重大损失对企业资产负债表日后财务状况的影响较大，如果不加以披露，有可能使财务报告使用者作出错误的决策，因此应作为非调整事项在财务报表附注中进行披露。

【例14-10】甲公司2×22年12月购入一批商品，价值10 000 000元，至2×22年12月31日该批商品已全部验收入库，货款通过银行支付。2×23年1月12日，甲公司所在地发生百年不遇的冰冻灾害，该批商品全部毁损。

在本例中，冰冻灾害发生于2×23年1月12日，属于资产负债表日后才发生或存在的事项，但对公司资产负债表日后财务状况的影响较大，甲公司应当将此事项作为非调整事项在2×22年度财务报表附注中进行披露。

（四）资产负债表日后发行股票、债券以及其他巨额举债

企业在资产负债表日后发行股票、债券以及向银行或非银行金融机构举借巨额债务都是比较重大的事项，虽然这一事项与企业资产负债表日的存在状况无关，但这一事项的披露能使财务报告使用者了解与此有关的情况及可能带来的影响，因此应当在财务报表附注中进行披露。

【例14-11】甲公司于2×23年1月20日经批准发行5年期债券面值总额为10 000 000元，每张面值为100元，年利率为6%，公司按105元的价格发行，并于2×23年3月5日结束发行。

在本例中，甲公司发行债券虽然与公司资产负债表日（2×22年12月31日）存在的状况无关，但这一事项的披露能使财务报告使用者了解与此有关的情况及可能带来的影响，甲公司应当将此事项作为非调整事项在2×22年度财务报表附注中进行披露。

（五）资产负债表日后资本公积转增资本

资产负债表日后企业以资本公积转增资本将会改变企业的资本（或股本）结构，影响较大，应当在财务报表附注中进行披露。

【例14-12】甲公司2×23年1月经批准将80 000 000元资本公积转增资本。

在本例中，甲公司于2×23年1月将资本公积转增资本，属于资产负债表日后才发生的事项，但对公司资产负债表日后财务状况的影响较大，甲公司应当将此事项作为非调整事项在2×22年度财务报表附注中进行披露。

（六）资产负债表日后发生巨额亏损

企业资产负债表日后发生巨额亏损将会对企业报告期以后的财务状况和经营成果产生重大影响，应当在财务报表附注中及时披露该事项，以便为投资者或其他财务报告使用者作出正确决策提供信息。

【例14-13】甲公司2×23年1月出现巨额亏损，净利润由2×22年12月的盈利7 000 000元变为亏损5 000 000元。

在本例中，甲公司出现巨额亏损发生于2×23年1月，虽然属于资产负债表日后才发

生的事项，但由盈利转为亏损，会对公司资产负债表日后财务状况和经营成果产生重大影响，甲公司应当将此事项作为非调整事项在2×22年度财务报表附注中进行披露。

（七）资产负债表日后发生企业合并或处置子公司

企业合并或者处置子公司的行为可以影响股权结构、经营范围等，对企业未来的生产经营活动会产生重大影响，应当在财务报表附注中进行披露。

【例14-14】甲公司2×23年1月15日将其全资子公司丙公司出售给乙公司。

在本例中，甲公司出售子公司发生于2×23年1月，与公司资产负债表日（2×22年12月31日）存在的状况无关，但是出售子公司可能对甲公司的股权结构、经营范围等方面产生较大影响，甲公司应当将此事项作为非调整事项在2×22年度财务报表附注中进行披露。

（八）资产负债表日后企业利润分配方案中拟分配的以及经审议批准宣告发放的股利或利润

资产负债表日后，企业利润分配方案中拟分配的以及经审议批准宣告发放的股利或利润，不确认为资产负债表日的负债，但应当在财务报表附注中单独披露。

【例14-15】2×23年1月16日，甲上市公司董事会审议通过了2×22年利润分配方案，决定以公司2×22年年末总股本为基数，分派现金股利10 000 000元，每10股分派1元（含税），该利润分配方案于2×23年4月10日经公司股东大会审议批准。

在本例中，甲上市公司制订利润分配方案，拟分配或经审议批准宣告发放股利或利润的行为，并不会使公司在资产负债表日（2×22年12月31日）形成现时义务，因此虽然发生该事项可导致公司负有支付股利或利润的义务，但支付义务在资产负债表日尚不存在，不应该调整资产负债表日的财务报告，因此，该事项为非调整事项。但由于该事项对公司资产负债表日后的财务状况有较大影响，可能导致现金较大规模流出、公司股权结构变动等，为便于财务报告使用者更充分了解相关信息，甲上市公司需要在2×22年度财务报表附注中单独披露该信息。

【思政讲堂】

坚持准则，做好资产负债表日后事项处理

对资产负债表日后事项进行正确处理，对提高会计信息质量和保证会计信息真实性具有重要意义。2022年8月19日，证监会发布了《2021年上市公司年报会计监管报告》，报告中提到根据年报分析发现，部分上市公司在对应收账款、合同资产以及财务担保合同计提预期信用损失时，存在仅以应收账款在资产负债表日后全额收回为由不计提预期信用损失的问题。资产负债表日至财务报告批准报出日前，上市公司收回应收账款并予以终止确认，属于资产负债表日后发生的非调整事项。上市公司应当考虑在资产负债表日已经存在且能够获取的所有合理的信息，基于有关过去事项、当前状况以及未来经济状况预测对金融资产计提预期信用损失。

所以，会计人员在处理业务过程中，应该坚持准则，不仅是会计准则，而且包括会计法律、会计行政法规、国家统一的会计制度等。上市公司会计人员更应该具备高度的社会责任感和过硬的专业能力，保证财务报告的真实性，承担起对企业和广大会计信息使用者的责任和使命。党的二十大报告中强调“广泛践行社会主义核心价值观”，作为会计专业

的大学生，要树立“诚信为本、操守为重、坚持准则、不做假账”的职业理念，提高技能、坚守公正，实现自身价值。

【复习思考】

1.什么是资产负债表日后调整事项？

2.什么是资产负债表日后非调整事项？

3.资产负债表日后调整事项和资产负债表日后非调整事项有什么区别？

【练习题】

1.X公司为增值税一般纳税人，适用的增值税税率为13%，适用的所得税税率为25%，所得税采用资产负债表债务法核算。X公司按净利润的10%提取法定盈余公积，假定该公司计提的各种资产减值准备和因或有事项确认的负债均作为暂时性差异处理。X公司2×22年度的财务报告于2×23年4月30日批准报出，所得税汇算清缴日为2×23年5月31日。自2×23年1月1日至4月30日财务报告对外报出前发生如下事项：

（1）X公司与Z公司签订供销合同，合同规定X公司在2×22年11月向Z公司供应一批货物，由于X公司未能按照合同发货，致使Z公司发生重大经济损失。Z公司向法院提起诉讼，要求X公司赔偿经济损失500万元，该诉讼案在2×22年12月31日尚未判决，X公司已确认预计负债400万元。2×23年3月25日，经法院一审判决，X公司需要赔偿Z公司经济损失480万元，X公司不再上诉，赔偿款已支付。

（2）3月20日，X公司发现2×22年12月31日计算A库存商品的可变现净值时发生差错，该库存商品的成本为1 000万元，预计可变现净值应为800万元。2×22年12月31日，X公司误将A库存商品的可变现净值预计为850万元。

要求：

（1）指出上述事项中哪些属于资产负债表日后调整事项，哪些属于非调整事项，注明序号即可；

（2）对资产负债表日后调整事项，编制相关调整会计分录（调整事项需编制损益结转分录）。

（答案中的金额单位用万元表示）

2.A公司所得税采用资产负债表债务法核算，适用的所得税税率为25%，按照净利润的10%提取法定盈余公积。2×22年度财务报告的批准对外报出日为2×23年4月10日，所得税的汇算清缴工作于2×23年4月30日完成。A公司2×23年1月1日至4月10日之间发生了下列事项：

（1）1月20日，因管理不善引起火灾，造成公司某生产车间的全部设备被烧毁。根据记录，这些设备的账面原值为6 000万元，预计使用年限均为5年（与税法规定相同），自2×20年12月投入使用，按双倍余额递减法（与税法规定相同）计提折旧，预计净残值率为10%（与税法规定相同），未计提减值准备。对火灾造成的损失，保险公司同意给予1 200万元的赔款，其余损失（不考虑被毁设备清理费用和残值收入）由A公司承担。假设税法对该项财产损失允许税前扣除，不考虑增值税及其他相关因素的影响。

（2）1月31日，注册会计师在审计时发现上年度有一项无形资产开发已经失败，但其

“研发支出——资本化支出”账户的余额80万元在2×22年年末尚未转出。

税法规定，企业为开发新技术、新产品、新工艺发生的研究开发费用，未形成无形资产计入当期损益的，在按照规定据实扣除的基础上，按照研究开发费用的50%加计扣除；形成无形资产的，按照无形资产成本的150%进行摊销。

要求：

(1) 指出上述事项中哪些属于资产负债表日后调整事项，哪些属于非调整事项，注明序号即可；

(2) 编制与上述业务相关的会计分录（调整事项不要求编制损益结转分录）。

（答案中的金额单位用万元表示）

第十五章

会计政策、会计估计变更和前期差错更正

学习目标

知识目标： 通过本章的学习，要求掌握会计政策变更的概念及条件；熟悉会计估计变更的条件；掌握会计差错更正的相关概念。

技能目标： 通过本章的学习，要求掌握会计政策变更的会计处理；掌握会计估计变更的会计处理；掌握前期差错更正的会计处理。

第一节 会计政策及其变更

一、会计政策的概念

会计政策，是指企业在会计确认、计量和报告中所采用的原则、基础和会计处理方法。原则，是指企业按照国家统一的会计制度规定的、适合于企业会计核算所采用的特定会计原则；基础，是指为了将会计原则应用于交易或者事项而采取的会计基础；会计处理方法，是指企业在会计核算中从诸多可选择的会计处理方法中所选择的、适合于本企业的具体会计处理方法。

微课15-1

会计政策及其变更

企业会计政策的选择和运用具有如下特点：

（一）企业应在国家统一的会计制度规定的会计政策范围内选择适用的会计政策

会计政策是在允许的会计原则、计量基础和会计处理方法中作出指定或具体选择。

由于企业经济业务的复杂性和多样化，某些经济业务在符合会计原则和计量基础的要求下，可以有多种会计处理方法，即存在不止一种可供选择的会计政策。例如，确定发出存货的实际成本时可以在先进先出法、加权平均法或者个别计价法中进行选择。

同时，我国的会计准则和会计制度属于行政规章，会计政策所包括的会计原则、计量基础和具体会计处理方法由会计准则或会计制度规定，具有一定的强制性。企业必须在法规所允许的范围内选择适合本企业实际情况的会计政策。企业在发生某项经济业务时，必须从允许的会计原则、计量基础和会计处理方法中选择出适合本企业特点的会计政策。

（二）会计政策涉及会计原则、会计基础和具体会计处理方法

会计原则包括一般原则和特定原则，会计政策所指的会计原则，是指某一类会计业务的核算所应遵循的特定原则，而不是笼统地指所有的会计原则。例如，借款费用是费用化还是资本化，即属于特定会计原则。可靠性、相关性、实质重于形式等属于会计信息质量要求，是为了满足会计信息质量要求而制定的原则，是统一的、不可选择的，不属于特定原则。

会计基础包括会计确认基础和会计计量基础。可供选择的会计确认基础包括权责发生制和收付实现制。会计计量基础主要包括历史成本、重置成本、可变现净值、现值和公允价值等。由于我国企业采用权责发生制作为会计确认基础，不具备选择性，因此会计政策所指的会计基础，主要是会计计量基础（即计量属性）。

具体会计处理方法，是指企业根据国家统一的会计制度允许选择的、对某一类会计业务的具体处理方法作出的具体选择。例如，《企业会计准则第1号——存货》允许企业在先进先出法、加权平均法和个别计价法之间对发出存货实际成本的确定方法作出选择，这些方法就是具体会计处理方法。

会计原则、会计基础和会计处理方法三者之间是一个具有逻辑性的、密不可分的整体，通过这个整体，会计政策才能得以应用和落实。

（三）会计政策应当保持前后各期的一致性

企业通常应在每期采用相同的会计政策。企业选用的会计政策一般情况下不能也不应当随意变更，以保持会计信息的可比性。

企业在会计核算中所采用的会计政策，通常应在报表附注中加以披露，需要披露的会计政策项目主要有以下几项：

（1）财务报表的编制基础、计量基础和会计政策的确定依据等。

（2）存货的计价，是指企业存货的计价方法。例如，企业发出存货成本的计量是采用先进先出法，还是采用其他计量方法。

（3）固定资产的初始计量，是指对取得的固定资产初始成本的计量。例如，企业取得的固定资产初始成本是以购买价款，还是以购买价款的现值为基础进行计量。

（4）无形资产的确认，是指对无形项目的支出是否确认为无形资产。例如，企业内部研究开发项目开发阶段的支出是确认为无形资产，还是在发生时计入当期损益。

（5）投资性房地产的后续计量，是指企业在资产负债表日对投资性房地产进行后续计量所采用的会计处理。例如，企业对投资性房地产的后续计量是采用成本模式，还是公允价值模式。

（6）长期股权投资的核算，是指长期股权投资的具体会计处理方法。例如，企业对被投资单位的长期股权投资是采用成本法，还是采用权益法核算。

（7）非货币性资产交换的计量，是指非货币性资产交换事项中对换入资产成本的计量。例如，非货币性资产交换是以换出资产的公允价值作为确认换入资产成本的基础，还

是以换出资产的账面价值作为确认换入资产成本的基础。

（8）收入的确认，是指收入确认所采用的会计方法。

（9）借款费用的处理，是指借款费用的处理方法，即资本化还是费用化。

（10）外币折算，是指外币折算所采用的方法以及汇兑损益的处理。

（11）合并政策，是指编制合并财务报表所采用的原则。例如，母公司与子公司的会计年度不一致的处理原则，合并范围的确定原则等。

二、会计政策变更及其条件

（一）会计政策变更的概念

会计政策变更，是指企业对相同的交易或者事项由采用原来的会计政策改用新的会计政策的行为。一般情况下，为保证会计信息的可比性，使财务报告使用者在比较企业一个以上期间的财务报表时，能够正确判断企业的财务状况、经营成果和现金流量的趋势，企业在不同的会计期间应采用相同的会计政策，不应也不能随意变更会计政策；否则，势必削弱会计信息的可比性，使财务报告使用者在比较企业的经营成果时发生困难。

需要注意的是，企业不能随意变更会计政策并不意味着企业的会计政策在任何情况下均不能变更。

（二）会计政策变更的条件

会计政策变更，并不意味着以前期间的会计政策是错误的，只是由于情况发生了变化，或者掌握了新的信息、积累了更多的经验，使得变更会计政策能够更好地反映企业的财务状况、经营成果和现金流量。如果以前期间会计政策的选择和运用是错误的，则属于前期差错，应按前期差错更正的会计处理方法进行处理。符合下列条件之一的，企业可以变更会计政策：

1. 法律、行政法规或国家统一的会计制度等要求变更

这种情况是指，按照法律、行政法规以及国家统一的会计制度的规定，要求企业采用新的会计政策。在这种情况下，企业应按规定改变原会计政策，采用新的会计政策。例如，《企业会计准则第16号——政府补助》发布实施以后，对政府补助的确认、计量和相关信息的披露应采用新的会计政策；再如，实施《企业会计准则第6号——无形资产》的企业，对使用寿命不确定的无形资产应按照新准则规定不予摊销。

2. 会计政策的变更能够提供更可靠、更相关的会计信息

这种情况是指，由于经济环境、客观情况的改变，企业原来采用的会计政策所提供的会计信息已不能恰当地反映企业的财务状况、经营成果和现金流量等情况。在这种情况下，应改变原有会计政策，按新的会计政策进行核算，以对外提供更可靠、更相关的会计信息。

需要注意的是，除法律、行政法规或者国家统一的会计制度等要求变更会计政策应当按照规定执行和披露外，企业因满足上述第2条的条件变更会计政策时，必须有充分、合理的证据表明其变更的合理性，并说明变更会计政策后，能够提供关于企业财务状况、经营成果和现金流量等更可靠、更相关会计信息的理由。对会计政策的变更，应经股东大会或董事会等类似机构批准。如果无充分、合理的证据表明会计政策变更的合理性或者未经股东大会等类似机构批准擅自变更会计政策，或者连续、反复地自行变更会计政策，视为滥用会计政策，应按照前期差错更正的方法进行处理。

（三）不属于会计政策变更的情形

对会计政策变更的认定，直接影响会计处理方法的选择。实务中，企业应当分清哪些属于会计政策变更，哪些不属于会计政策变更。下列情况不属于会计政策变更：

（1）本期发生的交易或者事项与以前相比具有本质差别而采用新的会计政策。例如，某企业以往并购的企业都不是在合并前后受同一方或相同的多方最终控制的，企业按购买法进行会计处理，但本年度合并的企业都是在合并前后受同一方或相同的多方最终控制的，则该企业本年度对新发生的企业合并采用类似权益结合法的会计处理方法进行会计处理。该企业以往的企业并购属于非同一控制下企业合并，而本年度发生的企业合并属于同一控制下企业合并，存在本质差别，因而改变会计政策不属于会计政策变更

（2）对初次发生的或不重要的交易或者事项采用新的会计政策。例如，某企业第一次签订一项建造合同，为另一家企业建造三栋厂房，该企业对该项建造合同采用完工百分比法确认收入。由于该企业初次发生该项交易，采用完工百分比法确认该项交易的收入，因此不属于会计政策变更。

三、会计政策变更的会计处理

企业依据法律、行政法规或者国家统一的会计制度等的要求变更会计政策的，应当按照国家相关规定执行。例如，财政部于2006年2月15日发布并自2007年1月1日起实施的《企业会计准则第38号——首次执行企业会计准则》对首次执行企业会计准则涉及职工薪酬的会计调整的规定：对于首次执行日存在的解除与职工的劳动关系，满足《企业会计准则第9号——职工薪酬》预计负债确认条件的，应当确认因解除与职工的劳动关系给予补偿而产生的负债，并调整留存收益。

会计政策变更能够提供更可靠、更相关的会计信息的，应当采用追溯调整法处理，将会计政策变更累积影响数调整列报前期最早期初留存收益，其他相关项目的期初余额和列报前期披露的其他比较数据也应当一并调整，但确定该项会计政策变更累积影响数不切实可行的除外。

追溯调整法，是指对某项交易或事项变更会计政策，视同该项交易或事项初次发生时即采用变更后的会计政策，并以此对财务报表相关项目进行调整的方法。

追溯调整法的运用通常由以下几个步骤构成：

（1）计算会计政策变更的累积影响数。

会计政策变更累积影响数，是指按照变更后的会计政策对以前各期追溯计算的列报前期最早期初留存收益应有金额与现有金额之间的差额，是假设与会计政策变更相关的交易或事项在初次发生时即采用新的会计政策，而得出的列报前期最早期初留存收益应有金额与现有金额之间的差额。这里的留存收益，包括当年和以前年度的未分配利润和按照相关法律规定提取并累积的盈余公积，不需要考虑由于会计政策变更使以前期间净利润的变化而需要分派的股利。例如，由于会计政策变化，增加了以前期间的净利润100万元，该企业通常按净利润的10%分派股利。在计算调整会计政策变更当期期初的留存收益时，应当按照100万元计算，而不是90万元。会计政策变更的累积影响数，是对变更会计政策所导致的对净利润的累积影响，以及由此导致的对利润分配及未分配利润的累积影响金额，不包括分配的利润或股利。

上述变更会计政策当期期初现有的留存收益金额，即上期资产负债表所反映的留存收益期末数，可以从上期资产负债表项目中获得。追溯调整后的留存收益金额，是指扣除所

得税后的净额，即按新的会计政策计算确定留存收益时，应当考虑由于损益变化所导致的所得税影响的情况。

会计政策变更的累积影响数，通常可以通过以下各步骤计算获得：

第一步，根据新的会计政策重新计算受影响的前期交易或事项；第二步，计算两种会计政策下的差异；第三步，计算差异的所得税影响金额；第四步，确定前期中每一期的税后差异；第五步，计算会计政策变更的累积影响数。

（2）相关的账务处理。

（3）调整财务报表相关项目。

（4）财务报表附注说明。

采用追溯调整法时，会计政策变更的累积影响数应包括在变更当期期初留存收益中。但是，如果提供可比财务报表，对于比较财务报表期间的会计政策变更，应调整各该期间净利润各项目和财务报表其他相关项目，视同该政策在比较财务报表期间一直采用。对于比较财务报表可比期间以前的会计政策变更的累积影响数，应调整比较财务报表最早期间的期初留存收益，财务报表其他相关项目的数字也应一并调整。

确定会计政策变更对列报前期累积影响数不切实可行的，应当从可追溯调整的最早期期初开始应用变更后的会计政策。在当期期初确定会计政策变更对以前各期累积影响数不切实可行的，应当采用未来适用法处理：

（1）不切实可行的判断。

不切实可行，是指企业在作出所有合理努力后仍然无法采用某项规定，即企业在采取所有合理的方法后，仍然不能获得采用某项规定所必需的相关信息，而导致无法采用该项规定，则该项规定在此时是不切实可行的。

对于以下特定前期，对某项会计政策变更应用追溯调整法或进行追溯重述以更正一项前期差错是不切实可行的：

① 应用追溯调整法或追溯重述法的累积影响数不能确定；

② 应用追溯调整法或追溯重述法要求对管理层在该期当时的意图作出假定；

③ 应用追溯调整法或追溯重述法要求对有关金额进行重新估计，并且不可能将提供有关交易发生时存在状况的证据（如有关金额确认、计量或披露日期存在事实的证据，以及在受变更影响的当期和未来期间确认会计估计变更的影响的证据）和该期间财务报告批准报出时能够取得的信息，这两类信息与其他信息客观地加以区分。

在某些情况下，调整一个或者多个前期比较信息以获得与当期会计信息的可比性是不切实可行的。例如，企业因账簿、凭证超过法定保存期限而销毁，或因不可抗力而毁坏、遗失，如火灾、水灾等，或因人为因素，如盗窃、故意毁坏等，可能使当期期初确定会计政策变更对以前各期累积影响数无法计算，即不切实可行，此时，会计政策变更应当采用未来适用法进行处理。

（2）未来适用法。

未来适用法，是指将变更后的会计政策应用于变更日及以后发生的交易或者事项，或者在会计估计变更当期和未来期间确认会计估计变更影响数的方法。

在未来适用法下，不需要计算会计政策变更产生的累积影响数，也无须重编以前年度的财务报表。对于企业会计账簿记录及财务报表上反映的金额，在变更之日仍保留原有的金额，不因会计政策变更而改变以前年度的既定结果，在现有金额的基础上再按新的会计政策进行核算。企业如果因账簿、凭证超过法定保存期限而销毁，或因不可抗力而毁坏、遗失，如火灾、水灾等，或因人为因素，如盗窃、故意毁坏等，也可能使会计政策变更的累积影响数无法计算。在这种情况下，会计政策变更可以采用未来适用法进行处理。

【例15-1】甲股份有限公司（以下简称“甲公司”）是一家海洋石油开采公司，于2×15年开始建造一座海上石油开采平台，根据法律法规的规定，该开采平台在使用期满后要将其拆除，需要对其造成的环境污染进行整治。2×16年12月15日，该开采平台建造完成并交付使用，建造成本共120 000 000元，预计使用寿命10年，采用年限平均法计提折旧。2×22年1月1日甲公司开始执行企业会计准则，企业会计准则对于具有弃置费用的固定资产，要求将相关弃置费用计入固定资产成本，对之前尚未计入资产成本的弃置费用，应当进行追溯调整。已知甲公司保存的会计资料比较齐备，可以通过会计资料追溯计算。甲公司预计该开采平台的弃置费用为10 000 000元。假定折现率（即实际利率）为10%。不考虑企业所得税和其他税法因素的影响。该公司按净利润的10%提取法定盈余公积。

根据上述资料，甲公司的财务处理如下：

（1）计算确认弃置费用后的累积影响数（见表15-1）。

表15-1　**确认弃置费用后的累积影响数**　金额单位：元

年份	计息金额	实际利率	利息费用①	折旧②	税前差异-（①+②）	税后差异
2×17	3 855 000	10%	385 500	385 500	-771 000	-771 000
2×18	4 240 500	10%	424 050	385 500	-809 550	-809 550
2×19	4 664 550	10%	466 455	385 500	-851 955	-851 955
2×20	5 131 005	10%	513 100.50	385 500	-898 600.50	-898 600.50
小计	—	—	1 789 105.50	1 542 000	- 3 331 105.50	-3 331 105.50
2×21	5 644 105.5	10%	564 410.55	385 500	-949 910.55	-949 910.55
合计	—	—	2 353 516.05	1 927 500	-4 281 016.05	-4 281 016.05

2×17年1月1日，该开采平台计入资产成本弃置费用的现值=10 000 000×（P/F，10%，10）=10 000 000×0.3855=3 855 000（元）；每年应计提折旧=3 855 000÷10=385 500（元）。

甲公司确认该开采平台弃置费用后的税后净影响额为-4 281 016.05元，即该公司确认资产弃置费用后的累积影响数。

（2）会计处理。

①调整确认后的弃置费用，根据有关原始凭证，编制如下会计分录：

借：固定资产——开采平台（弃置费用）　3 855 000

　贷：预计负债——开采平台（弃置费用）　3 855 000

②调整会计政策变更累积影响数，根据有关原始凭证，编制如下会计分录：

借：利润分配——未分配利润　4 281 016. 05

　贷：累计折旧　1 927 500

贷：预计负债——开采平台（弃置费用） 2 353 516.05

③调整利润分配，根据有关原始凭证，编制如下会计分录：

借：盈余公积——法定盈余公积 428 101.61

贷：利润分配——未分配利润 428 101.61

（3）报表调整。

甲公司在编制2×22年度财务报表时，应调整资产负债表的年初数，对利润表、所有者权益变动表的上年数进行相应调整。2×22年12月31日资产负债表的期末数、所有者权益变动表的未分配利润项目上年年末余额应以调整后的数字为基础编制，见表15-2。

表15-2 **资产负债表（简表）**

编制单位：甲股份有限公司 2×22年12月31日 单位：元

资 产	年初余额		负债和所有者权益	年初余额	
	调整前	调整后		调整前	调整后
⋮			⋮		
固定资产			预计负债		6 208 516.05
开采平台	60 000 000	61 927 500			
			盈余公积	1 700 000	1 271 898.39
			未分配利润	4 000 000	147 085.56
⋮			⋮		

在利润表中，根据账簿的记录，甲公司重新确认了2×21年度营业成本和财务费用分别调增385 500元和564 410.55元，其结果净利润调减949 910.55元，见表15-3。

表15-3 **利润表（简表）**

编制单位：甲股份有限公司 2×22年度 单位：元

项 目	调整前	调整后
一、营业收入	18 000 000	18 000 000
减：营业成本	13 000 000	13 385 500
⋮		
财务费用	260 000	824 410.55
⋮		
二、营业利润（亏损以“-”号填列）	3 900 000	2 950 089.45
⋮		
四、净利润（净亏损以“-”号填列）	4 060 000	3 110 089.45

表15-4　**所有者权益变动表（简表）**

编制单位：甲股份有限公司　2×22年度　单位：元

项　目	本年金额			
⋮	⋮	盈余公积	未分配利润	⋮
一、上年年末余额		1 700 000	4 000 000	
加：会计政策变更		−428 101.61	−3 852 914.44	
前期差错更正				
二、本年年初余额		1 271 898.39	147 085.56	
⋮				

（4）附注说明。

2×22年1月1日，甲股份有限公司按照企业会计准则规定，对2×16年12月15日建造完成并交付使用的开采平台的弃置费用进行确认。此项会计政策变更采用追溯调整法，2×21年的比较报表已重新表述。2×21年运用新的方法追溯计算的会计政策变更累积影响数为−4 281 016.05元。会计政策变更对2×21年度报告损益的影响为减少净利润949 910.55元，调减2×21年的期末留存收益4 281 016.05元，其中，调减盈余公积428 101.61元，调减未分配利润3 852 914.44元。

第二节　会计估计及其变更

一、会计估计的概念

会计估计，是指企业对其结果不确定的交易或事项以最近可利用的信息为基础所作的判断。

会计估计具有以下特点：

微课 15-2

会计估计变更

1. 会计估计的存在是由于经济活动中内在的不确定性因素的影响

企业总是力求保持会计核算的准确性，但有些交易或事项本身具有不确定性，因而需要根据经验作出估计。同时，由于采用权责发生制为基础编制财务报表，也使得有必要充分估计未来交易或事项的影响。可以说，在会计核算和信息披露过程中，会计估计是不可避免的，会计估计的存在是由于经济活动中内在的不确定性因素的影响所造成的。例如，对于固定资产折旧，需要根据固定资产消耗方式、性能、技术发展等情况进行估计。

2. 会计估计应当以最近可利用的信息或资料为基础

由于经营活动内在的不确定性，企业在会计核算中，不得不经常进行估计。某些估计主要用于确定资产或负债的账面价值，例如，法律诉讼可能引起的赔偿等；另一些估计主要用于确定将在某一期间记录的收入或费用的金额。例如，某一期间的折旧费用、摊销费用的金额，在某一期间内采用完工百分比法核算建造合同已实现收入的金额等。企业在进行会计估计时，通常应根据当时的情况和经验，以最近可利用的信息或资料为基础进行。但是，随着时间的推移、环境的变化，进行会计估计的基础可能会发生变化，因此进行会计估计所依据的信息或资料不得不进行更新。由于最新的信息是最接近目标的信息，以其为基础所作的估计最接近实际，因此进行会计估计时应以最近可利用的信息或资料为基础。

3. 进行会计估计并不会削弱会计核算的可靠性

进行合理的会计估计是会计核算中必不可少的部分，它不会削弱会计核算的可靠性。企业为了定期、及时地提供有用的会计信息，将延续不断的经营活动人为划分为一定的期间，并在权责发生制的基础上对企业的财务状况和经营成果进行定期确认和计量。例如，在会计分期的情况下，许多企业的交易跨越若干会计年度，以至于需要在一定程度上作出决定：哪些支出可以在利润表中作为当期费用处理，哪些支出符合资产定义应当递延至以后各期等。由于存在会计分期和货币计量的假设，在确认和计量过程中，不得不对许多尚在延续中、其结果不确定的交易或事项予以估计入账。但是，会计估计是建立在具有确凿证据的前提下，而不是随意的。例如，企业估计固定资产预计使用寿命，应当考虑该项固定资产的技术性能、历史资料、同行业同类固定资产的预计使用年限、本企业经营性质等诸多因素，在掌握确凿证据后确定。企业根据当时所掌握的可靠证据作出的最佳估计，不会削弱会计核算的可靠性。

下列各项属于常见的需要进行估计的项目：

（1）存货可变现净值的确定。

（2）固定资产的预计使用寿命与净残值，固定资产的折旧方法。

（3）使用寿命有限的无形资产的预计使用寿命与净残值。

（4）可收回金额按照资产组的公允价值减去处置费用后的净额确定的，确定公允价值减去处置费用后的净额的方法；可收回金额按照资产组预计未来现金流量的现值确定的，预计未来现金流量的确定。

（5）建造合同或劳务合同完工进度的确定。

（6）公允价值的确定。

（7）预计负债初始计量的最佳估计数的确定。

（8）承租人对未确认融资费用的分摊；出租人对未实现融资收益的分配。

二、会计估计变更的概念及原因

由于企业经营活动中内在不确定因素的影响，某些财务报表项目不能精确地计量，而只能加以估计。如果赖以进行估计的基础发生了变化，或者由于取得新的信息、积累更多的经验以及后来的发展变化，可能需要对会计估计进行修正。

会计估计变更，是指由于资产和负债的当前状况及预期经济利益和义务发生了变化，从而对资产或负债的账面价值或者资产的定期消耗金额进行调整。

通常情况下，企业可能由于以下原因而发生会计估计变更：

（1）赖以进行估计的基础发生了变化。企业进行会计估计，总是要依赖于一定的基础，如果其所依赖的基础发生了变化，则会计估计也应相应作出改变。例如，企业某项无形资产的摊销年限原定为15年，以后获得了国家专利保护，该资产的受益年限已变为10年，则应相应调减摊销年限。

（2）取得了新的信息，积累了更多的经验。企业进行会计估计是就现有资料对未来所作的判断，随着时间的推移，企业有可能取得新的信息、积累更多的经验，在这种情况下，也需要对会计估计进行变更。例如，企业原对固定资产采用年限平均法按15年计提折旧，后来根据新得到的信息，使用5年后对该固定资产所能生产产品的产量有了比较准确的证据，企业改按工作量法计提固定资产折旧。

三、会计估计变更的会计处理

会计估计变更应采用未来适用法处理，即在会计估计变更当期及以后期间，采用新的会计估计，不改变以前期间的会计估计，也不调整以前期间的报告结果。

（1）如果会计估计的变更仅影响变更当期，有关估计变更的影响应于当期确认。

（2）如果会计估计的变更既影响变更当期又影响未来期间，有关估计变更的影响在当期及以后各期确认。例如，固定资产的使用寿命或预计净残值的估计发生的变更，常常影响变更当期及资产以后使用年限内各个期间的折旧费用。因此，这类会计估计的变更，应于变更当期及以后各期确认。

会计估计变更的影响数应计入变更当期与前期相同的项目中。企业难以将某项变更区分为会计政策变更或会计估计变更的，应当将其作为会计估计变更处理。

会计政策变更与会计估计变更的区别

【例15-2】乙公司于2×18年1月1日起对某管理用设备计提折旧，原价为84 000元，预计使用寿命为8年，预计净残值为4 000元，按年限平均法计提折旧。2×22年年初，由于新技术发展等原因，需要对原估计的使用寿命和净残值作出修正，修改后该设备预计尚可使用年限为2年，预计净残值为2 000元。乙公司适用的企业所得税税率为25%。

乙公司对该项会计估计变更的财务处理如下：

（1）不调整以前各期折旧，也不计算累积影响数。

（2）变更日以后改按新的估计计提折旧。

按原估计，每年折旧额为10 000元，已提折旧4年，共计40 000元，该项固定资产账面价值为44 000元，则第5年相关科目的期初余额如下：

固定资产	84 000
减：累计折旧	40 000
固定资产账面价值	44 000

改变预计使用年限后，从2×22年起每年计提的折旧费用为21 000元（（44 000-2 000）÷2）。2×22年不必对以前年度已提折旧进行调整，只需按重新预计的尚可使用年限和净残值计算确定折旧费用，有关账务处理如下：

借：管理费用　　21 000

　贷：累计折旧　　21 000

（3）财务报表附注说明。

本公司一台管理用设备成本为84 000元，原预计使用寿命为8年，预计净残值为4 000元，按年限平均法计提折旧。由于新技术发展，该设备已不能按原预计使用寿命计提折旧，本公司于2×22年年初将该设备的预计尚可使用寿命变更为2年，预计净残值变更为2 000元，以反映该设备在目前状况下的预计尚可使用寿命和净残值。此估计变更将减少本年度净利润8 250元（（21 000-10 000）×（1-25%））。

第三节　前期差错更正

一、前期差错的概念

前期差错，是指由于没有运用或错误运用下列两种信息，而对前期财务报表造成省略或错报。

（1）编报前期财务报表时预期能够取得并加以考虑的可靠信息。

（2）前期财务报告批准报出时能够取得的可靠信息。

微课 15-3

前期差错更正

前期差错通常包括以下三个方面：

（1）计算错误。例如，企业本期应计提折旧50 000 000元，但由于计算出现差错，得出错误数据为45 000 000元。

（2）应用会计政策错误。例如，按照《企业会计准则第17号——借款费用》的规定，为购建固定资产而发生的借款费用，在固定资产达到预定可使用状态前发生的，满足一定条件时应予资本化，计入所购建固定资产的成本；在固定资产达到预定可使用状态后发生的，计入当期损益。如果企业固定资产达到预定可使用状态后发生的借款费用，也计入该项固定资产成本，予以资本化，则属于采用法律、行政法规或者国家统一的会计制度等所不允许的会计政策。

（3）疏忽或曲解事实以及舞弊产生的影响。例如，企业销售一批商品，商品已经发出，开出增值税专用发票，商品销售收入确认条件均已满足，但企业在期末未将已实现的销售收入入账。

二、前期差错更正的会计处理

前期差错按照重要程度分为重要的前期差错和不重要的前期差错。重要的前期差错，是指足以影响财务报表使用者对企业财务状况、经营成果和现金流量作出正确判断的前期差错。不重要的前期差错，是指不足以影响财务报表使用者对企业财务状况、经营成果和现金流量作出正确判断的前期差错。

（一）不重要的前期差错的会计处理

对于不重要的前期差错，企业调整财务报表相关项目的期初数，但应调整发现当期与前期相同的相关项目。属于影响损益的，应直接计入本期与上期相同的净损益项目。

（二）重要的前期差错的会计处理

前期差错更正涉及所得税的处理总结

对于重要的前期差错，如果能够合理确定前期差错累积影响数，则重要的前期差错的更正应采用追溯重述法。追溯重述法，是指在发现前期差错时，视同该项前期差错从未发生过，从而对财务报表相关项目进行调整的方法。前期差错累积影响数，是指前期差错发生后对差错期间每期净利润的影响数之和。

如果确定前期差错累积影响数不切实可行，可以从可追溯重述的最早期间开始调整留存收益的期初余额，财务报表其他相关项目的期初余额也应当一并调整，也可以采用未来适用法。

重要的前期差错的调整结束后，还应调整发现年度财务报表的年初数和上年数。在编制比较财务报表时，对于比较财务报表期间的重要的前期差错，应调整各该期间的净损益和其他相关项目；对于比较财务报表期间以前的重要的前期差错，应调整比较财务报表最早期间的期初留存收益，财务报表其他相关项目的数字也应一并调整。

【例15-3】2×23年12月31日，甲公司发现2×22年公司漏记一项管理用固定资产的折旧费用300 000元，所得税申报表中也未扣除该项费用。假定2×22年甲公司适用的所得税税率为25%，无其他纳税调整事项。该公司按净利润的10%和5%提取法定盈余公积和任意盈余公积。假定税法允许调整应交所得税。

（1）分析前期差错的影响数。

2×22年少计折旧费用300 000元；多计所得税费用75 000元（300 000×25%）；多计净利润225 000元；多计应交税费75 000元（300 000×25%）；多提法定盈余公积和任意盈余公积22 500元（225 000×10%）和11 250元（225 000×5%）。

（2）编制有关项目的调整分录。

①补提折旧时，根据有关原始凭证，编制如下会计分录：

借：以前年度损益调整——管理费用　300 000

　贷：累计折旧　300 000

②调整应交所得税时，根据有关原始凭证，编制如下会计分录：

借：应交税费——应交所得税　75 000

　贷：以前年度损益调整——所得税费用　75 000

③将“以前年度损益调整”账户余额转入未分配利润，根据有关原始凭证，编制如下会计分录：

借：利润分配——未分配利润　225 000

　贷：以前年度损益调整——本年利润　225 000

④因净利润减少，调减盈余公积，根据有关原始凭证，编制如下会计分录：

借：盈余公积——法定盈余公积　22 500

　　　　　——任意盈余公积　11 250

　贷：利润分配——未分配利润　33 750

（3）财务报表调整和重述（财务报表略）。

甲公司在列报2×23年度财务报表时，应调整2×22年度财务报表的相关项目。

①资产负债表项目的调整：调减固定资产300 000元；调减应交税费75 000元；调减盈余公积33 750元，调减未分配利润191 250元。

②利润表项目的调整：调增管理费用300 000元；调减所得税费用75 000元；调减净利润225 000元（需要对每股收益进行披露的企业应当同时调整基本每股收益和稀释每股收益）。

③所有者权益变动表项目的调整。

调减前期差错更正项目中盈余公积上年金额33 750元，未分配利润上年金额191 250元，所有者权益合计上年金额225 000元。

④财务报表附注说明。

本年度发现2×22年漏记固定资产折旧300 000元，在编制2×23年度财务报表和2×22年比较财务报表时，已对该项差错进行了更正，调减2×22年净利润225 000元，调增累计折旧300 000元。

【思政讲堂】

履行社会责任实现企业利益与社会效益双赢

企业是经济社会的主体，社会是企业利益产生的来源。事实上，企业发展与社会环境休戚相关，企业与社会之间可谓密不可分的“鱼水关系”。尤其随着我国经济发展进入新常态，在保持经济平稳健康发展的同时，要实现就业稳定、民生改善、文化繁荣和生态良好，也就离不开企业对社会责任的切实履行。

履行社会责任，要积极参与社会公益事业。社会责任既是一项温暖的使命，也是一项坚定的任务。比如众所周知的希望工程，其成立30年已经募集资金150多亿元，援建小学2万余所，资助家庭经济困难学生590多万名。从媒体报道来看，个人捐赠者来自海内外，遍及各地区、民族、年龄段和社会阶层，他们不仅捐钱捐物，还提供了难以估量的志愿服务；机构捐赠者则涵盖了国内外的各类企业、媒体、社会组织，以及各级政府和各个政府部门。事实上，企业积极参与公益事业也能够帮助企业树立良好的社会形象，提高品牌的曝光率和市场占有率；不仅没有增加企业经营成本，反而更能提高企业的经济效益，孕育企业快速成长。

发展一直在路上，企业履行社会责任也一直在路上。不仅仅是国内，近年来随着“一带一路”建设推进，一大批中国企业在海外也积极履行社会责任，获得当地社会广泛好评。当前，企业面临的机遇与挑战并存，如此既给企业创新发展带来了压力和动力，也对企业家成长提出了更高的要求。更加积极地履行企业社会责任，也已经成为社会各界对企业的殷切期望，更是新时代企业高质量发展的必然要求。越来越多企业家也已经认识到。在产业变革与复杂多变的国际竞争环境下，社会责任已经成为企业核心竞争力的重要组成部分，是衡量企业产品、价格、质量、服务的重要标志之一。这就需要更多企业在社会利益与企业利润之间找到自身发展的平衡点，真正实现企业利益与社会效益双赢。

利之本在于德与义。在现代企业制度理论中，公益慈善事业是企业社会责任的重要组成部分。当企业在逐步发展壮大后，应在某些关键节点、领域起到带头作用，积极回馈社会。企业参与公益慈善活动，不仅仅为社会带去了温暖，让更多的人享受企业发展的成果，实际上也是在提高自己品牌的知名度和美誉度，是一件社会公益和经济效益双赢的事情，并且这种双赢会产生良好的示范效应，引导更多企业投入慈善活动中。同学们要培养履行社会责任的意识，以实际行动做担当奉献的有为青年，用青春和热忱为奋力谱写新时代社会主义现代化建设新篇章贡献力量。

资料来源：孟燕，郭成学芷. 履行社会责任 实现企业利益与社会效益双赢［EB/OL］.（2019-11-26）. http：//jiangsu.china.com.cn/html/finance/finances/10679223_1.html.

【复习思考】

1. 简述会计政策变更的概念。
2. 会计政策变更的条件有哪些？
3. 简述会计估计及会计估计变更的概念。
4. 前期差错主要包括哪些方面？

【练习题】

一、单项选择题

1.甲公司发出存货采用先进先出法计价，期末存货按成本与可变现净值孰低法计价。2×23年1月1日将发出存货由先进先出法改为移动加权平均法。2×23年年初存货账面价值为3 600元，数量60千克，2×23年3月、5月分别购入材料300千克、450千克，单价分别为65元、70元，6月领用350千克，采用未来适用法处理该项会计政策变更，若期末该存货的可变现净值为27 600元，由于发出存货计价方法的改变对期末计提存货跌价准备的影响金额为（　　）元。

A.-1 141.4　　B.4 550　　C.3 408.6　　D.-3 408.6

2.甲公司2×19年12月20日购入一台管理用设备，入账价值为104万元，原估计使用年限为10年，预计净残值为4万元，按年限平均法计提折旧。由于该设备所含经济利益预期实现方式的改变和技术因素的原因，甲公司于2×22年1月1日将设备的折旧方法改为双倍余额递减法，将设备的折旧年限由原来的10年改为8年，预计净残值不变。甲公司所得税采用资产负债表债务法核算，适用的所得税税率为25%。该会计估计变更对甲公司2×20年净利润的影响金额为（　　）万元。

A.0　　B.-7.5　　C.-13.5　　D.-23.5

3.2×22年7月1日，甲公司鉴于采用更先进的技术，经董事会决议批准，决定将A生产线的使用年限由10年缩短至6年，预计净残值为零，仍采用年限平均法计提折旧。A生产线系2×20年12月购入，并于当月投入生产，入账价值为10 500万元；购入当时预计使用年限为10年，预计净残值为500万元。A生产线一直没有计提减值准备。假定不考虑其他因素，A生产线2×22年应计提的折旧额为（　　）万元。

A.1 500　　B.2 000　　C.2 500　　D.3 000

4.2×22年以前信达公司根据当时能够得到的信息，对应收账款每年按其余额的5%计提坏账准备。2×22年1月1日，由于掌握了新的信息，将应收账款的计提比例改为余额的15%。2×21年12月31日信达公司坏账准备余额为150万元，2×22年12月31日，信达公司应收账款余额为5 000万元。信达公司2×22年应计提坏账准备的金额为（　　）万元。

A.150　　B.750　　C.0　　D.600

二、计算题

甲公司2×19年12月20日购入一台管理用设备，原始价值为100万元，原估计使用年限为10年，预计净残值为4万元，按双倍余额递减法计提折旧。由于固定资产所含经济利益预期实现方式的改变和技术因素的原因，已不能继续按原定的折旧方法、折旧年限计提折旧。甲公司于2×22年1月1日将设备的折旧方法改为年限平均法，将设备的折旧年限由原来的10年改为8年，预计净残值仍为4万元。甲公司所得税采用资产负债表债务法核算，适用的所得税税率为25%。

要求：

（1）计算上述设备2×20年和2×21年计提的折旧额。

（2）计算上述设备2×22年计提的折旧额。

（3）计算上述会计估计变更对2×22年净利润的影响。

第十六章

非货币性资产交换

学习目标

知识目标： 通过本章的学习，要求掌握非货币性资产交换的概念、特点、认定条件，以及非货币性资产交换的会计核算方法。

技能目标： 通过本章的学习，要求具备非货币性资产交换的认定能力、对商业实质的判断能力，以及对有关非货币性资产交换业务的核算能力。

第一节 非货币性资产交换概述

一、非货币性资产交换的相关概念

（一）非货币性资产的概念

非货币性资产

资产按未来经济利益流入（表现形式是货币金额）是否固定或可确定，分为货币性资产和非货币性资产。非货币性资产是相对于货币性资产而言的。货币性资产，是指企业持有的货币资金和收取固定或可确定金额的货币资金的权利，包括库存现金、银行存款、应收账款和应收票据等。非货币性资产，是指货币性资产以外的资产，如存货（原材料、包装物、低值易耗品、库存商品等）、固定资产、在建工程、生产性生物资产、无形资产、投资性房地产、长期股权投资等。非货币性资产有别于货币性资产的最基本特征是其在将来为企业带来的经济利益（即货币金额）是不固定的或不可确定的。如果资产在将来为企业带来的经济利益（即货币金额）是固定的或可确定的，则该资产是货币性资产；反之，如果资产在将来为企业带来的经济利益（即货币金额）是不固定的或不确定的，则该资产是非货币性资产。例如，企业持有固定资产的主要目的是用于生产经营，通过折旧方式将其磨损价值转移到产品成本或服务中，然后通过产品销售或提供服务获利，固定资产在将来为企业带来的经济利益（即货币金额）是不固定的或不可确定的，因此，固定资产属于非货币性资产。

（二）非货币性资产交换的概念

非货币性资产交换，是指企业主要以固定资产、无形资产、投资性房地产和长期股权投资等非货币性资产进行的交换。该交换不涉及或只涉及少量的货币性资产（即补价）。从非货币性资产交换的定义可以看出，非货币性资产交换具有如下特征：

第一，非货币性资产交换的交易对象主要是非货币性资产。企业用货币性资产（如库存现金、银行存款）来交换非货币性资产（如存货、固定资产等）的交易最为普遍；但是在有些情况下，企业为了满足各自生产经营的需要，同时减少货币性资产的流入和流出而进行非货币性资产交换交易。比如，A企业需要B企业闲置的生产设备，B企业需要A企业闲置的办公楼，双方在货币性资产短缺的情况下，可能会出现非货币性资产交换的交易行为。

第二，非货币性资产交换是以非货币性资产进行交换的行为。交换，通常是指一个企业和另一个企业之间的互惠转让，通过转让，企业以让渡其他资产或劳务或者承担其他义务而取得资产或劳务（或偿还负债）。非互惠的非货币性资产转让不属于本章所述的非货币性资产交换，如企业捐赠非货币性资产等。

第三，非货币性资产交换一般不涉及货币性资产，但有时也可能涉及少量的货币性资产。

通常情况下，交易双方对于某项交易是否为非货币性资产交换的判断是一致的。需要注意的是，对非货币性资产交换进行判断企业应从自身的角度，根据交易的实质判断相关交易是否属于本章定义的非货币性资产交换，不应基于交易双方的情况进行判断。例如，投资方以一项固定资产出资取得对被投资方的权益性投资，对投资方来说，换出资产为固定资产，换入资产为长期股权投资，属于非货币性资产交换；对于被投资方来说，则是接受换入的实物资产，属于接受权益性投资，不属于非货币性资产交换。

（三）非货币性资产交换的认定

微课16-1

非货币性资产交换的认定

非货币性资产交换一般不涉及货币性资产，或只涉及少量货币性资产即补价。非货币性资产交换准则规定，认定涉及少量货币性资产的交换为非货币性资产交换，通常以补价占整个资产交换金额的比例是否低于25%作为参考比例。具体来说：从收到补价的企业来看，收到的补价的公允价值占换出资产公允价值（或换入资产公允价值和收到的货币性资产之和）的比例低于25%的，视为非货币性资产交换；从支付补价的企业来看，支付的货币性资产占换出资产公允价值与支付的补价的公允价值之和（或占换入资产公允价值）的比例低于25%的，视为非货币性资产交换；如果上述比例高于25%（含25%）的，则视为货币性资产交换，适用《企业会计准则第14号——收入》等相关准则的规定。

二、非货币性资产交换不涉及的交易和事项

本章所指非货币性资产交换不涉及以下交易和事项：

（一）换出资产为存货的非货币性资产交换

企业以存货换取客户的非货币性资产（如固定资产、无形资产等）的，换出存货的企业相关的会计处理适用《企业会计准则第14号——收入》。

（二）在企业合并中取得的非货币性资产

非货币性资产交换中涉及企业合并的，适用《企业会计准则第20号——企业合并》《企业会计准则第2号——长期股权投资》《企业会计准则第33号——合并财务报表》。

（三）交换的资产包括属于非货币性资产的金融资产

非货币性资产交换中涉及由《企业会计准则第22号——金融工具确认和计量》规范的金融资产的，金融资产的确认、终止确认和计量适用《企业会计准则第22号——金融工具确认和计量》和《企业会计准则第23号——金融资产转移》。

（四）非货币性资产交换中涉及使用权资产或应收融资租赁款

非货币性资产交换中涉及由《企业会计准则第21号——租赁》规范的使用权资产或应收融资租赁款等的，相关资产的确认、终止确认和计量适用《企业会计准则第21号——租赁》。

（五）非货币性资产交换构成权益性交易

非货币性资产交换的一方直接或间接对另一方持股且以股东身份进行交易，或者非货币性资产交换的双方均受同一方或相同的多方最终控制，且该非货币性资产交换的交易实质是交换的一方向另一方进行了权益性分配或交换的一方接受了另一方权益性投入，应当适用权益性交易的有关会计处理规定。例如，集团重组中发生的非货币性资产划拨、划转行为，在股东或最终控制方的安排下，企业无代价或以明显不公平的代价将非货币性资产转让给其他企业或接受其他企业的非货币性资产，该类转让的实质是企业进行了权益性分配或接受了权益性投入，不适用本章所述的非货币性资产交换会计处理规定，应当适用权益性交易的有关会计处理规定。企业应当遵循实质重于形式的原则判断非货币性资产交换是否构成权益性交易。

（六）其他不适用非货币性资产交换准则的交易和事项

（1）企业从政府无偿取得非货币性资产（比如，政府无偿提供非货币性资产给企业建造固定资产等）的，适用《企业会计准则第16号——政府补助》。

（2）企业将非流动资产或处置组分配给所有者的，适用《企业会计准则第42号——持有待售的非流动资产、处置组和终止经营》。

（3）企业以非货币性资产向职工发放非货币性福利的，适用《企业会计准则第9号——职工薪酬》。

（4）企业以发行股票形式取得的非货币性资产，相当于以权益工具换入非货币性资产，其成本确定适用《企业会计准则第37号——金融工具列报》。

（5）企业用于非货币性资产交换的非货币性资产应当符合资产的定义并满足资产的确认条件，且作为资产列报于企业的资产负债表上。因此，企业用于交换的资产目前尚未列报于资产负债表上，或不存在或尚不属于本企业的，适用其他相关会计准则。

第二节　非货币性资产交换的核算

一、非货币性资产交换的确认原则

企业应当分别按照下列原则对非货币性资产交换中的换入资产进行确认，对换出资产终止确认：对于换入资产，应当在其符合资产定义并满足资产确认条件时予以确认；对于换出资产，应当在其满足资产终止确认条件时终止确认。例如，某企业在非货币性资产交换中的换入资产和换出资产均为固定资产，按照《企业会计准则第4号——固定资产》和《企业会计准则第14号——收入》的规定，换入的固定资产应当在与该固定资产有关的经济利益很可能流入企业，且成本能够可靠地计量时确认；换出的固定资产应当以换入企业取得该固定资产控制权的时点作为处置时点终止确认。

非货币性资产交换中的资产应当符合资产的定义并满足资产的确认条件，且作为资产列报于企业的资产负债表上。因此，通常情况下，换入资产的确认时点与换出资产的终止确认时点应当相同或相近。在换入资产的确认时点与换出资产的终止确认时点存在不一致的情形下，在资产负债表日，企业应当按照下列原则进行会计处理：换入资产满足资产确认条件，换出资产尚未满足终止确认条件的，在确认换入资产的同时将交付换出资产的义务确认为一项负债；换入资产尚未满足资产确认条件，换出资产满足终止确认条件的，在终止确认换出资产的同时将取得换入资产的权利确认为一项资产。

二、非货币性资产交换的计量原则

在非货币性资产交换的情况下，不论是一项资产换入一项资产、一项资产换入多项资产、多项资产换入一项资产，还是多项资产换入多项资产，非货币性资产交换准则规定了换入资产成本的计量基础和交换所产生损益的确认原则。

（一）以公允价值为基础计量

非货币性资产交换同时满足下列两个条件的，应当以公允价值和应支付的相关税费作为换入资产的成本，公允价值与换出资产账面价值的差额计入当期损益：

（1）该项交换具有商业实质；

（2）换入资产或换出资产的公允价值能够可靠地计量。

换入资产和换出资产公允价值均能够可靠计量的，应当以换出资产公允价值作为确定换入资产成本的基础。一般来说，取得资产的成本应当按照所放弃资产的对价来确定，在非货币性资产交换中，换出资产就是放弃的对价，如果其公允价值能够可靠确定，应当优先考虑按照换出资产的公允价值作为确定换入资产成本的基础；如果有确凿证据表明换入资产的公允价值更加可靠的，应当以换入资产公允价值为基础确定换入资产的成本。

对于非货币性资产交换中换入资产和换出资产的公允价值均能够可靠计量的情形，企业在判断是否有确凿证据表明换入资产的公允价值更加可靠时，应当考虑确定公允价值所使用的输入值层次，企业可以参考以下情况：第一层次输入值为公允价值提供了最可靠的证据，第二层次直接或间接可观察的输入值比第三层次不可观察输入值为公允价值提供更确凿的证据。实务中，在考虑了补价因素的调整后，正常交易中换入资产的公允价值和换出资产的公允价值通常是一致的。

（二）以账面价值为基础计量

不具有商业实质或交换涉及资产的公允价值均不能可靠计量的非货币性资产交换，应当按照换出资产的账面价值和应支付的相关税费，作为换入资产的成本，无论是否支付补价，均不确认损益；收到或支付的补价作为确定换入资产成本的调整因素。

三、商业实质的判断

非货币性资产交换具有商业实质，是换入资产能够采用公允价值计量的重要条件之一。在确定资产交换是否具有商业实质时，企业应当重点考虑由于发生了该项资产交换预期使企业未来现金流量发生变动的程度，通过比较换出资产和换入资产预计产生的未来现金流量或其现值，确定非货币性资产交换是否具有商业实质。只有当换出资产和换入资产预计未来现金流量或其现值两者之间的差额较大时，才能表明交易的发生使企业经济状况发生了明显改变，非货币性资产交换因而具有商业实质。

（一）判断条件

企业发生的非货币性资产交换，满足下列条件之一的，视为具有商业实质：

1.换入资产的未来现金流量在风险、时间分布或金额方面与换出资产显著不同。

企业应当对比考虑换入资产与换出资产的未来现金流量在风险、时间分布或金额三个方面，对非货币性资产交换是否具有商业实质进行综合判断。通常情况下，只要换入资产和换出资产的未来现金流量在其中某个方面存在显著不同，即表明满足商业实质的判断条件。

例如，某企业以对联营企业的投资换入一项设备，对联营企业的投资与设备两者产生现金流量的时间相差较大，则可以判断上述对联营企业投资与固定资产的未来现金流量显著不同，因而该两项资产的交换具有商业实质。又如，A企业以其用于经营出租的一幢公寓楼，与B企业同样用于经营出租的一幢公寓楼进行交换，两幢公寓楼的租期、每期租金总额均相同，但是A企业是租给一家财务及信用状况良好的企业（该企业租用该公寓楼是给其单身职工居住），B企业的客户则都是单个租户，相比较而言，A企业取得租金的风险较小，B企业由于租给散户，租金的取得依赖于各单个租户的财务和信用状况。因此，两者现金流量流入的风险或不确定性程度存在明显差异，则两幢公寓楼的未来现金流量显著不同，进而可判断该两项资产的交换具有商业实质。

2.使用换入资产所产生的预计未来现金流量现值与继续使用换出资产所产生的预计未来现金流量现值不同，且其差额与换入资产和换出资产的公允价值相比是重大的。

企业如按照上述第一个条件难以判断某项非货币性资产交换是否具有商业实质，即可根据第二个条件，通过计算换入资产和换出资产的预计未来现金流量现值，进行比较后判断。资产预计未来现金流量现值，应当按照资产在持续使用过程和最终处置时预计产生的税后未来现金流量，根据企业自身而不是市场参与者对资产特定风险的评价，选择恰当的折现率对预计未来现金流量折现后的金额加以确定，即国际财务报告准则所称的“主体特定价值”。

从市场参与者的角度分析，换入资产和换出资产预计未来现金流量在风险、时间分布或金额方面可能相同或相似，但是，鉴于换入资产的性质和换入企业经营活动的特征等因素，换入资产与换入企业其他现有资产相结合，能够比换出资产产生更大的作用，使换入企业受该换入资产影响的经营活动部分产生的现金流量与换出资产明显不同，即换入资产对换入企业的使用价值与换出资产对该企业的使用价值明显不同，使换入资产预计未来现金流量现值与换出资产发生明显差异，因而表明该两项资产的交换具有商业实质。

例如，某企业以一项专利权换入另一企业拥有的长期股权投资，假定从市场参与者来看，该项专利权与该项长期股权投资的公允价值相同，两项资产未来现金流量的风险、时间分布或金额亦相同，但是，对换入企业来讲，换入该项长期股权投资使该企业对被投资方由重大影响变为控制，从而对换入企业产生的预计未来现金流量现值与换出的专利权有较大差异；另一企业换入的专利权能够解决生产中的技术难题，从而对换入企业产生的预计未来现金流量现值与换出的长期股权投资有明显差异，因而该两项资产的交换具有商业实质。

（二）交换涉及的资产类别与商业实质的关系

企业在判断非货币性资产交换是否具有商业实质时，还可以从资产是否属于同一类别进行分析，因为不同类非货币性资产因其产生经济利益的方式不同，一般来说其产生未来现金流量的风险、时间分布或金额也不相同，因而不同类非货币性资产之间的交换是否具有商业实质通常较易判断。不同类非货币性资产是指在资产负债表中列示的不同大类的非货币性资产，比如固定资产、投资性房地产、生产性生物资产、长期股权投资、无形资产等都是不同类别的资产。例如，企业以一项用于出租的投资性房地产交换一项固定资产自用，属于不同类非货币性资产的交换，在这种情况下，企业就将未来现金流量由每期产生的租金流，转化为该项资产独立产生或包括该项资产的资产组协同产生的现金流。通常情况下，由定期租金带来的现金流量与用于生产经营的固定资产产生的现金流量在风险、时间分布或金额方面有所差异，因此，该两项资产的交换应当视为具有商业实质。

同类非货币性资产交换是否具有商业实质通常较难判断，需要根据上述两项判断条件综合判断。企业应当重点关注的是换入资产和换出资产为同类资产的情况，同类资产产生的未来现金流量既可能相同，也可能显著不同，它们之间的交换因而可能具有商业实质，也可能不具有商业实质。比如，A企业将自己拥有的一幢建筑物与B企业拥有的在同一地点的另一幢建筑物相交换，两幢建筑物的建造时间、建造成本等均相同，但两者未来现金流量的风险、时间分布或金额可能不同。

第三节　非货币性资产交换的会计处理

一、以公允价值为基础计量的会计处理

非货币性资产交换具有商业实质且公允价值能够可靠计量的，应当以换出资产的公允价值和应支付的相关税费作为换入资产的成本，除非有确凿证据表明换入资产的公允价值比换出资产公允价值更加可靠。其中，计入换入资产的应支付的相关税费应当符合相关会计准则对资产初始计量成本的规定。例如，换入资产为存货的，包括相关税费、使该资产达到目前场所和状态所发生的运输费、装卸费、保险费以及可归属于该资产的其他成本；换入资产为固定资产的，包括相关税费、使该资产达到预定可使用状态前所发生的可归属于该资产的运输费、装卸费、安装费和专业人员服务费等。

在以公允价值为基础计量的情况下，不论是否涉及补价，只要换出资产的公允价值与其账面价值不相同，就一定会涉及损益的确认，因为非货币性资产交换损益通常是换出资产公允价值与换出资产账面价值的差额，通过非货币性资产交换予以实现。

企业应当在换出资产终止确认时，将换出资产的公允价值与其账面价值之间的差额计入当期损益。换出资产的公允价值不能够可靠计量，或换入资产和换出资产的公允价值均能够可靠计量但有确凿证据表明换入资产的公允价值更加可靠的，应当在终止确认时，将换入资产的公允价值与换出资产账面价值之间的差额计入当期损益。

非货币性资产交换的会计处理，视换出资产的类别不同而有所区别：

1. 换出资产为固定资产、在建工程、生产性生物资产、无形资产的，换出资产公允价

值和换出资产账面价值的差额，计入资产处置损益。

2. 换出资产为长期股权投资的，换出资产公允价值和换出资产账面价值的差额，计入投资收益。

3. 换出资产为投资性房地产的，按换出资产公允价值或换入资产公允价值确认其他业务收入，按换出资产账面价值结转其他业务成本，二者之间的差额计入当期损益。

换入资产与换出资产涉及相关税费的，按照相关税收规定计算确定。

（一）不涉及补价的情况

【例16-1】2×22年9月，A公司以生产经营过程中使用的一台设备交换B公司生产的一批打印机，换入的打印机作为固定资产管理。A、B公司均为增值税一般纳税人，适用的增值税税率为13%。设备的账面原价为150万元，在交换日的累计折旧为45万元，公允价值为90万元。打印机的账面价值为110万元，在交换日的市场价格为90万元，计税价格等于市场价格。B公司换入的设备是生产打印机过程中需要使用的设备。

假设A公司此前没有为该项设备计提资产减值准备，整个交易过程中除支付该项设备的运杂费1.5万元外，没有发生其他相关税费。假设B公司此前也没有为库存打印机计提存货跌价准备，在整个交易过程中没有发生除增值税以外的其他税费。

分析：整个资产交换过程没有涉及收付货币性资产，因此，该项交换属于非货币性资产交换。本例中，对A公司来讲换入的打印机是经营过程中必须使用的资产，对B公司来讲换入的设备是生产打印机过程中必须使用的机器，两项资产交换后对换入企业的特定价值显著不同，两项资产的交换具有商业实质；同时，两项资产的公允价值都能够可靠地计量，符合以公允价值计量的两个条件，因此，A公司和B公司均应当以换出资产的公允价值为基础，确定换入资产的成本，并确认产生的损益。

A公司的账务处理如下：

换入资产的增值税进项税额=900 000×13%=117 000（元）

换出设备的增值税销项税额=900 000×13%=117 000（元）

借：固定资产清理	1 050 000	
累计折旧	450 000	
贷：固定资产——设备		1 500 000
借：固定资产清理	15 000	
贷：银行存款		15 000
借：固定资产——打印机	900 000	
应交税费——应交增值税（进项税额）	117 000	
资产处置损益	165 000	
贷：固定资产清理		1 065 000
应交税费——应交增值税（销项税额）		117 000

B公司的账务处理如下：

根据增值税的有关规定，企业以库存商品换入其他资产，视同销售行为发生，应计算增值税销项税额，缴纳增值税。

换出打印机的增值税销项税额=900 000×13%=117 000（元）

换入设备的增值税进项税额=900 000×13%=117 000（元）

假定B公司换出存货的交易符合《企业会计准则第14号——收入》规定的收入确认条件。

借：固定资产——设备　900 000
　　应交税费——应交增值税（进项税额）　117 000
　贷：主营业务收入　900 000
　　　应交税费——应交增值税（销项税额）　117 000
借：主营业务成本　1 100 000
　贷：库存商品——打印机　1 100 000

（二）涉及补价的情况

在以公允价值为基础确定换入资产成本的情况下，发生补价的，支付补价方和收到补价方应当区分不同的情况进行账务处理：

1. 支付补价方

（1）以换出资产的公允价值为基础计量的，应当以换出资产的公允价值，加上支付补价的公允价值和应支付的相关税费，作为换入资产的成本，换出资产的公允价值与其账面价值之间的差额计入当期损益。

（2）有确凿证据表明换入资产的公允价值更加可靠的，即以换入资产的公允价值为基础计量的，应当以换入资产的公允价值和应支付的相关税费作为换入资产的初始计量金额，换入资产的公允价值减去支付补价的公允价值，与换出资产账面价值之间的差额计入当期损益。

2. 收到补价方

（1）以换出资产的公允价值为基础计量的，应当以换出资产的公允价值，减去收到补价的公允价值，加上应支付的相关税费，作为换入资产的成本，换出资产的公允价值与其账面价值之间的差额计入当期损益。

（2）有确凿证据表明换入资产的公允价值更加可靠的，即以换入资产的公允价值为基础计量的，应当以换入资产的公允价值和应支付的相关税费作为换入资产的初始计量金额，换入资产的公允价值加上收到补价的公允价值，与换出资产账面价值之间的差额计入当期损益。

在涉及补价的情况下，对于支付补价方而言，作为补价的货币性资产构成换入资产所放弃对价的一部分，对于收到补价方言，作为补价的货币性资产构成换入资产的一部分。

二、以账面价值为基础计量的会计处理

非货币性资产交换不具有商业实质，或者虽然具有商业实质但换入资产和换出资产的公允价值均不能可靠计量的，应当以换出资产账面价值为基础确定换入资产的成本，无论是否支付补价，均不确认损益。

（一）不涉及补价的情况

在以账面价值为基础计量的情况下，对于换入资产，应当以换出资产的账面价值和应支付的相关税费作为换入资产的初始计量金额；对于换出资产，终止确认时不确认损益。

（二）涉及补价的情况

对于以账面价值为基础计量的非货币性资产交换，涉及补价的，应当将补价作为确定换入资产初始计量金额的调整因素，区分下列情况进行处理：

1. 支付补价方

支付补价方应当以换出资产的账面价值，加上支付补价的账面价值和应支付的相关税费，作为换入资产的初始计量金额，不确认损益。

2. 收到补价方

收到补价方应当以换出资产的账面价值减去收到补价的公允价值，加上应支付的相关税费，作为换入资产的初始计量金额，不确认损益。

【例16-2】丙公司拥有一台专有设备，该设备账面原价为450万元，已计提折旧330万元。丁公司拥有一项长期股权投资，账面价值为90万元。两项资产均未计提减值准备。丙公司决定以其专有设备交换丁公司的长期股权投资，该专有设备是生产某种产品必需的设备。由于专有设备系当时专门制造、性质特殊，其公允价值不能可靠计量；丁公司拥有的长期股权投资的公允价值也不能可靠计量。经双方商定，丁公司支付了20万元补价。假定交易不考虑相关税费。

分析：该项资产交换涉及收付货币性资产，即补价20万元。对丙公司而言，收到的补价20万元÷换出资产账面价值120万元=16.7%<25%。因此，该项交换属于非货币性资产交换；丁公司的情况也类似。由于两项资产的公允价值不能可靠计量，因此，丙、丁公司换入资产的成本均应当以换出资产的账面价值为基础确定。

丙公司的账务处理如下：

借：固定资产清理	1 200 000	
累计折旧	3 300 000	
贷：固定资产——专有设备		4 500 000
借：长期股权投资	1 000 000	
银行存款	200 000	
贷：固定资产清理		1 200 000

丁公司的账务处理如下：

借：固定资产——专有设备	1 100 000	
贷：长期股权投资		900 000
银行存款		200 000

从上例可以看出，尽管丁公司支付了20万元补价，但由于整个非货币性资产交换是以账面价值为基础计量的，支付补价方和收到补价方均不确认损益。对丙公司而言，换入资产是长期股权投资和银行存款20万元，换出资产专有设备的账面价值为120万元（450-330），因此，长期股权投资的成本就是换出设备的账面价值减去货币性资产补价的差额，即100万元（120-20）；对丁公司而言，换出资产是长期股权投资和银行存款20万元，换入资产专有设备的成本等于换出资产的账面价值，即110万元（90+20）。由此可见，在以账面价值为基础计量的情况下，发生的补价是用来调整换入资产成本的，不涉及确认损益的问题。

三、涉及多项非货币性资产交换的会计处理

企业以一项非货币性资产同时换入另一企业的多项非货币性资产，或同时以多项非货币性资产换入另一企业的一项非货币性资产，或以多项非货币性资产同时换入多项非货币性资产，也可能涉及补价。涉及多项资产的非货币性资产交换，企业无法将换出的某一资

产与换入的某一特定资产相对应。与单项非货币性资产之间的交换一样，涉及多项资产的非货币性资产交换的计量，企业也应当首先判断是否符合以公允价值计量的两个条件，再区分情况确定各项换入资产的成本。

（一）以公允价值为基础计量的情况

1. 以换出资产的公允价值为基础计量的

（1）对于同时换入多项资产的，由于通常无法将换出资产与换入的某项特定资产相对应，应当按照各项换入资产的公允价值的相对比例（换入资产的公允价值不能够可靠计量的，可以按照换入的金融资产以外的各项资产的原账面价值的相对比例或其他合理的比例），将换出资产公允价值总额（涉及补价的，加上支付补价的公允价值或减去收到补价的公允价值）扣除换入金融资产公允价值后的净额进行分摊，分摊至各项换入资产，以分摊额和应支付的相关税费作为各项换入资产的成本进行初始计量。需要说明的是，如果同时换入的多项非货币性资产中包含由《企业会计准则第22号——金融工具确认和计量》规范的金融资产，应当按照《企业会计准则第22号——金融工具确认和计量》的规定进行会计处理，在确定换入的其他多项资产的初始计量金额时，应当将金融资产公允价值从换出资产公允价值总额中扣除。

（2）对于同时换出多项资产的，应当将各项换出资产的公允价值与其账面价值之间的差额，在各项换出资产终止确认时计入当期损益。

2. 以换入资产的公允价值为基础计量的

（1）对于同时换入多项资产的，应当以各项换入资产的公允价值和应支付的相关税费作为各项换入资产的初始计量金额。

（2）对于同时换出多项资产的，由于通常无法将换出资产与换入的某项特定资产对应，应当按照各项换出资产的公允价值的相对比例（换出资产的公允价值不能够可靠计量的，可以按照各项换出资产的账面价值的相对比例），将换入资产的公允价值总额（涉及补价的，减去支付补价的公允价值或加上收到补价的公允价值）分摊至各项换出资产，分摊额与各项换出资产账面价值之间的差额，在各项换出资产终止确认时计入当期损益。需要说明的是，如果同时换出的多项非货币性资产中包含由《企业会计准则第22号——金融工具确认和计量》规范的金融资产，该金融资产应当按照《企业会计准则第22号——金融工具确认和计量》和《企业会计准则第23号——金融资产转移》的规定判断换出的该金融资产是否满足终止确认条件并进行终止确认的会计处理。在确定其他各项换出资产终止确认的相关损益时，终止确认的金融资产公允价值应当从换入资产公允价值总额中扣除。

【例16-3】甲公司和乙公司均为增值税一般纳税人，适用的增值税税率均为13%。2×22年8月，为适应业务发展的需要，经协商，甲公司决定以生产经营过程中使用的机器设备和专用货车换入乙公司生产经营过程中使用的小汽车和客运汽车。甲公司设备的账面原价为1 800万元，在交换日的累计折旧为300万元，公允价值为1 350万元；货车的账面原价为600万元，在交换日的累计折旧为480万元，公允价值为100万元。乙公司小汽车的账面原价为1 300万元，在交换日的累计折旧为690万元，公允价值为709.50万元；客运汽车的账面原价为1 300万元，在交换日的累计折旧为680万元，公允价值为700万元。乙公司另外向甲公司支付银行存款45.765万元，其中包括由于换出和换入资产公允价值不同而支付的补价40.50万元，以及换出资产销项税额与换入资产进项税额的差额5.265万元。

假定甲公司和乙公司都没有为换出资产计提减值准备；甲公司换入的小汽车、客运汽车作为固定资产使用和管理；乙公司换入的设备、货车作为固定资产使用和管理。假定甲公司和乙公司上述交易涉及的增值税进项税额按照税法规定可抵扣；不考虑其他相关税费。

分析：本例涉及收付货币性资产，应当计算甲公司收到的货币性资产占甲公司换出资产公允价值总额的比例（等于乙公司支付的货币性资产占乙公司换入资产公允价值的比例），即：

40.50÷（1 350+100）×100%=2.79%<25%

可以认定这一涉及多项资产的交换行为属于非货币性资产交换。对于甲公司而言，为了拓展运输业务，需要小汽车、客运汽车；对于乙公司而言，为了扩大产品生产，需要设备和货车。换入资产对换入企业均能发挥更大的作用，因此，该项涉及多项资产的非货币性资产交换具有商业实质。同时，各单项换入资产和换出资产的公允价值均能可靠计量，因此，甲、乙公司均应当以公允价值为基础确定换入资产的总成本，确认产生的相关损益。同时，按照各单项换入资产的公允价值占换入资产公允价值总额的比例，确定各单项换入资产的成本。

甲公司的账务处理如下：

（1）根据税法的有关规定：

换出设备的增值税销项税额=1 350×13%=175.50（万元）

换出货车的增值税销项税额=100×13%=13（万元）

换入小汽车、客运汽车的增值税进项税额=（709.50+700）×13%=183.235（万元）

（2）计算换入资产、换出资产公允价值总额：

换出资产公允价值总额=1 350+100=1 450（万元）

换入资产公允价值总额=709.50+700=1 409.50（万元）

（3）计算换入资产总成本：

换入资产总成本=换出资产公允价值-补价+应支付的相关税费=1 450-40.50+0=1 409.50（万元）

（4）计算确定换入各项资产的公允价值占换入资产公允价值总额的比例：

小汽车公允价值占换入资产公允价值总额的比例=709.50÷1 409.50×100%=50.34%

客运汽车公允价值占换入资产公允价值总额的比例=700÷1 409.50×100%=49.66%

（5）计算确定换入各项资产的成本：

小汽车的成本=1 409.50×50.34%=709.50（万元）

客运汽车的成本=1 409.50×49.66%=700（万元）

（6）编制如下会计分录：

借：固定资产清理	16 200 000	
累计折旧	7 800 000	
贷：固定资产——设备		18 000 000
——货车		6 000 000
借：固定资产——小汽车	7 095 000	
——客运汽车	7 000 000	
应交税费——应交增值税（进项税额）	1 832 350	
银行存款	457 650	
资产处置损益	1 700 000	
贷：固定资产清理		16 200 000

贷：应交税费——应交增值税（销项税额）　1 885 000

乙公司的账务处理如下：

（1）根据税法的有关规定：

换入货车的增值税进项税额=100×13%=13（万元）

换入设备的增值税进项税额=1 350×13%=175.50（万元）

换出小汽车、客运汽车的增值税销项税额=（709.50+700）×13%=183.235（万元）

（2）计算换入资产、换出资产公允价值总额：

换入资产公允价值总额=1 350+100=1 450（万元）

换出资产公允价值总额=709.50+700=1 409.50（万元）

（3）确定换入资产总成本：

换入资产总成本=换出资产公允价值+支付的补价=1 409.50+40.50=1 450（万元）

（4）计算确定换入各项资产的公允价值占换入资产公允价值总额的比例：

设备公允价值占换入资产公允价值总额的比例=1 350÷1 450×100%=93.10%

货车公允价值占换入资产公允价值总额的比例=100÷1 450×100%=6.90%

（5）计算确定换入各项资产的成本：

设备的成本=1 450×93.10%=1 350（万元）

货车的成本=1 450×6.90%=100（万元）

（6）编制如下会计分录：

借：固定资产清理	12 300 000	
累计折旧	13 700 000	
贷：固定资产——小汽车		13 000 000
——客运汽车		13 000 000
借：固定资产——设备	13 500 000	
——货车	1 000 000	
应交税费——应交增值税（进项税额）	1 885 000	
贷：固定资产清理		12 300 000
应交税费——应交增值税（销项税额）		1 832 350
银行存款		457 650
资产处置损益		1 795 000

（二）以账面价值为基础计量的情况

对于以账面价值为基础计量的非货币性资产交换，如涉及换入多项资产或换出多项资产，或者同时换入和换出多项资产，应当分别对换入的多项资产、换出的多项资产进行会计处理。

1. 对于同时换入的多项资产，由于通常无法将换出资产与换入的某项特定资产相对应，应当按照各项换入资产的公允价值的相对比例（换入资产的公允价值不能够可靠计量的，也可以按照各项换入资产的原账面价值的相对比例或其他合理的比例），将换出资产的账面价值总额（涉及补价的，加上支付补价的账面价值或减去收到补价的公允价值）分摊至各项换入资产，加上应支付的相关税费，作为各项换入资产的初始计量金额。

2. 对于同时换出的多项资产，各项换出资产终止确认时均不确认损益。

【例16-4】2×22年5月，甲公司因经营战略发生较大转变，产品结构发生较大调整，原生产产品的专有设备、专利技术等已不符合生产新产品的需要，经与乙公司协商，将其专有设备连同专利技术与乙公司正在建造过程中的一幢建筑物及对丙公司的长期股权投资进行交换。甲公司换出专有设备的账面原价为1 200万元，已提折旧750万元；专利技术账面原价为450万元，已摊销金额为270万元。乙公司在建工程截至交换日的成本为525万元，对丙公司的长期股权投资账面余额为150万元。由于甲公司持有的专有设备和专利技术市场上已不多见，因此其公允价值不能可靠计量。乙公司的在建工程完工程度难以合理确定，其公允价值不能可靠计量，对丙公司长期股权投资的公允价值也不能可靠计量。假定甲、乙公司均未对上述资产计提减值准备，不考虑相关税费等因素。

分析：本例不涉及收付货币性资产，属于非货币性资产交换。由于换入资产、换出资产的公允价值均不能可靠计量，甲、乙公司均应当以换出资产账面价值总额作为换入资产的成本，各项换入资产的成本应当按各项换入资产的账面价值占换入资产账面价值总额的比例分配后确定。

甲公司的账务处理如下：

（1）计算换入资产、换出资产账面价值总额：

换入资产账面价值总额=525+150=675（万元）

换出资产账面价值总额=（1 200−750）+（450−270）=630（万元）

（2）确定换入资产总成本：

换入资产总成本=630万元

（3）计算各项换入资产账面价值占换入资产账面价值总额的比例：

在建工程占换入资产账面价值总额的比例=525÷675×100%=77.8%

长期股权投资占换入资产账面价值总额的比例=150÷675×100%=22.2%

（4）确定各项换入资产成本：

在建工程成本=630×77.8%=490.14（万元）

长期股权投资成本=630×22.2%=139.86（万元）

（5）编制如下会计分录：

借：固定资产清理	4 500 000	
累计折旧	7 500 000	
贷：固定资产——专有设备		12 000 000
借：在建工程	4 901 400	
长期股权投资	1 398 600	
累计摊销	2 700 000	
贷：固定资产清理		4 500 000
无形资产——专利技术		4 500 000

乙公司的账务处理如下：

（1）计算换入资产、换出资产账面价值总额：

换入资产账面价值总额=（1 200−750）+（450−270）=630（万元）

换出资产账面价值总额=525+150=675（万元）

（2）确定换入资产总成本：

换入资产总成本=675万元

（3）计算各项换入资产账面价值占换入资产账面价值总额的比例：

专有设备占换入资产账面价值总额的比例=450÷630×100%=71.4%

专利技术占换入资产账面价值总额的比例=180÷630×100%=28.6%

（4）确定各项换入资产成本：

专有设备成本=675×71.4%=481.95（万元）

专利技术成本=675×28.6%=193.05（万元）

微课16-2

非货币性资产交换的会计处理

（5）编制如下会计分录：

借：固定资产——专有设备	4 819 500	
无形资产——专利技术	1 930 500	
贷：在建工程		5 250 000
长期股权投资		1 500 000

【思政讲堂】

社会主义核心价值观引领职业判断

非货币性资产交换具有商业实质，是换入资产能够采用公允价值计量的重要条件之一。在确定资产交换是否具有商业实质时，企业应当考虑由于发生了该项资产交换预期使企业未来现金流量发生变动的程度，通过比较换出资产和换入资产预计产生的未来现金流量或其现值，确定非货币性资产交换是否具有商业实质。

以上判断要求会计人员对专业的领悟和理解要达到一定的水平，并且从业经验丰富才能更好地完成。这种判断给予了会计人员一定的职业判断空间，除了要求会计人员专业过硬、经验丰富以外，会计人员的职业道德也起着重要作用。

党的二十大报告提出，广泛践行社会主义核心价值观，把社会主义核心价值观融入日常生活。作为当代大学生，我们一方面要学好文化知识，保证自身专业过硬，不断适应新形势要求，另一方面要树立正确的价值观，爱岗敬业、忠于职守，自觉抵制会计舞弊行为，维护国家财经纪律和经济秩序。

【复习思考】

1.非货币性资产交换的定义是什么？

2.非货币性资产交换中以公允价值计量的条件有哪些？

3.商业实质的判断标准是什么？

【练习题】

1.甲公司以库存商品换入乙公司的材料。换出的库存商品的账面余额为120万元，已计提存货跌价准备20万元，公允价值为110万元；换入材料的账面成本为140万元，已计提存货跌价准备30万元，公允价值为110万元。甲公司另支付运费1万元（假设运费不抵扣增值税）。假设甲、乙公司均为增值税一般纳税人，适用的增值税税率均为13%，该交换具有商业实质，公允价值能够可靠计量。

要求：编制甲公司的会计分录。

2.甲公司以一台设备换入乙公司的一辆小客车和一辆货运汽车。换出设备的账面原值为60万元，已提折旧10万元，公允价值为48万元；换入小客车的账面原值为44万元，已提折旧10万元，公允价值为32万元；货运汽车的账面原值为20万元，已提折旧2万元，公允价值为16万元。假设在交换过程中甲公司支付了过户费、运费，共计0.8万元，并假定该交换具有商业实质，公允价值能够可靠计量。

要求：作出甲公司有关业务的账务处理。

第十七章

债务重组

学习目标

知识目标： 通过本章的学习，要求掌握债务重组的概念和方式；掌握不同债务重组方式的会计处理。

技能目标： 通过本章的学习，要求掌握以资产清偿债务、将债务转为权益工具、修改其他条款、组合方式四种债务重组方式下债务人和债权人的账务处理。

第一节 债务重组概述

一、债务重组的定义

债务重组涉及债权人和债务人，对债权人而言为“债权重组”，对债务人而言为“债务重组”，为便于表述统称为“债务重组”。债务重组是指在不改变交易对手方的情况下债权人和债务人协定或法院裁定，就清偿债务的时间、金额或方式等重新达成协议的交易。

1. 关于交易对手

债务重组是在不改变交易对方的情况下进行的交易。债务重组交易适用《企业会计准则第12号——债务重组》。实务中经常出现第三方参与相关交易的情形，例如，某公司以不同于原合同条款的方式代债务人向债权人偿债；又如，新组建的公司承接原债务人的债务，与债权人进行债务重组；再如，资产管理公司从债权人处购得债权，再与债务人进行债务重组。在上述情形下，企业应当首先考虑债权和债务是否发生终止确认，适用《企业会计准则第22号——金融工具确认和计量》《企业会计准则第23号——金融资产转移》等准则。

债务重组不强调在债务人发生财务困难的背景下进行，也不论债权人是否作出让步。也就是说，无论何种原因导致债务人未按原定条件偿还债务，也无论双方是否同意债务人以低于债务的金额偿还债务，只要债权人和债务人就债务条款重新达成了协议，就符合债务重组的定义。例如，债权人在减免债务人部分债务本金的同时提高剩余债务的利息，或者债权人同意债务人用等值的库存商品抵偿到期债务等，均属于债务重组。

2. 关于债权和债务的范围

债务重组涉及的债权和债务，是指《企业会计准则第22号——金融工具确认和计量》规范的债权和债务，不包括合同资产、合同负债、预计负债，但包括租赁应收款和租赁应付款。债务重组涉及的债权、重组债权、债务、重组债务和其他金融工具的确认、计量和列报，适用《企业会计准则第22号——金融工具确认和计量》《企业会计准则第37号——金融工具列报》等金融工具相关准则。

3. 关于债务重组的范围

通过债务重组形成企业合并的，适用《企业会计准则第20号——企业合并》，债务人以股权投资清偿债务或者将债务转为权益工具，可能导致债权人取得被投资单位或债务人的控制权，在合并财务报表层面，债权人取得资产和负债的确认和计量适用《企业会计准则第20号——企业合并》的有关规定。

债务重组构成权益性交易的，应当适用权益性交易有关会计准则的规定，债权人和债务人不确认构成权益性交易的债务重组相关损益。债务重组构成权益性交易的情形包括：(1) 债权人直接或间接对债务人持股，或者债务人直接或间接对债权人持股，且持股方以股东身份进行债务重组；(2) 债权人与债务人在债务重组前后均受同一方或相同的多方最终控制，且该债务重组的交易实质是债权人或债务人进行了权益性分配或接受权益性投入。

例如，甲公司是乙公司的股东，为了弥补乙公司临时性经营现金流短缺，甲公司向乙公司提供1 000万元的无息借款，并约定6个月后收回。借款期满时，尽管乙公司具有充足的现金流，甲公司仍然决定免除乙公司部分本金还款义务，仅收回200万元借款。此项交易中，如果甲公司不以股东身份而是以市场交易者身份参与交易，在乙公司具有足够偿债能力的情况下不会免除其部分本金。因此，甲公司和乙公司应将该交易作为权益性交易，不确认债务重组相关损益。

债务重组中不属于权益性交易的部分仍然应当确认债务重组相关损益。例如，假如前例中债务人乙公司确实出现财务困难，其他债权人对其债务普遍进行了减半的豁免，那么甲公司作为股东比其他债务人多豁免300万元债务的交易应当作为权益性交易，正常豁免500万元债务的交易应当确认债务重组相关损益。

企业在判断债务重组是否构成权益性交易时，应当遵循实质重于形式原则。例如，假设债权人对债务人的权益性投资通过其他人代持，债权人不具有股东身份，但实质上以股东身份进行债务重组，债权人和债务人应当认为该债务重组构成权益性交易。

二、债务重组的方式

微课 17-1

什么是债务重组?

债务重组的方式主要包括：债务人以资产清偿债务、将债务转为权益工具、修改其他条款，以及前述两种或两种以上方式的组合。这些债务重组方式都是通过债权人和债务人重新协定或者法院裁定达成的，与原来约定的偿债方式不同。

1. 债务人以资产清偿债务

债务人以资产清偿债务，是债务人转让其资产给债权人以清偿债务的债务重组方式。

债务人用于偿债的资产通常是已经在资产负债表中确认的资产，例如，库存现金、应收账款、长期股权投资、投资性房地产、固定资产、在建工程、生产性生物资产、无形资产等。债务人以日常生产经营活动产出的商品或服务清偿债务的，用于清偿债务的资产可能体现为存货等资产。

在受让上述资产后，按照相关会计准则要求及本企业会计核算要求，债权人核算相关受让资产的类别可能与债务人不同。例如，债务人以作为固定资产核算的房产抵偿债务，债权人可能将受让的房产作为投资性房地产核算；债务人以部分长期股权投资清偿债务，债权人可能将受让的投资作为金融资产核算；债务人以存货清偿债务，债权人可能将受让的资产作为固定资产核算。

除上述已经在资产负债表中确认的资产外，债务人也可能以不符合确认条件而未予确认的资产清偿债务。例如，债务人以未确认的内部品牌商标权清偿债务，债权人在获得的商标权符合无形资产确认条件的前提下作为无形资产核算。在少数情况下，债务人还可能以处置组（即一组资产和同这些资产直接相关的负债）清偿债务。

2. 债务人将债务转为权益工具

债务人将债务转为权益工具，这里的权益工具是指根据《企业会计准则第37号——金融工具列报》分类为“权益工具”的金融工具，会计处理上体现为股本、实收资本、资本公积等。

实务中，有些债务重组名义采用“债转股”的方式，但同时附加相关条款，如约定债务人未来某个时点以某一金额回购股权，或债权人持有的股份享有强制分红权等。对于债务人，这些“股权”可能并不是根据《企业会计准则第37号——金融工具列报》分类为权益工具的金融工具，从而不属于债务人将债务转为权益工具的债务重组方式。债权人和债务人还可能协议以一项同时包含金融负债成分和权益工具成分的复合金融工具替换原债权债务，这类交易也不属于债务人将债务转为权益工具的债务重组方式。

3. 修改其他条款

修改债权和债务的其他条款，是债务人不以资产抵偿债务，也不将债务转为权益工具，而是改变债权和债务的其他条款的债务重组方式，如调整债务本金、改变债务利息、变更还款期限等。经修改其他条款的债权和债务分别形成重组债权和重组债务。

4. 组合方式

组合方式，是采用债务人以资产清偿债务、债务人将债务转为权益工具、修改其他条款三种方式中两种及两种以上方式的组合清偿债务的债务重组方式。例如，债权人和债务人约定，债务人以机器设备清偿部分债务，将另一部分债务转为权益工具，调减剩余债务的本金，但利率和还款期限不变；又如，债务人以现金清偿部分债务，同时将剩余债务展期等。

第二节　债务重组的会计处理

一、债权和债务的终止确认

债务重组中涉及的债权和债务的终止确认，应当按照《企业会计准则第22号——金融工具确认和计量》和《企业会计准则第23号——金融资产转移》有关金融资产和金融负债终止确认的有关规定处理。债权人在收取债权现金流量的合同权利终止时终止确认债权，债务人在债务的现时义务解除时终止确认债务。

由于债权人和债务人之间进行的债务重组涉及债权和债务的认定，以及清偿方式和期限等的协商，通常需要经历较长时间。例如破产重整中进行的债务重组，只有符合上述终止确认条件时才能终止确认相关债权和债务，并确认债务重组损益。对于报告期间已经开始协商、但在报告期资产负债表日后的债务重组，不属于资产负债表日后调整事项。

对于终止确认的债权，债权人应当结转已计提的减值准备中对应该债权终止确认部分的金额。对于终止确认的分类为以公允价计量且其变动计入其他综合收益的债权，之前计入其他综合收益的累计利得或损失应当从其他综合收益中转出，记入“投资收益”账户。

二、债权人的会计处理

（一）以资产清偿债务或将债务转为权益工具

债务重组采用资产清偿债务或者将债务转为权益工具方式进行的，债权人应当在受让的相关资产符合其定义和确认条件时确认。

1. 债权人受让金融资产

债权人受让包括现金在内的单项或多项金融资产的，应当按照《企业会计准则第22号——金融工具确认和计量》的规定进行确认和终止。金融资产初始确认时应当以其公允价值计量，金融资产确认金额与债权终止确认日账面价值之间的差额，记入“投资收益”账户。但是，收取的金融资产的公允价值与交易价格（即放弃债权的公允价值）存在差异的，应当按照《企业会计准则第22号——金融工具确认和计量》第十四条的规定处理。

2. 债权人受让非金融资产

债权人初始确认受让的金融资产以外的资产时，应当按照下列原则以成本计量：（1）存货的成本，包括放弃债权的公允价值，以及使该资产达到当前位置和状态所发生的可直接归属于该资产的税金、运输费、装卸费、保险费等其他成本。（2）对联营企业或合营投资的成本，包括放弃债权的公允价值，以及可直接归属于该资产的税金等其他成本。（3）投资性房地产的成本，包括放弃债权的公允价值，以及可直接归属于该资产的税金等其他成本。（4）固定资产的成本，包括放弃债权的公允价值，以及使该资产达到预定可使用状态前所发生的可直接归属于该资产的税金、运输费、装卸费、安装费、专业人员服务费等其他成本。确定固定资产成本时，应考虑预计弃置费用因素。（5）生产性生物资产的成本，包括放弃债权的公允价值，以及可直接归属于该资产的税金、运输费、保险费等其他成本。（6）无形资产的成本，包括放弃债权的公允价值，以及可直接归属于使该资产达到预定用途所发生的税金等其他成本。放弃债权的公允价值与账面价值之间的差额，记入“投资收益”账户。

3. 债权人受让多项资产

债权人受让多项非金融资产，或者包括金融资产、非金融资产在内的多项资产的，应当按照《企业会计准则第22号——金融工具确认和计量》的规定确认和计量受让的金融资产；按照受让的金融资产以外的各项资产在债务重组合同生效日的公允价值比例，对放弃债权在合同生效日的公允价值扣除受让金融资产的公允价值后的净额进行分配，并以此为基础分别确定各项资产的成本。放弃债权的公允价值和账面价值之间的差额，记入“投资收益”账户。

4. 债权人受让处置组

债务人以处置组清偿债务的，债权人应分别按照《企业会计准则第22号——金融工具确认和计量》和其他相关准则的规定，对处置组中的金融资产和负债进行初始计量，然后按照金融资产以外的各项资产在债务重组合同生效日的公允价值比例，对放弃债权合同生效日的公允价值以及承担的处置组中负债的确认金额之和，扣除受让金融资产公允价值后的净额进行分配，并以此为基础分别确定各项资产的成本。放弃债权的公允价值和账面价值之间的差额，记入“投资收益”账户。

5. 债权人将受让的资产或处置组划分为持有待售类别

债务人以资产或处置组清偿债务，且债权人在取得日未将受让的相关资产或处置组作为流动资产和流动负债核算，而是将其划分为持有待售类别的，债权人应当在初始计量时，比较假定其不划分为持有待售类别情况下的初始计量金额和公允价值减去出售费用后的净额，以两者孰低计量。

（二）修改其他条款

债务重组采用修改其他条款方式进行的，如果修改其他条款导致全部债权终止确认，债权人应按照修改后的条款以公允价值初始计量新的金融资产，新金融资产的确认金额与债权终止确认日账面价值之间的差额，记入“投资收益”账户。

如果修改其他条款导致债权终止确认，债权人应根据其分类继续以摊余成本、以公允价值计量且其变动计入其他综合收益，或者以公允价值计量且其变动计入当期损益进行后续计量。对于以摊余成本计量的债权，债权人应当根据重新议定合同的现金流量变化情况，重新计量债务重组债权的账面余额，并将相关利得或损失记入“投资收益”账户。重新计量的该重组债权的账面余额，应当根据将重新议定或修改的合同现金流量按债权原实际利率折现的现值确定，购买或源生的已发生信用减值的重组债权，应按经过信用调整的实际利率折现。对于修改或重新议定合同所产生的成本或费用，债权人应当调整修改后的重组债权的账面价值，并在修改后重组债权的剩余期限内摊销。

（三）组合方式

债务重组采用组合方式进行的，一般可以认为对全部债权的合同条款作出了实质性修改，债权人应当按照修改后的条款以公允价值初始计量新的金融资产和受让的新金融资产，按照受让的金融资产以外的各项资产在债务重组合同生效日的公允价值比例，对放弃债权在合同生效日的公允价值扣除受让金融资产在重组债权日公允价值后的净额进行分配，并以此为基础分别确定各项资产的成本。放弃债权的公允价值与账面价值之间的差额，记入“投资收益”账户。

微课17-2

华夏幸福债务重组案例

三、债务人的会计处理

（一）债务人以资产清偿债务

债务重组采用以资产清偿债务方式进行的，债务人应当将所清偿债务账面价值与转让资产账面价值之间的差额计入当期损益。

1. 债务人以金融资产清偿债务

债务人以单项或多项金融资产清偿债务的，债务的账面价值与偿债金融资产账面价值的差额，记入“投资收益”账户。偿债金融资产已计提减值准备的，应结转已计提的减值准备。对于以分类为以公允价值计量且其变动计入其他综合收益的债务工具投资清偿债务的，之前计入其他综合收益的累计利得或损失应从其他综合收益中转出，记入“投资收益”账户。对于以指定为以公允价值计量且其变动计入其他综合收益的非交易性金融工具投资清偿债务的，之前计入其他综合收益的累计利得或损失应当从其他综合收益中转出，记入“盈余公积”“利润分配——未分配利润”账户。

2. 债务人以非金融资产清偿债务

债务人以单项或多项非金融资产清偿债务，或者以包括金融资产和非金融资产在内的多项资产清偿债务的，不需要区分资产处置损益和债务重组损益，也不需要区分不同资产的处置损益，而应将所清偿债务账面价值与转让资产账面价值之间的差额，记入“其他收益——债务重组收益”账户。偿债资产已计提减值准备的，应结转已计提的减值准备。

债务人以包含非金融资产的处置组清偿债务的，应当将所清偿债务和处置组中负债的账面价值之和，与处置组中资产的账面价值之间的差额，记入“其他收益——债务重组收益”账户。处置组所属的资产组或资产组组合按照《企业会计准则第8号——资产减值》分摊了企业合并中取得的商誉的，该处置组应当包含分摊至处置组的商誉。处置组中的资产已经计提减值准备的，应结转已计提的减值准备。

债务人以日常生产经营活动产出的商品或服务清偿债务的，应当将所清偿债务账面价值与存货等相关资产账面价值之间的差额，记入“其他收益——债务重组收益”账户。

【例17-1】2×22年6月18日，甲公司向乙公司销售商品一批，应收乙公司款项的入账金额为95万元。甲公司将该应收款项分类为以摊余成本计量的金融资产。乙公司将该应付账款分类为以摊余成本计量的金融负债。2×22年10月18日，双方签订债务重组合同，乙公司以一项作为无形资产核算的非专利技术偿还该欠款。该无形资产的账面余额为100万元，累计摊销额为10万元，已计提减值准备2万元。10月22日，双方办理完该无形资产的转让手续，甲公司支付评估费用4万元。当日，甲公司应收款项的公允价值为87万元，已计提坏账准备7万元。乙公司应付款项的账面价值仍为95万元（假设不考虑相关税费）。

（1）债权人的会计处理。

2×22年10月22日，债权人甲公司取得该无形资产的成本为债权公允价值87万元与评估费用4万元之和，共计91万元。甲公司的账务处理如下：

借：无形资产	910 000	
坏账准备	70 000	
投资收益	10 000	
贷：应收账款		950 000
银行存款		40 000

（2）债务人的会计处理。

乙公司10月22日的账务处理如下：

借：应付账款	950 000	
累计摊销	100 000	
无形资产减值准备	20 000	
贷：无形资产		1 000 000
其他收益——债务重组收益		70 000

【例17-2】承【例17-1】，假设甲公司管理层决议将受让的该非专利技术在半年内出售，当日无形资产的公允价值为87万元，预计未来出售该非专利技术时将发生1万元的出售费用，该非专利技术满足持有待售资产确认条件。

分析：2×22年10月22日，甲公司对该非专利技术进行初始确认时，按照无形资产入账价值91万元与公允价值减出售费用的差额86万元（87-1）较低者计量。债权人甲公司的账务处理如下：

借：持有待售资产——无形资产　860 000
　　坏账准备　70 000
　　资产减值损失　60 000
　贷：应收账款　950 000
　　　银行存款　40 000

（二）债务人将债务转为权益工具

债务重组采用将债务转为权益工具方式进行的，债务人初始确认权益工具时，应当按照权益工具的公允价值计量，权益工具的公允价值不能可靠计量的，应当按照所清偿债务的公允价值计量。所清偿债务账面价值与权益工具确认金额之间的差额，记入“投资收益”账户。债务人因发行权益工具而支出的相关税费，应依次冲减资本溢价、盈余公积、未分配利润等。

佳兆业集团债务重组案例分析

【例17-3】2×22年2月10日，甲公司从乙公司购买一批材料，约定6个月后甲公司应结清款项100万元（假定无重大融资成分），乙公司将该应收款项分类为以公允价值计量且其变动计入当期损益的金融资产；甲公司将该应付款项分类为以摊余成本计量的金融负债。2×22年8月12日，甲公司因无法支付货款与乙公司协商进行债务重组，双方商定乙公司将该债权转为对甲公司的股权投资。2×22年10月20日，乙公司办结了对甲公司的增资手续，甲公司和乙公司分别支付手续费等相关费用1.5万元和1.2万元。债转股后，甲公司总股本为100万元，乙公司持有的抵债股权占甲公司总股本的25%，对甲公司具有重大影响，甲公司股权公允价值不能可靠计量。甲公司应付款项的账面价值仍为100万元。

2×22年6月30日，应收款项和应付款项的公允价值均为85万元。

2×22年8月12日，应收款项和应付款项的公允价值均为76万元。

2×22年10月20日，应收款项和应付款项的公允价值仍为76万元。

假定不考虑其他相关税费。

（1）债权人的会计处理。

乙公司的账务处理如下：

6月30日：

借：公允价值变动损益　150 000
　贷：交易性金融资产——公允价值变动　150 000

8月12日：

借：公允价值变动损益　90 000
　贷：交易性金融资产——公允价值变动　90 000

10月20日，乙公司对甲公司长期股权投资的成本为应收款项公允价值76万元与相关税费1.2万元的合计77.2万元。

借：长期股权投资——甲公司 772 000
　　交易性金融资产——公允价值变动 240 000
　贷：交易性金融资产——成本 1 000 000
　　　银行存款 12 000

（2）债务人的会计处理。

10月20日，由于甲公司股权的公允价值不能可靠计量，初始确认权益工具公允价值时应当按照所清偿债务的公允价值76万元计量，并扣除因发行权益工具支出的相关税费1.5万元。甲公司的账务处理如下：

借：应付账款 1 000 000
　贷：实收资本 250 000
　　　资本公积——资本溢价 495 000
　　　银行存款 15 000
　　　投资收益 240 000

（三）修改其他条款

债务重组采用修改其他条款方式进行的，如果修改其他条款导致债务终止确认，债务人应当按照公允价值计量重组债务，终止确认的债务账面价值与重组债务确认金额之间的差额，记入“投资收益”账户。

如果修改其他条款未导致债务终止确认，或者仅导致部分债务终止确认，对未终止确认的部分债务，债务人应当根据其分类，继续以摊余成本、以公允价值计量且其变动计入当期损益或以其他适当方法进行后续计量。对于以摊余成本计量的债务，债务人应当根据新议定合同的现金流量变化情况，重新计量该重组债务的账面价值，并将相关利得或损失记入“投资收益”账户。重新计量的该重组债务的账面价值，应当根据新议定或修改的合同现金流量按债务的原实际利率或按《企业会计准则第24号——套期会计》的规定重新计算的实际利率（如适用）折现的现值确定。对于修改或重新议定合同所产生的成本或费用，债务人应当调整修改后的重组债务的账面价值，并在修改后重组债务的剩余期限内摊销。

【例17-4】2×21年11月5日，甲公司向乙公司赊购一批材料，含税价为234万元。2×22年9月10日，甲公司因无法按合同约定偿还债务，双方协商进行债务重组。乙公司同意甲公司用其生产的商品、作为固定资产管理的机器设备和一项债权投资抵偿欠款。当日，该债权的公允价值为210万元，甲公司用于抵债的商品市价（不含增值税）为90万元，抵债设备的公允价值为75万元，用于抵债的债权投资市价为23.55万元。

抵债资产于2×22年9月20日转让完毕，甲公司发生设备运输费用0.65万元，乙公司发生设备安装费用1.5万元。

乙公司以摊余成本计量该项债权，2×22年9月20日，乙公司对该债权已计提坏账准备19万元。债权投资市价为21万元。乙公司将受让的商品、设备和债权投资分别作为低值易耗品、固定资产和以公允价值计量且其变动计入当期损益的金融资产核算。

甲公司以摊余成本计量该项债务。2×22年9月20日，甲公司用于抵债的商品成本为70万元；抵债设备的账面原价为150万元，累计折旧为40万元，已计提减值准备18万元；甲公司以摊余成本计量用于抵债的债权投资，债券票面价值总额为15万元，票面利率与实际利率一致，按年付息。当日，该项债务的账面价值仍为234万元。

甲、乙公司均为增值税一般纳税人，适用的增值税税率为13%，经税务机关核定，该项交易中商品和设备的计税价格分别为90万元和75万元。不考虑其他相关税费。

（1）债权人的会计处理。

低值易耗品可抵扣增值税=90×13%=11.7（万元）

设备可抵扣增值税=75×13%=9.75（万元）

低值易耗品和固定资产的成本应当以其公允价值比例（90：75）对放弃债权公允价值扣除受让金融资产公允价值的净额进行分配后的金额为基础确定。

低值易耗品的成本=90÷（90+75）×（210−23.55−11.7−9.75）=90（万元）

固定资产的成本=75÷（90+75）×（210−23.55−11.7−9.75）=75（万元）

2×22年9月20日，乙公司的账务处理如下：

结转债务重组相关损益：

借：低值易耗品	900 000	
在建工程——在安装设备	750 000	
应交税费——应交增值税（进项税额）	214 500	
交易性金融资产	210 000	
坏账准备	190 000	
投资收益	75 500	
贷：应收账款——甲公司		2 340 000

支付安装成本：

借：在建工程——在安装设备	15 000	
贷：银行存款		15 000

安装完毕达到可使用状态：

借：固定资产——××设备	765 000	
贷：在建工程——在安装设备		765 000

（2）债务人的会计处理。

2×22年9月20日，甲公司账务处理如下：

借：固定资产清理	920 000	
累计折旧	400 000	
固定资产减值准备	180 000	
贷：固定资产		1 500 000
借：固定资产清理	6 500	
贷：银行存款		6 500
借：应付账款	2 340 000	
贷：固定资产清理		926 500
库存商品		700 000
应交税费——应交增值税（销项税额）		214 500
债权投资——成本		150 000
其他收益——债务重组收益		349 000

债务重组六大经典案例

（四）组合方式

债务重组采用以资产清偿债务、将债务转为权益工具、修改其他条款等方式的组合进行的，对于权益工具，债务人应当在初始确认时按照权益工具的公允价值计量。权益工具的公允价值不能可靠计量的，应当按照所清偿债务的公允价值计量。修改其他条款形成的重组债务，债务人应当参照上文“（三）修改其他条款”部分的内容确认和计量重组债务。所清偿债务的账面价值与转让资产的账面价值以及权益工具和重组债务的确认金额之和的差额，记入“其他收益——债务重组收益”或“投资收益”（仅涉及金融工具时）账户。

【例17-5】A公司为上市公司，2×18年1月1日，A公司取得B银行贷款5 000万元，约定贷款期限为4年（即2×21年12月31日到期），年利率为6%，按年付息，A公司已按时支付所有利息。2×21年12月31日，A公司出现严重资金周转问题，多项债务违约，信用风险增加，无法偿还贷款本金。2×22年1月10日，B银行同意与A公司就该项贷款重新达成协议，新协议约定：（1）A公司将一项作为固定资产核算的房产转让给B银行，用于抵偿债务本金1 000万元，该房产账面原值为1 200万元，累计折旧为400万元，未计提减值准备。（2）A公司向B银行增发股票500万股，面值1元/股，占A公司股份总额的1%，用于抵偿债务本金2 000万元，A公司股票于2×22年1月10日的收盘价为4元/股。（3）在A公司履行上述偿债义务后，B银行免除A公司500万元债务本金，并将尚未偿还的债务本金1 500万元展期至2×22年12月31日，年利率为8%；如果A公司未能履行（1）、（2）所述偿债义务，B银行有权终止债务重组协议，尚未履行的债权调整承诺随之失效。

B银行以摊余成本计量该贷款，已计提贷款损失准备300万元。该贷款于2×22年1月10日的公允价值为4 600万元，予以展期的贷款的公允价值为1 500万元。2×22年3月2日，双方办理完成房产转让手续，B银行将该房产作为投资性房地产核算。2×22年3月31日，B银行为该笔贷款补提了100万元的损失准备。2×22年5月9日，双方办理完成股权转让手续，B银行将该股权投资分类为以公允价值计量且其变动计入当期损益的金融资产，A公司股票当日收盘价为4.02元/股。

A公司以摊余成本计量该贷款，截至2×22年1月10日，该贷款的账面价值为5 000万元。不考虑相关税费。

（1）债权人的会计处理。

A公司与B银行以组合方式进行债务重组，同时涉及以资产清偿债务、将债务转为权益工具、包括债务豁免的修改其他条款等方式，可以认为对全部债权的合同条款做了实质性修改，债权人在收取债权现金流量的合同权利终止时应当终止确认全部债权，即在2×22年5月9日该债务重组协议的执行过程和结果不确定性消除时，可以确认债务重组相关损益，并按照修改后的条款确认新金融资产。

债权人B银行的账务处理如下：

2×22年3月2日：

投资性房地产成本=放弃债权公允价值4 600万元−受让股权公允价值2 000万元−重组债权公允价值1 500万元=1 100（万元）

借：投资性房地产　　11 000 000

　贷：贷款——本金　　11 000 000

2×22年3月31日：

借：信用减值损失　1 000 000

　贷：贷款损失准备　1 000 000

2×22年5月9日：

受让股权的公允价值=4.02×500=2 010（万元）

借：交易性金融资产　20 100 000

　　贷款——本金　15 000 000

　　贷款损失准备　4 000 000

　贷：贷款——本金　39 000 000

　　　投资收益　100 000

（2）债务人的会计处理。

该债务重组协议的执行过程和结果不确定性于2×22年5月9日消除时，债务人清偿该部分债务的现时义务已经解除，可以确认债务重组相关损益，并按照修改后的条款确认新金融负债。

债务人A公司的账务处理如下：

2×22年3月2日：

借：固定资产清理　8 000 000

　　累计折旧　4 000 000

　贷：固定资产　12 000 000

借：长期借款——本金　8 000 000

　贷：固定资产清理　8 000 000

2×22年5月9日：

借款的新现金流量=1 500×（1+8%）÷（1+6%）=1 528.3（万元）

现金流变化=（1 528.3−1 500）÷1 500=1.9%<10%

因此，针对1 500万元本金部分的合同条款的修改不构成实质性修改，不终止确认该部分负债。

借：长期借款——本金　42 000 000

　贷：股本　5 000 000

　　　资本公积　15 100 000

　　　长期借款——本金　15 283 000

　　　其他收益——债务重组收益　6 617 000

本例中，即使没有“如果A公司未能履行（1）、（2）所述偿债义务，B银行有权终止债务重组协议，尚未履行的债权调整承诺随之失效”的条款，债务人仍然应当谨慎处理，考虑在债务的现时义务解除时终止确认原债务。

【思政讲堂】

富力地产债务重组，境内外债务已全部展期

富力地产披露的2022年全年销售情况显示，2022年全年，富力地产总销售收入约为384.3亿元，同比减少68.03%；销售面积约285.1万平方米，同比减少69.72%。

富力地产在2022年完成了公司境内和境外债务全部展期的工作。

2022年11月10日，富力地产公告称，公司境内交易所8笔总计135亿元的公司债券已在9月22日获得债券持有人会议通过，展期后的8笔公司债的加权平均到期期限从约4个月延长至3年以上。

除了上述展期的8笔境内债之外，富力地产在2022年7月11日已完成10只美元债的整体展期，总计金额约49.43亿美元（约合人民币332.37亿元）。

在完成展期之后，富力地产境内公司债也陆续复牌。

2023年2月3日，广州富力地产股份有限公司发布公告称，富力地产已向上交所申请其公司债"16富力05"、"18富力08"以及"18富力10"自2023年2月9日复牌。

公告披露了3笔债券的兑付与转让安排情况，根据公告内容，"16富力05"债项余额约9.5亿元，债券期限原为7年期，目前调整为10.45年期，即到期日为2026年9月16日；"18富力08"债项余额40亿元，债券期限原为4年期，目前调整为7.79年期；"18富力10"债项余额42.4亿元，债券期限原为4年期，目前调整为7.71年期。

企业应根据自身情况立足于企业发展实际需要并以实际偿债能力合理权衡债务融资的杠杆比例和时间匹配，保持合理的资产负债率，稳健经营，避免发生财务困难陷入破产危机。这对企业的可持续发展至关重要，也是企业履行社会责任的体现。

资料来源：澎湃新闻．富力地产2月销售额约21.1亿元，同比下降53.22%［EB/OL］．（2023-03-10）．https：//baijiahao.baidu.com/s？id=1759990672970080052&wfr=spider&for=pc.

【复习思考】

1.什么是债务重组？债务重组的特征是什么？

2.企业进行债务重组的方式主要有哪些？

3.各种债务重组方式下如何对债务重组损益进行计量？

【练习题】

甲企业于2×22年1月20日销售一批材料给乙企业，不含税价格为20万元，适用的增值税税率为13%。按合同规定，乙企业应于2×22年4月1日前偿付货款。甲企业将该应收款项分类为以摊余成本计量的金融资产。乙企业将该应付账款分类为以摊余成本计量的金融负债。2×22年4月1日，双方签订债务重组合同，由于乙企业无法按合同规定的期限偿还债务，经双方协议于2×22年5月10日进行债务重组。乙企业以一项作为无形资产核算的非专利技术偿还该欠款。该无形资产的账面余额为24万元，累计摊销额为2万元，已计提减值准备1万元。2×22年5月10日，双方办理完该无形资产的转让手续，甲企业支付评估费用1万元。当日，甲企业应收款项的公允价值为20万元，已计提坏账准备1.6万元；乙企业应付款项的账面价值仍为22.6万元。假设不考虑相关税费。

要求：分别编制甲、乙企业有关债务重组的会计分录。